# LES DEUX SIÈCLES

DE L'ACADÉMIE



DES

# JEUX FLORAUX

PAR

AXEL DUBOUL

MEMBRE DE L'ACADÉMIE

TOME DEUXIÈME

TOULOUSE

IMPRIMERIE ET LIBRAIRIE ÉDOUARD PRIVAT

45, RUE DES TOURNEURS, 45

1901

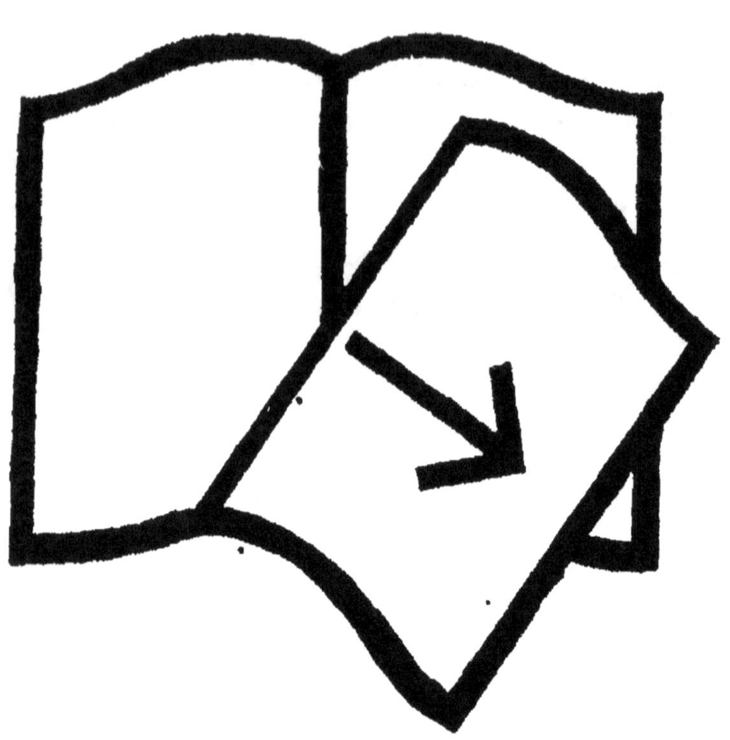

Couverture inférieure manquante

# LES DEUX SIÈCLES

DE

# L'ACADÉMIE DES JEUX FLORAUX

# LES DEUX SIÈCLES

## DE L'ACADÉMIE

DES

# JEUX FLORAUX

PAR

AXEL DUBOUL

MEMBRE DE L'ACADÉMIE

TOME DEUXIÈME

TOULOUSE

IMPRIMERIE ET LIBRAIRIE ÉDOUARD PRIVAT

45, RUE DES TOURNEURS, 45

1901

# BIOGRAPHIE

---

## NOTE PRÉLIMINAIRE

Dans la période deux fois séculaire qui s'est écoulée depuis la fondation de l'Académie, le corps des Jeux Floraux a compté près de quatre cents membres. Une série d'éloges ou tout au moins de notices biographiques, contenant quelques détails sur la carrière et sur les œuvres de chacun d'eux, exigerait plusieurs volumes; nous avons donc été obligés, à regret, de ne donner que de simples notes très sommaires, résumant en quelques mots l'existence et les travaux de ces fidèles au culte des Belles-Lettres.

Malgré bien des recherches, quelques-unes de ces notes sont encore incomplètes; néanmoins, la plupart pourront suffire, nous l'espérons, à guider ceux qui voudraient faire une étude sur un mainteneur ou sur un maître ès jeux.

Les bibliothécaires, les archivistes et les dépositaires des documents publics dans les diverses parties de la France nous ont prêté un concours éclairé, qui nous a été particulièrement précieux; les érudits et les chercheurs ne se sont pas montrés moins obligeants, et nous nous félicitons de pouvoir adresser, aux uns et aux autres, l'expression de nos remerciements. Nous n'en devons pas de moins empressés et de moins cordiaux à notre bienveillant confrère, M. Albert, qui nous a communiqué des renseignements sur certains maîtres ès jeux : Dureau, Dutour, Boulay-Paty, A. Lapène et Hippolyte Violeau.

C'est pour nous une bonne fortune que de pouvoir présenter à nos lecteurs quelques pages dues à la plume élégante du secrétaire de nos assemblées.

Depuis la cérémonie du 2 mai 1895, célébrée en l'honneur du second centenaire, la mort est venue frapper plusieurs de nos confrères et porter le deuil au sein de la Compagnie, dont les membres sont unis par les liens de la meilleure confraternité, constamment entretenue par la fréquence des plus cordiales relations.

Le premier frappé a été Théodore Ozenne, le bienfaiteur de l'Académie, le généreux donateur dont les libéralités sagement réparties ont rétabli, dans le budget de plusieurs Sociétés savantes, un équilibre gravement compromis par un indifférentisme que les édiles de la cité palladienne avaient longtemps ignoré. Il a légué notamment à la municipalité toulousaine l'un de ses immeubles, l'hôtel d'Assézat, à la charge d'y installer les Académies de la ville. En présence des inévitables lenteurs des formalités administratives pour la mise en possession de ce legs, notre confrère, M. A. Deloume, chargé d'exécuter les dernières volontés de M. Ozenne et mû par les mêmes sentiments de générosité, a fait procéder aux réparations les plus urgentes de l'hôtel, à son aménagement intérieur et à l'installation confortable de chacune des Sociétés, grâce au mobilier élégant qu'il a donné à plusieurs d'entre elles. S'inspirant sans cesse des conseils de l'architecte de la ville légataire, il a fait exécuter avec le plus grand soin ces travaux difficiles et délicats, et les Académies, qui se réunissent aujourd'hui à l'hôtel d'Assézat et de Clémence Isaure, lui doivent d'avoir devancé de beaucoup le moment de leur entrée en jouissance des locaux appropriés par ses soins judicieux et éclairés, conformément aux intentions précises du testateur.

Notre secrétaire perpétuel, M. le Cte de Rességuier, a retracé, le 18 mai 1898, l'existence du fondateur des prix de Vertu, de cet « homme de bien dont le nom ap« partient désormais à notre histoire aca« démique; arrivé à la fortune et aux hon« neurs par son honnêteté, sa persévérance « et son labeur, il est devenu le bienfaiteur « de sa ville, et son nom est béni par tous « ceux qu'il a secourus ».

Après Ozenne a disparu le comte de Sambucy-Luzençon, l'archéologue, le savant dont M. Marchal a dépeint les talents et rappelé les travaux dans la séance du 14 mars 1897; puis, Mgr Duilhé de Saint-Projet, le savant théologien, l'apôtre infatigable qui a écrit l'*Apologie scientifique*, œuvre célèbre aujourd'hui, dans laquelle l'érudition du savant ne le cède en rien à l'élégance du littérateur, « expression la « plus harmonieuse et la plus vigoureuse de « la riche personnalité de l'auteur, » ainsi que le dit M. le chanoine Valentin dans son éloge du recteur de l'Institut catholique.

L'un des doyens de l'Académie, M. le conseiller Auzies, est décédé dans l'Ariège en 1896. Aucun mainteneur n'a oublié ses communications pleines d'intérêt, ni les judicieuses et bienveillantes observations qu'il présentait, à son tour d'opinion, à la suite des lectures des vendredis. M. Dubédat a rappelé, dans la séance du 13 mars 1898, l'existence si bien remplie de son ancien collègue à la cour de Toulouse.

La Compagnie a perdu deux de ses membres en 1897 : Jules Rolland, causeur plein d'esprit, élégant écrivain, est décédé au mois de février, laissant plusieurs œuvres remarquables, notamment l'*Histoire littéraire d'Albi* et le *Saut du loup*, ce « charmant livre d'imagination, dans lequel « l'amitié de Coppée retrouvait l'écho d'une « âme sagace et ingénue, remplie d'honneur « et amoureuse jusqu'à la passion du beau « pays albigeois, sa petite patrie ». Quelques mois après la mort de Rolland, nous avons perdu Bernard Bénezet, dont le B[on] Desazars de Montgailhard a étudié le talent artistique et littéraire, le 5 mars 1899. Peintre consciencieux et de grand mérite, Bénezet avait été lauréat de l'Académie ; déposant un instant ses pinceaux pour cueillir les fleurs d'Isaure dans les concours de mai, il avait obtenu les lettres de maîtrise avant d'occuper un fauteuil de mainteneur.

L'année 1898 a apporté encore un double deuil à l'Académie : Étienne de Voisins-Lavernière, que son éloignement de Toulouse ne nous permettait pas de voir régulièrement, comme autrefois, prendre part à nos réunions hebdomadaires ; Charles d'Aragon, cette âme d'élite dont la trempe énergique se parait des formes de l'aménité la plus attrayante, cet homme au cœur droit et fort dont le souvenir est cher à tous ceux qui l'ont connu.

M. Delavigne, dont les cours de littérature ont été suivis avec tant de fidélité par plusieurs générations de Toulousains, est décédé en 1899. L'année suivante, c'est M. Bladé, correspondant de l'Institut, l'érudit à l'incomparable mémoire, le lettré à la mordante épigramme, dont le nom est venu clore la liste douloureuse des vacances que l'Académie a eu à déclarer depuis le premier jour du troisième siècle de son existence.

Cruellement frappé parmi les mainteneurs, le corps des Jeux Floraux n'a pas été épargné dans ses maîtres ès jeux.

La mort de M. F.-E. Adam, qui appartenait à l'Académie depuis dix années, a été suivie de celle d'Henri Matabon, le typographe marseillais, le poète ouvrier qui, sans être un lettré, avait cueilli une gerbe de fleurs aux jardins d'Isaure avant d'obtenir la maîtrise. Il y a quelques semaines à peine, la Compagnie a perdu Henri Villard, dont elle avait couronné les premiers succès en 1863 et qui, fidèle au culte de Clémence Isaure, a fait souvent le voyage de Langres à Toulouse pour assister à nos fêtes littéraires du printemps.

A l'amertume de ses regrets et malgré la fidélité de ses souvenirs, l'Académie trouve une consolation dans le concours de ceux qu'elle appelle à partager ses travaux, en remplacement de ceux qui ne sont plus.

Au lendemain du centenaire, un professeur de nos Facultés, M. G. Vidal, a pris possession de son fauteuil, après avoir démontré l'intime association qui peut exister entre l'étude du Droit criminel et la plus élégante culture des Lettres; puis, deux maîtres en la parole, deux des membres les plus distingués du barreau toulousain, MM. de Laportalière et Désarnauts, ont prononcé leur discours de remerciement pour leur élection à la maintenance.

La Compagnie a reçu deux nouveaux membres en 1897 : le B[on] Desazars de Montgailhard, ancien magistrat, critique d'art, érudit et romaniste, qui se livre à l'étude incessante de tout ce qui touche à la science et à la littérature; après lui, un poète, M. Tresserre, lauréat des concours de mai, quatre fois couronné avant de prendre rang parmi les mainteneurs, qui n'ont pas oublié sa *Réponse à Ninon* et son *Honneur de femme*.

Les années 1898 et 1899 ne comptent pas moins de trois réceptions chacune. La première a vu installer : M. le Cte Gardès, l'orateur éloquent, le littérateur élégant qui a fait revivre avec tant de charme, au jour de sa réception, la mémoire de trois femmes d'élite, Adélaïde de Toulouse, Antoinette de Saliès et Eugénie de Guérin; puis M. Bressolles, qui ne pouvait mieux choisir le sujet de son remerciement qu'en rappelant les nombreux succès obtenus dans les concours de Clémence par les jeunes étudiants, frères aînés de ceux auxquels il enseigne si brillamment la science du Droit; enfin notre pasteur, S. E. le cardinal Mathieu, que ses mérites et ses vertus devaient bientôt nous ravir pour l'appeler à de hautes fonctions auprès de N. S. P. le Pape.

L'année 1899 n'a pas été moins féconde que la précédente et, comme elle, a compté trois admissions de mainteneurs : le digne successeur de Mgr Duilhé de Saint-Projet, l'abbé Maisonneuve, qui a démontré, dans son discours de réception, les rapports de la poésie et de la philosophie ; M. Cartailhac, dont le nom fait autorité en matière scientifique et qui a su mériter les suffrages académiques par le côté littéraire de ses travaux et de ses études sur l'anthropologie ; et M. le Mis de Suffren, qui a entretenu ses nouveaux confrères, le jour de son installation, de l'œuvre d'affranchissement et de liberté à laquelle il s'est voué, en se faisant l'interprète des légitimes revendications des opprimés.

La Compagnie a recouvré, durant la même période, le précieux concours de l'un de ses doyens, M. d'Hugues, que ses fonctions dans l'Université avaient longtemps éloigné de Toulouse, au grand regret de ses confrères. Il lui reste encore à fêter la réception de deux nouveaux membres : M. Duméril, qui enseigne l'histoire de notre Midi aux élèves de la Faculté des Lettres et dont les cours n'ont pas moins de succès que ceux de son prédécesseur M. Delavigne ; puis M. Gabriel Depeyre, dont le nom a figuré si brillamment pendant trente années sur la liste académique.

Pendant qu'elle faisait choix de douze mainteneurs, la Compagnie accordait la maîtrise à quatre poètes : l'abbé Barthès, curé de Venerque, un joaillier de rimes, qui dit la poésie aussi bien qu'il sertit les vers auxquels deux concours ont suffi pour obtenir quatre fleurs; M. P. Janot, qui ne comptait pas moins de onze pièces couronnées ou remarquées, avant de recevoir les lettres ; M. Eugène Rostand, le jeune et grand poète dont la *Samaritaine* et *Cyrano de Bergerac* ont marqué les premières étapes de la plus brillante carrière littéraire; M. Guy Desazars de Montgailhard, six fois vainqueur dans les concours et dont le nom, inscrit sur la liste des membres du corps des Jeux Floraux, est précédé de ceux de son père, notre confrère, et de son grand-père, le Premier Président à la Cour de Toulouse; M. l'abbé Moulin, qui a obtenu trois fois le prix du discours sur un sujet de philosophie chrétienne; enfin M. Brunetière, membre de l'Académie française, qui a fait récemment à Toulouse, sur un sujet d'actualité, une conférence très remarquée, à la suite de laquelle la maîtrise lui a été décernée par l'Académie.

A ce très rapide exposé des changements survenus dans le personnel académique depuis 1895, nous devons joindre le souvenir de deux cérémonies particulièrement intéressantes. Dans la séance de la distribution des prix de 1896, qu'une coïncidence de date avec les élections municipales avait fait avancer exceptionnellement de deux jours, M. François Coppée est venu recevoir les lettres de maîtrise qui lui avaient été décernées plusieurs années auparavant. Ce fut une grande fête littéraire que cette réunion dans laquelle l'illustre auteur de *Pour la Couronne*, répondant au modérateur du trimestre, M. le C^te^ d'Adhémar, dit une poésie charmante aux applaudissements d'un auditoire d'élite; elle se continua le soir dans un dîner offert au nouveau maître ès jeux, et le secrétaire perpétuel, M. le C^te de Rességuier, porta un toast au poète et à

> Sa Muse immortelle
> Qui vit de franc parler, de force et de douceur.

Une cérémonie toute familiale a précédé, le 29 avril 1899, la réception de M. le M^is de Suffren, élu mainteneur. Les Jeux Floraux célébraient le cinquantenaire académique de M. le C^te Rességuier, qui occupe l'office de secrétaire perpétuel depuis trente-huit ans et dont le nom, représenté par cinq générations, a figuré durant cent trente-six années sur la liste des mainteneurs de l'Académie créée en 1694. En remettant à M. de Rességuier une médaille commémorative de cette fête, M. le C^te d'Adhémar lui a exprimé les remerciements de ses confrères pour son inépuisable dévouement aux intérêts de l'Académie, et l'affectueux attachement des mainteneurs pour leur doyen, dont les travaux et les œuvres témoignent constamment que, pour certains privilégiés, les années n'ont que des printemps.

# NOTES BIOGRAPHIQUES

## I

## LES MAINTENEURS

### PREMIER FAUTEUIL.

**1. — Marquis de MANIBAN (Jean-Guy), président au Parlement, premier chancelier de l'Académie (1636-1694-1707).**

Le fils de Thomas de Maniban, avocat général au Parlement, et d'Antoinette Dufaur, était si délicat au moment de sa naissance, le 27 juin 1636, que son baptême fut différé plusieurs années et n'eut lieu que le 28 janvier 1639.

Tout jeune encore, Guy de Maniban perdit son père, mais des provisions royales du 5 juillet 1653 lui assurèrent, à l'âge de dix-sept ans à peine, la charge d'avocat général dont il prit possession en 1667.

Ses terres de Maniban, Ausson, Mauléon, Cazaubon, etc., furent érigées en marquisat en mai 1681; il devint président à mortier en décembre 1683 et il épousa Mlle de Fieubet, fille du Premier Président, dont il eut un fils en 1686.

Il était chancelier des anciens Jeux Floraux, depuis la mort de son beau-père, auquel il avait succédé, en 1690, lorsque les lettres patentes de 1694 érigèrent cette compagnie en Académie de Belles-Lettres. Le brevet royal le confirma dans son office, « en considération de son mérite per- « sonnel et du zèle avec lequel il avait poursuivi « auprès du Roi l'établissement et la réforma- « tion des Jeux. »

Il mourut à Toulouse le 4 mai 1707, à l'âge de soixante et onze ans, et fut enterré, la semaine suivante, dans la chapelle de son château du Buscat, dépendant de la paroisse de Mansencome, du diocèse d'Auch.

Vingt-deux ans après, le 7 juillet 1739, l'abbé Prades fit l'éloge du Mis de Maniban.

**2. — De MORANT (Thomas-Alexandre), Premier Président du Parlement, deuxième chancelier de l'Académie (16..-1694-1713).**

D'une ancienne famille de Normandie, ce mainteneur était fils de Thomas de Morant, marquis du Mesnil Granier, et de Catherine Bordier, fille d'un intendant des finances, seigneur de Raincy et de Bondy.

Après avoir débuté dans la magistrature comme conseiller au Parlement de Paris, il fut nommé maître des requêtes et intendant du Bourbonnais, puis de Provence en 1679. Louis XIV l'appela, le 1er mai 1687, à la tête de la Cour souveraine du Languedoc, en remplacement de Fieubet.

Pendant son séjour à Toulouse, il perdit, en 1693, sa fille âgée de douze ans, qui fut enterrée aux Jacobins, puis en 1706 sa femme Françoise Jacques, fille de Philippe Jacques, seigneur de Vitry-sur-Seine, greffier en chef du Parlement de Paris.

De Morant concourut de tous ses efforts, avec de Laloubère, à l'érection des Jeux-Floraux en Académie de Belles-Lettres et fut nommé mainteneur par les lettres patentes de 1694, qui lui assignèrent le neuvième fauteuil, en maintenant le président de Maniban dans la charge de chancelier.

Au décès de ce dernier, de Morant fut appelé à le remplacer et devint titulaire du premier fauteuil, le 20 mai 1707. Trois ans après, il se démit de la présidence du Parlement et mourut à Paris, le 8 juillet 1713. F. de Bertier lui succéda dans son office de Premier Président en novembre 1710 et dans la charge de chancelier, à laquelle il fut élu le 8 août 1713, après l'éloge de Morant, prononcé en séance privée par le président Druillet.

**3. — De BERTIER (François), seigneur de Saint-Geniès et de Montrabe, Premier Président du Parlement, troisième chancelier de l'Académie (1653-1694-1723).**

Les lettres patentes de 1694 nommèrent membre de la nouvelle Académie des Jeux Floraux F. de

Bertier, avocat général au Parlement, et le désignèrent comme sous-modérateur du premier trimestre.

Ce magistrat, fils de Jean-François, conseiller au Parlement et de Antoinette de Flory, était né à Toulouse en 1653. Il entra dans la magistrature en l'office de son père, par provisions royales du 22 novembre 1681, fut nommé avocat général en la charge de Pins-Montbrun en 1690, devint Premier Président à Pau le 8 janvier 1704 et succéda dans la même charge à la Cour souveraine du Languedoc, le 17 novembre 1710, à A. de Morant, démissionnaire.

A la mort de Morant, les mainteneurs nommèrent le Premier Président de Bertier, chancelier de l'Académie, le 8 août 1713. Il conserva cette charge pendant dix années.

Bertier abandonna la magistrature en 1722, se retira à la campagne dans son château de Saint-Geniès, mourut à Toulouse le 1er septembre 1723 et fut enseveli dans le cloître de la Daurade.

J. de Rességuier prononça son éloge, le 19 septembre 1723.

**4. — Marquis de MANIBAN (Joseph-Gaspard), Premier Président du Parlement, quatrième chancelier de l'Académie (1686-1712-1762).**

Le président à mortier Guy de Maniban était mort depuis sept ans, lorsque les provisions royales du 30 juin 1714 appelèrent à le remplacer son fils unique Gaspard, né le 2 juillet 1686, de son mariage avec Mlle de Fieubet.

Gaspard de Maniban avait été reçu conseiller à la Cour souveraine, huit ans auparavant, le 12 mars 1706, avant d'avoir atteint sa vingtième année; il avait déjà donné la preuve d'une précocité exceptionnelle, puisque à l'âge de treize ans, il avait soutenu avec succès une thèse de philosophie, dans l'hôtel de son père et devant une nombreuse assistance. Le fait est raconté dans les journaux du mois de juin de l'année 1700.

L'Académie des Jeux Floraux n'avait pas oublié les services littéraires de son père; elle créa un nouveau siège de mainteneur survivancier « pour « des raisons connues de la Compagnie », dit le procès-verbal, et appela le jeune magistrat à l'occuper, le 7 mai 1709. Il n'avait pas encore vingt-trois ans. Au décès du président Daspe, il devint, le 31 janvier 1712, titulaire du trente-sixième fauteuil.

Deux ans après, il épousa Mlle de Lamoignon, dont le frère fut chancelier de France en 1750. Après son mariage, le Président habita Paris quelques années, mais, à la suite de la démission de F. de Bertier, il fut nommé Premier Président. L'Académie, des premières, lui adressa ses félicitations, le 14 août 1722, à son retour à Toulouse et, l'année suivante, le 17 septembre 1723, elle le nomma son chancelier, titulaire du premier de ses fauteuils.

Maniban joignait à la culture des lettres l'étude des sciences et des arts; il faisait partie, à titre d'associé honoraire, de l'Académie des Sciences, Inscriptions et Belles-Lettres et de l'Académie de Peinture, Sculpture et Architecture.

Il mourut le 30 août 1762.

Cinquante ans après, dans la séance du 21 février 1812, le secrétaire perpétuel, Poitevin-Peitavi lut une notice nécrologique du Premier Président dont l'éloge prononcé le 6 février 1763 par de Villeneuve Beauville n'avait pas été conservé.

Maniban avait eu deux filles : Mmes de Malauze et de Livri, qui moururent sans postérité. Avec lui s'était éteint le nom d'une famille qui avait occupé pendant près de deux siècles les plus hautes fonctions de la magistrature provinciale.

**5. — De NIQUET de SÉRANE (Antoine-Joseph), Premier Président du Parlement, cinquième et dernier chancelier (1700-1736-1794).**

Fils d'un officier du génie, lieutenant du roi au gouvernement d'Antibes, puis Directeur général des fortifications de la Bretagne, du Languedoc, de la Provence et du comté de Nice, A.-J. de Niquet naquit à Narbonne, où il fut baptisé le 2 janvier 1700. C'est par erreur que les biographes le font naître en 1691, près de Brienne en Champagne.

Son pére ayant été appelé à Toulouse pour examiner le projet du canal de Riquet, il fut reçu conseiller au Parlement le 27 avril 1720, et président à mortier deux ans après, le 20 décembre 1722. L'Académie des Jeux Floraux l'appela, le 4 septembre 1736, à occuper son vingtième fauteuil; elle a conservé au Recueil les observations qu'il présenta sur la Poésie et l'Éloquence dans son discours de la Semonce de 1737.

Au décès du chancelier de Maniban, il fut chargé, le 6 février 1753, de diriger l'Académie des Jeux Floraux et occupa le premier fauteuil.

Après avoir rempli les fonctions de Premier Président du Parlement pendant les cinq années d'absence du titulaire de Bastard, il obtint de Louis XV des provisions du 29 septembre 1770, l'appelant à la tête de la Cour souveraine, en remplacement de Vaudeuil, démissionnaire.

De Niquet avait reconnu que l'office de chancelier était en contradiction formelle avec les principes qui régissent l'Académie des Jeux Floraux. Titulaire de cette charge, il sut en démontrer les inconvénients et obtint les lettres patentes de 1773 qui la supprimèrent définitivement. Il revint prendre son rang parmi ses confrères, mais il conserva jusqu'à sa mort le droit de présider toutes les séances publiques de l'Académie, conformément aux dispositions spéciales de l'article 6 des lettres royales.

La suppression des parlements Maupeou et le rétablissement de l'ancienne magistrature rendirent fort difficile la situation et le maintien du Premier Président, qui fut obligé, après avoir longtemps résisté, de donner sa démission en 1787.

Il mourut à Paris chez une de ses filles à la fin de 1794, âgé de 103 ans. Son éloge par de Lalo est inséré au Recueil de 1810.

**6. — PICOT DE LAPEYROUSE (Philippe-Pierre), maire de Toulouse, doyen de la Faculté des Sciences (1744-1806-1818).**

Neveu d'un capitoul de 1738, Philippe Picot de Lapeyrouse naquit à Toulouse le 21 octobre 1744, fit au collège de l'Esquille de brillantes études dans lesquelles il manifesta une aptitude spéciale pour les sciences naturelles et acheta, en février 1767, l'office d'avocat du Roi aux requêtes du Parlement, au département des Eaux et Forêts; mais il abandonna la magistrature en 1777 pour se vouer tout entier aux études scientifiques et à l'administration de l'important domaine dont il venait d'hériter de son oncle.

Ses travaux sur la minéralogie et la flore des Pyrénées appelèrent l'attention des sociétés savantes et le jeune naturaliste ne tarda pas à faire partie de l'Académie des Sciences de Toulouse et de celles de Paris, Stocklom et Turin. Il abordait en même temps les questions sociales et publiait en 1788 une étude sur l'administration diocèsaine du Languedoc, puis un *Catéchisme des électeurs,* qui parut au moment des premières élections municipales de 1790.

Membre élu et président de l'administration du district de Toulouse d'août 1790 à septembre 1791, il ne veut s'occuper, au terme de son mandat, que de sciences, d'agriculture, d'économie rurale et de l'éducation de ses enfants; néanmoins le gouvernement le charge de rechercher, dans les biens devenus nationaux, les objets intéressant les arts et les sciences.

Sous la Terreur, les sans-culottes ne peuvent épargner le ci-devant ; il est arrêté à Lapeyrouse le 19 octobre 1793 et incarcéré aux Carmélites de Toulouse. Après Thermidor, le comité de sûreté générale le nomme inspecteur des poudres et salpêtres, mais ce n'est pas sans peine que le suspect, encore détenu, triomphe du mauvais vouloir du représentant du peuple Mallarmé et recouvre la liberté le 28 brumaire an III, après treize mois de détention.

Lapeyrouse part pour Paris et devient professeur à l'École des Mines ; il publie les premiers cahiers de sa *Flore Pyrénéenne* et découvre au monde des savants une région presque inconnue jusqu'alors, malgré les travaux de Tournefort.

Correspondant de l'Institut en l'an IV et professeur d'histoire naturelle à l'Ecole Centrale de Toulouse, il fait paraître ses tables méthodiques sur la faune des Pyrénées, puis le récit de son ascension du Mont Perdu, dont il avait donné lecture au « Lycée de Toulouse. » Ces deux œuvres augmentent encore le renom du savant naturaliste.

Un décret du premier Consul en date du 5 floréal an VIII (26 avril 1800) vient interrompre les travaux scientifiques de Lapeyrouse et l'appelle à la mairie de Toulouse.

Quelques années après, lorsque les mainteneurs épars se réunirent pour reprendre leurs travaux, ils trouvèrent appui et protection auprès du Maire, qu'ils nommèrent au premier de leurs fauteuils dès leur première séance de février 1806. Au mois de septembre de la même année, Lapeyrouse donnait sa démission et de Bellegarde le remplaçait à la tête de la municipalité, pendant qu'il reprenait la chaire d'histoire naturelle à la Faculté des Sciences.

L'année suivante, il fit l'éloge de Clémence Isaure, qui est au Recueil avec sa réponse au remerciement de Demeunier (1809). Les procès-verbaux rappellent sa dissertation historico-botanique sur les fleurs d'Isaure et sa proposition du 9 juillet 1813 de rendre à la Violette les honneurs primitifs et de remplacer l'Amarante par le Narcisse. On retrouve également dans les registres le souvenir de la harangue qu'il adressa, le 27 avril 1814, au duc d'Angoulême, au nom de l'Académie.

Député de la Haute-Garonne pendant les Cent jours, il mourut à Toulouse le 17 octobre 1818.

Decampe fit le 28 février 1819, l'éloge de ce savant, émule de Linné et de Jussieu, de cet érudit dont les ouvrages sont devenus classiques, de ce Toulousain dont le buste fut installé dans la salle des Illustres du Capitole en 1839, époque à laquelle la municipalité tenait à honneur de conserver la mémoire de ceux de ses concitoyens qui avaient rendu des services importants à leur ville natale et à la France.

**7. — De VOISINS-LAVERNIÈRE (Marie-Joseph-François-Victor-Marius), doyen de l'Académie (1785-1819-1865).**

Fils d'un trésorier de France et de Mlle de Corn, M. de Voisins-Lavernière, né le 29 août 1785, passa les jours difficiles de la Révolution au château d'Ambres près de Lavaur. Ses goûts le dirigeaient vers les sciences exactes et il se prépara à l'Ecole Polytechnique, mais son état de santé l'obligea à rentrer au château familial où il s'occupa surtout de littérature.

Le discours de remerciement qu'il adressa à l'Académie des Jeux Floraux le jour de sa réception, le 28 février 1819, est au Recueil, ainsi que la Semonce de 1842 dans laquelle il traita de la Pensée, envisagée comme vie de l'âme. Si l'on ne trouve pas dans la collection la Semonce qu'il fit en 1822, on y voit ses éloges de Cavalié (1833) et de Soumet (1847) et ses réponses aux remerciements de Delquié et de Raynaud en 1843, de Tauriac en 1844, et de Villeneuve-Arifat en 1848.

De Voisins-Lavernière fut conseiller général du département du Tarn de 1822 à 1830, et maire de Lavaur; le corps électoral le nomma député le 15 juin 1830, à la veille des évènements qui allaient renverser le trône des Bourbons.

Il mourut à Toulouse, le 7 avril 1865, et son éloge fut présenté à l'Académie, le 29 avril 1866, par le Cte de Toulouse-Lautrec.

**8. — D'HUGUES (Gustave), professeur de littérature étrangère à la Faculté des Lettres (1866).**

M. d'Hugues était professeur de littérature étrangère à la Faculté de Toulouse, lorsqu'il fut reçu mainteneur des Jeux Floraux, le 29 avril 1866; dans cette séance, il entretint l'Académie de la Supériorité de la littérature française.

Son discours de remerciement figure au Recueil, ainsi que ses réponses aux discours de M. Auzies (1873) et de Cambolas (1878).

En 1876, il faisait hommage à l'Académie de son Étude sur le proconsulat de Cicéron : *Une province romaine sous la République.*

Depuis qu'il a quitté Toulouse, en 1879, pour aller occuper la chaire de littérature étrangère à Dijon, il a témoigné à ses confrères le souvenir qu'il avait conservé de l'Académie toulousaine en leur envoyant la traduction de *Childe-Harold* de Byron et sa nouvelle édition des œuvres de La Bruyère.

## DEUXIÈME FAUTEUIL.

### 1. — De SAINT-LAURENS (Antoine), conseiller au Parlement (1655-1694-1724).

Né vers 1655, et fils de Jean, trésorier de France et de Barthélemie de Comère, Antoine de Saint-Laurens avait été avocat au Parlement de Paris avant d'obtenir, le 6 mai 1685, des provisions royales le nommant conseiller au Parlement de Toulouse, en l'office de Jean de Vignes, après dispense de parenté avec son oncle maternel de Comère, membre de la même Cour.

Le titre de mainteneur des Jeux Floraux lui fut

confirmé par lettres patentes de 1694 et il appartint pendant trente ans à la nouvelle Académie.

De Saint-Laurens, doyen de la chambre Tournelle, mourut à Toulouse le 20 mars 1724 et fut enterré aux Cordeliers de la Grande Observance. Son éloge fut prononcé, le 9 avril suivant, par le président d'Aignan d'Orbessan.

**2. — De SAINT-LAURENS (Jean-François), conseiller au Parlement (1690-1724-1759).**

Ainé des quatre fils du précédent et de Marie de Chalvet, J.-F. de Saint-Laurens naquit à Toulouse le 16 août 1690, et fit de brillantes études au Collège de l'Esquille, où il soutint à quinze ans sa thèse de philosophie.

Non content de cultiver les Belles-Lettres, il étudia la plupart des sciences avec un réel succès et se rendit à Paris pour y compléter son instruction; il se lia avec Fontenelle et Houdard de la Motte, soutint des controverses avec le P. Lamy, bénédictin, auteur de la *Connaissance de soi-même*, puis avec Malebranche sur des sujets de métaphysique et plus tard avec Houdard de la Motte, dont il attaqua une ode anacréontique publiée par le *Mercure* de février 1720.

De Saint-Laurens était entré au Parlement le 23 janvier 1713; il occupa, le 9 avril 1724, le fauteuil de son père à l'Académie des Jeux Floraux.

Il prononça, en juin 1726, l'éloge de Ferrières de la Croizette et, le 20 avril 1729, celui de Simon de Laloubère.

Ce discours amena un différend grave entre l'auteur et ses confrères.

L'Académie voulut faire imprimer l'hommage rendu à la mémoire de Laloubère; Saint-Laurens demanda à revoir son discours, à le corriger puis à le refaire et finit par refuser de le donner à l'impression. Ces attermoiements avaient fait retarder d'une année la publication du Recueil; l'Académie fit imprimer, d'après la minute conservée par son secrétaire, l'œuvre de Saint-Laurens, mais celui-ci obtint du lieutenant principal de la Sénéchaussée, de Monlong, une ordonnance d'interdiction signifiée à l'imprimeur Lecamus, le 2 mai 1730. Après un recours infructueux auprès du Garde des Sceaux qui renvoya l'affaire au tribunal de Paris, les mainteneurs renoncèrent à lutter contre Saint-Laurens et firent paraître le Recueil de 1730, en supprimant l'éloge de Laloubère.

A la suite de ce différend, raconte Poitevin-Peitavi, l'Académie décida que le nom de Saint-Laurens continuerait à figurer sur la liste de ses membres, mais que le mainteneur trop indépendant ne paraîtrait plus aux séances.

Après son décès, trente ans plus tard, l'abbé Forest, « qui fit son éloge, ne souleva qu'à demi « ce voile mystérieux », dit Poitevin; mais une note manuscrite de l'érudit Ch. Barry indique une brochure, intitulée *Recueil de plusieurs pièces en prose* composées par M. de Saint-Laurens et publiées en 1760 par G. de Ponsan, dans laquelle l'auteur réfuterait point par point les assertions émises par l'abbé Forest. Il ne nous a pas été possible de retrouver cette brochure, mais il n'en demeure pas moins certain, quels que puissent en être les motifs, que le conseiller de Saint-Laurens entra en lutte avec ses confrères à l'occasion de l'éloge de Laloubère et qu'il fut en fait considéré comme démissionnaire.

Ce magistrat mourut célibataire à Toulouse le 6 août 1759 et laissa tous ses biens à son neveu, le Conseiller Labat de Mourlens, qui lui succéda au Parlement et qui fut guillotiné sur l'échafaud révolutionnaire de Paris, le 6 juillet 1794.

**3. — De SENAUX (Jean-Joseph-Dominique), seigneur de Labessède, président au Parlement, (1727-1760-1789).**

D'une ancienne famille de militaires et de magistrats, de Senaux, né le 2 juin 1727, fit son éducation au collège des Jésuites, fut reçu conseiller au Parlement, le 11 juin 1750, et devint président à mortier en 1759.

Le 31 août de la même année, l'Académie l'appela à son deuxième fauteuil dont il prit posssession le 4 juillet de l'année suivante.

Il fit, en 1764, l'Eloge dans lequel il célébra en prose et en vers les bienfaits de Clémence Isaure et prononça, en 1767, le Discours de la Semonce. Ces deux œuvres sont aux Recueils de 1764 et de 1768.

L'énergie dont il fit preuve à la Cour, en combattant les ingérences du pouvoir royal, le fit envoyer en exil dans ses terres de Montbrun et de Montgiscard pendant le Parlement Maupeou, puis durant la tentative de réforme judiciaire du Cardinal de Brienne.

En 1787, il avait été appelé à faire partie de la première Assemblée des notables et à siéger dans le même bureau que le duc de Penthièvre, avec lequel il était allié par la maison de Noailles.

Peu de temps après son retour d'exil, lors du rétablissement des Parlements en octobre 1788, il mourut à Toulouse le 18 mars 1789, dans son hôtel de la rue Malcousinat, non loin de celui des d'Assézat, occupé aujourd'hui par l'Académie à laquelle le président de Senaux avait appartenu durant trente années.

L'académicien, dont Poitevin-Peitavi prononça l'éloge, le 21 juin 1789, avait laissé un fils unique, membre comme lui du Parlement du Languedoc. Le jeune magistrat ne put échapper à la Terreur et avec lui s'éteignit sur l'échafaud de Paris, le 14 juin 1794, une famille, dont les services à l'armée ou dans les Parlements remontaient au commencement du quatorzième siècle.

### 4. — FLORET (Jacques), avocat au Parlement (1737-1789-1798).

Né à Marseille vers 1737, et élevé au collège de Beauveau, sous les yeux de l'historien Lebeau, Floret était membre de l'Académie de cette ville, qui lui avait décerné un prix d'éloquence pour un discours sur les caractères qui permettent de distinguer les œuvres de génie, des ouvrages d'esprit.

Lorsqu'il vint s'établir à Toulouse, quelques

années avant la Révolution, il se fit inscrire au barreau, mais s'occupa surtout d'études littéraires et historiques. Il entra à l'Académie des Sciences, Inscriptions et Belles-Lettres et devint membre du Musée de Toulouse, où il donna lecture de travaux intéressants et remarqués. Son *Voyages aux planètes*, badinage agréable et léger, et des fragments de sa traduction en vers de l'*Enfer du Dante* y obtinrent des succès dont l'écho se fit entendre dans les journaux de la ville.

Nommé mainteneur des Jeux Floraux, il remercia l'Académie le 21 juin 1789, en l'entretenant des Avantages de la critique dans les séances privées des Sociétés littéraires, puis après son discours de réception, il récita quelques vers et lut : le *Temple de Thémis*, extrait de son *Voyage aux Planètes*.

Ce fragment, son remerciement et la Semonce qu'il prononca en 1790 sur les Avantages et les charmes de l'étude, sont conservés au Recueil.

Quoi qu'en aient dit quelques biographes, Floret ne figure pas sur les listes des suspects incarcérés à Toulouse pendant la Terreur.

Il mourut dans cette ville, le 11 frimaire an VII (1er décembre 1798), pendant la dispersion des membres de l'Académie et ce fut seulement le 14 juin 1809 que Poitevin-Peitavi fit l'éloge de son confrère.

5 — **PINAUD (Jean-Joseph-Thérèse), procureur général à la cour de Metz, secrétaire perpétuel de l'Académie (1773-1809-1843).**

Pinaud, né vers 1773, finissait ses études au moment de la Révolution; les évènements modifièrent tous ses projets d'avenir. Enrôlé dans les armées de la République, puis emprisonné comme suspect, élève à l'Ecole normale et disciple de Bernardin de Saint-Pierre, complètant ses études de droit à l'Académie de Législation, on le voit arriver enfin au barreau de Toulouse et s'y placer aux premiers rangs.

Le 14 juin 1809, il remerciait l'Académie de l'avoir appelé au nombre de ses mainteneurs et l'entretenait de la Pureté du langage; le 31 juillet 1818, il était nommé secrétaire perpétuel adjoint et devenait titulaire de cet office, à la fin de la même année, après le décès de Poitevin-Peitavi.

Les Recueils contiennent son discours de réception (1810); ses Semonces de 1812 et de 1824 dans lesquelles il avait examiné les causes de la décadence de la littérature, puis l'histoire des anciennes associations littéraires; son éloge de Paraza (1812); ses réponses aux remerciements de J. de Rességuier, de Pujol et de Decampe (1817); des extraits de son rapport sur le concours de 1812; enfin l'éloge historique de Louis XVI et de Louis XVII qu'il prononça, après la célébration d'un service funèbre solennel, dans la séance publique du 19 janvier 1815 (R. 1816).

Les procès-verbaux rappellent qu'il fit quatre

fois la résumption des travaux des mainteneurs, et le rapport sur les concours académiques de 1819 à 1822. Ses opinions royalistes et son éloquence l'avaient désigné au choix de l'Académie pour haranguer le duchesse d'Angoulême à son passage à Toulouse, après la seconde Restauration, mais la Princesse ne donna pas d'audience et se borna à visiter les salles de l'Académie le 4 septembre 1815. Huit ans après, la duchesse venait assister aux Fêtes de mai et le secrétaire perpétuel lui souhaitait la bienvenue, au nom de ses confrères.

Pinaud, qui n'avait accepté aucune fonction sous le gouvernement impérial, entra dans la magistrature toulousaine sous la Restauration, d'abord comme avocat général, puis en qualité de conseiller, par ordonnance du 17 juillet 1816.

Sa nomination au siège de procureur général à la cour de Metz, en 1824, l'obligea à quitter Toulouse et à donner sa démission de l'office de secrétaire perpétuel de l'Académie, démission qui fut acceptée le 25 février 1825.

Dans ses nouvelles fonctions, Pinaud rendit de si éminents services qu'il était désigné pour faire partie du prochain ministère de Charles X, à la veille de la Révolution de 1830. Sa carrière était brisée, il se retira à Toulouse, où il mourut à l'âge de soixante-dix ans, le 12 janvier 1843.

Cabanis prononça le 2 juillet suivant, l'éloge du magistrat et du littérateur qui comptait au nombre de ses plus chers souvenirs la harangue qu'il avait adressée au nom de l'Académie à la duchesse d'Angoulême dans la séance solennelle du 4 mai 1823.

**6. — Comte de TAURIAC (Eugène-Anne-Adolphe). (1801-1843-1863 )**

Le discours de remerciement que de Tauriac prononça le jour de sa réception, le 2 juillet 1843, est imprimé au Recueil, ainsi que l'Eloge de 1847, dans lequel il traita de l'influence de Clémence Isaure sur la littérature, et ses notices biographiques sur Cabanis (1850) et sur Fortoul (1857).

De Tauriac, né à Toulouse le 13 thermidor an IX (1er août 1801), avait fait ses études de droit et s'était livré avec succès à son goût pour les Belles-Lettres. De cruelles épreuves le frappèrent au moment où il venait de fonder une famille : il voyagea pendant plusieurs années avant de rentrer dans son pays natal et d'être admis à l'Académie des Jeux Floraux.

La confiance de ses concitoyens l'appela au conseil municipal, où il siégea de 1852 jusqu'à sa mort; mais le corps électoral lui avait confié, dès 1846, le soin de le représenter à la Chambre.

Député du troisième collège de Toulouse de 1846 à 1848, il soutint la politique du ministère Guizot; après la seconde République, il représenta la première circonscription de la Haute-Garonne au Corps législatif depuis 1852 jusqu'au moment où la mort vint le frapper à son château, près de Fonsorbes, le 23 octobre 1865.

Le 23 avril suivant, Ducos retraça devant l'Académie l'existence de ce mainteneur que les devoirs du mandat électoral détournèrent trop longtemps des travaux littéraires, vers lesquels l'attiraient ses goûts et ses aptitudes.

**7. — Comte de TOULOUSE-LAUTREC (Jean-Bernard-Raymond). (1820-1865-1888).**

Né à Rabastens le 13 décembre 1820, ce mainteneur appartenait à l'ancienne famille des Comtes de Toulouse.

Après avoir fait ses études à Lavaur, puis à Toulouse, il se consacra à l'étude des chefs-d'œuvre de notre littérature et aux travaux archéologiques; il ne tarda pas à faire partie de la Société française d'archéologie, et lorsqu'il fut reçu mainteneur, le 23 avril 1865, ce fut sur l'Archéologie qu'il fit son discours de remerciement.

Le Recueil contient de nombreux travaux de Toulouse-Lautrec : ses éloges de M. de Voisins-Lavernière (1866), du commandant de Roquemaurel (1879), du Mis de Villeneuve-Arifat (1880), et de Vaïsse-Cibiel (1886); ses réponses aux discours de réception de MM. de Sambucy-Luzençon (1868), Marchal (1877) et l'abbé Couture (1883); la Semonce de 1874 sur le sentiment chrétien; l'éloge de Clémence Isaure en 1875; enfin ses rapports sur les Jeux de 1869, de 1883 et sur les concours pour le prix du Conseil général en 1876, 1878 et 1879.

Ses lectures dans les séances privées de l'Académie n'ont pas été oubliées par ses contemporains qui se rappellent encore sa notice sur

Jacinto Verdaguer et les souvenirs de sa promenade archéologique à Montségur.

Il joignait à son titre de mainteneur des Jeux Floraux, celui de membre du Félibrige et de syndic de la maintenance d'Aquitaine.

Notre secrétaire perpétuel, M. le Cte de Rességuier a fait, le 8 juin 1890, l'éloge du Cte de Toulouse-Lautrec, décédé à Saint-Sauveur près de Lavaur, le 23 décembre 1888.

**8. — Dom du BOURG (Marie-Joseph-Antoine), religieux bénédictin (1890).**

C'est par un discours sur l'histoire étudiée dans les archives que Antoine du Bourg a pris possession, le 8 juin 1890 (R. 1891), du deuxième fauteuil auquel l'Académie l'avait appelé le 14 juin de l'année précédente.

La vie monastique qu'il a embrassée depuis cette date prive l'Académie du précieux concours de ce mainteneur.

## TROISIÈME FAUTEUIL.

**1. — D'AUTERIVE (Georges-Mathias), conseiller au Parlement (1657-1694-1718).**

Fils de François-Etienne, conseiller au Parlement, et de Catherine de Lafon, et baptisé à la paroisse Saint-Etienne de Toulouse, le 13 août 1657, Georges d'Auterive se destina d'abord à la carrière militaire, puis à la magistrature, et fut nommé conseiller au Parlement, en l'office de son père démissionnaire, le 11 juillet 1680. Ses fonctions de magistrat ne le détournèrent pas complètement de l'étude des Belles-Lettres, des Mathématiques et de l'Histoire ancienne; membre de la Société des Lanternistes, il appartenait aux anciens Jeux Floraux et fut un des sept mainteneurs confirmés par les lettres patentes de 1694. Un de nos confrères a fait don à l'Académie d'une copie d'un discours que le conseiller d'Auterive aurait prononcé dans l'une des premières séances tenues après la réforme des Jeux Floraux par le roi Louis XIV. Son sujet, tout de circonstance, fut : *De l'utilité des Académies pour le progrès de l'éloquence et de la poésie.*

Ce mainteneur mourut à Toulouse le 6 octobre 1718 et fut enseveli aux Cordeliers de la Grande-Observance. Le 27 novembre de la même année, de Laroque Casaubon prononça son éloge.

**2. — Comte de FUMEL (Louis), baron de Paulliac, seigneur d'Authevigne, ancien officier de mousquetaires (1683-1718-1749).**

Né à Toulouse en 1683 du C$^{te}$ François-Joseph et de Catherine d'Aulède, de Fumel entra très jeune aux mousquetaires, fit la guerre de 1700, prit une part brillante à la bataille soutenue à Malplaquet par le maréchal de Villars contre les confédérés anglo-hollandais, puis quitta le service l'année suivante (1710) pour se retirer dans sa ville natale.

Il entra à l'Académie de Peinture, appartint à la Société des Sciences qu'il contribua à faire ériger en Académie, fut élu mainteneur survivancier le 18 août 1713, et devint titulaire du troisième fauteuil des Jeux Floraux, le 27 novembre 1718.

Allié aux familles d'Armagnac, de Lautrec et de Comminges, il épousa le 25 octobre 1712, au château de Saint-Geniés, Mlle Catherine de Bertier, fille du Premier Président du Parlement de Toulouse, et en eut plusieurs enfants, notamment le Cte Joseph, qui fut maréchal de camp du régiment de cavalerie de son nom.

De Fumel mourut à son château d'Obrion, près Bordeaux, le 10 décembre 1749, et le Ch[ier] d'Aliez, secrétaire perpétuel, rappela, le 12 janvier suivant, son existence laborieuse presque entièrement consacrée à la culture des Lettres et des Arts.

**3. — Abbé d'AUFRERY (Jacques-Henri de CARRIÈRE), grand archidiacre de l'église d'Agde, sous-doyen des conseillers clercs au Parlement de Toulouse, président de la Chambre souveraine du Clergé, secrétaire perpétuel en survivance, avec exercice (1724-1750-1786).**

Fils de Clément de Carrière et de Paule de Labat, l'abbé d'Aufrery naquit à Toulouse le 29 janvier 1724. Il avait à peine dix-huit ans qu'il prenait part aux concours des Jeux Floraux et que l'Académie imprimait au Recueil son poème de *Tirtée* (1742); l'année suivante, il obtenait la Violette pour un poème *La Boussole* (1743).

Après ses études de droit, il entra au barreau : ses succès aux Jeux Floraux et ses études sur la littérature grecque appelèrent l'attention de l'Académie qui l'élut mainteneur, le 12 janvier 1750. Il prit possession du troisième fauteuil le 16 du même mois et ne tarda pas à être admis au nombre des membres de l'Académie des Sciences, Inscriptions et Belles-Lettres de Toulouse.

Mais il ne devait pas suivre longtemps la carrière d'avocat; il entra dans les ordres, approfondit l'étude du droit, fut nommé conseiller clerc au Parlement, le 18 mars 1767, et obtint le titre de chanoine de Simorre.

Secrétaire des assemblées de l'Académie de 1753 à 1761, il fut élu de nouveau à la même charge de 1770 à 1774. Enfin, le secrétaire perpétuel Delpy ayant été obligé, par son état de santé, de se retirer à la campagne, l'abbé d'Aufrery lui fut adjoint comme secrétaire perpétuel avec survivance, le 6 février 1780, mais il mourut avant le titulaire, le 29 août 1786.

Dans son discours du 11 mars 1787, Martel a dit le concours actif que l'abbé d'Aufrery avait apporté aux travaux de l'Académie. Le génie des femmes fut le sujet de son éloge de Clémence Isaure en 1751; dans la Semonce de 1752 il traita de la Morale comme but de la Poésie; celle qu'il prononça en 1783 ne figure pas au Recueil. Il fit l'éloge de ses confrères : de Rabaudy (R. 1754) et de Lamote (R. 1785); adressa des compliments de bienvenue à Mgr de Crussol (R. 1755) et à

M^gr Dillon (R. 1760), à leur arrivée à Toulouse; répondit au discours de remerciement de Férès (R. 1727) et porta la parole au nom de la députation de l'Académie chargée d'aller complimenter Monsieur, frère du Roi, de passage à Toulouse (R. 1777).

Son opinion était très écoutée par ses confrères, parmi lesquels il jouissait d'une légitime influence, et ce fut sur son insistance que l'Académie crut pouvoir se départir exceptionnellement des prescriptions de son règlement, en consentant, le 19 février 1775, quoiqu'il n'y eût aucune vacance au tableau, à donner le titre de mainteneur à l'abbé d'Héliot, avec droit de survivance au premier fauteuil libre.

L'abbé d'Aufrery avait une bibliothèque très importante et particulièrement bien composée qu'il légua aux hôpitaux d'Agde et de Toulouse.

**4. — Marquis de PANAT (Dominique-Joseph BRUNET DE CASTELPERS), ancien député aux Etats Généraux (1752-1787-1795).**

Fils d'un chef d'escadre des armées du roi et de M^lle de la Rochefoucauld, sœur du Cardinal, de Panat naquit à Albi le 30 août 1752 et fit ses études à l'Ecole de Sorèze, alors dirigée par Dom Despaulx.

A seize ans, il entra au régiment de Sarre Infanterie, passa capitaine en 1775 aux dragons d'Artois, et pendant que son régiment tenait garnison à Paris, il devint l'un des familiers du salon de la Duchesse d'Anville, chez laquelle il se lia avec d'Alembert, Barthélemy, Condorcet, l'abbé de Mably, etc., etc.

Après son mariage en 1786, il abandonna la carrière militaire et se retira à Toulouse, où il fut élu mainteneur le 4 mars 1787. Les Recueils de l'Académie contiennent son discours de remerciement du 11 mars 1787 et son éloge de Clémence Isaure, dans lequel il retraça l'œuvre des troubadours et celle de la restauratrice des Jeux Floraux (1788).

A la convocation des États généraux, de Panat fut élu député de la noblesse de la sénéchaussée de Toulouse. Il vota constamment avec la droite, jusqu'au moment où il se retira de l'Assemblée nationale. La Terreur l'obligea de quitter la France avec son frère le chevalier, capitaine de vaisseau, connu par la vivacité de son esprit; il émigra en Angleterre et mourut à Londres le 19 juin 1795.

Le marquis d'Aguilar prononça son éloge le 26 janvier 1812.

**5. — DANTIGNY (Pierre-François), secrétaire général de la préfecture de la Haute-Garonne puis sous-préfet, (1762-1812-1846).**

Dantigny dont le père appartenait à la maison du Dauphin, fils de Louis XV, naquit à Versailles et fut élevé à Louis-le-Grand avec Camille Desmoulins et Chauveau-Lagarde.

Volontaire à la Révolution, il obtint le grade de capitaine, mais ses blessures l'obligèrent en 1795 à quitter l'armée; il devint secrétaire d'ambassade à La Haye, entra dans l'administration après Brumaire et fut nommé secrétaire général de la préfecture de Toulouse.

Il y rédigea la *Statistique de la Haute-Garonne.*

L'Académie des Jeux Floraux l'appela, le 12 juillet 1811, au quatrième fauteuil dont il prit possession le 26 janvier suivant.

Son éloge de Clémence Isaure en 1813 et la Semonce de 1815 sur *le Beau dans les Arts* figurent au Recueil, ainsi que sa traduction en vers d'un passage de la Pharsale (R. 1813,1816). La Semonce qu'il prononça en 1814 n'a pas été imprimée.

La Restauration confia successivement plusieurs sous-préfectures à Dantigny avant de l'envoyer à Doullens (Somme); il passa vingt-six années dans cette ville et y mourut le 9 avril 1846.

Son éloge a été fait par Dumège, le 28 mai 1849.

**6. — Comte de RESSÉGUIER (Charles-Benjamin-Fernand), secrétaire perpétuel et doyen de l'Académie (1849).**

Il y a plus de quarante-cinq ans que le cinquième mainteneur du nom de Rességuier appartient à l'Académie des Jeux Floraux; secrétaire des Assemblées pendant neuf années, il occupe l'office de secrétaire perpétuel depuis bientôt trente-cinq ans.

Quel meilleur éloge pourrait-on faire de notre doyen, dont les œuvres les plus récentes font toujours le plus jeune des académiciens, que d'énumérer ses nombreux travaux littéraires insérés au Recueil : son discours de réception, sur la Littérature contemporaine (1850); l'éloge de Clémence Isaure (1852); deux résumptions des travaux de ses confrères et des vers à propos de ce résumé annuel (1853-1855); son premier rapport sur le Concours de 1858, alors qu'il n'était encore que secrétaire des assemblées depuis le mois de janvier 1852; la légende sur d'Usson de Bonac lue dans la séance de la Semonce de 1860 et qui n'a pas été imprimée; l'éloge d'Ed. de Limairac (1861).

Elu à l'unanimité secrétaire perpétuel le 10 mai 1861, il n'a pas fait, depuis lors, moins de vingt-un rapports sur les concours annuels de l'Académie auxquels il faut joindre : cinq éloges de ses confrères, de Lapasse (1869), de Barbot (1873), de Cambolas (1883), Villeneuve (1889), de Toulouse-Lautrec (1891); sa lettre à dame Clémence, restauratrice des Jeux Floraux (1877); ses relations de voyage, intitulées : *En wagon de Toulouse à Rome* (1879) et *Le Quirinal, le Vatican et Léon XIII, et un jour de pluie à Rome* (1881); ses vers à Gatien-Arnoult, recevant de l'Académie un jeton d'or, en l'honneur du cinquantième anniversaire de son élection de mainteneur (1883); ceux qu'il adressa à Gustave Nadaud, le jour de sa réception comme maître ès jeux (R. 1884); une poésie au sujet de la restauration du rétable de Gervais Drouet à Saint-Etienne (1884); les vers qu'il a écrits en collaboration avec M. l'abbé Couture, et qui ont été adressés à S. S. Léon XIII à l'occasion de son jubilé ecclésiastique (1888); une poésie à L. Arnault, auteur du rapport sur le concours de l'année précédente (1892); un sonnet devant le groupe dû au ciseau de M. H. de Montcabrier; un exposé sur le legs de Mme la Mlse de Blocqueville (1893); enfin le discours qu'il a prononcé dans la séance solennelle du second centenaire de l'Académie des Jeux Floraux (1895).

## QUATRIÈME FAUTEUIL.

**1, — De TERLON (Blaise), conseiller au Parlement (1652-1694-1704).**

On retrouve dans l'histoire de Toulouse un Claude Terlon, qui fut capitoul en 1555. Un autre membre de la même famille, oncle du mainteneur, Hugues de Terlon, abbé de Caunes et de Pessan, a été ambassadeur de France auprès de la reine Christine de Suède. Enfin, le grand-père de l'académicien était conseiller au Parlement de Toulouse et mainteneur des anciens Jeux Floraux : il fit, le 1er avril 1604, la Semonce ordinaire, à laquelle répondit de Fodis, chef du Consistoire.

Blaise de Terlon, né vers 1652, entra comme conseiller à la chambre des requêtes du Parlement, le 18 mars 1679. Il appartenait aux Jeux Floraux et les lettres patentes de 1694 lui confirmèrent le titre de mainteneur.

Il prit sa retraite en 1701 et mourut trois ans

après, à Toulouse, le 30 septembre 1704; il fut inhumé aux Grands Carmes.

Les archives ne donnent aucun renseignement sur ses travaux littéraires.

**2. — De RANCHIN MONREDON (Jacques-Charles), écuyer, maître ès Jeux (1668-1704-1736).**

Le nom des Ranchin appartenait depuis longtemps aux Jeux Floraux.

Un membre de cette famille, conseiller au Parlement, seigneur de Caunac, Monredon, Lavergne, Dartuzan, etc., était vice-chancelier en 1686. Un autre, Jacques de Ranchin, conseiller au Parlement, avait obtenu un succès sans précédent dans les concours des anciens Jeux Floraux : le public, auquel il venait de lire un chant royal, lui aurait décerné par acclamation les trois fleurs de l'année et le titre de maître ès Jeux. Ces faits, racontés par plusieurs écrivains, qui leur donnent la date de 1683, ne sont pas suffisamment établis; il semble certain que de Ranchin obtint trois fleurs à la fois, mais la date indiquée et l'intervention de l'auditoire accordant les prix et la maîtrise sont des erreurs évidentes. Bien que les registres des procès-verbaux de cette époque aient disparu, nous connaissons les trois pièces qui ont remporté les prix de 1683; l'une d'elles avait été présentée par de Ranchin Monredon et reçut l'églantine; il n'est pas possible qu'en cette même année, la Ville ait doublé le nombre des fleurs sans en laisser trace aux comptes municipaux, ou que les trois lauréats aient consenti à renoncer aux prix qu'ils venaient de recevoir.

Le conseiller, marié à Clio de Rossel d'Aubanes, eut deux fils qui se distinguèrent comme lui par des succès littéraires auxquels semblaient les prédestiner, non seulement les mérites de leurs ascendants paternels, mais encore ceux de leurs parents maternels, parmi lesquels leur trisaïeul, Pierre Laudun, docteur, avait obtenu l'Eglantine en 1605.

L'aîné de ces enfants, Jacques-Charles, naquit le 4 mars 1668 et reçut le nom de Ranchin Monredon.

Il avait à peine quinze ans, lorsqu'en 1683, il obtint l'Eglantine pour son chant royal *Les Quatre Monarchies*. Les membres des Jeux Floraux, maîtres et mainteneurs, félicitèrent à l'envi le jeune poète; l'un d'eux adressa une poésie à de Ranchin père, qui avait mérité en un jour les trois fleurs que les autres ne pouvaient obtenir en moins de six ans, et à son fils, le jeune lauréat encore au-dessous de l'âge de la plupart des prétendants aux faveurs d'Isaure. Pour eux, dit-il, Toulouse s'est départie de la rigueur du règlement des concours : *Au grand âge du père elle épargne six ans, — Au bas âge du fils elle en précompte douze.*

La Violette et le Souci qu'il reçut en 1685 et 1687 complétèrent la victoire de Jacques-Charles et lui firent décerner le titre de maître ès Jeux, qui lui fut confirmé par les lettres patentes de 1694.

Elu mainteneur survivancier le 17 juin 1701, il

devint titulaire du quatrième fauteuil le 5 décembre 1704.

Les procès-verbaux ont conservé ses éloges de deux grands chanceliers de France : celui de Voisin du 18 février 1717, et celui d'Argenson du 13 juin 1721, ainsi que la notice biographique de Dulaurens, dont il donna lecture le 5 mai 1722.

De Ranchin Monredon mourut le 30 mai 1736 et son éloge fut prononcé, peu de jours après, par de Ponsan.

### 3. — Abbé PRADES (François), docteur en théologie, curé de Castelsarrasin, maître ès Jeux (1695-1736-1769).

Né à Castelsarrasin, en 1695, F. Prades suivit la vocation religieuse, comme presque tous ses frères et sœurs : sur huit enfants, sept abandonnèrent le monde et se consacrèrent au service de Dieu.

L'un d'eux s'écarta cependant de la voie droite. Collaborateur de Diderot, Gaillard Prades soutint en Sorbonne, en 1751, une thèse de docteur qui fut censurée par la Faculté, puis condamnée par le pape Benoît XIV. Pour échapper à l'emprisonnement, il s'enfuit en Hollande, puis à Berlin, où il devint le commensal de Voltaire qui, sur la recommandation de d'Alembert, l'introduisit à la cour en le qualifiant d'aimable hérétique. Le roi Frédéric II le nomma son lecteur, puis chanoine à Breslau et finit par le faire emprisonner à Spandau, pendant la guerre de 1759, sur un soupçon de correspondance avec l'armée française.

François Prades entra dans les ordres et son goût pour la poésie lyrique l'appela à prendre part aux concours de l'Académie des Jeux Floraux, où il fut couronné quatre fois.

Il avait obtenu une Eglantine et un Souci en 1722 et une seconde Eglantine en 1727, lorsque, l'année suivante, il mérita en même temps l'impression d'un poème, celle d'un discours qu'il avait présenté au concours d'éloquence, et l'Amarante d'or pour son ode sur *la Grâce*. Avant la publication du Recueil annuel, trois Pères Jésuites dénoncèrent cette poésie comme contenant plusieurs hérésies, firent intervenir l'avocat du roi et le juge mage, qui étaient incompétents, et finirent par obtenir du cardinal Fleury la défense d'imprimer l'œuvre couronnée.

L'Académie obéit, mais elle avait déjà décerné à l'abbé Prades, le 9 mai de la même année 1728, les lettres de maîtrise auxquelles lui donnaient droit les récompenses obtenues. Ignorant que ce titre lui interdisait de prendre part à de nouveaux concours, le poète, qui avait quitté Toulouse pour la cure voisine de Montégut, présenta, en 1735, une ode sur *la Jeunesse*. Cette pièce obtint encore l'Amarante; mais, dès que la Compagnie connut le nom de l'auteur, elle lui retira le prix, tout en autorisant l'impression de l'ode au Recueil.

L'abbé Prades avait trop de titres littéraires pour ne pas appartenir à l'Académie; il fut nommé mainteneur le 25 avril 1736.

Le Recueil a conservé sa Semonce de 1738; ses

éloges de Delherm, de Maniban Cazaubon, de Lombrail Rochemontès (1740) et de Carquet (1766); ses vers au commandant du Languedoc, le duc de Richelieu, qui était venu assister à une séance privée des mainteneurs, le 2 juin 1741 ; enfin, les deux poèmes lyriques latin et français qu'il consacra, en 1747, à l'éloge de Clémence Isaure.

Les procès-verbaux mentionnent encore une poésie qu'il lut à la séance de la Semonce du 11 août 1765, après le discours de Cambon Labastide et la réponse de Ricard, chef du Consistoire.

De la cure de Montégut, l'abbé Prades avait été envoyé à celle de Castelsarrasin, son pays natal, mais trente-cinq années de services lui donnaient droit au repos; il se retira avec une prébende dans l'église de Moissac et retrouva la verve poétique de ses jeunes années pour traduire en vers la plupart des Psaumes.

Delpy prononça, le 16 mars 1770, l'éloge de ce vénérable prêtre, décédé au mois d'octobre de l'année précédente.

**4. — De VAUDEUIL (Pierre-Louis-Anne DROUIN), Premier Président du Parlement, conseiller d'Etat (1726-1770-1788).**

Le premier président de Vaudeuil passa une année à peine à la tête du Parlement de Toulouse; ses talents avaient fait la brillante carrière que brisèrent son indépendance et sa dignité.

Né à Paris, en 1726, d'une famille dont le nom était célèbre au barreau, il fut élevé par Rollin et

Crévier et devint membre du Parlement de Paris, où siégeait déjà, comme conseiller clerc, son grand-oncle, l'abbé de Vaudeuil.

Dans la lutte entre la Cour souveraine et l'archevêché de Paris, au sujet de la bulle *Unigenitus*, le jeune magistrat fut chargé de défendre les libertés de l'Eglise gallicane. Il le fit avec succès et énergie, mais ses adversaires étaient puissants et deux fois, en 1753 et 1754, il fut envoyé en exil.

A la suite des graves événements qui se passèrent en septembre 1763 au Parlement de Toulouse, la Cour ordonna la prise de corps du duc de Fitz-James, commandant du Languedoc. Le Parlement de Paris, seul compétent pour juger les ducs et pairs, protesta contre cet empiètement de pouvoirs. De Vaudeuil fut chargé de faire un rapport sur le différend ; il s'acquitta de sa tâche avec sagesse et habileté et sut défendre les droits des magistrats, ses collègues, sans froisser les légitimes susceptibilités des parlementaires toulousains. Aussi, lorsque le Premier Président de Bastard donna sa démission, en 1769, le duc de Choiseul désigna de Vaudeuil au choix du roi pour diriger et présider la Cour du Languedoc.

Dès son arrivée à Toulouse, l'Académie lui envoya ses compliments de bienvenue par l'intermédiaire d'une commission au nom de laquelle le mainteneur de Lacroix porta la parole, puis elle l'appela à son quatrième fauteuil le 4 mars 1770. Il en prit possession le 6 septembre et, quelques semaines plus tard, il envoya sa démission de Premier Président au Chancelier, qui trouvait chez lui une indépendance et une énergie incompatibles avec la tentative de réforme judiciaire à laquelle de Maupeou a attaché son nom.

Si l'on en croit la correspondance de Voltaire, le Premier Président de Vaudeuil, pendant son séjour à Toulouse, avait fait arrêter et poursuivre un prêtre qui avait brûlé devant sa porte l'*Histoire générale* de l'ermite de Ferney, pour protester contre l'enseignement de l'abbé Audra, professeur d'histoire de cette ville.

Il est certain que sa fille, qui devint Mme de Lavilleheurnois, adressa une poésie à Voltaire et que celui-ci lui envoya, par l'intermédiaire de l'abbé Audra, quelques vers de remerciements adressés à Mlle Calliope de Vaudeuil.

Au rétablissement des Parlements, de Vaudeuil fut appelé au conseil d'Etat ; il y passa quelques années et mourut à Paris à la fin de 1788.

Son éloge, prononcé par l'avocat général de Latresne le 21 mai 1789, est porté au Recueil de 1812.

### 5. — De LAVEDAN (Jean-Baptiste). (1759-1789-1825.)

Né le 22 novembre 1759, à Madrid, de Jean, originaire de Vic en Bigorre, et de Marguerite de Labourie, de Lavedan vint tout jeune à Toulouse, où son père avait été appelé par provisions royales du 7 mai 1766, à l'office de greffier en chef alternatif et mitriennal au bureau des finances de la Généralité, charge qui donnait droit à la noblesse.

Il avait à peine fini ses études qu'il perdit son père et, bien qu'il eût à peine seize ans, il obtint de lui succéder en vertu de provisions datées du 29 novembre 1775 et précédées de lettres de naturalité et de dispense d'âge. Les occupations peu littéraires de son office n'empêchaient pas l'adolescent de faire des vers dont il donnait lecture, soit au Musée fondé par Mgr de Brienne, soit dans les salons de la société parlementaire, où il avait été présenté par Mme de Poulhariez, sœur utérine de sa mère.

En 1787, il épousa Mlle de Poulhariez et, le 24 mai 1789, il entra à l'Académie des Jeux Floraux. Dans la séance de réception du mainteneur Gez, le 5 juillet de la même année, il lut un sermon philosophique en vers, mentionné au procès-verbal.

A la Révolution, de Lavedan émigre et se retire à Parme, auprès d'un oncle de sa femme, le Cte de Fœlino, qui avait une haute situation à la cour grand-ducale.

La Terreur frappe sans cesser tout ce qui rappelle les anciennes institutions et les vieux privilèges : parlementaires et aristocrates, les deux Poulhariez, père et frère de Mme de Lavedan, sont arrêtés, conduits à Paris et guillotinés le même jour, 14 juin 1794. Leurs biens sont confisqués et Mme de Poulhariez, demeurée seule avec les deux petits enfants que les de Lavedan lui ont laissés avant d'émigrer, se voit réduite à une si grande misère qu'elle doit solliciter des secours auprès des pouvoirs publics qui venaient de la dépouiller de tout ce qu'elle possédait.

Les jours terribles sont passés, les biens saisis sont rendus en partie, et de Lavedan, de retour en France, devient propriétaire du domaine de la Réole, près de Cadours. L'Académie se reconstitue et il se hâte de rejoindre ses confrères et de reprendre ses travaux littéraires.

Il prononce en 1806 les éloges de de Portes et de d'Orbessan ; ce dernier seul figure au Recueil de 1808. L'Académie a fait imprimer aussi son épitre *A un poète* (1810) et sa Semonce en vers sur les Devoirs de l'homme de lettres (1813). Sa réponse au remerciement de Lamothe-Langon, en août 1813, n'a pas été conservée.

Après les Cent-Jours, il harangue, au nom de l'Académie, le duc d'Angoulême, de passage à Toulouse en août 1815.

De Lavedan perdit en 1822 son fils, qui avait été officier d'artillerie sous l'Empire ; sa fille embrassa la vie religieuse et lui-même mourut de mort violente, dit-on, au château de la Réole, le 8 janvier 1825, à l'âge de soixante-cinq ans.

**6. — Abbé de MONTÉGUT de La BOURGADE (Bernard-Charles-Marie-Joseph), vicaire général du diocèse de Montauban (1792-1825-1857).**

Fils de Philibert et de Mlle de Limairac, l'arrière-petit-fils de Jeanne de Ségla avait à peine deux ans lorsque son grand-père d'abord et son père ensuite, tous deux conseillers au Parlement de Toulouse, moururent sur l'échafaud du tribunal révolutionnaire de Paris.

Aux premières années de sa jeunesse, de Montégut n'a pas de vocation bien arrêtée : à la Restauration, il embrasse la carrière des armes et entre aux mousquetaires ; puis, en mars 1816, il se sent attiré vers la magistrature, où sa famille comptait d'anciens et brillants services, et il devient conseiller auditeur à la Cour de Toulouse. Une année lui suffit pour reconnaître qu'il n'est pas dans la voie à laquelle la Providence l'a destiné : il abandonne son siège de magistrat, comme il avait déposé son épée de soldat, renonce au monde et entre au Séminaire.

Après avoir reçu les ordres sacrés à Carcassonne, le 23 septembre 1820, il est attaché comme vicaire à N.-D. du Taur, à Toulouse, se fait remarquer par ses prédications et ne tarde pas à faire partie du chapitre de Saint-Etienne.

Ce fut pendant son séjour à Toulouse que l'Académie élut mainteneur l'abbé de Montégut, qui prit possession de son fauteuil le 24 avril 1825, en entretenant ses confrères de l'Union de la religion et des Belles-Lettres. L'Eloquence sacrée, qui lui était familière, fut le sujet de la Semonce qu'il prononça le 27 janvier 1828.

L'Académie ne jouit pas longtemps du concours du nouveau mainteneur. Appelé à Montauban par Mgr Du Bourg, l'abbé de Montégut, chanoine puis vicaire général, se consacra tout entier aux devoirs de son ministère et mourut le 30 mars 1857, après avoir fondé l'important établissement de la « Mission ».

Aug. d'Aldéguier fit son éloge le 28 février 1858.

**7. — De VOISINS-LAVERNIÈRE (Etienne), sénateur du Tarn (1858).**

M. de Voisins-Lavernière, élu mainteneur le 29 mai 1857, a pris possession du quatrième fauteuil le 28 février suivant, après un discours sur la Critique littéraire.

Les Caractères de la littérature contemporaine ont été le sujet de la Semonce qu'il a prononcée en 1862.

Ces deux discours sont au Recueil ainsi que sa réponse au remerciement de de Lapasse (1868).

## CINQUIÈME FAUTEUIL.

**1. — De FERMAT (Jean-François), conseiller au Parlement (1667-1694-1714).**

Petit-fils du grand Fermat, mathématicien et jurisconsulte, fils de Samuel conseiller au Parlement et de Thérèse d'Olivier, J.-F. de Fermat né à Toulouse le 23 juin 1667, fut reçu conseiller à la chambre des Requêtes le 6 février 1686, avant d'avoir atteint sa dix-neuvième année. En lui accordant à cette occasion des dispenses d'âge et de parenté, les provisions royales rappelaient les cinquante années de services de son grand père, ceux de son oncle d'Olivier qui avait appartenu au Parlement pendant cinquante-sept années, enfin ceux de son grand oncle Delong, décédé doyen de la Cour.

A l'étude du droit et de la jurisprudence, le jeune magistrat joignait la culture des Belles-Lettres et il appartenait déjà aux Jeux Floraux, lorsque les lettres patentes de 1694 lui confirmèrent le titre de mainteneur.

De Fermat devint conseiller au Parlement le 7 août 1700.

L'Académie entendit le 3 août 1714, l'éloge que le président Druillet fit de ce mainteneur, décédé à 46 ans, le 21 juillet précédent, et dont la dépouille reposait au préau de l'église Saint-Etienne.

**2. — De LOMBRAIL DE ROCHEMONTÈS (Pierre-Paul), conseiller au Parlement (1664-1714-1739).**

Les provisions royales du 4 septembre 1687 nommant de Lombrail de Rochemontès, conseiller au Parlement, en l'office de François de Nupces, démissionnaire, visent son acte de baptême en date du 23 décembre 1664 et lui accordent de siéger à la Cour, malgré son degré de parenté avec le président de Riquet, son oncle maternel, et le conseiller aux Requêtes, du Bourg, son beau-frère.

Elu mainteneur survivancier le 31 décembre 1711, il devint titulaire le 5 août 1714.

En faisant, le 23 janvier 1739, l'éloge de Lombrail de Rochemontès, décédé le 12 mai de la même année, l'abbé Prades rappela que le Palais absorbant tout son temps et tous ses loisirs, ce mainteneur « fut perdu pour les exercices académiques. »

De Lombrail avait épousé, le 14 septembre 1690, Catherine de Fieubet, fille du Premier Président au Parlement, et la céremonie religieuse avait été célébrée à Saint-Etienne dans la chapelle appartenant à la famille de Fieubet.

### 3. — Comte de GARAUD (Jacques-Denis-Hector). (1711-1739-1788.)

Né le 10 avril 1711, de Garaud fut reçu à l'Académie des Jeux Floraux le 31 juillet 1739.

A ses goûts littéraires venait se joindre le besoin d'étendre sans cesse le champ de ses connaissances. Il étudia la physique, le calcul, la chimie, la botanique, etc., mais l'histoire attirait tout particulièrement cet érudit, qui fit le voyage d'Espagne pour y étudier l'époque de l'Inquisition.

Il prononça la Semonce en 1750 et en 1770. Cette dernière seule, dans laquelle il examina les chefs-d'œuvre classiques, figure au Recueil (1771). Les procès-verbaux mentionnent les deux lectures qu'il fit, dans les séances publiques des 13 août 1769 et 3 mai 1771, l'une sur Tacite, et l'autre sur l'Elégie dans Ovide.

De Garaud mourut le 4 juin 1788, quelques jours après la dissolution du Parlement et la tentative de réforme faite par le cardinal de Brienne. Plusieurs mainteneurs appartenant à la Cour souveraine avaient été exilés de Toulouse et l'Académie, voulant s'associer aux protestations du Parlement contre les ordonnances royales, décida que le fauteuil de Garaud ne serait pas déclaré vacant, tant que les magistrats disgraciés ne seraient pas rentrés dans leurs fonctions.

La vacance ne fut prononcée en effet qu'après le rétablissement du Parlement et l'éloge de Garaud par Castilhon fut différé jusqu'au 24 mai 1789.

**4. — Baron de PARAZA (Henri-Elizabeth JOUGLA), seigneur d'Uzède, président à mortier (1745-1789-1801).**

Second fils d'André, conseiller au Parlement, H. de Paraza, baptisé le 18 décembre 1745, se destina d'abord aux armes, entra fort jeune aux mousquetaires puis, sur les conseils du duc de Choiseul, il passa dans la diplomatie.

Mais la mort de son frère, qui devait suivre les traditions de sa famille en embrassant la carrière de la magistrature, changea sa destinée et l'obligea à rentrer à Toulouse : le 30 août 1765, il fut nommé conseiller au Parlement et, vingt-trois ans après, il acquit la charge de président, devenue vacante par la nomination de de Cambon à la Première Présidence de la Cour.

Ses devoirs de magistrat n'empêchèrent pas de Paraza de continuer l'étude des langues étrangères et celle de la métaphysique, qui avaient toujours eu pour lui un attrait tout particulier; il était devenu un des polyglottes les plus distingués de l'Europe et ses travaux scientifiques étaient très remarqués à l'Académie des Sciences, Inscriptions et Belles-Lettres dont il était membre.

En 1789, on le vit successivement assister aux assemblées de la noblesse de Toulouse et de Carcassonne; prendre possession, le 6 mai, de son siége de président au Parlement, et occuper, le 24 du même mois, le fauteuil de mainteneur auquel il avait été appelé quelques jours auparavant.

Il fait alors un voyage en Italie; de retour à Toulouse, il prend la parole dans les dernières séances publiques de l'Académie des Sciences, notamment le 11 avril 1793, où il lit une étude sur les lois qui régissent le génie.

La Terreur survient et de Paraza est incarcéré comme suspect à la Visitation; il parvient à obtenir sa mise en liberté le 22 décembre 1793, passe à l'étranger, et y demeure jusqu'après Brumaire.

Il était rentré en France et pouvait espérer encore de longs jours, lorsque la mort vint le surprendre subitement, le 12 août 1801, et frapper du même coup Mme de Paraza, née de Bonfontan, qui ne put résister à la violence de sa douleur. La fin de ces deux époux, que la mort elle-même n'avait pu séparer, fut le sujet d'un chant funèbre dont l'auteur, le poète Carré, donna lecture au Lycée de Toulouse.

L'éloge de Paraza fut prononcé par Pinaud, le 23 août 1811.

**5. — SERRES DE COLOMBARS (Jean-Antoine-Louis-Auguste), conseiller à la Cour de Toulouse (1782-1811-1826).**

Après avoir terminé ses études à Paris, Serres de Colombars, né à Colombars dans l'Albigeois en 1782, vint s'établir à Albi et entra au barreau.

Il voulut suivre la carrière de la magistrature et obtint la charge de conseiller auditeur à la cour de Toulouse en 1811. Le 23 juin de la même année, il fut reçu mainteneur des Jeux Floraux, après une dissertation sur l'Influence que les lettres et les littérateurs ont sur la destinée des empires.

Le jeune magistrat devint substitut du Procureur général, puis il partit pour Paris, où il s'occupa peut-être plus de politique que de jurisprudence.

Sous la Restauration, il était retiré à Albi, lorsqu'il entra au Parquet de Toulouse comme avocat général pour prendre ensuite un siège de conseiller à la Cour, en juillet 1818.

Son éloge de Clémence Isaure en 1817 traite de la nécessité des lois de la morale dans la littérature. Ce discours est au Recueil, ainsi que son remerciement (1842) et ses réponses aux discours de réception de Cardonnel et de Tajan (1818).

Il lut encore à l'Académie, dans le courant de février 1826, une notice sur l'abbé Marceille, curé de la Daurade et aumônier des Jeux Floraux.

Serres de Colombars mourut le 9 mai 1826, et le président d'Ayguesvives fit son éloge le 30 juillet suivant.

**6. — PECH (Hippolyte), président de chambre à la Cour de Toulouse (1787-1826-1852).**

Pech, né à Carcassonne le 15 décembre 1787, suivit les cours de droit de la Faculté de Toulouse, se fit remarquer par ses travaux à la Société de jurisprudence, entra dans la magistrature et fit toute sa carrière à la Cour de Toulouse, comme conseiller auditeur, conseiller et enfin président de Chambre, charge qui lui fut confiée le 13 avril 1843.

Il avait depuis longtemps appelé l'attention de l'Académie en prenant part au concours d'éloquence, où il obtint en 1819 une Violette d'argent pour son éloge de Cazalès.

Pech prit possession, le 30 juillet 1826, du cinquième fauteuil des mainteneurs, et il occupa l'office de secrétaire des assemblées du commencement de 1828 à la fin de 1830. On trouve au Recueil : son discours de remerciement (1827); ses éloges de A. d'Ayguesvives (1828), de d'Aldéguier (1834) et de Bastoulh (1839); la résumption des travaux en 1829 et 1830 et enfin ses Conseils aux jeunes littérateurs pour éviter les écarts de la nouvelle école littéraire (Semonce de 1838).

Le conseiller Caubet retraça devant l'Académie le 12 juin 1853 (R. 1854) l'existence du président Pech, décédé à Toulouse le 15 décembre 1852, le jour même où il accomplissait sa soixante-cinquième année.

**7. — De BELCASTEL (Jean-Baptiste-Gaston-Louis-Marie-Gabriel), député puis sénateur de la Haute-Garonne (1821-1853-1890).**

La salle des séances de l'Académie est ornée depuis peu d'un tableau du peintre Saurine, qui représente Clémence Isaure distribuant ses fleurs aux lauréats d'un concours littéraire. On retrouve, parmi les personnages, les portraits de quelques mainteneurs de 1838 et il est de tradition que pour la figure principale, celle de la restauratrice des Jeux, le peintre s'est inspiré des traits d'une dame toulousaine célèbre par sa beauté, Mme de Belcastel, née Philippine-Angélique d'Arbou.

Quelques années après le succès du tableau de Saurine, le fils de Mlle d'Arbou, Gabriel de Belcastel, né à Toulouse le 26 octobre 1831, était appelé, par un vote du 25 février 1853, à prendre place au sein de l'Académie.

Elève de l'institution de l'abbé Poiloup et licencié en droit de la faculté de Paris, de Belcastel passa quelque temps au Ministère de l'Intérieur qu'il abandonna en 1841 pour rentrer à Toulouse, où il partagea son temps entre l'exercice de sa profession d'avocat, les œuvres de charité qui le rapprochèrent du P. Caussette, et la rédaction de l'un des principaux organes de la presse locale. L'énergie de ses convictions et l'ardeur de ses polémiques lui causèrent parfois des démêlés avec la justice et peut-être même avec ses confrères du barreau, sans le détourner cependant de ses goûts littéraires.

Il prit part au concours d'éloquence de 1847 et obtint, trois ans après, une Eglantine d'or pour une dissertation philosophique dont la puissante logique fait ressortir la droiture d'une personnalité naissante.

Il entre à l'Académie le 13 juin 1853 et débute

par une œuvre remarquable, dans laquelle il démontre que le Beau n'est que le résultat de l'Ordre dans la Grandeur. Ce discours est inséré au Recueil (1854) ainsi que sa Semonce de 1857 sur le Triomphe du travail, ses éloges du P. Caussette (1883) et de Maisonneuve (1889), ses réponses aux remerciements de MM. de Raymond Cahusac et de Lahondès (1883 et 1886), enfin quelques vers prononcés à un repas de noces (1883).

L'Académie avait nommé de Belcastel secrétaire des assemblées le 12 février 1858 ; un devoir familial l'appela sous les climats chauds et il donna sa démission le 4 juin de la même année. Pendant son séjour à Madère, il écrivit : *Les îles Canaries et la vallée d'Orotava* et fit une traduction du *Combat spirituel* du P. dom Lorenzo Scuopoli. A peine de retour, il s'occupe d'agriculture et publie plusieurs travaux d'agronomie, puis la défense des intérêts religieux devient bientôt l'objectif principal qu'il ne perdra plus de vue, et dès 1867, il fait paraître *la Citadelle de la liberté* dans laquelle il traite de la question romaine au point de vue de la liberté du monde. Les élections de février 1871 l'appellent à l'Assemblée nationale comme député de la Haute-Garonne : il s'y montre orateur éloquent, puisant ses inspirations dans ses croyances politiques, mais surtout dans sa foi religieuse.

Le corps électoral du même département l'envoie au Sénat de 1876 à 1879 et il suit la même ligne de conduite aussi brillamment qu'à la Chambre.

La lutte politique et religieuse est devenue son élément et, lorsqu'il rentre dans la vie privée, il reprend une véritable campagne pour la défense des libertés de la religion. A son ouvrage *Ce que garde le Vatican* publié en 1871, il ajoute, en 1884, *La monarchie chrétienne; Lettres d'un catholique à ses contemporains.*

L'apostolat qu'il a entrepris ne l'empêche pas de prendre part aux travaux de ses confrères des Jeux Floraux pas plus d'ailleurs qu'à ceux de l'Académie de législation qui le reçoit en 1880 et l'appelle à la présider en 1888.

Le Saint-Père avait récompensé, par les décorations du Saint-Sépulcre et de Pie IX, les services de ce chrétien des anciens temps, égaré dans un siècle d'indifférence et de scepticisme. Il mourut à Colomiers-Lasplanes, le 20 janvier 1890, et son éloge fut prononcé par M. Dubédat, le 19 avril de l'année suivante (R. 1891).

**8. — OZENNE (Théodore-Fulgence), banquier, ancien président du Tribunal de commerce, président de la Chambre de commerce (1891).**

Une étude sur les romantiques, souvenir d'une époque déjà lointaine, servit de thèse au discours que M. Ozenne prononça le 19 avril 1891, en remerciant l'Académie de l'avoir appelé, le 19 février de l'année précédente, au cinquième fauteuil des mainteneurs.

Déjà la municipalité toulousaine s'était montrée oublieuse des devoirs que ses prédécesseurs lui avaient légués depuis deux siècles, et peu soucieuse de protéger et de conserver une société littéraire, qui avait tout au moins le mérite de propager et de maintenir le goût de la littérature dans le Midi, mais dont l'existence était subordonnée au concours pécuniaire de la Ville.

Brusquement le Maire et le Conseil municipal supprimèrent tout subside à l'Académie des Jeux Floraux. C'était la mort à brève échéance.

M. Ozenne entr'ouvrit son testament écrit depuis plusieurs années et fit, de son vivant, à l'Académie les libéralités qu'il lui réservait après sa mort. Au don généreux qui assurait contre tout évènement la perpétuité de nos concours, il ajouta une importante allocation annuelle pour l'établissement de prix de vertu et pour un concours de langue romane.

Malgré son grand âge et sa santé déjà gravement compromise, M. Ozenne a pu assister à la grande fête du deuxième centenaire et voir distribuer les premières récompenses que les vainqueurs des concours de vertu, de littérature et de langue romane ne devaient plus à une municipalité hostile, mais à un mainteneur dont le nom s'associera désormais à celui de Clémence Isaure.

## SIXIÈME FAUTEUIL.

**1. — De FIEUBET (Gaspard), conseiller au Parlement (1667-1694-1711).**

Les dispenses d'âge et de parenté accordées à Gaspard de Fieubet, reçu conseiller aux requêtes du Parlement de Toulouse, à dix-huit ans et demi, le 4 septembre 1686, étaient légitimées par les nombreux et anciens services de sa famille dans la magistrature, les fonctions publiques et la culture des lettres. Son grand père avait été Premier Président du Parlement de Provence; son oncle Gaspard de Fieubet, membre du Conseil d'Etat, s'était fait un nom dans le monde littéraire par des poésies, dont les plus connues sont la fable *Ulysse et les Sirènes* et son épitaphe de Saint-Pavin, abbé de Livry; enfin son père, marié à M^lle^ de Gameville de Monpapou, était Premier Président au Parlement de Toulouse. Il comptait encore à la Cour souveraine du Languedoc, ses deux beaux-frères, le conseiller de Maussac de Mauriac et le président de Maniban, qui avaient épousé M^lles^ de Fieubet, l'un en 1679 et l'autre en 1685.

De Fieubet et de Maniban étaient membres des Jeux Floraux avant 1694. Les lettres patentes de Louis XIV leur confirmèrent le titre de mainteneur et l'accordèrent au conseiller de Mauriac.

Né à Toulouse le 3 novembre 1667, de Fieubet mourut à Paris le 5 novembre 1711, à l'âge de quarante quatre ans. Un siècle plus tard, le secrétaire perpétuel Poitevin-Peitavi lut à l'Académie, le 16 août 1811, une notice biographique de ce mainteneur dont l'éloge avait sans doute été prononcé après son décès, mais ne figurait pas aux procès-verbaux.

**2. — De COMYNIHAN (Joseph), avocat au Parlement, ancien capitoul et trésorier de la Ville de Toulouse (1675-1711-1761).**

Fils d'un contrôleur général des décimes et de Mlle de Turle, Joseph de Comynihan naquit en 1675, probablement à Toulouse.

Son inscription au nombre des avocats au Parlement ne l'empêcha : ni de suivre son goût pour la littérature, malgré l'opposition que la culture des Lettres rencontrait alors au barreau, ni de faire partie d'une société littéraire fondée par Lecomte et d'Aliès, pas plus que de prendre part au concours de 1703, où il obtint le prix d'éloquence, l'Eglantine d'argent.

Elu mainteneur survivancier le 20 mai 1707, il attendit plus de quatre ans avant de devenir titulaire d'un fauteuil, dont il prit possession le 18 décembre 1711.

A défaut de son remerciement, l'Académie a conservé au Recueil les éloges de Mgr de Nesmond, d'Assézat, d'Orbessan et de Soubeiran de Scopon prononcés par de Comynihan (R. 1728-1737 et 1751) et les procès verbaux rappellent sa réponse au remerciement de Delpy, le 1er mars 1751.

Cet académicien fut quelque temps subdélégué de l'Intendant du Languedoc, puis capitoul du Pont-Vieux en 1719; capitoul du quartier de la Pierre et chef du Consistoire en 1728, 1739 et 1740, il devint trésorier de la Ville de Toulouse et administrateur de l'hôpital général.

Veuf de Mlle de Sainti, il se maria en secondes noces avec Mlle de Turle et en eut une fille, qui épousa M. de Caumels et mourut en 1759.

Comynihan ne survécut pas longtemps à sa fille unique; il succomba, le 1er janvier 1761, à l'âge de quatre-vingt six ans, et fut enseveli au préau de Saint-Etienne.

Son éloge, prononcé le 13 février suivant par l'abbé Forest, figure au Recueil de 1764.

### 3. — De LACROIX (Pierre-Firmin), avocat au Parlement (1730-1761-1786).

D'une famille originaire de Marseille, de Lacroix fut, en 1730, le douzième enfant du directeur de l'hôpital militaire de Villefranche-de-Roussillon.

Il fit ses premières études à Perpignan et vint à Toulouse suivre les cours de philosophie et de théologie pour se préparer à embrasser la carrière ecclésiastique. A la suite d'un voyage à Paris, où il publia une ode sur la naissance du duc de Bourgogne, sa vocation se modifia et il entra au barreau.

De retour à Toulouse, de Lacroix se trouva en présence d'une sorte d'ostracisme auquel l'ordre des avocats avait condamné les Belles-Lettres.

A l'exemple de Montaudier, de Cormouls et de Lardos et avec l'appui de Duclos, il lutta contre cette injuste proscription et parvint à en triompher par ses succès simultanés au barreau et aux concours des Jeux Floraux où il remporta l'Amarante en 1760, après avoir obtenu, l'année précédente, l'impression d'une ode et le prix du genre bucolique.

L'Académie le nomma mainteneur des Jeux Floraux, le 13 février 1761, et l'entendit, à la fête des fleurs de la même année et à celle de 1774, faire l'éloge de Clémence Isaure. Ces deux discours et l'éloge de Parazols (1781) sont insérés au Recueil. Par deux fois, il harangua, au nom de l'Académie, les Premiers Présidents du Parlement à leur arrivée à Toulouse : de Bastard, en février 1763, et de Vaudeuil, en septembre 1769. Les procès-verbaux ne font que mentionner ces deux harangues, ainsi que son étude sur la *Chaleur du style*, dont il donna lecture, à titre de Semonce en 1762.

Il mourut à Toulouse le 25 novembre 1786, à l'âge de cinquante-six ans, et Poitevin-Peitavi fit son éloge le 11 mars 1787.

**4. — Abbé SAINT-JEAN (Jean-Marie), professeur au lycée de Toulouse (1746-1787-1828).**

D'une famille très modeste de la paroisse Saint-Etienne, Jean Saint-Jean naquit à Toulouse le 25 janvier 1746, entra dans les ordres, devint prébendier à la cathédrale, prieur de Roqueserrières, et fit partie du « Musée » fondé par Mgr Loménie de Brienne.

Dès 1775, il avait obtenu un deuxième accessit au concours exceptionnel ouvert par l'Académie pour une ode en l'honneur du rétablissement du Parlement; dix ans après, il remporta le prix du concours d'éloquence et reçut l'Eglantine d'or.

Il prit possession du sixième fauteuil des mainteneurs, le 11 mars 1787, et entretint l'Académie, dans son remerciement, de l'*Utilité des Sociétés littéraires*. Son discours est au Recueil (1787), avec une esquisse de l'éloge de Buffon et le compliment qu'il adressa, au nom de ses confrères, à Mgr de Fontanges, à son arrivée dans le diocèse (1789).

A la Révolution qui le ruina, l'abbé Saint-Jean présida, comme modérateur du trimestre, la dernière séance que tinrent les mainteneurs le 16 avril 1791 et, quinze ans après, le 9 février 1806, il prit, en la même qualité, la présidence de la première réunion de l'Académie, chez A. Jamme, le plus ancien des survivants.

Ses revers de fortune obligèrent l'abbé Saint-Jean à entrer dans l'enseignement; il débuta en occupant une chaire d'histoire à l'École Centrale du département. C'est sous ce titre qu'il figure sur la liste des premiers membres résidants de la Société littéraire « le Lycée de Toulouse », fondée en 1798; il y présenta, le 10 floréal an VI, un discours en vers et, l'année suivante, une ode anacréontique sur *le Mariage de Rosette*.

Devenu professeur au Lycée, l'abbé Saint-Jean put continuer avec ardeur ses travaux littéraires.

L'Académie de Châlons lui décernait une médaille d'or pour son étude sur *la Moralisation des spectacles*. Il répondait au remerciement de Desmousseaux en 1807 et les Jeux Floraux faisaient insérer dans leur Recueil son ode sur *les Livres Saints* (1812) et son essai sur *l'Abdication de Sylla* (1817).

L'âge de la retraite était arrivé, lorsqu'un héritage permit au laborieux professeur de retrouver le bien-être dont il avait été privé pendant de longues années. Il publia un *Nouveau Manuel ecclésiastique*, avant de s'éteindre, à l'âge de quatre-vingt deux ans, le 12 mai 1828.

Le 24 août suivant, Tajan prononça l'éloge de l'abbé Saint-Jean et le président Caze, son exécuteur testamentaire, remit en son nom, à l'Académie, l'Eglantine d'or obtenue en 1785, les ouvrages qu'il avait publiés, et son portrait qui figure dans le Musée des Jeux Floraux.

**5. — CAVALIÉ (Jean-Pierre-François), avocat général à Toulouse (1784-1828-1832).**

Né à Cunac, près d'Albi, le 28 août 1784, F. Cavalié fut élevé dans sa ville natale, étudia le droit à Paris, revint à Albi en 1806, se maria très jeune et entra au barreau.

En 1810, il devint substitut du Procureur à Albi et, deux ans après, il fut appelé aux mêmes fonctions auprès du Procureur général de Toulouse. En 1816, le magistrat dépose sa toge et reprend la robe d'avocat, puis, en 1819, il est nommé avocat général à Toulouse, occupe ce siège jusqu'en 1830, date à laquelle il rentre pour la troisième fois au barreau. Entre temps, il devenait, en 1824, membre de la Société d'Agriculture de la Haute-Garonne et, le 24 août 1828, il exposait *les Avantages de l'étude des Belles-Lettres* devant l'Académie des Jeux Floraux, qui lui avait confié son sixième fauteuil, le 20 juin précédent.

Son remerciement est inséré au Recueil (1829), ainsi que l'éloge de son confrère de Cardonnel, qu'il prononça en 1830.

Après avoir été secrétaire des Collèges électoraux d'Albi, en juin 1830, il fut élu conseiller municipal de Toulouse en décembre 1831.

Il mourut moins d'une année après, le 28 octobre 1832, et M. de Voisins-Lavernière fit son éloge le 7 mars 1833.

**6. — GATIEN-ARNOULT (Adolphe-Félix), professeur de philosophie, recteur de l'Académie de Toulouse (1800-1833-1886).**

Dans sa longue existence de quatre-vingt-cinq années, commencée à Vendôme le 30 octobre 1800 et terminée à Mont-de-Marsan le 18 janvier 1886, Gatien-Arnoult, que sa carrière attachait à l'Université, fut à la fois philosophe, littérateur, savant, et homme politique.

Après avoir fait ses études à Vendôme, puis à Orléans, enfin à Paris, où il obtint les grades de docteur ès Lettres et d'agrégé, Gatien entra dans l'enseignement et fut professeur aux collèges de Nevers, Bourges, Reims et Nancy, de 1824 à 1830. Le *Cours de Philosophie*, qu'il publia à cette époque, le désigna à l'attention du Ministre de l'Instruction publique et lui valut la chaire de philosophie à la Faculté de Toulouse.

Malgré l'opposition que rencontrèrent les principes de sa doctrine, à laquelle Mgr d'Astros répondit en 1842 par un mandement, il sut faire apprécier, dans sa nouvelle résidence, la vivacité de son esprit et l'étendue de ses connaissances.

L'Académie des Jeux Floraux l'appela au nombre de ses mainteneurs et entendit, le 7 mars 1833, ses *Observations sur la nouvelle littérature*.

On trouve au Recueil : son discours de réception (1833); ses éloges de Cabantous (1842) et de Rémusat (1878); ses réponses au remerciement de M. d'Hugues (1866) et aux vers que lui adressa notre Secrétaire perpétuel à l'occasion de son cinquantenaire académique (1883); son allocution à M. de Bornier, en lui remettant les lettres de maître ès Jeux (1884); deux rêveries : *le Soir* et *l'Angelus* (1883, 1884), et une étude sur les fauteuils des Jeux Floraux (1882). Son œuvre académique la plus importante est la traduction de la Poétique de Molinier, qu'il a publiée sous le titre : *Le mouvement de la littérature romane depuis le quatorzième siècle*.

Les procès-verbaux signalent en outre ses réponses aux discours de remerciement de Belcastel (juin 1853) et de M. de Voisins-Lavernière (février 1858); une charmante pièce de vers dans laquelle il s'excusait, le 21 novembre 1879, de ne pas être prêt pour son tour de lecture; enfin une étude sur Clémence Isaure, réformatrice du Collège de la Gaie Science, sur les poésies françaises et latines de G. de Boyssonné et sur les travaux d'Etienne Dolet (novembre 1880).

Gatien-Arnoult fut le doyen des mainteneurs; il appartint pendant près de cinquante-trois années à l'Académie, qui célébra, le jour de la fête des Fleurs de 1883, le cinquantième anniversaire de sa réception au sixième fauteuil. Elle lui offrit un jeton commémoratif que M. de Rességuier, secrétaire perpétuel, lui présenta dans un écrin de fleurs littéraires.

Dès son arrivée à Toulouse, Gatien-Arnoult était entré à l'Académie des Sciences, Inscriptions et Belles-Lettres dont il fut le président en 1845-1846 et de 1861 à 1863; il devint secrétaire perpétuel de cette Compagnie en 1864.

Les travaux de l'académicien, malgré leur importance, n'interrompaient pas ceux du professeur, du publiciste et de l'homme politique.

Sans parler de sa collaboration à la *Revue de l'enseignement pour le Midi*, qu'il dirigea en 1837-1838, et à la *Minerve* de Toulouse (1869), ses œuvres principales sont : *Doctrine philosophique* (1835); *Lectures philosophiques* (1838); *Histoire de la philosophie en France* (1859); *Victor Cousin, l'école éclectique et l'avenir de la philosophie française* (1867); son étude sur Lamoriguière et ses éloges de Pagès de l'Ariège, de Frédéric Petit et de Thiers.

Conseiller municipal d'opposition de 1841 à 1844; membre, puis président de la commission municipale de Toulouse en février 1848, il fut élu représentant du peuple à l'Assemblée Constituante de 1848 et siégea à la gauche. La loi sur les incompatibilités ne lui permit pas d'entrer à l'Assemblée Législative. Après quelques années de retraite sous l'Empire, il rentra dans la vie publique, en 1865, comme conseiller municipal, fut président de la commission municipale au 4 Septembre, et devint, en février 1871, député à l'Assemblée nationale, où il organisa et présida le groupe de la gauche républicaine.

Un décret du 17 avril 1871 l'avait nommé recteur de l'Académie de Toulouse pendant qu'il siégeait à la Chambre des députés. Le 23 décembre 1873, il prit sa retraite avec le titre de recteur honoraire.

En prononçant son éloge, le 19 février 1888, notre confrère M. le Cte d'Adhémar a retracé la vie laborieuse et agitée de Gatien-Arnoult, qui sut reconnaître, à la fin de sa carrière, les erreurs de la doctrine philosophique qu'il avait professée si longtemps.

**7. — GARDELLE (Paul-Marie), avocat, ancien magistrat (1840-1888-1894).**

Dans son éloge du 20 décembre 1896, M. de Malafosse a rappelé cette existence consacrée à l'étude, à la famille et à l'accomplissement rigoureux du devoir.

Toulouse, où il était né le 21 octobre 1840, avait vu Gardelle sur les bancs des écoles, de la Faculté de droit, puis à la barre des tribunaux.

Moissac eut ses débuts dans la magistrature comme substitut, puis ce fut Montauban qui le reçut au Parquet, chercha à se l'attacher davantage en le nommant membre de la Société des Lettres, Sciences et Arts et l'entendit, au lendemain des hontes de la Commune, faire publiquement l'éloge du président Bonjean.

De chef du Parquet de Villefranche-de-Lauragais, en 1873, ensuite de Castres, il passe en 1877 substitut du procureur général à Pau, où il prononce un éloge remarqué de Frédéric Bastiat. Mais arrivent les décrets de 1880, et le jeune magistrat n'hésite pas un instant à déposer sa robe qui pourrait être souillée par l'exécution des lois spoliatrices; il brise sa carrière, renonce au plus brillant avenir et vient se faire inscrire au barreau de Toulouse.

Le Recueil n'a conservé de notre confrère, élu mainteneur le 4 juin 1886, que le discours de remerciement qu'il prononça, le 19 février 1888, sur *le Pessimisme contemporain;* mais en mourant, le 27 octobre 1894, il a laissé à l'Académie le souvenir d'une grande élévation de sentiments et le précieux exemple du devoir accompli.

## SEPTIÈME FAUTEUIL.

1. — **De BERTIER (François), seigneur de Saint-Geniès et de Montrabe, Premier Président du Parlement (1653-1694-1723).**

Élu chancelier en 1713, de Bertier passa au premier fauteuil. (Voir ci-dessus, page 3.)

**2. — De CORMOULS (François-Joseph), avocat au Parlement, chef du Consistoire (16..-1713-1738).**

Avocat distingué au Parlement de Toulouse, de Cormouls avait abandonné le barreau pour se consacrer à la culture des Lettres. Les premiers fruits de ses travaux furent plusieurs œuvres en vers et en prose dont quelques-unes parurent dans le *Mercure de France.*

L'Académie se l'attacha, en qualité de mainteneur survivancier, le 30 novembre 1711, et le nomma titulaire du septième fauteuil le 22 août 1713, en remplacement du Président de Bertier, devenu chancelier.

Ses concitoyens du quartier du Pont-Vieux l'appelèrent au capitoulat en 1718 et ce fut en qualité de capitoul baile qu'il répondit, le 1er janvier 1719, à la Semonce prononcée par Campistron.

Sa réponse figure au Recueil (1719) avec le discours que, député de Toulouse, il adressa aux Etats provinciaux, au sujet du Don gratuit, le 21 janvier 1723 (R. 1723). Le volume de 1726 contient trois autres œuvres de Cormouls, qui occupa la charge de chef du Consistoire en 1725 et 1726 : l'éloge de son confrère, le chevalier d'Aldéguier; sa réponse à la Semonce au nom de l'édilité toulousaine; enfin son discours à la Grand'Chambre du Parlement, le jour de l'installation des nouveaux capitouls nommés par le Roi.

Comme membre de la municipalité, il rédigea,

en 1728, la chronique annuelle insérée aux Grands Livres des capitouls.

De Gailhac fit, le 5 janvier 1739, l'éloge de Cormouls, décédé à Castelsarrasin, le 12 du mois précédent.

**3. — De MIRAMONT (Bernard-André), seigneur de Daumazan, conseiller au Parlement (1705-1739-1791).**

Fils de Pierre, avocat au Parlement, et de Perrette de Carbonnel, de Miramont, né le 30 novembre 1705, fut élevé au collège des Jésuites, fit ses études de droit à Toulouse et alla se faire inscrire comme avocat au barreau de Paris.

Pendant son séjour dans cette ville, il entra dans la diplomatie et suivit de Guerchi dans son ambassade à Londres en 1726; mais bientôt il revint à Toulouse et obtint, en août 1736, un office de conseiller au Parlement.

L'année suivante, il épousa Marie-Françoise de Saget, fille de l'avocat général, et fut élu mainteneur le 5 janvier 1739.

Le Recueil de l'Académie a conservé l'éloge de Clémence Isaure qu'il prononça en 1740.

Miramont conserva son office pendant le Parlement Maupeou, devint membre de la Chambre Tournelle et mourut à Toulouse, à l'âge de quatre-vingt-six ans, le 17 mars 1791, quelques jours avant la dispersion de l'Académie.

Le Premier Président Desazars prononça son éloge le 9 janvier 1807.

**4. — Abbé JAMME (Gabriel-Joseph-Alexandre), professeur en théologie, conservateur de la Bibliothèque du clergé, chanoine de la métropole (1766-1806-1843).**

Né à Toulouse, le 18 octobre 1766, l'abbé Jamme devait être le seul survivant des enfants issus du mariage d'Alexandre Jamme et de Thérèse Gez, sœur du mainteneur de ce nom.

Après avoir fait ses études à l'Esquille, puis au Séminaire Saint-Charles, il avait reçu les ordres sacrés en 1789 et s'était refusé, sous la Révolution, à accepter la constitution civile du clergé. Le prêtre réfractaire fut obligé de se cacher à Aureville et partagea l'asile de son père, qu'il sauva en se livrant aux sans-culottes acharnés à leur poursuite.

Au rétablissement de l'Académie, l'abbé Jamme fut des premiers appelé à occuper un fauteuil auquel ses titres littéraires lui donnaient des droits incontestés. Pendant que son frère, décédé depuis, obtenait trois fois le prix du genre bucolique avant la Révolution, il se distinguait lui-même dans le concours créé par Vendages de Malapeyre : de 1787 à 1790, il obtint deux insertions au Recueil et deux Lis d'argent pour ses poésies en l'honneur de la Vierge Marie.

Mainteneur installé le 23 février 1806, il est nommé secrétaire des assemblées et conserve ces fonctions jusqu'à la fin de 1809.

A la première fête des Fleurs, il lit un hymne à la Vierge qui figure au Recueil avec son discours de remerciement (1806). Ces deux œuvres sont suivies : de l'Eloge dans lequel il traite du *Développement de l'esprit* (1809); des éloges des archevêques de Toulouse : Mgr de Brienne (1809), Mgr Dillon (1810); de celui de Mgr Primat, qui fut prononcé en 1818 et ne parut au Recueil qu'en 1830; enfin de celui de Mgr de Clermont-Tonnerre (1833); de ses réponses aux discours des récipiendaires Gauldrée Boilleau (1810), Cabantous et de Bastoulh (1826), de Limairac (1834) et Dumège (1836).

Comme secrétaire des assemblées, il fait la résumption des travaux en 1807, 1809 et 1810, mais ces trois rapports n'ont pas été imprimés. On ne trouve pas davantage au Recueil son ode sur *les Livres Saints* lue à la fête des Fleurs de 1810, l'éloge de son oncle et son confrère Gez (août 1816), ni son Etude sur l'ancien emplacement et l'antiquité de la ville de Toulouse (juin 1825).

En qualité de modérateur du trimestre, il reçoit la duchesse d'Angoulême, lorsqu'elle vient visiter les salles de l'Académie, le 4 septembre 1815.

On ne saurait passer sous silence l'initiative et le zèle dont il fit preuve en 1807 pour découvrir les restes de Goudelin, qui allaient disparaître dans la démolition de l'église des Grands-Carmes et qui furent transportés, par les soins de l'Académie, dans l'une des chapelles de N.-D. la Daurade.

L'abbé Jamme a appartenu depuis 1810 à l'Académie des Sciences, Inscriptions et Belles-Lettres, mais ses travaux littéraires et scientifiques, si nombreux et si remarqués, ne sont rien auprès de ses labeurs professionnels et de ses œuvres religieuses.

Professeur de théologie et doyen de la Faculté de Toulouse, conservateur de la Bibliothèque dite du Clergé, chanoine honoraire de la métropole Saint-Etienne, ancien prieur de Montdardier et de Saint-Martin d'Uzès, dignitaire de Maubourguet et chanoine de Simorre, il rétablit à Toulouse la confrérie des chevaliers de N.-D. de l'Espérance, dont la fondation remontait au quinzième siècle, sous le règne de Charles VII; il créa en 1814 la Société des Amis des Arts, qui se joignit plus tard à l'Académie de Peinture, Sculpture et Architecture; enfin il contribua au rétablissement et devint le prieur de la confrérie des Pénitents Gris, instituée en 1577.

La mort le frappa à Toulouse, le 18 février 1843, à l'âge de soixante-seize ans, et Ed. de Limairac prononça son éloge le 19 mai 1844.

**5. — FORTOUL (Nicolas-Honoré-Hippolyte), professeur de littérature à la Faculté de Toulouse, Ministre de l'Instruction publique (1811-1843-1856).**

Obligé par son état de santé d'abandonner les études de droit qui devaient lui ouvrir la carrière du barreau et de la magistrature, Fortoul, né à Digne (Basses-Alpes), le 4 août 1811, et élevé au Lycée de Lyon, entra dans le journalisme et se consacra aux travaux littéraires et historiques.

Son étude sur le seizième siècle; son roman : (

*Simiane ou Grandeur de la vie privée;* son œuvre capitale : l'*Art en Allemagne;* les *Fastes de Versailles;* et sa thèse de doctorat ès Lettres à la Faculté de Lyon sur *le Génie de Virgile,* avaient appelé l'attention et les louanges du monde littéraire.

Appelé à occuper la chaire de littérature française à la Faculté de Toulouse, il fut élu mainteneur des Jeux Floraux, le 23 juin 1843, et prit possession de son fauteuil, le 19 mai de l'année suivante, en prononçant un discours sur les *Rapports existant entre la Littérature et la Théologie* (R. 1845).

L'Académie lui confia, le 3 janvier 1845, les fonctions de secrétaire des assemblées. Il remplit cette charge jusqu'au 21 novembre suivant, date à laquelle il demanda à se démettre de ses fonctions. Pendant cette période, il lut à ses confrères plusieurs communications pleines d'intérêt, notamment un fragment de son étude sur Maurice de Saxe (août 1845).

Le gouvernement le nomma doyen de la Faculté d'Aix, récemment réorganisée; mais les événements l'amenèrent à prendre part aux luttes politiques.

Député des Basses-Alpes en 1848, il fut choisi par le Prince Président pour diriger le Ministère des Cultes et de l'Instruction publique. Le développement constant des connaissances et des études lui imposa l'obligation de spécialiser l'enseignement; il fit la bifurcation des études, en séparant l'enseignement des sciences de celui des lettres, suivant le goût et les aptitudes des élèves.

Il finit sa carrière aux eaux d'Ems, le 7 juillet 1856, et son éloge, rédigé par de Tauriac, fut lu dans la séance de l'Académie du 26 avril 1857.

**6. — Abbé DUILHÉ DE SAINT-PROJET (Marc-Antoine-Marie-François), docteur en théologie, chanoine honoraire de Toulouse et de Rouen, recteur de l'Institut catholique de Toulouse (1857).**

Avant d'appartenir à l'Académie, M. l'abbé Duilhé de Saint-Projet avait vu ses œuvres couronnées pendant quatre années consécutives dans les concours annuels des Jeux Floraux (1852-1856). Un Lis, deux Soucis, et une Eglantine d'or récompensèrent un hymne sur l'*Immaculée-Conception*, une ode sur la *Sœur de Charité* et les éloges de Joseph de Maistre et de Jacques Delille.

Ce bouquet de fleurs d'Isaure lui assurait l'entrée de l'Académie, qui le nomma mainteneur le 9 janvier 1857 et le reçut le 26 avril suivant, après un discours sur les *Rapports de la littérature et de la théologie*.

Le Recueil contient, en outre, ses éloges de Mgr Mioland (1860), de l'abbé Lézat (1888) et de Depeyre (1893) ; ses réponses aux discours de réception de Depeyre (1861), de M. d'Aragon (1878) et de Gardelle (1887); enfin son rapport sur le Concours d'Eloquence en 1886.

M. l'abbé Duilhé de Saint-Projet a publié plusieurs ouvrages d'histoire et de théologie : *Les études religieuses en France depuis le dix-*

*septième siècle jusqu'à nos jours*, œuvre couronnée par l'Académie française en 1862, et surtout l'*Apologie scientifique de la foi chrétienne*, qui a obtenu l'approbation du Saint-Père en 1885, et qui, traduite aujourd'hui en huit langues, est répandue dans toute la chrétienté.

Depuis la célébration de son second centenaire, l'Académie a eu la douleur de perdre, le 15 mai 1897, ce vénérable ecclésiastique, que S. S. Léon XIII avait récemment élevé à la dignité de Prélat de la maison Papale.

## HUITIÈME FAUTEUIL.

**1. — Du PUGET (Pierre), baron de SAINT-ALBAN, lieutenant des Maréchaux de France (1641-1694-1721).**

Les archives de l'Académie ne donnent aucune indication précise sur ce membre des anciens Jeux Floraux, confirmé par les lettres patentes de 1694.

La culture des Lettres le disputait chez lui à l'étude de l'histoire et aux recherches généalogiques; c'est ce que nous apprend le président Druillet dans l'éloge qu'il prononça, le 21 mars 1721, pour honorer la mémoire du baron du Puget, décédé le 28 du mois précédent, à l'âge de quatre-vingts ans, et enseveli dans l'église des Cordeliers de la Grande-Observance.

Son nom figure sur les états du dénombrement

de 1689 comme seigneur du Puget, sur le Var, et baron de Saint-Alban, dans la Sénéchaussée de Toulouse; on le trouve encore dans les registres paroissiaux du Taur, pour le baptême de son fils Joseph, né de son mariage avec Mlle Bourguine de Garaut de Montesquieu.

**2. — Mgr de NESMOND (Henry), archevêque de Toulouse, conseiller au Parlement, membre de l'Académie française (1652-1721-1727).**

Henry de Nesmond, fils de Henry, président aux Requêtes du Parlement de Bordeaux, et de Marie de Tarneau, né le 27 janvier 1652, avait plus de quatre ans, lorsque son frère aîné Pierre André et sa tante Luce de Tarneau, veuve de Castelnau, conseiller au Parlement, le tinrent sur les fonts baptismaux de l'église Saint-André de Bordeaux, le 27 avril 1656.

Il fut élevé à Paris, entra dans les ordres, fut nommé abbé de Chézy, dans le diocèse de Soissons, se consacra à l'apostolat et devint l'un des prédicateurs les plus appréciés de la fin du dix-septième siècle.

Ses sermons du Carême et de l'Avent eurent un tel succès que Louis XIV le nomma, en 1687, évêque de Montauban; il y fit construire la cathédrale, obtint l'abbaye du Mas-Grenier et fut appelé à un office de conseiller au Parlement de Toulouse en mai 1695.

Transféré au siège épiscopal d'Albi en 1703, il succèda à Fléchier à l'Académie française en 1710 et reçut, dix ans après, sa nomination d'Archevêque de Toulouse.

L'Académie lui donna son huitième fauteuil le 21 mars 1721 et chargea une commission, au nom de laquelle le conseiller d'honneur d'Aldéguier porta la parole, de le féliciter à son arrivée dans la capitale du Languedoc, le 22 juin 1722. Il fut installé comme mainteneur le 17 du mois suivant.

Le 22 décembre de la même année, Mgr de Nesmond, à la tête du clergé de France, assistait à Reims au sacre de Louis XV et félicitait le jeune roi. Son discours a été conservé dans le Recueil de 1723.

Le prélat, que l'on voit encore présider l'Assemblée générale du clergé en 1725, mourut à Toulouse le 27 mai 1727, après avoir laissé tous ses biens à l'hôpital Saint-Jacques de la Grave. On l'ensevelit devant l'autel de la cathédrale et son cœur fut placé dans une niche de la chapelle de l'hospice, son légataire. La Révolution jeta au vent les restes du saint évêque, mais la plaque et l'inscription commémorative de ses bienfaits existent encore dans la chapelle de la Grave.

Le Recueil de 1728 contient l'éloge de Mgr de Nesmond prononcé par de Comynihan, le 19 juin de l'année précédente.

**3. — Comte de MIRAN DE VERDUSAN (Jean-Jacques), avocat au Parlement (1693-1727-1760).**

Son père, Louis-Aimé, marié à Marie-Charlotte de Fimarcon, était sénéchal de Bigorre, lorsque

J.-J. de Miran naquit en 1693 au château d'Herrebouc, dépendant de la paroisse de Saint-Jean-Poutge, dans le diocèse d'Auch.

Elevé à l'Esquille, il débuta dans la carrière militaire aux mousquetaires du Roi, mais il reconnut bientôt qu'il s'était trompé de voie, et revint à Toulouse, où il se voua à l'étude de la littérature et des sciences.

De Miran fut reçu mainteneur le 19 juin 1727; il appartenait également à l'Académie des Sciences, Inscriptions et Belles-Lettres de Toulouse et à celle des Belles-Lettres de Montauban.

Ses intérêts le rappelèrent dans son pays natal, et il mourut, aux environs de Tarbes, le 7 avril 1760.

De Lafage prononça, le 23 mai suivant, l'éloge de ce mainteneur, qui laissa, de son mariage avec Mlle de Blazy, deux enfants, dont un fils, alors colonel au régiment de Limousin.

**4. — Mgr DILLON (Arthur-Richard), archevêque de Toulouse, Primat de Narbonne, commandeur du Saint-Esprit (1721-1761-1806).**

D'une ancienne famille de Normandie qui était passée en Angleterre avec Guillaume le Conquérant, le père de Mgr Dillon vint en France avec le roi Jacques et leva un régiment auquel il donna son nom. Il avait le grade de lieutenant-général dans les armées du roi et habitait Saint-Germain en Laye, au Château-Neuf aujourd'hui démoli, lorsque sa femme Catherine Scheldon, dame d'honneur de la reine d'Angleterre, lui donna un fils, le 14 septembre 1721. Talbot, comte de Tyrconnel, et dame Marie Nurgent, fille d'un maréchal de camp, tinrent l'enfant sur les fonts baptismaux et lui donnèrent les prénoms d'Arthur-Richard.

Le jeune Dillon entra dans les ordres et devint rapidement vicaire-général de l'archevêque de Rouen, puis évêque d'Evreux en 1752. Il se faisait remarquer par son éloquence, son extérieur imposant et le luxe de sa maison.

Appelé à l'archevêché de Toulouse en 1758, il reçut à son arrivée dans son diocèse, le 18 janvier 1760, les compliments de l'Académie dont l'abbé d'Aufrery était l'interprète, fut élu mainteneur le 23 mai de la même année, et prit possession de son siège le 13 mars 1761.

Il ne resta que peu de temps à Toulouse qu'il quitta pour occuper le siège de Narbonne, auquel il avait été appelé le 12 novembre 1762. Placé à la tête des Etats du Languedoc, il n'oublia pas son ancien diocèse, lui fit accorder d'importantes subventions et seconda de son mieux les travaux de son successeur, Mgr Loménie de Brienne. Les Toulousains lui en témoignèrent leur reconnaissance en donnant son nom au quai construit par ses ordres pour défendre le faubourg Saint-Cyprien contre les inondations de la Garonne.

A la Révolution, Mgr Dillon s'opposa à la constitution civile du clergé qui ne lui enlevait pas moins de cent mille écus de revenus, refusa le siège épiscopal de Narbonne que lui offrirent les officiers municipaux de cette ville, et passa à l'étranger, d'abord à Coblentz, puis en Angleterre, où il s'établit. Il y trouva de nombreux ecclésiastiques français, devint leur chef et protesta énergiquement contre le concordat de 1801, ainsi que treize évêques réfugiés comme lui à Londres.

Fidèle à la devise des Dillon : *Dum spiro, spero*, il ne cessa jamais de revendiquer les droits dont le clergé avait été dépouillé. Il mourut à Londres, le 6 juillet 1806, et fut enseveli au cimetière de Saint-Pancrace que le roi Georges avait donné en 1792 aux émigrés français. Le cimetière a été traversé en 1866 par le Midland Railway et la tombe de l'ancien archevêque de Narbonne a disparu dans les travaux d'établissement de ce chemin de fer.

L'abbé Jamme prononça son éloge à l'Académie, le 4 juin 1809 (R. 1810).

**5. — JOUVENT (Barthélemy), professeur et doyen à la Faculté de Droit (1763-1809-1821).**

Lorsqu'il entretint l'Académie de l'*Elégance et de la pureté de la langue française*, dans son discours de remerciement du 14 juin 1809, Jouvent était professeur de procédure civile et de législation criminelle à Toulouse, depuis quatre années.

Avocat à Montpellier, où il était né, le 7 août 1763, Jouvent ne s'était pas laissé effrayer par les folies sanguinaires de la Terreur et n'avait pas hésité à se faire le défenseur des malheureux accusés devant le tribunal révolutionnaire. A l'organisation de la magistrature, il devint accusateur public au tribunal criminel de l'Hérault, et le corps électoral de ce département le chargea, en l'an III, de le représenter au Conseil des Cinq-Cents. Après Brumaire, il revint à Montpellier, où il remplit les fonctions de Juge de paix, jusqu'au moment où il fut appelé comme professeur à la Faculté de Droit de Toulouse.

Son discours de réception et la Semonce de 1811, dans laquelle il traita du *Goût en littérature*, figurent aux Recueils de l'Académie.

Jouvent mourut en août 1821, et son éloge fut présenté à l'Académie, le 30 juin 1822, par le professeur Ruffat.

**6. — Comte de MONTBEL (Isidore-Guillaume BARON), maire de Toulouse, ministre secrétaire d'Etat (1787-1822-1861).**

Fils d'un conseiller au Parlement qui mourut quelques jours avant les premières arrestations des suspects en 1793, et de M$^{lle}$ de Reynal, I. de Montbel naquit à Toulouse le 5 juillet 1787, n'embrassa aucune carrière sous l'Empire, s'enrôla dans les volontaires royaux en 1815 et fut, pour ce fait, placé sous la surveillance de la police pendant les Cent-Jours.

L'Académie l'appela au nombre de ses mainteneurs et l'installa au huitième fauteuil, le 30 juin 1822. Son discours de remerciement figure au Recueil de 1823.

Dès l'année 1824, de Montbel entre dans la vie publique et n'a plus les loisirs suffisants pour prendre part aux travaux littéraires de ses confrères. Conseiller municipal, conseiller général, maire de Toulouse en 1826, il se distingue par son courage et son dévouement lors de l'inondation de 1827, est élu député de la Haute-Garonne la même année, fait partie du cabinet Polignac comme Ministre de l'Instruction publique, puis de l'Intérieur et enfin des Finances, et signe les fameuses ordonnances de Juillet, qui provoquent la chute des Bourbons.

Fidèle au souverain détrôné, il accompagne Charles X à Rambouillet et passe avec lui la frontière. Décrété d'arrestation par la Cour de Paris et condamné à la mort civile et à la prison perpétuelle, il est amnistié par le Ministère Molé, mais sa vie publique est terminée. Du fond de sa retraite en Autriche, il publie successivement : une protestation contre les poursuites dont il est l'objet (1831); une lettre sur le choléra de Vienne en 1832; une notice sur le Duc de Reichstadt, travail dont il fait hommage à l'Académie (1833); enfin une relation des derniers moments de Charles X.

Il mourut à Frosdorff, auprès du Cte de Chambord, le 29 janvier 1861, et le V[te] de Raynaud prononça son éloge, le 12 février de l'année suivante.

**7. — BOUTAN (Firmin), avoué à Toulouse, président de la Société de Saint-Vincent-de-Paul (1811-1862-1890).**

Boutan, né à Toulouse, le 7 janvier 1811, appartenait au monde des affaires par son père, qui était liquidateur au tribunal de commerce. Il fit ses études dans sa ville natale, passa quelque temps au barreau, tout en participant à la rédaction du *Mémorial de Toulouse*, et acheta une charge d'avoué à la Cour.

L'Académie le nomma mainteneur le 31 mai 1861 et le reçut le 12 janvier suivant, après avoir entendu son discours sur *la Littérature et la Religion au dix-neuvième siècle* (R. 1862). Elle a conservé au Recueil son éloge de l'abbé Salvan (1866).

Boutan abandonna sa charge d'avoué pour occuper une chaire de professeur de droit à l'Institut catholique, puis il se consacra tout entier aux œuvres de charité et particulièrement à la Société de Saint-Vincent-de-Paul, qui l'avait nommé son président.

M. Marchal a fait, le 7 février 1892, l'éloge de ce mainteneur, décédé le 22 janvier 1890 (R. 1892).

**8. — DUBOUL (Henri-Théodore-Axel), ancien consul de France (1892).**

Elu mainteneur le 30 janvier 1891, M. A. Duboul a occupé le huitième fauteuil le 7 février 1892, après avoir remercié l'Académie par une étude sur *la Littérature populaire en Roumanie* (R. 1892).

## NEUVIÈME FAUTEUIL.

**1. — De MORANT (Thomas-Alexandre), Premier Président du Parlement (16..-1694-1713).**

Voir ci-dessus, au premier fauteuil, page 2.

**2. — LEMASUYER (Joseph-Marie), procureur général au Parlement (1668-1707-1749).**

J. Lemasuyer, né à Toulouse, le 11 novembre 1668, était avocat au Parlement et avait déjà plaidé plusieurs fois lorsqu'il obtint les provisions royales du 7 février 1687 le nommant, avant sa dix-neuvième année, substitut du procureur général, en l'office de Jacques Raymond.

Son père, qui appartenait depuis trente-neuf ans à la Cour souveraine, où il avait exercé les fonctions de procureur général pendant dix-huit ans, désirait le voir occuper un poste important dans la magistrature toulousaine. Son souhait fut réalisé par des lettres royales nommant Joseph Lemasuyer procureur général à l'âge de vingt et un ans. Malgré toutes les dispenses que lui accordait la décision royale du 29 décembre 1689, il ne put exercer ses fonctions de chef du Parquet, avant d'avoir atteint sa vingt-septième année.

Mainteneur survivancier le 17 juin 1701, il devint titulaire du neuvième fauteuil le 20 mai 1707, en remplacement du Premier Président de Morant, élu chancelier de l'Académie.

On ne retrouve dans les archives aucune œuvre littéraire de Lemasuyer, sauf les éloges de deux mainteneurs survivanciers, de Bertier Mailholas et de Cironis; ces discours sont insérés aux procès-verbaux des séances des 1er décembre 1713 et 10 juin 1714.

Il mourut plus qu'octogénaire, le 18 octobre 1749, et le Chev d'Aliez, secrétaire perpétuel, fit son éloge le 23 décembre suivant (R. 1750).

**3. — Marquis de PEGUEIROLES (Etienne-Hippolyte JULIEN), seigneur de Grimoard, Tublères et Saint-Beauzeli, président à mortier (1721-1751-1794).**

D'une ancienne famille parlementaire du Rouergue, de Pegueiroles, né à Millau le 18 août 1721, entra au Parlement comme avocat général, le 3 septembre 1748, et devint président à mortier, le 31 août 1753.

Il avait pris possession, le 8 janvier 1751, du fauteuil auquel l'Académie des Jeux Floraux l'avait appelé le 23 décembre 1749. A la première séance de la fête des Fleurs de l'année même de sa réception, il fit l'éloge de Mgr de Crillon, archevêque de Toulouse et mainteneur; ce discours est conservé au Recueil.

Nous n'avons pas à retracer les actes du magistrat, qui se fit remarquer par l'énergie de son attitude dans les luttes du Parlement contre le pouvoir royal en 1763, et par le dévouement avec lequel il vint partager les épreuves de ses collègues de la Cour souveraine, au moment de la réforme du chancelier de Maupeou.

Président honoraire depuis le 18 juin 1787, il vivait retiré à Millau, lorsque vint la Révolution. En mars 1792, de Pegueiroles tenta, avec ses deux fils et un groupe d'amis, de quitter le pays et de gagner la frontière. Le président de la Société des Amis de la Constitution, Saint-Martin Vallogne, le fit poursuivre et arrêter au Puy; il fut incarcéré et n'obtint sa liberté qu'en s'engageant à renoncer à tout projet de voyage.

La victime était prête. La Terreur fait arrêter Pegueiroles et, malgré les supplications de sa belle-fille, née de Paulo, il est dirigé sur Paris et enfermé à la Conciergerie; il tombe gravement malade et Thermidor le sauve de la guillotine, mais la maladie, les souffrances ont épuisé les forces du septuagénaire qui meurt à l'Hôtel-Dieu de Paris, le 28 octobre 1794.

Poitevin-Peitavi prononça son éloge le 14 mars 1807.

**4. — Baron DESMOUSSEAUX (Antoine-François-Erhard-Marie-Catherine), préfet de la Haute-Garonne (1757-1807-1830).**

Aux premiers jours de la Révolution, Desmousseaux, né à Rouen, en juillet 1757, était avocat au Parlement de Paris et ne cachait pas son opinion sur la nécessité de profondes réformes dans l'organisation sociale de la France.

Secrétaire, puis président de l'assemblée de son district, il est élu officier municipal, ensuite substitut du procureur de la commune et exerce ces fonctions jusqu'au 10 août 1792. Ses opinions modérées le font dénoncer comme royaliste constitutionnel et il est obligé de se cacher pendant la Terreur aux environs de Dreux. Après Thermidor, il rentre dans l'administration, en l'an III, comme commissaire du gouvernement près le Bureau central de Paris. Le coup d'Etat de fructidor amène sa révocation ; peu de temps après, on le retrouve administrateur du département de la Seine, puis membre du Tribunat, enfin préfet du département de l'Ourthe, à Liège.

Les membres épars de l'Académie des Jeux Floraux cherchaient à reconstituer leur ancienne Compagnie, le gouvernement impérial les encourageait et le préfet Richard les secondait de tout son pouvoir. Dès leur première séance, les mainteneurs donnèrent un de leurs fauteuils vacants au chef de l'administration départementale, mais il fut subitement appelé à une autre résidence et ne put être installé.

Desmousseaux, nommé préfet de la Haute-Garonne en remplacement de Richard, fut élu mainteneur, le 29 août 1806, et remercia l'Académie, le 14 mars suivant, en l'entretenant de la suprématie de la France, devant laquelle le monde entier s'inclinait alors. En souvenir de sa réception, Desmousseaux donna le nom d'Isaure à l'une de ses filles qui épousa plus tard Villemain, le littérateur, Ministre de l'Instruction publique sous Louis-Philippe.

Les longs services administratifs de Desmousseaux lui valurent une baronnie avec majorat en

1810 et, l'année suivante, la croix de commandeur de la Légion d'honneur.

En 1813, il est envoyé à Gand comme préfet de l'Escaut, disparaît de la scène publique pendant la première Restauration, est membre de la Chambre des députés durant les Cent-Jours et rentre définitivement dans la vie privée à la chute de Napoléon.

Après avoir vu les règnes de Louis XV et de Louis XVI, la Révolution, ses conquêtes et ses hontes, l'Empire, son épopée et ses revers, la Restauration et son impuissance, Desmousseaux mourut le 7 juillet 1830, à la veille des fameuses journées qui allaient renverser encore une fois la monarchie.

Le secrétaire perpétuel, B[on] de Malaret, prononça son éloge le 17 février 1833.

### 5. — MAZOYER (Claude-Frédéric-Henri). (1775-1832-1841.)

Mazoyer avait à peine dix-huit ans lorsqu'il assista au siège de Lyon, où il était né le 1er octobre 1775; il vit les massacres dont furent victimes les habitants de cette ville devenue *Commune affranchie*, partit pour l'armée des Pyrénées-Orientales, et devint, en 1794, quartier-maître adjoint à l'état-major du camp de Launac.

Trois ans plus tard, il a quitté l'uniforme et succède à La Harpe au lycée Thélusson, à Paris. Il fait alors un essai du théâtre et présente aux Français sa tragédie de *Thésée*, mais il s'arrête à cette première tentative, entre dans les bureaux du Ministère de la guerre et devient maître des requêtes au Conseil d'Etat.

Il abandonne ses fonctions pendant les Cent-Jours, reprend du service en 1817 comme sous-intendant militaire, fait la campagne de 1823 avec le grade d'intendant de deuxième classe, est réformé à la Révolution de 1830, et vient s'établir à Toulouse.

Elu mainteneur le 22 juin 1832, Mazoyer prend possession de son fauteuil le 17 février de l'année suivante, en entretenant l'Académie de la Nécessité de résister à l'esprit d'innovation qui se manifeste dans la littérature contemporaine.

On trouve au Recueil son ode *la Prescience divine* (1834), une Semonce sur *la Patrie* (1836), sa réponse au discours de réception de Féral (1839) et, la même année, des fragments de son poème *les Deux Ecoles*.

Dumège prononça, le 27 juin 1841, l'éloge de cet académicien, décédé le 9 janvier précédent.

**6. — De BARBOT (Marc-Antoine-Joseph-Théophile), ancien magistrat (1799-1841-1870).**

Né à Mirande, le 17 brumaire an VIII (8 novembre 1799), de Barbot, élève du Lycée Napoléon, fit le coup de feu à la barrière Saint-Denis contre les alliés, en 1814.

Il débute dans la magistrature comme juge auditeur à Toulouse en 1824 et devient substitut du procureur du roi en 1829, mais le Gouvernement de Juillet brise sa carrière par une révocation.

Pour utiliser agréablement les loisirs qui lui sont imposés, il se livre aux études littéraires en traduisant lord Byron et Le Tasse. L'Académie l'appelle au nombre de ses mainteneurs, le 19 février 1841, et il occupe pour la première fois son fauteuil, le 27 juin suivant, en traitant du *Caractère de la littérature contemporaine* (R. 1842). Il remplit les fonctions de secrétaire des assemblées du 28 novembre 1845 à la fin de 1849.

Le Recueil renferme de nombreux travaux de ce mainteneur laborieux entre tous : sa *Fête des Fleurs* pour l'éloge de Clémence Isaure (1842); la Semonce de 1850, dans laquelle il s'éleva contre l'Indifférence en matière littéraire; ses rapports sur les concours de 1845, 1846, 1859 et 1863; ses éloges de Hocquart (1845), de Tirel de La Martinière (R. 1848), de Panat (1862), de J. de Rességuier (1864) et de Castelbajac (1866); ses réponses aux remerciements de d'Ayguesvives et de notre confrère M. Albert (1859), d'Hamel (1863) et de Janot (1864); une traduction en vers du douzième chant de la *Jérusalem délivrée* (R. 1843); ses odes : *l'Océan* (1845), *Biarritz, la Mer et les Pêcheurs* (1846); enfin une étude sur la traduction des Psaumes par son confrère de La Jugie (1864).

Le procès-verbal de la séance publique de la Semonce, en 1843, signale encore sa lecture d'une traduction des stances de Childe Harold, l'œuvre magistrale de lord Byron.

Les travaux académiques n'empêchaient pas de Barbot de se consacrer à la défense des intérêts de ses concitoyens, qui le chargèrent, en 1848, de représenter le canton de Verdun au conseil général du Tarn-et-Garonne.

Il mourut en 1870, et le souvenir de son existence si bien remplie fut rappelé par le secrétaire perpétuel, M. le Cte de Rességuier, dans la séance du 12 janvier 1873.

**7. — Abbé LÉZAT (Cyprien-Martial-Adrien), chanoine de Saint-Etienne, doyen de l'Institut catholique de Toulouse (1832-1873-1886).**

L'abbé Lézat, né à Toulouse, le 20 novembre 1832, fut élevé au collège Saint-Raymond et à l'Esquille, reçut le ordres en 1857, puis, après avoir fait ses études à l'Ecole normale ecclésiastique des Carmes, il obtint le grade de licencié ès lettres.

Il fonda, avec M. l'abbé Duilhé de Saint-Projet, la *Revue de France* (1860 à 1866), et pendant cette publication, il obtint une Violette au concours d'Eloquence des Jeux Floraux, en 1864.

La guerre de 1870 le plaça quelque temps à la tête des ambulances mobiles; il reprit ensuite ses travaux et obtint le titre de docteur ès lettres, puis de docteur en théologie.

L'Académie le nomma mainteneur, le 9 février 1872, et ce fut en l'entretenant du *Scepticisme* qu'il prit possession, le 12 janvier 1873, du fauteuil académique auquel lui donnaient droit de prétendre ses importants travaux littéraires, notamment sa thèse de doctorat : *la Prédication sous Henri IV*.

Il entra dans l'enseignement public comme professeur d'histoire à l'Université libre d'Angers (1876) et passa, l'année suivante, au même titre, à l'Institut catholique de Toulouse.

L'abbé Lézat était chanoine de la métropole et doyen de l'Institut, lorsqu'il mourut le 17 février 1886.

Son collègue et son confrère, M. l'abbé Duilhé de Saint-Projet, fit, le 25 mars 1888, l'éloge de ce mainteneur, qui a laissé de nombreux ouvrages parmi lesquels il convient de signaler une étude historique et littéraire sur Diderot et l'*Histoire des commencements de la Réforme.*

**8. — De CAPÈLE (Edmond), président de la Société d'agriculture de la Haute-Garonne (1888).**

C'est par une étude sur les Paysans, collaborateurs du propriétaire foncier, que M. de Capèle, président de la Société d'agriculture de la Haute-Garonne, a pris possession, le 25 mars 1888, du fauteuil auquel l'Académie l'avait appelé le 29 avril de l'année précédente.

Il compte au Recueil son discours de remerciement, un rapport sur le concours de 1889, l'éloge du conseiller Caussé (1890) et la réponse au remerciement de M. Duboul (1892).

## DIXIÈME FAUTEUIL.

### 1. — Marquis de MONBRUN (Jean-Louis), président à mortier au Parlement (16..-1694-1714).

Jean-Louis de Laurency Monbrun Ranchefort, chevalier, marquis dudit Monbrun et Saujac, baron de Saissac, Salvagnac et Saint-Clair, seigneur de Montolsac, coseigneur de Cajart, Balaguier, Comboulan et des isles de Rolland, était avocat au Parlement et avait plus de vingt-cinq ans au moment où des provisions royales du 15 août 1663 lui accordèrent un office de conseiller aux Requêtes. Après vingt-deux ans de services, il devint Président à mortier par lettres royales du 6 mai 1685.

Les lettres patentes de 1694 le nommèrent mainteneur de l'Académie et modérateur du premier trimestre.

Son confrère d'Ouvrier a rappelé, dans l'éloge du 28 octobre 1714, le discours remarquable que de Monbrun avait prononcé à l'ouverture de l'Académie.

Cet éloge du président, décédé le 15 septembre 1714, a été complété par une notice de Poitevin-Peitavi, le 30 août 1811.

### 2. — D'OUVRIER (Jean Baptiste), avocat au Parlement (1682-1714-1754).

Né à Toulouse, le 27 décembre 1682, de Rigal d'Ouvrier et de Marie de Pauci, ce mainteneur appartenait à une ancienne famille d'Auvergne qui comptait au nombre de ses membres dix conseillers au Parlement, un évêque, plusieurs officiers et probablement aussi Louis d'Ouvrier, l'auteur de la célèbre devise de Louis XIV « *Nec pluribus impar.* »

Elu mainteneur survivancier le 29 décembre 1712, il devint titulaire du dixième fauteuil, le 14 décembre 1714, après avoir prononcé les éloges de ses confrères : de Monbrun et de Tourreil. Ces deux discours sont insérés aux procès-verbaux. Les éloges de Clémence Isaure en 1721 et 1728 et la Semonce de 1731 imprimés au Recueil sont dus à d'Ouvrier, qui fut secrétaire des assemblées en 1748 et 1749.

Il mourut le 13 juin 1754, laissant de son mariage avec Mlle de Montcabrier, une fille unique, la M[ise] de Clermont. Celle-ci fit remettre à l'Académie trois précieux in-folio que son père avait légués à ses confrères, les œuvres de Virgile, d'Horace et de Térence, de l'impression du Louvre (1642). Deux de ces volumes font encore partie de la bibliothèque.

L'éloge de d'Ouvrier fut prononcé par de Ponsan le 28 juin 1754.

**3. — De LAFAGE SAINT-AMADOU (Henri-Joseph), baron de PAILHÈS, syndic général de la Province du Languedoc (17...-1754-1782).**

Petit-fils de Ferréol de Lafage, devenu célèbre par les services qu'il avait rendus à ses concitoyens pendant dix années de capitoulat (1672-1682), H.-J. de Lafage succéda à son père comme syndic-général du Languedoc, par droit de survivance.

L'importance de sa charge et les devoirs de son administration ne lui faisaient pas négliger la culture des lettres et lui permirent de traduire une partie des œuvres d'Horace.

L'Académie le reçut au nombre de ses mainteneurs le 5 juillet 1754. Elle a conservé au Recueil son éloge de Clémence Isaure prononcé en 1758 (R. 1759) et sa notice biographique du C^te de Miran (1760).

A. Jamme fit, le 6 septembre 1782, l'éloge de cet académicien, mort à Paris le 23 juillet de la même année.

**4. — LECOMTE (Jean-Jacques-Claire), marquis de LATRESNE, avocat général au Parlement (1759-1782-1846).**

Né à Toulouse le 31 mai 1759, J.-J. Lecomte était le petit-fils du conseiller d'honneur et le neveu du procureur général de ce nom. Son père Guillaume-Marie, chevalier de Justice de l'Ordre de Malte en 1734, ancien officier de marine, avait assisté à la bataille de Fontenoy.

Le jeune Lecomte fut reçu avocat général au Parlement, le 13 juillet 1782, en l'office de Roux de Puyvert. Six semaines après, il était élu mainteneur et, le 6 septembre de la même année, il entrait à l'Académie.

Les fonctions importantes qu'il remplissait au

Parquet ne permettaient pas à l'académicien de s'adonner à la culture des lettres autant qu'il l'aurait souhaité. Cependant le Recueil a conservé son discours de réception, sa Semonce de 1784 résumant les Préceptes de la littérature et son Eloge de 1786 sur la Nécessité de développer la culture de l'esprit dans l'éducation des femmes. Il fit aussi, le 24 mai 1789, la notice nécrologique du Premier Président de Vaudeuil, mais la Révolution différa longtemps l'impression de cette œuvre qui figure au volume de 1812. Enfin les procès-verbaux signalent une épître en vers qu'il lut à la séance publique du 3 mai 1787.

Magistrat intègre, aussi sûr de ses droits que de ses devoirs, il sut opposer une résistance énergique aux injonctions des commissaires du roi, lors de la dissolution du Parlement en 1788.

Aux premiers troubles de la Révolution, Lecomte passe à l'étranger, se retire à Hambourg, et va au camp de Condé où les Princes lui confient plusieurs missions délicates. Ces nouveaux devoirs interrompent quelque temps son essai de traduction de l'*Obéron* de Wieland et son étude de l'*Enéide*, mais il ne tarde pas à les reprendre et les poursuit en Angleterre jusqu'à son retour en France.

Pendant l'émigration il se lia d'amitié avec Fontanes et Chateaubriand.

Lorsqu'il put revoir sa patrie, il alla s'établir auprès d'un ancien avocat au Parlement de Toulouse qui habitait Farcy, près de Paris; il fit jouer la comédie des *Questionneurs* et donna dans la

*Décade philosophique* quelques fragments de sa traduction de l'*Enéide*, dont l'impression complète fut indéfiniment ajournée par l'œuvre de Delille, publiée à la même époque. Le sixième chant que Lecomte vint lire à la Fête des Fleurs de 1806 est inséré au Recueil.

L'ancien avocat général rentre à Toulouse et continue ses travaux littéraires; à la Restauration, il se rend à Versailles avec une commission de douze mainteneurs et présente à Louis XVIII, le 5 juillet 1814, les félicitations de l'Académie des Jeux Floraux. Chargé de faire la Semonce en 1837, il entretient son auditoire de la *Supériorité et de la décadence de la langue française;* ce discours est au Recueil avec les traductions des *Deux rats* d'Horace et de la première élégie de Tibulle.

La mort vient frapper Lecomte dans ses plus chères affections en janvier 1844 et il annonce à ses confrères que son grand âge et ses chagrins ne lui permettent plus d'assister aux séances hebdomadaires. L'année suivante, il s'excuse de ne pouvoir apporter son tribut littéraire et il envoie à la bibliothèque académique la traduction de Pope en huit volumes par l'abbé de la Porte.

Le Mis de Latresne avait vu le règne de Louis XV et la fin de l'ancienne monarchie, la Révolution et l'Empire, la Restauration et la chute des Bourbons, la monarchie de juillet et les dangers qui la menaçaient; presque à la veille de la proclamation de la seconde République, il mourut âgé de quatre-vingt-six ans, le 26 février 1846.

Ed. de Limairac fit, le 4 décembre 1847, l'éloge du mainteneur qui avait appartenu près de soixante-quatre ans à l'Académie et avec lequel venait de s'éteindre un nom illustre dans les annales de l'armée et de la magistrature.

**5. — Marquis de VILLENEUVE-ARIFAT, (Marie-Hyacinthe-Tristan) (1792-1847-1878).**

Fils de Louis Florent, coseigneur de Réalmont, colonel à Royal-Dragons, et de Joséphine de Caylus, Tristan de Villeneuve-Arifat, naquit à Arifat, le 26 septembre 1792, et fut élevé au collège de Besançon.

Sous la Restauration, il entra dans l'armée et fit la campagne d'Espagne comme capitaine commandant au sixième régiment de la Garde royale.

La Révolution de juillet mit fin à la carrière militaire du jeune officier royaliste, qui épousa, en 1843, sa cousine germaine, Mlle de Villeneuve-Hauterive, fille du titulaire du vingt-huitième fauteuil.

Le 4 décembre 1847, il remercia l'Académie de son élection de mainteneur, par un discours sur la *Mission de la poésie;* l'Honneur et la Poésie furent le sujet de la Semonce qu'il prononça en 1860. Ces deux discours sont insérés au Recueil.

De Villeneuve-Arifat, assisté par son parent l'abbé d'Hulst, mourut à Paris, le 6 octobre 1878, et de Toulouse-Lautrec prononça, le 22 février 1880, l'éloge de cet académicien dont le nom n'a pas cessé de figurer sur la liste des membres du corps des Jeux Floraux, grâce aux succès littéraires de Mme la Mise de Villeneuve-Arifat, que l'Académie compte au nombre des plus distingués de ses maîtres ès jeux.

**6. — De RAYMOND-CAHUSAC (Bernard-Marie-Jean-Charles), ancien préfet (1880),**

Depuis qu'il a pris possession de son fauteuil le 22 février 1880, M. de Raymond-Cahusac a plusieurs fois entretenu ses confrères de l'Histoire de l'Académie et nous devons exprimer une fois de plus le regret que les travaux des mainteneurs ne soient pas déposés aux archives. Si le Recueil de 1882 a conservé le résultat de ses recherches sur la restauration des Jeux Floraux, on ne trouve au registre des procès-verbaux qu'une simple mention de plusieurs de ses études particulièrement intéressantes : Les Fauteuils de l'Académie depuis les lettres patentes de 1694 (9 juillet 1880); la situation des Jeux Floraux avant le mardi de la Toussaint de 1323 (1er juillet 1881); les Lois d'amour et les Fleurs du Gai Savoir (15 juin 1883).

## ONZIÈME FAUTEUIL.

**1. — De CAULET (Guillaume), seigneur de Gragnague, Tournefeuille, Gramont, etc., président au Parlement (1647-1694-1704) (1717).**

Guillaume de Caulet, né le 12 janvier 1647, était fils de Jean-Georges, juge mage de Toulouse, conseiller, puis président au Parlement de Languedoc.

Après ses études de droit, le jeune de Caulet ne put entrer à la Cour souveraine, comme conseiller en l'office de G. d'Assézat, qu'avec des lettres royales de dispense motivées par la présence au Parlement de son beau-frère, de Nupces de Florentin.

Conseiller depuis cinq années, il obtint la survivance de la charge de son père, en 1679, lui succéda comme président à mortier, en février 1687, et fut nommé mainteneur par les lettres patentes de 1694.

En faisant son éloge, le 8 septembre 1717, de Ranchin Lavergne rappelle que le président de Caulet prononça la première Semonce, probablement en 1695 ou 1696.

« Des occupations plus importantes, de nou« veaux devoirs », dit son biographe, l'obligèrent en 1704 à donner sa démission du onzième fauteuil, qui fut accordé au président Druillet. Dix ans après, en juillet 1714, il résigna son office à la Cour, en faveur de son fils Joseph, obtint le titre de président honoraire et abandonna la magistrature.

Il mourut, le 20 août 1717, et fut inhumé au préau de Saint-Etienne.

### 2. — De DRUILLET (Jacques), président au Parlement (1634-1704-1716).

Fils de Charles, conseiller à la Cour souveraine, et de Catherine de Malenfant, Jacques de

Druillet fut baptisé à l'église Saint-Etienne le 17 juin 1634 ; il entra au Parlement, par provisions royales du 20 octobre 1653, en l'office de son père, et devint président à la deuxième chambre des Enquêtes, en 1677, après vingt-quatre ans de services comme conseiller.

De son mariage avec Marie Dupuy, fille d'un président à la Chambre des comptes du Languedoc, il avait eu plusieurs enfants, dont un fils, André, qui était entré dans les ordres.

L'abbé de Druillet appartenait à l'Académie depuis son organisation, en 1694, lorsque son père fut appelé à occuper le fauteuil de mainteneur laissé vacant par le président de Caulet, démissionnaire. Bien que dans son *Histoire des Jeux Floraux*, Poitevin-Peitavi fixe la nomination du président Druillet à 1704, il est à remarquer que ce magistrat assistait depuis déjà plusieurs années aux séances de l'Académie et que son nom figure au nombre des membres présents à la réunion du 5 février 1700, dont le procès-verbal est le premier de ceux qui ont été conservés aux archives. Aucun document ne permet de préciser exactement ni la date de la démission de Caulet ni celle de l'admission de J. de Druillet.

Il mourut le 13 mai 1718, et fut enterré aux Jacobins. Son éloge, prononcé par le secrétaire perpétuel de Catellan le 29 du même mois, figure aux procès-verbaux des séances de l'Académie.

Le président Druillet avait épousé en secondes noces Elisabeth de Thomas de Montlaur, dont les poésies rivalisèrent avec celles de M^lle de Catellan et de M^me de Chalvet. Elle obtint, en 1706 et 1710, le prix de l'Eglogue et sut faire de son salón le lieu de réunion de tous les hommes de goût et de bonne compagnie, qu'attiraient la vivacité de son esprit et le charme de sa conversation. A la mort du président, elle alla s'établir à Paris et vécut auprès de la duchesse du Maine jusqu'en 1730, date de son décès. C'est par erreur, du reste, que certains biographes donnent le titre de maître ès Jeux à la présidente Druillet.

**3. — De MARIOTTE D'ANTIGNY (Christophe), trésorier général et grand voyer de France (1685-1718-1748).**

Fils d'un greffier aux Etats de Languedoc et de Jeanne Béatrix d'Espagne, de Mariotte naquit à Toulouse, le 21 octobre 1685, et fit ses études d'abord au collège du Plessis, puis à celui des Jésuites de sa ville natale.

A peine est-il reçu avocat qu'il fait un discours au Parlement, le 21 février 1706, pour la présentation des lettres de commandance du Languedoc, accordées au duc de Roquelaure.

En 1711, il dispute à Roy le prix d'Eloquence au concours des Jeux Floraux et obtient l'Eglantine d'argent, l'année suivante. L'Académie le nomme mainteneur survivancier le 2 juin 1713, et c'est à ce titre que, le 24 janvier 1716, il lit en séance publique l'éloge de Louis XIV, qui fut la première œuvre d'un mainteneur imprimée au Recueil. Il devint titulaire du onzième fauteuil le 29 mai 1718.

De Mariotte était trésorier de France à la Généralité de Toulouse lorsqu'il dut aller se fixer à Paris en 1731. Malgré la cécité dont il fut frappé quelques années après, il put, grâce aux soins de sa femme Elisabeth de Pujol, veuve en premières noces du Cte Ch. du Muy, continuer à cultiver la littérature, à laquelle il avait consacré si longtemps tous ses loisirs.

Il mourut le 4 mai 1748 et, le 14 du mois suivant, de Ponsan prononça son éloge à l'Académie.

**4 — Du PUGET DE GAU (Henri-Gabriel), président à mortier (1725-1748-1772).**

D'une des plus anciennes familles du Midi, descendant de Thibaud du Puget, comte de Provence, Gabriel du Puget, fils de Charles-Joachim, président au Parlement, et de Marie de Pralheau, naquit à Toulouse, le 22 septembre 1725, sur la paroisse du Taur.

Il n'avait pas vingt-trois ans qu'il entrait au Parlement comme conseiller, le 2 mai 1748, et qu'il était reçu mainteneur, le 21 juin suivant.

Outre son éloge de Clémence Isaure en 1749, ses éloges de Lopez (1753) et du président de Caulet (1756) qui figurent au Recueil, du Puget fit la notice biographique de Boyer d'Odars en 1765 et prononça la Semonce en 1766.

Président à mortier en l'office de son père depuis le 23 mai 1759, il mourut le 25 octobre 1772, à l'âge de quarante-sept ans, laissant deux fils de son mariage avec Magdeleine Galabert d'Aumont.

Jamme prononça son éloge, le 5 février 1773.

**5 — Abbé de NEUVILLÉ (Didier-Pierre CHICANEAU), professeur d'histoire au Collège royal, avocat au Parlement de Paris (1720-1773-1781).**

Nous avons peu de détails sur la jeunesse du fils de Henry et de Anne Jacquet, né à Nancy le 17 décembre 1720; nous savons seulement qu'il voyagea longtemps dans le nord de l'Europe, fit un long séjour en Pologne et fut appelé à Toulouse par Mgr de Brienne pour occuper la chaire d'histoire au collège royal.

Il fut élu mainteneur, le 5 février 1773, et reçu par l'Académie le 12 du même mois. Le procès-verbal de la séance de la Semonce du 8 août suivant mentionne sa lecture sur les Dispositions à apporter dans la composition des œuvres de l'esprit.

Le Recueil de 1777 nous a conservé son éloge de Clémence Isaure et son discours de la Semonce sur les Qualités nécessaires aux ouvrages de poésie et d'éloquence.

L'abbé de Neuvillé mourut à Toulcuse le 12 octobre 1781; son éloge, prononcé par de Portes le 26 février suivant n'ayant pas été inséré au Recueil, a été repris par Poitevin-Peitavi, le 21 février 1812.

**6. — DUMAS (Philippe), professeur de rhétorique au Collège royal (1738-1782-1782).**

Dix jours après son élection, le 26 février 1782, Dumas prenait possession de son fauteuil et remerciait ses confrères, en les entretenant des qualités de l'homme de lettres. Il n'avait pas encore remis à l'impression son discours de réception, laquel manque au Recueil, que la mort vint le frapper subitement, le 11 avril suivant, à l'âge de quarante-cinq ans; il avait appartenu à l'Académie pendant moins de cinquante jours.

Né le 20 janvier 1738 à Issoudun, où son oncle, curé de Saint-Paterne, avait commencé son éducation, Dumas compléta ses études au collège du Plessis, à Paris, et reçut, en 1762, le grade d'agrégé à la Faculté des arts. Après avoir enseigné la grammaire à La Flèche, puis la rhétorique à Metz, il devint principal du collège d'Issoudun qu'il quitta, sur la demande de Mgr Loménie de Brienne, pour venir professer la rhétorique au collège royal de Toulouse.

L'Académie des Sciences, Inscriptions et Belles-Lettres s'empressa d'appeler au nombre de ses membres ce littérateur qui avait tout particulièrement étudié les auteurs grecs. Il a laissé une traduction des *Economiques* de Xénophon et des *Colloques* d'Erasme et un volume de poésies tirées des Psaumes.

L'abbé Magi prononça, le 2 juillet 1782, l'éloge du mainteneur enlevé prématurément à l'Académie et à la littérature.

**7. — Abbé de GRUMET DE MONTPIE (Jean-Marie) abbé de Saint-Martin, vicaire général du diocèse de Toulouse (1743-1782-1794).**

D'une famille bourgeoise dont plusieurs membres avaient occupé les fonctions de maire et de juge mage à Saint-Rambert en Bugey, dans la Bresse, J.-M. de Grumet naquit le 1er avril 1743. Le plus jeune de huit enfants, il fut destiné à la vie religieuse et entra dans l'ordre de Cluny, dont l'un de ses frères portait déjà l'habit.

A peine eut-il prononcé ses vœux qu'il fut envoyé à Paris pour y étudier la philosophie et la théologie. Les succès qu'il obtint dans ses études de licence à la Sorbonne le signalèrent à l'attention de Mgr Loménie de Brienne, qui voulut l'attacher à son diocèse. Le jeune religieux possédait déjà un prieuré et venait d'obtenir l'abbaye régulière de Saint-Martin du Canigou, ce qui l'affranchissait de la dépendance du Supérieur général de son ordre.

Le couvent de Saint-Martin fut supprimé par la cour de Rome et le P. de Grumet, devenu prêtre séculier, reçut sa nomination de vicaire général à Toulouse.

L'Académie l'appela à succéder à Ph. Dumas et le reçut le 29 juillet 1782, mais elle ne devait pas bénéficier longtemps du concours éclairé du nouveau mainteneur.

Mgr de Brienne passa à l'archevêché de Sens en 1788 et l'abbé de Grumet ne put lui refuser de l'accompagner dans son nouveau diocèse.

Partisan des réformes nécessaires, il accepta les idées nouvelles, mais, à la constitution civile du clergé, il se retira à Saint-Rambert, son pays natal, puis à Saint-Germain d'Ambérieu. Il aurait vécu tranquille et ignoré, si ses concitoyens, qui avaient su apprécier ses mérites, n'étaient venus l'arracher de sa retraite pour le placer au nombre des administrateurs du département de l'Ain. Refuser les fonctions publiques était alors un danger; les accepter n'était pas un moindre péril.

Il ne put pas se soustraire au témoignage de confiance du corps électoral, se rendit à Bourg-en-Bresse et crut pouvoir défendre impunément la justice et l'équité dans les fonctions qui lui étaient confiées. Il n'hésita pas à combattre les commissaires de la Convention, Amar et Merlino, et publia, au commencement de juillet 1793, une adresse qui, tout en protestant contre le fédéralisme, revendiquait le droit de coalition pour résister à l'arbitraire et au despotisme. Les représentants du peuple près l'armée des Alpes suspendirent l'imprudent administrateur, puis rapportèrent leur arrêté, en envoyant un bataillon de troupes à Bourg, où ils vinrent, le 3 août suivant, tenir une séance solennelle pour échauffer le patriotisme des habitants.

Grumet reconnaît l'inutilité de la lutte contre la tourmente et il donne sa démission le 31 août, mais Dubois-Crancé et Gauthier répondent qu'ils ne peuvent accepter sa demande, au moment « où « la République est dans un danger tel que la « masse des citoyens est en état de réquisi- « tion ». Force lui eût été d'obéir, si, le même jour, 5 septembre, deux autres conventionnels, Bassal et Bernard, en mission à Besançon, ne l'avaient destitué en même temps que trois autres administrateurs du département.

Quelques semaines après, le 21 octobre, la municipalité de Bourg faisait procéder à diverses arrestations d'aristocrates et de modérés, et Grumet était incarcéré à Sainte-Claire.

Libéral aux premiers jours de la Révolution, l'ancien vicaire général de Mgr de Brienne avait été entraîné sur la scène politique où il avait essayé de lutter contre les Montagnards triomphants; puis, aux premières atteintes du flot démagogique, il avait voulu se retirer; il était trop tard.

A cette victime désignée pour le supplice, les jacobins interdirent de quitter la ville, le destituèrent et le firent arrêter. Il se vit perdu et crut pouvoir sauver sa vie en renonçant à la prêtrise, mais les jacobins ne lâchaient pas leur proie. Le 24 pluviôse, ils dressèrent une liste des détenus à envoyer au comité révolutionnaire de Lyon, devenu *Commune affranchie :* Grumet et dix-sept autres suspects furent désignés. Le lendemain, ces malheureux arrivaient à Lyon, passaient la nuit dans une salle de la Chambre de commerce et comparaissaient à la barre de la commission révolutionnaire le 26, à dix heures du matin. Une heure et demie après, quinze d'entre eux étaient condamnés à mort et exécutés sur la place des Terreaux.

L'abbé de Grumet, mort sur l'échafaud le 13 février 1794, fut le premier des mainteneurs qui moururent victimes de la Terreur.

Poitevin-Peitavi prononça son éloge, le 8 août 1806.

**8. — D'AYGUESVIVES (Félix), président à la Cour de Toulouse (1769-1806-1826).**

Né à Toulouse le 5 février 1769, puis élève du collège de Juilly, d'Ayguesvives était avocat au Parlement de Toulouse, au moment de la Révolution. Emigré, il sert à l'armée des Princes jusqu'après la bataille de Valmy, passe en Angleterre, puis rentre en France, où il est arrêté à Paris et emprisonné comme suspect à la prison Saint-Lazare. Là il retrouve Mme de Cambon, femme de l'ancien Premier Président à la Cour Souveraine du Languedoc, qui est comprise dans la fameuse conspiration des prisons, condamnée à mort et guillotinée le 8 thermidor, la veille de la chute de Robespierre.

Avant de quitter la prison pour aller à l'échafaud, Mme de Cambon fit des adieux déchirants à sa fille, qui avait partagé sa détention, et la confia à la tendre affection de d'Ayguesvives. Après Thermidor, les deux jeunes gens rendus à la liberté réalisèrent le dernier vœu de Mme de Cambon et consacrèrent au pied de l'autel leurs sentiments nés dans l'antichambre de la guillotine. Ils s'établirent à Toulouse et d'Ayguesvives entra, le 8 août 1806, à l'Académie qui l'avait appelé, le 25 juillet précédent, à son onzième fauteuil (R. 1807).

Ses confrères le nommèrent secrétaire des assemblées, le 2 février 1810, et lui donnèrent, le 22 mai 1813, le titre de secrétaire perpétuel adjoint avec survivance du titulaire Poitevin-

Peitavi. Il occupa la première charge jusqu'à la fin de 1817 et se démit de la seconde en 1818.

Pendant que l'Académie s'attachait le littérateur, le gouvernement impérial s'assurait le concours du jurisconsulte en le nommant, en 1811, conseiller à la Cour de Toulouse. Il devint Président de Chambre, en 1821.

Au Recueil des Jeux Floraux sont insérés quelques-uns seulement de ses discours : la Semonce de 1809 et les éloges de Castilhon (1810), du président de Cambon (1812) et de Serres de Colombars (1827).

Cependant il fit quatre fois la résumption des travaux des mainteneurs de 1812 à 1815, quatre rapports sur le concours annuel en 1813, 1816, 1817 et 1818 et fut chargé de haranguer le duc d'Angoulême, à la seconde audience accordée à la députation de l'Académie, le 25 juillet 1814.

Le conseiller Pech prononça, le 3 juin 1827, l'éloge du président d'Ayguesvives, décédé le 14 septembre de l'année précédente. Il avait vu, avant de mourir, son fils devenir son confrère à l'Académie.

### 9. — LARROUY (Simon-Armand), recteur de l'Université de Toulouse (1773-1827-1831).

Le 3 mai 1773, Marguerite Helliès mariée à Pierre Larrouy, maître d'école, mettait au monde, à Paillet, près Bordeaux, un enfant qui devait occuper les fonctions les plus élevées dans l'Université de sa province.

Simon Larrouy avait deux frères, qui entrèrent dans les ordres. Il termina ses études aux jours les plus difficiles de la Révolution, fut compris dans la levée en masse de la Gironde et incorporé dans la cavalerie légère, à l'armée des Pyrénées occidentales. Pendant qu'il combattait à la frontière contre les ennemis de la France, son père mourait sur l'échafaud de Bordeaux, pour expier le crime d'avoir correspondu avec ses deux fils ecclésiastiques, qui avaient échappé aux persécutions et à la mort en passant à l'étranger.

En quittant l'armée, Larrouy est nommé professeur à l'Ecole polytechnique, qui vient d'être fondée; il va ensuite enseigner les mathématiques au lycée de Bordeaux, passe inspecteur divisionnaire de l'Université de la même ville et devient recteur de l'Université d'Aix, puis de celle de Toulouse, où il succède à de Ferrand.

C'est pendant son séjour à Toulouse qu'il fut élu mainteneur, le 9 mars 1827, après un ballotage contre l'avocat général Cavalié. Son remerciement du 3 juin de la même année figure au Recueil de 1828.

Trois ans après, il était nommé Recteur dans son pays natal, où il mourut le 26 décembre 1831. Son existence et ses services ont été rappelés, le 27 janvier 1838, par son confrère Cabantous.

**10. — TIREL DE LA MARTINIÈRE, commissaire de la Monnaie, maître ès Jeux (1792-1833-1846).**

Né à Paris, le 14 novembre 1792, Tirel de la Martinière vint à Toulouse terminer ses études et se préparer à l'Ecole polytechnique. Il embrassa la carrière militaire, devint officier d'artillerie, passa par l'école de Metz et fut envoyé en garnison à Toulouse.

Les concours académiques l'avaient déjà vu disputer à Soumet le prix de l'Ode en 1811.

En 1819, il donna sa démission, fit son droit et s'occupa assidûment de l'étude des lettres. Son Ode sur Chambord, en 1820, annonça ses succès dans les deux concours de 1830 et de 1831; dans le premier, il remporta un prix réservé au concours de poésie lyrique, une Violette et un Souci; l'année suivante, il eut une Amarante pour son Ode à Delille et deux autres de ses poésies furent insérées au Recueil.

Ces récompenses lui méritèrent, le 27 avril 1831, des lettres de Maître ès Jeux et ce fut à ce titre que, l'année suivante, il fit en vers l'éloge de Clémence Isaure. Deux ans après, le 27 janvier 1833, après une dissertation sur l'Homme de lettres, il prenait possession du onzième fauteuil auquel il avait été appelé le 22 juin précédent.

L'Eloge et le discours de remerciement sont suivis, dans la collection du Recueil, de fragments de poésie sur la Charité (1834), des sonnets : *Foi, Espérance, Charité* (1835) et de deux fables (1839).

Elu secrétaire des assemblées le 16 juillet 1841, il occupa cette charge jusqu'à la fin de 1843, fit la résumption des travaux en 1842 et le rapport sur trois concours consécutifs de 1842 à 1844. Les rapports sont imprimés ainsi qu'un extrait de son ouvrage, *Une suite de pensées* (1842).

Après des revers de fortune et la perte de sa place de commissaire de la Monnaie, Tirel de la Martinière mourut en novembre 1846, et de Barbot lut son éloge dans la séance du 13 juin 1847.

L'Académie a souvent exprimé le regret de n'avoir pas conservé les élégantes poésies que de la Martinière avait puisées au registre de Saint-Savin, l'un des plus anciens manuscrits des Jeux Floraux.

**11. — PAGÈS de l'Ariège (Jean-Pierre), ancien député (1784-1847-1866).**

Elevé par son oncle, curé de Portet, Jean-Pierre Pagès, né à Seix, le 9 septembre 1784, entra au barreau et consacra les loisirs de sa profession à l'étude de l'archéologie et de l'histoire naturelle; sa compétence en ces matières le fit admettre au nombre des membres de l'Académie des Sciences, Inscriptions et Belles-Lettres de Toulouse.

Du barreau, il passa dans la magistrature et devint en 1811 procureur impérial à Saint-Girons; mais la Restauration révoqua le jeune membre du Parquet et l'exila à Angoulême, sous la surveillance de la police. C'est à cette époque que Pagès donna une nouvelle direction à ses études et publia les *Principes généraux du droit politique*. En 1816, il s'établit à Paris, se lie avec Benjamin Constant, Lafayette et Laffite, écrit dans *La Minerve* et produit plusieurs œuvres intéressantes et de valeur, notamment son *Histoire de l'Assemblée Constituante* (1822).

En 1827, il vient fonder à Toulouse *la France Méridionale* et combat énergiquement le gouvernement des Bourbons. Sa participation à la Révolution de Juillet et son attitude dans la presse le désignent au corps électoral de l'Ariège qui l'envoie à la Chambre de 1831 à 1842, et à celui de Toulouse qui le nomme conseiller municipal de 1837 à 1846.

Il se retire quelque temps de la lutte politique et l'Académie des Jeux Floraux le nomme mainteneur, le 19 février 1847. Dans son discours de remerciement du 13 juin suivant (R. 1848), il fait le tableau du Progrès de l'intelligence en France et rappelle le devoir imposé aux Sociétés littéraires de maintenir le goût du Vrai, du Bon et du Beau.

La scène politique l'appelle une seconde fois et, six semaines après sa réception à l'Académie, le premier collège électoral de la Haute-Garonne le charge de le représenter à la Chambre. Il siège à la gauche, combat le ministère, écrit dans *Le Temps*, fait partie des fondateurs de *La Patrie*, et contribue à la Révolution de 1848. Représentant du peuple pour la Haute-Garonne, il repousse la politique présidentielle, mais ne se présente pas aux élections de l'Assemblée législative; enfin, il proteste contre l'avènement de l'Empire et il affronte sans succès et pour la dernière fois, en 1857, les luttes de l'arène électorale.

Depuis la chute de la seconde République, Pagès avait repris ses travaux académiques; en 1854, il prononça la Semonce que le Recueil n'a pas conservée et, le 26 avril 1857, il répondit au remerciement de l'abbé Duilhé de Saint-Projet. Retiré des affaires publiques, il vécut ses derniers jours de la vie paisible de famille et mourut à Banières, dans le Tarn, le 3 mai 1866.

Nul ne pouvait mieux faire l'éloge du littérateur et de l'homme politique que Ch. de Rémusat, dont le discours fut entendu par l'Académie, le 12 mai 1867.

## 12. — De LAPASSE (Louis-Charles-Edouard) (1792-1867-1867).

Le jour de sa réception, le Dr de Lapasse remerciait l'Académie de l'avoir appelé au nombre de ses mainteneurs et l'entretenait des Rapports existant entre la littérature d'un peuple, ses mœurs et ses institutions (R. 1868). Il était alors plus que septuagénaire et cinq mois après, le 7 octobre de la même année, la mort l'enlevait aux sympathies et à l'estime de ses confrères.

Après avoir fait son éducation à Bordeaux et ses études de droit à Toulouse, où il était né le 21 janvier 1792, de Lapasse fut un instant officier de chevau-légers à la première Restauration, puis il entra dans la carrière diplomatique, et suivit le Mis d'Osmond à son ambassade à Londres. On le retrouve en 1818 au Congrès d'Aix-la-Chapelle, et premier secrétaire près la Cour de Hanovre; en 1824, il est envoyé à Berne, épouse Mlle de Lagarde en 1826, et devient chargé d'affaires à Naples.

A la Révolution de 1830, il abandonne sa carrière et se consacre à l'étude de l'archéologie et de la médecine. Il collabore quelque temps au *Rénovateur* et à *La Quotidienne*, et vient s'établir à Toulouse vers 1842.

La Société d'archéologie, dont il faisait partie depuis 1834, le nomme son secrétaire général, la Société d'agriculture s'assure le concours de ses lumières et de son expérience et le conseil municipal le compte au nombre de ses membres en 1865.

Ses travaux scientifiques et littéraires appréciés à juste titre ne le détournaient pas de ses recherches, dont tous ses contemporains ont conservé le souvenir, sur le moyen de prolonger l'existence, à l'aide d'un spécifique auquel il avait donné le nom d'or liquide.

L'éloge de de Lapasse, a été prononcé le 28 janvier 1869, par M. le Cte de Rességuier.

**13. — BUISSON (Jules), ancien député de l'Aude à l'Assemblée nationale de 1871 (1869).**

Le Style dans les Arts a été le sujet du discours de remerciement adressé par M. Buisson, le 28 février 1869, à l'Académie, qui l'avait nommé au onzième fauteuil, le 23 mai de l'année précédente.

Son éloge de Clémence Isaure dans lequel il a traité de la Littérature épistolaire des femmes (1870); une fable : *Le Lièvre et l'Ormeau* (1876); l'éloge de Mgr de la Bouillerie (1884) et un rapport sur le Concours d'éloquence de 1890 figurent au Recueil. Les procès verbaux ont enregistré ses intéressantes communications, notamment son

*Musée des souverains*, en mai 1873, et l'hommage de son étude sur le Salon de 1881.

## DOUZIÈME FAUTEUIL.

### 1. — **Mgr de LABROUE (Pierre), évêque de Mirepoix (1643-1694-1720).**

Avant de se consacrer entièrement à l'apostolat et aux devoirs de son ministère, l'abbé de Labroue avait obtenu le Souci au concours des Jeux Floraux de 1663 pour son *Adieu aux muses profanes;* de Ponsan le cite même au nombre des Maîtres ès Jeux[1].

Prédicateur distingué, apprécié à la Cour, très lié avec Bossuet qui ne put le décider à se charger de l'éducation des Enfants de France, l'abbé Labroue fut appelé, en 1679, à l'évêché de Mirepoix dont il prit possession l'année suivante. Il fonda dans son diocèse le Grand Séminaire de Mazères, et confia la direction de cet établissement à l'abbé Massoc qui avait été nommé mainteneur des Jeux Floraux, en même temps que lui, par les lettres patentes de 1694. Il créa également les Petits Séminaires de Fanjeaux et de Belpech.

En 1717, Mgr de Labroue, et trois autres évêques de France, appelèrent de la bulle *Unigenitus*, lancée par Clément XII contre le jansénisme, et

1. Eloge de Ranchin Monredon par de Ponsan, 1736.

cet appel fut condamné, le 8 mars 1718, par un décret du Saint-Office.

Le prélat honorait parfois de sa présence les réunions de l'Académie, mais ses devoirs épiscopaux ne lui permirent pas d'apporter à ses confrères un concours littéraire qui leur eut été précieux.

Né à Toulouse vers 1643, Mgr de Labroue mourut à Mirepoix, le 20 septembre 1720, et l'Académie entendit J. de Rességuier, le 27 novembre suivant, faire son éloge que Poitevin-Peitavi compléta dans la séance privée du 30 août 1811.

Mgr de Labroue ne fut pas remplacé. Son siège a été réservé au chef du Consistoire, puis, en 1781, au premier capitoul gentilhomme et, depuis le commencement du siècle, il appartient au Maire de la ville de Toulouse.

## TREIZIÈME FAUTEUIL.

### 1. — De VALETTE (Jean-Antoine), conseiller au Parlement (1639-1694-1713).

Savant sans orgueil, vertueux sans austérité, pieux sans scrupule, disait le Cher d'Aldéguier en parlant du conseiller Valette, dont il faisait l'éloge le 2 juin 1713.

Tel fut le magistrat, né vers 1639, qui fut nommé conseiller au Parlement par provisions royales du 27 juillet 1662 et fit partie des vingt-huit mainteneurs nommés par les lettres patentes de 1694.

Décédé à Toulouse le 17 mai 1713, il fut enterré aux Grands Augustins.

**2. — De LAROQUE CASAUBON (Jean-Guy) de MANIBAN (1684 1713-1739).**

Né vers 1684 et mort à Toulouse, le 10 mai 1739, à l'âge de cinquante-cinq ans, de Laroque Casaubon était un érudit et un littérateur que l'Académie des Jeux Floraux nomma mainteneur survivancier le 30 novembre 1711.

Deux ans après, le 2 juin 1713, il devenait titulaire du treizième fauteuil qu'il occupa pendant vingt-six années.

Les procès-verbaux des séances privées de l'Académie ont enregistré les éloges du conseiller d'Auterive et de Compaing, que de Laroque prononça, comme modérateur du trimestre, les 27 novembre et 16 décembre 1718.

L'abbé Prades fit, le 8 juillet 1739, la notice de cet académicien qui appartenait à une ancienne famille parlementaire du Languedoc.

**3. — RIQUET (Victor-Pierre-François), comte de CARAMAN, lieutenant général (1698-1739-1760).**

Petit-fils du grand Riquet et fils de Jean-Mathias, président au Parlement, et de Catherine de Broglie, Victor Riquet, né à Saint-Agne, aux portes de Toulouse, le 4 avril 1698, fit ses études au collège Louis-le-Grand.

A quatorze ans, il entrait comme cadet aux gardes du corps du roi commandés par le maréchal duc de Villeroi, passait ensuite aux chevau-légers Dauphin et devenait colonel de Berry Cavalerie, en 1724.

Après six ans de campagnes sur la Sambre et en Lorraine, il est nommé brigadier et suit en Italie son oncle, de Broglie. Maréchal de Camp en 1738, il sert en Allemagne sous les ordres du maréchal de Belle-Isle, se distingue à la défense de Prague en 1740, puis en Alsace à la bataille de Rheinwiller, ce qui lui vaut le 2 mai 1744 le grade de lieutenant général, avec lequel il combat à l'armée du Rhin et prend part à l'affaire d'Auguenum et au siège de Fribourg.

Il avait à peine quarante-cinq ans, lorsqu'il dut abandonner la carrière des armes dans laquelle il comptait plus de trente ans de pénibles services qui avaient gravement compromis sa santé. Il revint à Toulouse auprès de ses confrères des Jeux Floraux qui l'avaient élu mainteneur le 7 juillet 1739; tout en prenant part à leurs études, il apporta le plus actif concours aux travaux de l'Académie des Siences dont il était un des fondateurs et à ceux de l'Académie de Peinture et de Sculpture qui le comptait au nombre de ses membres honoraires.

Son éloge du président Daspe et le compliment de bienvenue qu'il adressa, au nom de l'Académie, au Duc de Richelieu, commandant du Languedoc, sont insérés aux Recueils de 1740 et 1741. Sa réponse au remerciement de Lefranc de Pompignan, le 8 juillet 1740, est seulement mentionnée aux procès-verbaux, bien que son impression eut été ordonnée.

En 1748, il partit pour Paris et passa quelque temps à la Cour de Lunéville où le roi de Pologne, Stanislas, qui avait fondé une Société littéraire dans cette ville, lui fit un accueil des plus flatteurs. De son mariage avec Louise-Magdeleine-Antoinette Portail, fille du Premier Président du Parlement de Paris, il avait eu cinq enfants dont une fille qui devint princesse de Chimay. La mort de l'un de ses fils, président au Parlement de Toulouse, hâta la fin du vieux militaire qui succomba le 22 avril 1760.

L'abbé Forest prononça son éloge, le 6 juin de la même année.

**4. — De BOYER (Louis-Emmanuel), marquis de SAUVETERRE, président au Parlement (1725-1760-1789).**

Fils de B. de Boyer Drudas, conseiller au Parlement, et baptisé à Saint-Etienne le 1er octobre 1725, Louis-Emmanuel de Boyer fit ses études au collége des Jésuites de Toulouse et fut reçu le 27 août 1746, membre de la Cour souveraine dont faisaient partie ses deux oncles maternels de Cambon et son beau-frère L. de Ressé guier.

Ses biens de Sauveterre et d'Espaon dans le Comminges avaient été érigés en marquisat par brevet royal de juillet 1775, lorsqu'il devint président à mortier, le 23 août 1759, en l'office de G. de Nupces.

L'année suivante, le 13 juin 1760, il adressa son remerciement à l'Académie qui l'avait appelé, le 6 du même mois, à occuper le fauteuil de Riquet de Caraman.

Pendant le Parlement Maupeou, il fut exilé à Drudas, petit village presque en ruines, qu'il transforma rapidement et dont il fit un centre agricole longtemps cité comme un modèle d'exploitation rurale.

On trouve au Recueil de l'Académie son éloge de Clémence Isaure en 1766 (R. 1767) et sa réponse au remerciement de l'abbé Magi, qui fut le premier mainteneur reçu en séance publique (1775). Les procès-verbaux font mention de ses réponses aux discours de deux récipiendaires : l'abbé d'Héliot, le 10 août 1775, et d'Albis de Belbèze, le 1er mai 1779.

A l'aurore de la Révolution, à la veille des jours terribles de la Terreur, le président de Sauveterre mourut, le 12 avril 1789, et Poitevin-Peitavi prononça son éloge, le 5 du mois suivant.

**5. — GEZ (Jean-Nicolas-Joseph-Abraham), avocat au Parlement (1742-1789 1807).**

La première œuvre littéraire de Gez, né à Toulouse, le 15 décembre 1742, fut un discours sur le Goût, qu'il prononça devant l'Académie de Rouen et qui mérita les éloges de Voltaire.

Avocat au Parlement et membre assidu de l'Académie des Sciences, Inscriptions et Belles-Lettres, il fut reçu mainteneur des Jeux Floraux, le 5 mai 1789. Son nom clôture la liste des membres de l'Académie avant la Révolution.

L'année suivante, il prit la parole dans la dernière Fête des Fleurs et fit l'éloge de Clémence Isaure (R. 1790). Arrêté par mesure de sûreté générale, comme « aristocrate déterminé, » le 1er vendémiaire an II, il fut incarcéré à la Visitation jusqu'au 16 frimaire an III et n'obtint sa liberté définitive que le 11 germinal suivant.

Au rétablissement de l'Académie sous l'Empire, il remit à ses confrères le sceau des Jeux Floraux dont il avait été dépositaire pendant plus de quinze années et répondit, en 1806, aux discours de réception du Bon de Malaret, de Dralet, d'Ayguesvives et de Gary (R. 1807). Son essai sur l'Origine et les progrès des Académies et la Semonce qu'il prononça en 1807, sont indiqués aux procès-verbaux, mais ne figurent pas au Recueil.

Gez fut emporté subitement par une attaque de goutte, le 12 avril 1807, et ce fut seulement neuf ans après, le 23 août 1816, que son neveu, l'abbé Jamme, lut son éloge, qui n'a pas été imprimé.

**6. — PUJOL (Germain-Marie-Auguste), professeur à la Facultés des Lettres (1772-1816-1842).**

Auguste Pujol, né à Gardouch, le 25 octobre 1772, terminait ses études au collège Périgord au moment de la convocation des États généraux.

Son père, notaire royal et coseigneur de Gardouch par suite de l'achat d'un fief en directe, ne tarda pas à figurer sur la liste des suspects, et son refus de recevoir le curé assermenté le fit emprisonner à Villefranche, le 26 septembre 1793. Son frère aîné, âgé de vingt-sept ans, avait été également arrêté, mais dirigé sur Toulouse, où il fut dénoncé à l'accusateur public. Le malheureux comparut devant le tribunal révolutionnaire, qui le condamna à mort pour avoir écrit, dix-huit mois auparavant, des lettres témoignant du *plaisir secret* que lui causaient les projets des ennemis de la France. Il monta sur l'échafaud de la place Villeneuve, le 8 mars 1794.

Auguste Pujol s'enfuit en Espagne, passa en Italie et ne rentra à Toulouse qu'après la Terreur. Comme Ruffat et l'abbé Savy, il fonda une institution d'enseignement secondaire qu'il abandonna pour devenir professeur de rhétorique chez l'abbé Savy, où il demeura quinze ans.

La Restauration le nomma professeur au collège royal en 1816 et le chargea plus tard de l'enseignement de la littérature latine à la Faculté de Toulouse.

L'Académie des Jeux Floraux le reçut au nombre des mainteneurs, le 23 août 1816, après un discours sur le Goût littéraire. Ce travail est inséré au Recueil (1817) avec plusieurs autres œuvres importantes : deux éloges de Clémence Isaure, l'un compare l'Épopée et l'Histoire, le Poème épique et le Pentateuque (1818); l'autre traite, en 1822, de l'Ancienneté de la littérature française; la Semonce de 1823 sur le Talent d'improvisation; les réponses aux discours de remerciement de Ruffat et de Panat (1822) et de Cavalié (1829); enfin un conte : *les Pantoufles d'Abou-Casan* (1828).

Decampe prononça, le 23 avril 1843, l'éloge de Pujol décédé, le 29 décembre de l'année précédente, dans la retraite où il vivait depuis qu'il avait abandonné l'Université, à la suite de la chute des Bourbons.

### 7. — Vicomte de RAYNAUD (Anne-Philibert-Auguste). (1791-1843-1871.)

De Raynaud, né à la Salvetat (Hérault), le 19 avril 1791, avait à peine deux ans lorsque les évènements de la Révolution le séparèrent de son père, qui fut obligé de passer la frontière, et de sa mère, que la Terreur fit emprisonner comme suspecte.

Recueilli par son oncle, vénérable ecclésiastique qui avait refusé de prêter le serment civique, il franchit les jours sombres de notre histoire et fut élevé au collège de Castres.

A la Restauration, il prit du service, entra dans l'Etat-Major et fut nommé capitaine en 1824. Les événements de 1830 brisèrent sa carrière militaire; il se retira à Toulouse s'occupant de littérature et des intérêts de ses concitoyens de la Salvetat, qui le nommèrent plusieurs fois leur représentant au Conseil général de l'Hérault.

Elu mainteneur, il prit possession de son fauteuil, le 25 avril 1843, après avoir traité de l'Influence de la Religion, de la Poésie et des Femmes sur la société.

Ce discours figure au Recueil, ainsi que de nombreux travaux de cet académicien, qui apportait à ses confrères le concours littéraire le plus dévoué.

Il fait l'éloge de Clémence Isaure en 1845 puis, l'année suivante, la Semonce, dans laquelle il étudie les Qualités que doit avoir l'homme de lettres. Il rend hommage à la mémoire de plusieurs de ses confrères défunts : de Limairac en 1848, de Montbel et de Panat en 1862, et ses lectures dans les séances privées obtiennent souvent l'honneur de l'impression au Recueil. Nous nous bornerons à les énumérer : *Epître à M. de S. P., missionnaire,* et *Les deux destinées* (1847); *Souvenirs et regrets d'un aveugle de trente ans* (1849); *Mon congé de retraite* (1852); épître à *M. le C^te de M.* (1854); épître *Sur la vieillesse* (1855); *Dévouement d'une chrétienne,* puis les *Charmes du souvenir et les tristesses du présent* (1857); *Les cryptes de Saint-Aubin,* et des *Conseils à une jeune femme qui aime le monde* (1858); *Souvenirs du moyen-âge* (1859); *Méditations pendant un orage au lac d'Oô* (1860); *Le retour après une longue absence* (1865); *La foi* (1866); *Le scepticisme* et enfin une élégie (1869).

La perte de la vue avait cruellement frappé le V^te de Raynaud, sans cependant interrompre complètement ses travaux littéraires; il mourut le 19 novembre 1871 et M. le C^te d'Adhémar a retracé devant l'Académie, le 16 février 1873, cette existence toute de labeurs littéraires.

**8. AUZIES (Jean-Georges-Etienne-Célestin), conseiller à la Cour d'appel de Toulouse (1812-1872-1896).**

Né le 2 septembre 1812, Auzies a été juge suppléant à Saint-Girons en 1842, puis à Toulouse, substitut à Albi en 1852, procureur impérial à Castelsarrasin en 1854, substitut, juge et conseiller à Toulouse.

Elu le 9 février 1872, il a prononcé son remerciement le 16 février 1873, en rappelant les illustrations de l'Académie et le souvenir des mainteneurs qui l'avaient précédé au treizième fauteuil (R. 1873).

Le Recueil conserve son éloge de du Gabé (R. 1877); une comédie : *le Troisième juré* (1880); *la Légende de la vallée de Salau, en Couserans* (1881); une étude sur La Fontaine (1882); son appréciation sur divers documents inédits concernant les origines et les usages des Jeux Floraux (1884).

Les procès-verbaux des séances particulières rappellent ses nombreuses communications à l'Académie, notamment les résultats de ses recherches sur les anciens Jeux (26 février 1875 et 9 juin 1876).

M. Auzies est décédé, le 22 août 1896, à Massat, dans l'Ariège, à l'âge de quatre-vingt-deux ans.

A son titre d'ancien conseiller à la Cour, notre regretté confrère joignait ceux d'ancien président du Conseil général de l'Ariège, de membre fondateur de l'Académie de législation de Toulouse, de président du bureau d'Assistance judiciaire près la Cour, et de vice-président de la commission de surveillance des prisons.

## QUATORZIÈME FAUTEUIL.

**1. — De MAURIAC (Charles-François de MAUSSAC), seigneur de Mauriac, Soulignac et Lagarrigue, conseiller au Parlement (1631-1694-1701).**

Les lettres patentes de 1694 appelèrent au dix-septième fauteuil le conseiller au Parlement, de Mauriac.

Les archives de l'Académie ne contiennent pas la moindre indication au sujet de ce mainteneur dont le nom ne figure sur aucun des procès-verbaux des séances commençant en 1700; néanmoins, dans son *Histoire des Jeux Floraux*, comme dans l'éloge qu'il prononça le 9 août 1811, Poitevin-Peitavi le qualifie de grand'chambriste et fixe son décès à l'année 1701.

Or, de 1644 à 1722, il n'y a pas eu au Parlement *un seul magistrat* du nom de Mauriac; on trouve seulement un Raymond de Mauriac, fils de Raymond de Tolosanis, à la fin du dix-huitième siècle. En revanche, les archives de la Cour souveraine ont conservé le souvenir de Charles-François de Maussac, nommé conseiller par lettres patentes du 22 février 1664, et l'on relève aux registres de la paroisse Saint-Etienne, le 31 juin 1679, le mariage de *Charles-François de Maussac, seigneur de Mauriac,* conseiller au

Parlement, avec Gabrielle de Fieubet, fille du Premier Président, et, le 5 août 1701, le décès de *Charles-François de Maussac,* conseiller à la Grand'Chambre, *seigneur de Mauriac*, Soulignac et Lagarrigue, âgé de soixante-dix ans environ.

Ce parlementaire était évidemment le mainteneur des Jeux Floraux, fils du conseiller au Parlement, Philippe-Jacques de Maussac, savant helléniste et critique littéraire, fort apprécié au commencement du dix-septième siècle. Né vers 1631, conseiller au Parlement à trente-trois ans, de Maussac avait une sœur, Diane-Marie, qui épousa J.-B. de Ciron, président à mortier, et un frère, Jacques, conseiller au Parlement. Celui-ci, dans des dispositions testamentaires en date du 18 février 1691, parle de son frère Charles-François, qu'il désigne sous le nom de *Mauriac;* il nous apprend que ce dernier avait eu un fils, Jean-François, issu de son mariage avec M^lle^ de Fieubet, et qu'il avait épousé en secondes noces Gabrielle de Clairac.

Le tombeau des de Maussac était dans le chœur de l'église des Grands Carmes.

A défaut de renseignements sur les œuvres littéraires de ce mainteneur, les indications qui précèdent permettent d'établir l'identité du conseiller de Mauriac et les alliances de ses proches.

**2. — De RESSÉGUIER (Jean). président au Parlement (1646-1701-1704).**

François de Rességuier, père de ce mainteneur, était président aux enquêtes du Parlement de

Toulouse et mainteneur des anciens Jeux Floraux.

Son fils, né à Toulouse, vers 1646, devait marcher sur ses traces, et dans la magistrature et dans la culture des Belles-Lettres.

Appelé à faire partie de la Cour souveraine du Languedoc par provisions royales du 20 juin 1674, il devint maître ès Jeux avant la création de l'Académie, prit possession de l'office de son père comme président aux Enquêtes du Parlement, le 28 mars 1695, et fut nommé mainteneur, le 12 août 1701, en remplacement de Maussac de Mauriac.

Il mourut le 27 août 1704, à l'âge de cinquante-huit ans et, plus d'un siècle après sa mort, le 9 août 1811, le secrétaire perpétuel Poitevin-Peitavi fit revivre le souvenir de cet académicien dont l'éloge n'avait pas été inséré au procès-verbal de la séance dans laquelle il fut prononcé, au commencement du dix-huitième siècle.

**3. — LECOMTE (Antoine), marquis de NOÉ, conseiller d'honneur au Parlement (1674-1704-1751).**

Dans les derniers jours du mois d'octobre 1751, le clergé de Saint-Etienne conduisait à sa dernière demeure, dans le cloître de la Daurade, paroisse où il était né le 13 juin 1674, le Mis de Noé, seigneur de Marlhiac, les Chateliers et autres lieux, conseiller au Parlement.

Cet ancien magistrat appartenait à une famille dont les membres « s'étaient distingués, depuis « plus de trois siècles, dans les fonctions de

« de Premier Président, président à mortier, « procureur général et conseiller en les Cours et « Parlements de Bordeaux ainsi que dans les « emplois militaires ». Tels étaient les termes des provisions royales du 11 mai 1743 le nommant conseiller d'honneur après quarante-quatre ans de services au Parlement de Toulouse.

D'abord conseiller le 3 juillet 1698, à l'âge de vingt-six ans, il acquit l'office de François de Bertier, en 1703, et remplit les fonctions d'avòcat général pendant trente-neuf ans.

Mainteneur survivancier le 17 mai 1701 et titulaire le 5 septembre 1704, Lecomte a prononcé, le 16 juillet 1743, l'éloge de Buisson d'Aussonne (R. 1745), et a laissé à l'Académie le souvenir d'une grande facilité pour la poésie, talent que le Ch[er] d'Aliez, secrétaire perpétuel, rappela dans une notice biographique lue le 23 décembre 1751 et non imprimée.

Le conseiller Lecomte avait vu son fils le remplacer au Parquet du Parlement et devenir son confrère à l'Académie des Jeux Floraux.

**4. — De RAFIN (Rodolphe-Joseph), conseiller au Parlement (1727-1752-1805).**

Les provisions royales du 23 juin 1748 nommant de Rafin conseiller au Parlement disent qu'il fut baptisé à Uzès, le 28 juillet 1727.

Fils d'un receveur des tailles, il fit de brillantes études au collège Louis-le-Grand et mérita des compliments de Voltaire pour son Ode sur le Rétablissement du roi Louis XV, tombé malade à Metz. Après avoir suivi les cours de droit à Paris, il se fit inscrire au barreau du Parlement de Toulouse et occupa un siège de conseiller à sa vingt-et-unième année.

Il entra, en mars 1752, à l'Académie des Jeux Floraux, qui l'avait élu mainteneur le 23 décembre de l'année précédente, et il prononça l'éloge de Clémence Isaure en 1754.

De Rafin fut chargé en 1766, avec deux de ses collègues du Parlement, d'aller pacifier le Vivarais. On le retrouve à la réforme du chancelier de Maupeou, rédigeant les remontrances de la Cour du Languedoc en avril 1771, ce qui lui valut un ordre d'exil dans son pays natal. Il revint au Parlement en 1775, obtint le titre de conseiller honoraire en 1784, et se retira à Uzès.

La Terreur emprisonna pendant huit mois le vieux parlementaire, qui mourut à l'âge de soixante-dix-huit ans. le 18 avril 1805.

Son éloge fut présenté à l'Académie, le 14 juin 1809, par le B^on de Malaret.

**5. — Marquis D'AGUILAR (Melchior-Louis) de BON de MARGARIT, chef d'escadron en retraite (1755-1809-1838).**

Fils d'un officier supérieur d'infanterie, d'Aguilar naquit à Perpignan, le 10 décembre 1755. Pendant ses études au collège royal de Toulouse, il prit part au concours des Jeux Floraux, à l'âge de onze ans (1766) avec un hymne à la Vierge, puis il embrassa la carrière militaire en 1772 et devint capitaine de Royal-Pologne Cavalerie en

1777, époque à laquelle il écrivit un *Recueil de vers*. Pendant la Révolution, le Mis d'Aguilar émigra et combattit contre les armées de la République, à la frontière d'Espagne.

L'Académie l'appelle le 2 juin et le reçoit, le 14 juin 1809, au nombre de ses mainteneurs.

Dans trois Semonces, tantôt il traite de l'Etude des langues modernes et de la littérature étrangère (1810), tantôt il donne des Conseils aux jeunes littérateurs, cherchant à les prémunir contre l'orgueil (1819) ou leur signalant les Ecarts de la nouvelle école littéraire (1830).

Ses trois éloges de Clémence Isaure comprennent une étude sur le Rôle des femmes dans la littérature (1811), un hymne (1825), et un chant lyrique (1828).

Les Recueils de l'Académie contiennent ses notices biographiques de Panat (1812), de Verny (1825) et d'Escouloubre (1834) ; ses réponses aux remerciements de Montbel (1823) et de Pech (1827) ; des extraits de son rapport sur le concours de 1824 et son étude sur la Poétique de Molinier (1811), qu'il avait traduite en entier avec d'Escouloubre. On y trouve encore sept Odes : *B. Pascal* (1813), *les Derniers accents du vieillard* (1821), *le Malheur* (1822), *la Science et la Sagesse* (1826), *la Fortune* (1828), *la Loi invisible* [1829), *l'Espérance* (1838) ; une fable : *les Deux Arbres fruitiers* (1812) ; des stances qu'il consacre : au Genre romantique (1823), à la Campagne d'Espagne (1824), à la Mémoire du duc Mathieu de Montmorency (1826) ou au Triomphe des romantiques sur Racine et les classiques

(1829) et d'autres encore (1837 et 1838); enfin un chant de reconnaissance à la Poésie bienfaitrice (1828).

Les procès-verbaux indiquent sa lecture du 23 février 1821 exposant des Considérations historiques, morales et littéraires sur l'institution des Jeux Floraux, la harangue et les vers de circonstance qu'il prononça dans la séance publique du 4 mai 1823 à laquelle assistait la duchesse d'Angoulême, son compliment à cette princesse dans la seconde audience accordée le 25 du même mois à la députation de l'Académie, enfin l'adresse au roi Charles X, votée le 29 septembre 1824.

D'Aguilar était chevalier de Saint-Louis et membre de la Société des Sciences de Montpellier, de l'Académie des Belles-Lettres de Barcelone et de l'Académie des Sciences, Inscriptions et Belles-Lettres de Toulouse. Il mourut en 1838 et son éloge fut prononcé, le 21 avril de la même année, par Dumège (R. 1839).

Ce mainteneur a laissé un Recueil de vers et une traduction des poésies de Lope de Vega.

**6. — Marquis de SAINT-FÉLIX MAUREMONT (Armand-Joseph-Marie), ancien préfet (1784-1839-1866).**

Fils de l'amiral qui servit brillamment la France pendant plus d'un demi-siècle, Armand de Saint-Félix, né au château de Mauremont, le 17 mars 1784, fit ses études au collège de Juilly et se consacra dès sa jeunesse à l'exploitation du domaine familial. Il appartint à la Société d'agriculture de la Haute-Garonne en 1806 et lui apporta l'utile concours du travail le plus assidu.

La seconde Restauration le nomma sous-préfet à Villefranche-de-Lauragais, poste qu'il occupa jusqu'en mars 1819. Remplacé sous le Ministère Decazes, il passe deux ans au Conseil général de la Haute-Garonne, puis de Villèle lui donne la préfecture du Lot en 1823; le cabinet de Martignac le destitue quatre ans après et de Polignac le rappelle dans les fonctions publiques en lui confiant la préfecture de la Vienne, en avril 1830. Aux élections de juillet, il est nommé député de la Haute-Garonne, mais les événements le retiennent à son poste de Poitiers, où il n'amène le drapeau blanc que huit jours après la chute de Charles X; enfin, il refuse, comme député, de prêter serment au roi Louis-Philippe, est considéré comme démissionnaire et le corps électoral de la Haute-Garonne est appelé à lui donner un remplaçant le 28 octobre de la même année.

De Saint-Félix, rentré à Toulouse, reprend ses études d'agronomie et d'histoire. L'Académie le nomme mainteneur et l'installe au quatorzième fauteuil, le 21 avril 1839, après un discours qui est imprimé au Recueil ainsi que la Semonce de 1840, dans laquelle il traite de l'Art dramatique chez les peuples étrangers.

Il a publié de nombreux ouvrages dont le plus connu est son *Etude d'architecture rurale*; nous devons citer encore son *Précis de l'histoire des peuples anciens*, un *Manuel du cultivateur*, un *Traité des assolements*, un *Dictionnaire français des racines hébraïques*, les *Termes comparés de la botanique en langue française et en langue romane*, des Lectures chrétiennes, etc., etc.

Le Mis de Saint-Félix est mort le 16 août 1866, et Depeyre a fait son éloge le 12 janvier 1868.

**7. — Comte de SAMBUCY-LUZENÇON (Félix) (1868).**

Dans son discours de réception, M. de Sambucy-Luzençon a traité, le 12 janvier 1868, du Sentiment de la nature. En 1876, il a fait l'éloge de Clémence Isaure qui est au Recueil, ainsi que sa notice biographique de Sauvage (1877) et ses souvenirs : *Deux ans à Aquilée* (1882).

## QUINZIÈME FAUTEUIL.

**1. — D'ALDÉGUIER LAGARRIGUE (Raymond), conseiller au Parlement (1635-1694-1709).**

Frère de François, premier titulaire du vingtième fauteuil, d'Aldéguier Lagarrigue naquit à Toulouse, le 9 novembre 1635, entra à la Cour souveraine comme président à la Chambre des Requêtes, le 16 novembre 1676, et devint conseiller au Parlement, le 3 août 1685.

Sa nomination de mainteneur remonte, comme celle de son frère, aux lettres patentes de 1694.

Il eut deux enfants : François, major au régiment de Saint-Chaumond dragons, et une fille, Yzabeau, mariée en 1682 au Mis de Turle.

Il mourut à Toulouse le 30 avril 1709 et fut enseveli aux Grands-Carmes.

**2. — Chevalier D'ALDÉGUIER (Pierre), chevalier d'honneur au Bureau des trésoriers de France de la Généralité de Toulouse (1674-1707-1725).**

Fils de François, trésorier de France, mainteneur des Jeux Floraux, et de dame Jacquette de Lombrail, le chevalier d'Aldéguier naquit à Toulouse, le 19 juin 1674.

Poitevin-Peitavi raconte, dans son *Histoire des Jeux Floraux*, que ce mainteneur avait été désigné par son oncle, le conseiller au Parlement, pour lui succéder à l'Académie et qu'ils assistaient ensemble aux séances pendant l'année 1706 et une partie de l'année 1707. L'hérédité du titre de mainteneur n'est pas suffisamment établie, mais il est certain que Pierre d'Aldéguier siégeait à l'Académie avant d'avoir été appelé, par voie de vote, à en faire partie.

Dans les registres des procès-verbaux commençant en 1700, on voit les deux frères d'Aldéguier, nommés par les lettres patentes de 1694, siéger en même temps ; ils sont désignés sous les noms de d'Aldéguier trésorier et d'Aldéguier Lagarrigue. Dès le 18 février 1701, à la formation des bureaux particuliers pour les Jeux, on constate la présence d'un troisième membre de cette famille sous le nom de d'Aldéguier fils, puis il disparaît et ne revient assez régulièrement qu'à partir de 1704, mais il n'assiste jamais aux séances auxquelles se trouve son oncle le conseiller au

Parlement, d'Aldéguier Lagarrigue. Celui-ci siège pour la dernière fois, le 13 mai 1707, et à la séance suivante, le 20 mai, le troisième d'Aldéguier est porté au nombre des mainteneurs présents, non plus sous le nom de d'Aldéguier fils, mais avec son titre de Chevalier d'honneur.

D'Aldéguier Lagarrigue avait-il donné sa démission? Le fait n'est pas relaté, mais il est assez probable.

En effet, le trésorier, titulaire du vingtième fauteuil et père de Pierre, mourut le 2 mai 1708, près d'un an avant son frère Lagarrigue le magistrat, possesseur du quinzième fauteuil. Or, Pierre, qui avait assisté aux séances en 1701, auquel l'Académie donnait dans les procès-verbaux son titre de chevalier d'nonneur au lendemain du jour où Lagarrigue siège pour la dernière fois en 1707, succède, non pas à son père, mort en 1708 et qui fut remplacé par Dulaurens, mais à son oncle, décédé l'année suivante, en 1709.

Les procès-verbaux ne parlent ni de l'élection ni de la réception de Pierre d'Aldéguier, en faveur duquel il y eut infraction aux règlements de l'Académie. Leurs indications suffisent néanmoins à établir que, le 20 mai 1707, il prit possession de fait du quinzième fauteuil, dont il ne pouvait être régulièrement titulaire qu'après la démission ou le décès de son oncle.

Ce fut seulement quelques années après qu'il prit une part active aux travaux de l'Académie. Il prononça, en séance privée, les éloges de Valette, le 2 juin 1713, et celui de Palaprat, le 30 novembre 1721; aucun de ces discours ne figure au Recueil. L'Académie lui doit aussi la Semonce de 1721 sur la gloire que l'on peut obtenir par la culture des belles-lettres, et, deux ans plus tard, un préambule latin à l'éloge de Clémence Isaure écrit par Mlle de Catellan, maîtresse ès Jeux (R. 1721, 1723).

Dans la séance du 24 août 1718, il complimenta l'intendant de Bernage, en l'invitant à assister aux travaux des mainteneurs; enfin il porta la parole, au nom d'une délégation chargée de souhaiter la bienvenue à Mgr de Nesmond, archevêque de Toulouse, le 22 juin 1722. Ce discours fut imprimé, par décision spéciale, au Recueil de l'année 1723.

Pierre d'Aldéguier mourut à Toulouse, le 22 mars 1725, et Cormouls prononça son éloge, le 17 juin suivant.

Sa modestie a privé l'Académie de trois tragédies inédites, œuvres de mérite, signalées et appréciées par ceux de ses confrères auxquels il les avait communiquées.

### 3. — De BUISSON (Mathieu-François), marquis D'AUSSONNE (1669-1725-1743).

François de Buisson, Mis d'Aussonne, appartenait à une ancienne famille du Rouergue et s'était consacré à l'étude des lettres et des sciences; il y réussit rapidement puisque, dès l'âge de dix-huit ans, étant bachelier en théologie, il remporta le triomphe de la Violette au concours de 1687.

Louis XIV confia à son habileté diplomatique

d'importantes négociations dans les Etats barbaresques et il s'en acquitta à la satisfaction du roi.

Nommé mainteneur survivancier le 9 avril 1724, il devint titulaire du quinzième fauteuil, en remplacement de P. d'Aldéguier, le 15 juin 1725.

Les archives de l'Académie ne contiennent aucune œuvre littéraire de ce mainteneur, qui mourut en juin 1743, et dont l'éloge fut prononcé en séance privée le 16 juillet suivant, par A. Lecomte M^is de Noé.

**4. — De CAULET (Henri-Joseph), président au Parlement (1718-1743-1755).**

Les de Caulet comptaient déjà trois générations consécutives de présidents à mortier et deux de mainteneurs, lorsque, de Joseph de Caulet-Gragnague et de Thérèse de Burta, naquit le 9 décembre 1718, Henri-Joseph qui devait succéder à son père à la Cour souveraine et à l'Académie.

Comme lui, il fait ses études avec succès au collège de Beauvais, puis il entre au Parlement en qualité de conseiller au mois de mai 1741; l'année suivante, au décès de son père, il devient président à mortier et, le 16 juillet 1743, il est appelé au quinzième fauteuil qu'il occupe trois jours après sa nomination.

Le Recueil a conservé ses Semonces de 1744 et de 1747 sur les Romans et sur la Critique, et ses éloges de Duclos (1752) et de Lombrail (1755). Le souvenir de sa réponse au remerciement de

Mgr de Crussol est inscrit au procès-verbal de la séance du 14 février 1755.

En atteignant sa grande majorité, le président de Caulet avait pris la présidence de la chambre Tournelle et, à son titre de mainteneur, était venu se joindre celui de membre de l'Académie des Belles-Lettres de Montauban. Que de légitimes espérances pouvaient faire naître de si brillants débuts ! La mort vint les détruire en frappant, le 5 novembre 1755, le jeune président qui n'avait pas accompli sa trente-septième année.

Du Puget fit son éloge, le 26 décembre de la même année.

**5. — VERNY (Thomas), avocat au Parlement, député aux Etats généraux (1725-1755-1808).**

Né à Clermont-Lodève, d'une famille peu fortunée, le 25 septembre 1725, Thomas Verny ne comptait pas moins de sept frères ou sœurs. Son oncle paternel, médecin de mérite, qui avait été décoré de Saint-Michel pour son dévouement pendant la peste de Marseille en 1722, se chargea de son éducation, le fit élever au collège de Pézenas et l'envoya faire ses études de droit à Toulouse.

L'écolier suivait assidûment les concours des Jeux Floraux et, dès 1748, il présentait une ode qui mérita l'impression au Recueil ; l'année suivante, son poème *Le Triomphe de la vérité* obtint une Violette d'argent. Grande colère de l'oncle et défense formelle au littérateur de se livrer à des travaux qui peuvent le distraire de ses études de droit ; le jeune homme se soumet, entre au barreau et y acquiert rapidement une importante situation.

Son oncle est mort depuis déjà quelques années, et Verny ne peut résister à la tentation qui l'obsède : à tout instant, du maquis de la procédure se dresse rayonnante une muse qui l'appelle, entre les lignes des grimoires apparaissent et chantent des rimes mélodieuses, au cours d'un plaidoyer un éclair poétique sillonne et domine sa pensée. La lutte est devenue impossible, et sans bruit, à l'insu de tous, il tente de prendre part encore aux luttes littéraires de Clémence Isaure; le succès couronne ce nouvel essai et l'Amarante d'or est attribuée, en 1753, à son ode *La Calomnie aux mânes de Rousseau*. Sa famille intervient une seconde fois, lui fait les plus vives remontrances et exige de lui la promesse de renoncer au culte des lettres.

Heureusement l'Académie avait remarqué le talent du jeune avocat et cherchait à se l'attacher. Dès 1754, sa candidature était posée, mais l'élection ne lui fut pas favorable, et son concurrent, de Lafage Saint-Amadou, obtint la majorité. Deux vacances se produisirent successivement et Verny n'avait pas pu se présenter lorsque, sur la proposition de d'Orbessan, le 22 août 1755, l'Académie décida qu'elle lui réservait le premier fauteuil vacant, par dérogation spéciale et exceptionnelle aux prescriptions rigoureuses de son règlement. Le président de Caulet mourut bientôt après, et Verny, dispensé d'élection le 18 décembre de la même année, entra à l'Académie le lendemain.

Le Recueil contient la Semonce qu'il prononça en 1757 sur le choix du sujet dans les œuvres littéraires, et son éloge du président Riquet de Caraman en 1759.

Verny quitte définitivement Toulouse pendant l'épidémie de 1782 et se retire à Montpellier pour y jouir paisiblement de l'importante fortune qu'il a recueillie dans la succession de ses parents si hostiles autrefois à ses goûts littéraires.

Lors de la convocation des Etats généraux, les sénéchaussées de Montpellier et de Béziers le portent toutes deux au nombre de leurs députés; il opte pour Montpellier et se fait remarquer par un incessant labeur dans les comités de l'Assemblée nationale, où il rencontra Demeunier qui devait, dix-huit ans plus tard, devenir son confrère aux Jeux Floraux. Son mandat expiré, il rentre à Clermont-Lodève; sa fortune le fait ranger bientôt parmi les suspects, il se sent menacé, brûle avec tous ses papiers les résultats de ses longues études, et se laisse entraîner par timidité et par faiblesse de caractère à des compromissions qu'il regrettera profondément plus tard. On est étonné, en effet, de voir le sans-culotte Verny élu président de la Société populaire et républicaine de Clermont-Lodève, en ventôse an II, en pleine Terreur.

Les jours sombres sont passés, le calme est revenu, et c'est avec une joie touchante que Verny apprend le rétablissement de l'Académie des Jeux Floraux. Il a perdu complètement la vue, mais il veut apporter à ses confrères une collaboration interrompue depuis près d'un quart de siècle; pour eux, il écrit un poème sur la décadence de l'Empire romain et il leur promet de rédiger la Semonce de 1809.

La mort ne lui en laissa pas le temps : une attaque d'apoplexie l'emporta le 18 juillet 1808, et ce fut seulement le 24 avril 1825 que d'Aguilar prononça son éloge.

**6. — D'AYGUESVIVES (Marie-Alphonse), substitut du procureur général à Toulouse (1796-1825-1831).**

Fils de Félix, titulaire du onzième fauteuil, et de M^lle de Cambon, et né à Toulouse le 4 mai 1796, Alphonse d'Ayguesvives suivit d'abord la carrière militaire de 1815 à 1817; mais, à la suite de son mariage avec M^lle de Malaret, il entra dans la magistrature vers laquelle l'attiraient les souvenirs de sa famille : son père avait été président de chambre à la Cour et son aïeul avait porté sur l'échafaud de Paris, le 14 juin 1794, son mortier de président au Parlement de Toulouse.

Substitut du procureur du roi à Montauban en 1823, puis du procureur général à Toulouse, il est élu mainteneur, le 25 février 1825, et prend rang à l'Académie, à côté de son père, le 24 avril suivant.

Les événements politiques de 1830 venaient de briser la carrière du jeune magistrat dont les débuts avaient été si brillants lorsque la mort le frappa prématurément aux bains de mer, le 7 août 1831, à l'âge de trente-cinq ans à peine.

Le Recueil (1826) conserve son éloge de Belmont de Malcor. L. de Lavergne a retracé l'existence et rappelé les travaux d'Alph. d'Ayguesvives, le 17 février 1833.

**7. — CAUBET (Jean-Baptiste-Casimir), conseiller à la Cour de Toulouse (1788-1833-1862).**

L'un des souvenirs les plus douloureux de l'Académie est celui de la séance du 26 décembre 1862. Le conseiller Caubet, alors âgé de soixante-quatorze ans, lisait une épître pleine d'humour et d'esprit; il escomptait, sans y croire, de longs jours d'existence, lorsqu'en prononçant le mot d'éternité sa voix s'arrête, il frémit, tombe et meurt foudroyé entre les bras de son confrère, Mgr Desprez, qui lui donne les derniers secours de la religion.

Comme Pierre Dufaur de Saint-Jory, Premier Président au Parlement de Toulouse, qui mourut sur son siège de magistrat en rendant un arrêt le 18 mai 1600, le mainteneur Caubet a été frappé sur son fauteuil académique, en faisant œuvre littéraire.

Son existence a été retracée par A. d'Ayguesvives dans la séance du 22 mai 1864.

Fils d'un magistrat, Caubet était né à Castelferrus, le 17 mars 1788; substitut à Villefranche, puis à Toulouse, il devint conseiller à la Cour de cette ville, en octobre 1824, et l'Académie l'appela, le 22 juin 1832, à prendre part à ses travaux.

Ce fut en vers que le nouveau mainteneur remercia l'Académie le 17 février 1833, et deux ans après il fit l'Éloge en attaquant la nouvelle école littéraire (1835). On trouve au Recueil ses réponses aux discours de réception de Saint-Félix Mauremont (1839), de Moquin-Tandon et de Barbot (1842), d'Aug. d'Aldéguier (1843), de l'abbé Salvan (1845), enfin son éloge du conseiller Pech (1854).

**8. — Marquis de LORDAT (Charles). (1864.)**

La Mission des sociétés littéraires a été le sujet du discours de remerciement prononcé par M. le Mis de Lordat, en prenant possession, le 22 mai 1864, du fauteuil auquel il avait été appelé le 29 mai de l'année précédente.

Le Recueil a reproduit ce discours (1865) et le travail fait par M. de Lordat sur l'*Agonie de la France*, œuvre du Mis de Villeneuve-Arifat, publiée en 1837.

## SEIZIÈME FAUTEUIL.

**1. — De LOMBRAIL LA SALVETAT (Pierre), conseiller d'honneur au Parlement (1646-1694-1712).**

Fils de Pierre-Louis, conseiller à la Cour souveraine et de Gabrielle de Nupces, Pierre de Lombrail entra au Parlement de Toulouse, le 4 juillet 1674, en l'office de Pierre-Antoine de Madron. Les provisions royales du 5 avril précédent lui avaient accordé une dispense de parenté pour qu'il pût siéger en même temps que son oncle maternel de Nupces, elles indiquent en même temps qu'il était âgé de plus de vingt-sept ans, ce qui fait remonter la date de sa naissance vers 1646.

Les archives de l'Académie ne font aucune mention des travaux de ce mainteneur nommé par les lettres patentes de 1694; son éloge prononcé par le secrétaire perpétuel de Catellan, le 29 décembre 1712, nous apprend seulement qu'il avait un goût littéraire parfait, et beaucoup d'à-propos dans les discussions académiques.

De Lombrail la Salvetat avait épousé en 1682 la fille du président d'Advizard, il devint conseiller d'honneur au Parlement le 5 octobre 1710, après trente-six ans de services, et mourut à la fin de 1712.

**2. — De DRUILLET DE MONTLAUR (Jean-François), président au Parlement (1678-1713-1733).**

Après avoir débuté dans la carrière militaire, où il était, tout jeune, lieutenant des galères du Roi, Jean-François de Druillet, fils du président au Parlement et de Elisabeth de Thomas de Montlaur, né en janvier 1678, fut obligé de rentrer à Toulouse, où le rappela le mauvais état de santé de son père.

Consacrant ses loisirs à l'étude de la littérature, il fut élu mainteneur survivancier, le 21 décembre 1710, puis titulaire, le 29 décembre 1712, peu de temps après son mariage avec Marie Crosnier de Langanau, veuve de Jérôme de Mauriès, secrétaire du roi, maison et couronne de France.

Au décès de son père, il lui succéda comme président à la deuxième Chambre des Enquêtes, par provisions royales du 7 juin 1719 accompagnées de lettres de dispense des services judiciaires exigés pour occuper cet office. Il mourut à Toulouse, le 25 octobre 1733, et fut enterré dans le caveau de sa famille aux Jacobins.

On retrouve dans les registres des procès-verbaux de l'Académie ses éloges : du premier président de Morant le 8 août 1713, du conseiller de Fermat le 3 août 1714, et de Sapte du Puget de Saint-Alban le 21 mars 1721. Le Recueil de 1723 contient le compliment qu'il adressa, le 14 août 1722, au nom de l'Académie, à de Maniban, nommé Premier Président du Parlement.

Le secrétaire perpétuel d'Aliez prononça, le 23 décembre 1733, l'éloge du président Druillet de Montlaur (R. 1735).

**3. — De LARDOS (Jean-Antoine), avocat au Parlement, Capitoul, chef du Consistoire (1669-1734-1743).**

De Lardos, né vers 1669, était un des membres les plus éminents du barreau de Toulouse, lorsqu'il fut appelé au capitoulat du quartier Saint-Etienne en 1719.

Représentant du capitoulat de la Daurade et chef du Consistoire en 1743, il assista régulièrement, en cette dernière qualité, aux séances de l'Académie qui avait réservé, en 1720, son douzième fauteuil au chef de l'édilité toulousaine.

Chargé par ses confrères de prononcer l'éloge du chancellier de Catellan récemment décédé, de Lardos s'acquitta de ce devoir avec distinction et son discours, prononcé le 18 septembre 1733, figure au Recueil de 1735.

Les mainteneurs voulurent associer à leurs travaux cet avocat distingué dont ils avaient pu apprécier le talent oratoire et l'appelèrent au seizième fauteuil dont il prit possession le 25 février 1734

Capitoul pour la troisième fois et de nouveau chef du Consistoire, de Lardos mourut à Toulouse le 1er août 1743, à l'âge de soixante-quatorze ans, et fut enterré à l'église des R. P. de Saint-Antoine du Salin.

L'Académie a conservé sa notice sur le secrétaire perpétuel de Catellan et les conseils qu'il donna aux jeunes littérateurs dans le discours de la Semonce de 1735. Son éloge, prononcé le 20 août 1743 par de Saget, n'a pas été imprimé au Recueil mais, soixante-dix ans après son décès, le secrétaire perpétuel Poitevin-Peitavi a comblé cette lacune, le 24 janvier 1812, en rappelant à l'Académie l'existence et les travaux de ce mainteneur.

De Lardos avait épousé, le 29 mars 1712, Elizabeth de Gras, veuve en premières noces de J.-J. de Ségla et mère de celle qui fut maîtresse ès Jeux, sous le nom de Jeanne de Montégut Ségla. Il vit les débuts, les succès et le triomphe de sa belle-fille dans les tournois littéraires de l'Académie.

**4. — De LAMOTE (Christophe-Suzanne), conseiller au Parlement (1719-1743-1784).**

Il suffit de rappeler le nom d'un évêque des albigeois au treizième siècle et celui d'Hugues de la Mothe dont le courage est relaté dans la *Cansó dels Eretgès* pour établir l'ancienneté de la famille de Christophe de Lamote, fils de Jean-Jacques et d'Hélène de Mariotte, né à Toulouse le 19 septembre 1719.

Elevé à l'Esquille, de Lamote fut reçu conseiller au Parlement le 4 avril 1743, et, le 23 août de la même année, il entrait à l'Académie des Jeux Floraux.

Il fit les Eloges de 1744 et de 1773. Seul, le premier de ces discours est imprimé au Recueil (1745), avec sa notice biographique du Ch[er] d'Aliez (1759) et sa réponse au remerciement du conseiller de Lalo (1778).

Dans la séance du 14 août 1768, il prononça la Semonce, puis, après la réponse de Gouazé, chef du Consistoire, il fit l'éloge du président Bertrand. Ces deux ouvrages n'ont pas été conservés.

Outre ses travaux académiques, de Lamote a laissé deux tragédies, *Turnus* et *Andromaque*, des comédies et une traduction d'Horace, le tout inédit.

Il mourut à Saint-Félix (Lauragais) le 5 novembre 1784, après avoir appartenu plus de quarante ans aux Jeux Floraux et près de dix ans à l'Académie de Peinture. L'abbé d'Aufrery prononça son éloge, le 20 février 1785.

La mère de cet académicien et sa femme, Hélène de Variclery, qu'il avait épousée en 1749, étaient célèbres dans la Société toulousaine par leur esprit, la vivacité de leurs réparties, l'élégance et le bon goût de leur conversation.

**5. — POITEVIN-PEITAVI (Philippe-Vincent), secrétaire perpétuel (1742-1785-1818).**

Poitevin, né le 19 janvier 1742 à Alignan-du-Vent, appartenait au barreau du Parlement, qu'il avait quitté quelque temps pour aller professer les Belles-Lettres dans un collège du Bas-Languedoc, lorsqu'il fut reçu mainteneur des Jeux Floraux, le 20 février 1785.

Les Recueils antérieurs à la Révolution contiennent son discours de remerciement (1785), la Semonce de 1786 dans laquelle il étudia la Poésie pastorale, ses éloges de Lacroix (1787), de Senaux et de Boyer Sauveterre (1789), et les félicitations qu'il adressa, au nom de l'Académie, à de Cambon, pour sa nomination de Premier Président du Parlement (1788).

Le Musée fondé à Toulouse par Mgr de Brienne recevait aussi quelques travaux littéraires de Poitevin, qui obtint un véritable succès par son *Ordonnance criminelle mise en Vaudeville.*

Pendant la Révolution, il fut arrêté comme suspect, le 25 avril puis le 9 août 1793, incarcéré à la Visitation et détenu jusqu'au 9 frimaire an III. Le littérateur utilisa ses seize mois d'emprisonnement à faire une traduction du Tasse, aussi le comité révolutionnaire déclara, en ordonnant son élargissement, que Poitevin pouvait rendre d'utiles services, « s'il employait ses « grands talents au profit de la chose publique. » Après la Terreur, il revint à Toulouse, fit partie de la Société littéraire « Le Lycée » et, lors de l'insurrection de l'an VII, il se chargea de la défense des royalistes faits prisonniers et parvint à en sauver un grand nombre, notamment le jeune d'Aguin.

Sous l'Empire, il fut de ceux qui apportèrent le plus de zèle et de dévouement pour obtenir le rétablissement de l'Académie ; les quelques mainteneurs épars qu'il put réunir lui en témoignèrent leur gratitude en le nommant secrétaire perpétuel, le 9 février 1806.

Le Recueil a conservé ses éloges de Delpy et de l'abbé de Grumet (1807), de d'Aguin, de Mgr de Cambon et de Magi (1808), de Floret (1810), de E. de Rességuier (1811), et de Villeneuve (1816); son Rapport sur le concours de 1812, enfin l'éloge funèbre de Goudelin qu'il prononça, le 14 juillet 1808, à la suite de la translation des cendres du poète, de l'église des Grands-Carmes à celle de N.-D. la Daurade.

Les procès-verbaux signalent ses Rapports sur les concours de 1809 à 1812; sa Lecture en 1808 sur les éloges de Clémence Isaure prononcés en séance publique, étude que nous regrettons vivement de n'avoir pas retrouvée dans les archives; un autre travail de la même année sur les salles de l'Académie au Capitole; la Résumption des travaux des mainteneurs lue en 1811, etc., etc.

Tout ce qui pouvait intéresser l'histoire de l'Académie attirait le secrétaire perpétuel. Les éloges des anciens mainteneurs étaient-ils incomplets ou avaient-ils disparu, Poitevin compulsait les documents et retraçait devant ses confrères l'existence de leurs prédécesseurs et leurs titres au souvenir de l'Académie. Longue serait la liste des notices biographiques qu'il présenta dans les séances privées; mais toutes font partie de son œuvre la plus importante : *Mémoires pour servir à l'histoire des Jeux Floraux*, dont l'impression fut ordonnée le 9 juillet 1813.

L'âge était venu, et Poitevin, retiré dans son pays natal depuis le mois de novembre 1812, envoya sa démission de secrétaire perpétuel. L'Académie refusa de pourvoir à son remplacement; elle lui donna un secrétaire adjoint et il conserva son office jusqu'à son décès survenu à Alignan-du-Vent le 20 novembre 1818. Son éloge fut prononcé, le 12 février 1821, par J. de Rességuier.

**6. — Mgr de CLERMONT-TONNERRE (Anne-Antoine-Jules), cardinal, archevêque de Toulouse, pair de France (1748-1821-1830).**

Né à Paris, le 31 décembre 1748, le fils de Charles-Henri de Clermont-Tonnerre, brigadier des armées, et de Julie de Letonnelier de Breteuil, fut élevé au collège d'Harcourt, entra au séminaire de Saint-Sulpice, obtint le titre de docteur en Sorbonne, puis l'abbaye de Tonnerre et devint grand vicaire de Mgr de Durfort, archevêque de Besançon.

La Révolution le trouva aux Etats-Généraux, représentant la sénéchaussée de Châlons où il occupait, depuis 1781, le siège épiscopal devenu vacant par l'élévation de Mgr de Juigné à l'archevêché de Paris.

Les persécutions contre le clergé l'obligent à quitter la France; il se cache à Hambourg, à Altona, en Allemagne, en Italie et ne revoit le sol de la patrie qu'à la Restauration.

Mgr de Bovet, qui avait succédé à Mgr Primat à l'archevêché de Toulouse, se retire en 1820; Mgr de Clermont-Tonnerre le remplace et est intronisé, le 24 octobre de la même année.

Le 12 février 1821, il prend possession du seizième fauteuil des mainteneurs auquel l'Académie l'avait élu quelques jours auparavant.

L'année suivante, il est élevé au cardinalat. Louis XVIII lui donne la pairie, puis Charles X le nomme commandeur du Saint-Esprit et l'appelle au ministère d'Etat.

L'abbé Jamme prononça, le 7 mars 1833, l'éloge de Mgr de Clermont-Tonnerre, archevêque de Toulouse et de Narbonne, primat des Gaules, cardinal-prêtre de la Sainte-Eglise romaine du titre de la Trinité du Mont, abbé commendataire de la basilique Saint-Sébastien, duc et pair, commandeur du Saint-Esprit, et ministre d'Etat.

Le prélat, qui avait attendu à l'étranger pendant près d'un quart de siècle le retour des Bourbons, mourut, le 20 février 1830, à la veille des journées dans lesquelles s'effondra la Restaura tion.

**7. — Mgr D'ASTROS (Paul-Thérèse-David), cardinal, archevêque de Toulouse et de Narbonne (1772-1833-1851).**

Né à Trouves, diocèse de Fréjus, le 15 octobre 1772, et fils d'un avocat du Parlement d'Aix et de la sœur de Portalis, David d'Astros fut élevé au Bon-Pasteur. Il échappa aux levées en masse de la Révolution, reçut les ordres à Paris en 1795 des mains de Mgr de Maillé, revint dans son pays natal et exerça le ministère en 1797 à Marseille.

Au Concordat, il est appelé à Paris par son oncle Portalis et devient chanoine de Notre-Dame, puis vicaire général du diocèse en 1808. Son opposition au gouvernement impérial et sa protestation contre la nomination du cardinal Fesch à l'archevêché de Paris lui attirent un ordre d'exil, qui est annulé sur sa justification. Il n'est pas moins énergique contre le cardinal Maury, appelé au même siège, et ne craint pas de braver la colère de Napoléon, qui le fait emprisonner, le 4 novembre 1811, à Vincennes et plus tard à Angers.

A la Restauration, la princesse Louise de Bourbon Condé, qui suivait la règle de l'ordre de Saint-Benoit, confie à l'abbé d'Astros le soin de réparer et de transformer en oratoire l'ancienne prison du Temple. Les Cent-Jours l'obligent à passer la frontière; il suit la Princesse à l'étranger et, à son retour en France (décembre 1816), il est nommé supérieur de la Maison du Temple.

La cour de Rome lui confia l'évêché d'Orange

en 1817, puis celui de Saint-Flour, celui de Bayonne en 1820, enfin l'archevêché de Toulouse, le 16 mars 1830.

Appelé au seizième fauteuil de l'Académie le 4 janvier 1833, il prononça, le 17 mars suivant, son discours de remerciement en traitant du Développement de la Vertu par le goût de l'étude des Belles-Lettres (R. 1833).

Mgr d'Astros daigna, en 1836, présider les Jeux de l'Académie, et ses confrères se rendirent en corps à l'Archevêché le 29 novembre 1850, pour féliciter leur pasteur de son élévation au cardinalat.

Après vingt et un ans d'épiscopat à Toulouse, Mgr d'Astros mourut, le 29 novembre 1851, et, dans son éloge du 7 mars suivant, l'abbé Salvan se fit l'interprète des regrets de l'Académie et de ceux de toutes les âmes chrétiennes du diocèse (R. 1852).

### 8. — Mgr MIOLAND (Jean-Marie), archevêque de Toulouse (1788-1852-1859).

L'archevêché de Toulouse, devenu vacant par le décès de Mgr d'Astros, venait d'être confié à son coadjuteur, Mgr Mioland. L'Académie appela, le 23 janvier 1852, le nouvel archevêque à occuper le fauteuil qui avait appartenu à son prédécesseur dans l'administration du diocèse, et elle entendit, le 7 mars suivant, son discours de remerciement sur l'Esprit chrétien (R. 1852).

Né à Lyon à la veille de la Révolution, le 25 octobre 1788, J.-M. Mioland appartenait à une famille de négociants qui ne partageait pas les idées nouvelles.

Son père fut proscrit et il demeura confié aux soins vigilants de sa mère dont la religion et l'énergie résistèrent aux folles impiétés de cette époque troublée. Elle sut maintenir et guider la foi chrétienne de son fils qui devint sous-diacre le 23 juillet 1810, obtint la prêtrise et fut successivement professeur de théologie, puis supérieur des missions diocésaines à Paris. Son excessive modestie lui fit refuser l'évêché de Verdun en 1836, et il fallut toute l'insistance du nonce apostolique pour qu'il acceptât plus tard celui d'Amiens. Attaché comme coadjuteur à Mgr d'Astros, il lui succéda et occupa le siège archiépiscopal jusqu'à sa mort, le 16 juillet 1859.

L'abbé Duilhé de Saint-Projet fit l'éloge du prélat, le 9 avril 1860.

**9. — Mgr DESPREZ (Julien-Florian-Félix), cardinal, archevêque de Toulouse, primat de la Gaule narbonaise (1807-1860-1895).**

L'éminent prélat qui a administré le diocèse de Toulouse pendant plus de trente-cinq années, clôt la liste douloureuse des mainteneurs que l'Académie a perdus pendant les deux siècles de son existence. Il est mort chargé d'années, le 21 janvier 1895, emportant avec lui le respectueux attachement et la profonde vénération de tous ceux qu'il avait guidés si longtemps dans la voie du devoir religieux et des vérités chrétiennes.

Né à Ostricourt (Nord) le 14 avril 1807, vicaire à Cambrai, où personne n'a oublié sa charité et son dévouement pendant l'épidémie de choléra de 1830, curé à Pont-de-Marc, à Templeuve et à Roubaix dont la population ouvrière l'entourait d'une touchante affection, évêque de Saint-Denis de la Réunion, évangélisant les peuplades nègres de l'île africaine (1851), il fut appelé en 1857 à l'évêché de Limoges et, deux ans après, à l'archevêché de Toulouse.

L'Académie des Jeux Floraux tint à honneur de confier le fauteuil de Mgr Mioland à son digne successeur, et Mgr Desprez, nommé mainteneur le 17 février 1860, remercia ses confrères le 9 avril suivant, en les entretenant de l'Alliance des Belles-Lettres et de la Religion.

C'est avec émotion que l'on retrouve aux annales de l'Académie le souvenir poignant de la séance du 26 décembre 1862 dans laquelle le saint prélat donna la dernière bénédiction au conseiller Caubet que la mort vint foudroyer au moment où il lisait une pièce de vers et parlait de l'éternité.

Elevé au cardinalat en 1879, Mgr Desprez est décédé à l'âge de quatre-vingt-huit ans, avec le calme et la sérénité du fidèle parvenu au but. Ses diocésains conservent pieusement le souvenir de son dévouement au moment de l'inondation de 1875, de son énergie à défendre les droits sacrés et méconnus de la religion chrétienne, des vertus dont il fut le modèle dans le cours d'une longue vie retracée par M. Dubédat dans l'éloge du 30 mai 1897.

## DIX-SEPTIÈME FAUTEUIL.

**1. — D'ASSÉZAT (Jean-François), conseiller au Parlement (1666-1694-1727).**

Né dans l'hôtel où la générosité d'un de nos confrères a installé aujourd'hui l'Académie, d'Assézat fut baptisé à la Daurade le 25 février 1666.

D'abord avocat au Parlement, il devint conseiller à la Cour souveraine, le 22 décembre 1691, en l'office de Jacques-Philippe de Ciron, et les lettres patentes de 1694 le nommèrent mainteneur de la nouvelle Académie.

Son confrère, de Comynihan, fit le 2 juillet 1727 l'éloge de d'Assézat, décédé dans son hôtel, le 9 du mois précédent, et enterré aux Grands Cordeliers.

**2. — De LOMBRAIL (Marc-Antoine) (1689-1727-1755).**

Fils de Pierre, conseiller au Parlement, et de Marie d'Advizard, Marc-Antoine de Lombrail, né à Toulouse le 9 juin 1689, succéda au mainteneur d'Assézat, le 2 juillet 1727.

Vivant dans une retraite presque absolue et s'occupant d'œuvres religieuses, on ne trouve aucune trace de ses œuvres littéraires ni de son concours aux travaux des Jeux Floraux.

Il mourut le 8 janvier 1755, et son éloge fut prononcé, le 31 du même mois, par le président H.-J. de Caulet.

**3. — Mgr De CRUSSOL (François d'UZÈS-d'AMBOISE), archevêque de Toulouse (1702-1755-1758.)**

Le château de Montmaur, dans le Lauragais, vit naître, le 24 janvier 1702, un fils d'Alexandre Galliot de Crussol d'Amboise, seigneur de Montmaur et sénéchal de Toulouse, et de Charlotte-Gabrielle de Timbrune Valence.

L'enfant, qui devait occuper le siège archiépiscopal de Toulouse, fut élevé au collège de l'Esquille, entra dans les ordres, obtint l'abbaye de Charroux de l'ordre de Saint-Benoît dans le diocèse de Poitiers, en 1727, puis celle de Saint-Germain-l'Auxerrois en 1740, alors qu'il était déjà évêque de Blois depuis 1734.

Appelé à l'archevêché de Toulouse en mars 1753, il en prit possession le 12 janvier 1755, fut reçu aux Jeux Floraux le 14 février, et présida, la même année, l'Assemblée générale du clergé de France.

Sa mauvaise santé l'obligea à aller chercher des soins spéciaux à Paris où il mourut le 28 avril 1758; il fut enseveli dans l'église des Barnabites.

De Montégut a prononcé, le 26 mai suivant, l'éloge de Mgr de Crussol.

**4. — De CARQUET (Etienne), trésorier de France, maître ès Jeux (1715-1758-1765).**

Deux Amarantes, deux Violettes et un Souci obtenus dans les concours littéraires des Jeux

Floraux lui avaient mérité, le 26 février 1758, les lettres de maîtrise, lorsque Etienne de Carquet fut élu, le 12 mai de la même année, au dix-septième fauteuil dont il prit possession le 2 juin.

Fils de Jean, capitoul en 1706, et de Catherine de Charon, et né à Castelsarrasin en 1715, de Carquet occupait à la culture des Lettres les loisirs que pouvaient lui laisser ses fonctions de Trésorier de France.

Ses œuvres couronnées de 1741 à 1753 figurent au Recueil. Les poèmes *Aristomène* et *la Royauté* lui valurent la Violette d'argent en 1741 et 1752 ; il reçut, en 1751, un Souci réservé pour une élégie, *Adam après la chute;* puis, en 1752 et 1753, deux Amarantes d'or, dont une réservée, pour ses deux Odes : l'une sur la *Providence*, l'autre sur la *Mort de M*[me] *de Montégut.*

L'abbé Prades prononça, le 10 août 1765 (R. 1766), l'éloge de ce mainteneur, qui mourut à Toulouse le 13 juillet 1765. Son acte de décès lui donne le titre de coseigneur de Pauliac et fait connaître qu'il était marié à Jeanne-Antoinette de Verdier. Il fut enseveli au cimetière de la Dalbade.

**5. — Marquis de BELESTA-GARDOUCH (François de VARAGNE). (1725-1765-1808.)**

Parvenir vers l'âge de trente ans au grade de mestre de camp de cavalerie et d'officier supérieur de gendarmerie après avoir fait les campagnes du maréchal de Saxe, puis être contraint par la faiblesse de ses yeux de quitter la carrière militaire qu'il avait si brillamment parcourue en sortant de la Maison du roi; tel fut le sort de François de Varagne, né à Toulouse, le 10 juin 1725, de Charles de Varagne de Gardouch et de Marie-Thomas de Juliard, et tenu sur les fonts baptismaux de Saint-Etienne par Mme de Roquefort, M[ise] de Bélesta, qui lui légua plus tard sa fortune et son titre.

En quittant l'armée, de Gardouch revint dans le Midi, habitant Toulouse et parfois Montpellier, lorsque l'Académie lui confia, le 10 août 1765, son dix-septième fauteuil qu'il occupa six jours après son élection. Il fut secrétaire des assemblées de 1768 à la fin de 1769 et adjoint au secrétaire perpétuel Delpy avec survivance le 12 mai 1769; mais l'état de sa vue ne lui permit pas de conserver cette charge laborieuse, dont il se démit le 22 mars 1773.

Son discours de remerciement, la Semonce de 1772, son éloge du président Daspe et sa réponse au remerciement de Martel (1770) ne figurent pas au Recueil, dans lequel on trouve seulement son éloge de Clémence Isaure en 1768 (R. 1769).

De Gardouch fut capitoul-gentilhomme de Toulouse de 1778 à 1780, puis de 1783 à 1786. Devenu sourd et aveugle, il fut arrêté sous la Révolution comme père d'émigré, détenu à la Visitation du 8 octobre 1793 au 5 septembre 1794, puis maintenu en arrestation à son domicile. Il mourut en 1808, deux ans avant le fils qu'il avait eu de son second mariage avec Mlle de Lordat; Mlle de Châteauregnaud, qu'il avait épousée en premières noces, était morte sans lui laisser de postérité.

Le Mis de Villeneuve prononça, le 21 mai 1813, l'éloge de ce mainteneur qui était membre de l'Académie des Sciences, Inscriptions et Belles-lettres et de celle de Sculpture, Peinture et Architecture de Toulouse, ainsi que des bureaux d'agriculture de Brives, de Limoges et d'Angoulême.

Ses mérites littéraires, quoique très appréciés, furent moins connus que son différend avec Voltaire, qu'il avait rencontré aux eaux de Plombières et avec lequel il entretenait une correspondance assez fréquente. Il avait fait imprimer en 1768, à Genève, chez l'éditeur des Mémoires de La Beaumelle, un *Examen critique de l'histoire de Henri IV par de Bury*, dans lequel il attaquait le roi Louis XV et le président Hénault. L'ouvrage eut un grand succès en province, mais à Paris il fut saisi et envoyé au pilon par ordre de M. de Sartine. On l'attribua d'abord à La Beaumelle, puis à Voltaire, vieil ami du président Hénault, jusqu'au jour où de Bélesta-Gardouch s'en reconnut l'auteur. De là plusieurs lettres de Voltaire blâmant cette critique « extrêmement audacieuse » que de Bélesta défendait de son mieux en soutenant la parfaite ressemblance du portrait du roi sous les traits de Sha-Abbas et de celui du président Hénault. L'édition complète de la correspondance du poète de Ferney contient quelques-unes des lettres échangées à ce sujet.

**6. — De CARNEY (Alphonse), professeur de mathématiques à l'Ecole d'artillerie de Toulouse, (1776-1813-1829).**

La jeunesse de Carney, né à Béziers le 13 mai 1776, eut à subir les épreuves de la Révolution, qui l'appela comme réquisitionnaire à dix-huit ans, et le vit quelque temps cacher dans un atelier d'imprimerie son origine d'une ancienne famille appartenant à la noblesse irlandaise.

Il entra en 1797 à l'Ecole polytechnique et devint plus tard professeur de mathématiques à l'Ecole d'artillerie de Toulouse.

L'Académie des Sciences, Inscriptions et Belles-Lettres l'appela au nombre de ses membres en 1810 et, trois ans après, le 21 mai 1813, il en..o-tenait l'Académie des Jeux Floraux de l'Etude des Sciences et des Lettres, avant d'occuper le dix-septième fauteuil qui lui avait été confié le 14 du même mois (R. 1816).

L'Influence des concours sur le progrès des Arts et des Lettres fut le sujet de l'éloge de Clémence Isaure qu'il prononça en 1817 (R. 1818). Nommé deux fois secrétaire des assemblées, il remplit ces fonctions de 1818 à 1821, puis de mai 1825 à la fin de 1827, en remplacement de Malaret, démissionnaire; en cette qualité, il fit la résumption des travaux de l'Académie en 1818, 1827 et 1828. De ces trois rapports, les deux derniers seulement sont insérés au Recueil qui a conservé une autre de ses œuvres, un conte intitulé : *l'Aristarque comme il y en a tant* (R. 1828).

A ses études littéraires et scientifiques, il joignait celles de la culture dn sol et appartenait à la Société d'agriculture de la Haute-Garonne.

L'altération de sa santé obligea de Carney à se rendre à Paris, mais il n'arriva pas au terme de son voyage et mourut subitement à Limoges, le 4 mars 1830, en montant en voiture.

Le secrétaire perpétuel de Malaret prononça son éloge le 4 mars 1832.

**7. — De LAVERGNE (Louis-Gabriel-Léonce GUILHAUD), membre de l'Institut, sénateur, maître ès Jeux (1809-1832-1880).**

Trois fois déjà, l'Académie avait proposé l'éloge de Blanche de Castille comme sujet du concours d'Eloquence : aucun discours n'avait mérité l'Eglantine d'or. En 1829, elle maintint le même sujet en doublant la valeur du prix réservé au vainqueur, et ce fut un tout jeune homme de vingt ans à peine qui obtint ce prix exceptionnel. L'année suivante, à la fête du 3 Mai, à laquelle assistait Eugénie de Guérin, le même lauréat recevait trois nouvelles fleurs : la Violette, une Eglantine et une Amarante réservée; il voyait publiées au Recueil trois poésies dont il était l'auteur : une Elégie, une Ballade et un Hymne à la Vierge; enfin, il obtenait, le 16 avril, les lettres de maître ès Jeux auxquelles ces brillants succès lui donnaient droit.

Né le 24 janvier 1809 à Bergerac, où son père était receveur des droits réunis, le jeune maître Guilhaud de Lavergne n'était pas un inconnu à

Toulouse, qu'il habitait avec sa famille depuis 1813 et où il écrivait déjà dans la *Revue du Midi*.

En 1831, il prononça un éloge en vers de la Restauratrice des Jeux et, le 4 mars 1832, il entretint l'Académie de la Décentralisation littéraire, en la remerciant de l'avoir élu mainteneur le 17 juin de l'année précédente.

Assidu aux séances hebdomadaires, il fut nommé secrétaire des assemblées en janvier 1837, mais il dut, en mai 1838, résigner ces fonctions que son éloignement de Toulouse ne lui permettait plus de remplir.

Le Recueil contient ses pièces couronnées aux concours ou remarquées par l'Académie, ses éloges de Clémence Isaure (1831, 1838), sa Semonce de 1839, ses notices biographiques d'Alph. d'Ayguesvives (1833) et du B[on] de Malaret (1848).

A cette dernière date, L. de Lavergne avait quitté Toulouse et s'était fait un nom dans le monde économique et littéraire.

Dès 1838, il refusait, après l'avoir obtenue au concours, la chaire de professeur de littérature étrangère à Montpellier, entrait bientôt après au Ministère des Affaires étrangères avec le titre de rédacteur et collaborait à la *Revue des Deux-Mondes*. En 1846, il devenait maître des requêtes au Conseil d'Etat et sous-directeur au Ministère des Affaires étrangères, ce qui n'interrompait pas ses études littéraires, financières et commerciales et ses diverses publications historiques, notamment son travail sur la Guerre civile en Espagne.

Député de Lombez en 1846, il se retire de la vie politique à la Révolution de Février, donne sa démission de sous-directeur aux Affaires étrangères, publie plusieurs travaux sur la Révolution de Naples, etc., etc., se consacre bientôt à l'examen des questions d'économie rurale et obtient, en 1850, à l'Institut agronomique de Versailles, une chaire qui fut supprimée deux ans plus tard.

L'Académie des Sciences morales et politiques l'appelle au nombre de ses membres en 1855 et le nomme son secrétaire en 1865.

Au cours de cette existence si laborieuse, de Lavergne n'oublie pas l'Académie dont il est séparé et il envoie à ses confrères, en 1864, son travail sur les *Assemblées provinciales pendant le règne de Louis XVI*.

Il reparut sur la scène politique, après la guerre. comme représentant du département de la Creuse à l'Assemblée nationale de 1871, puis comme sénateur inamovible le 13 décembre 1875. L'année suivante, il fut appelé à la chaire d'économie rurale à l'Institut national agronomique.

Le 18 janvier 1880, L. de Lavergne mourait à Versailles, et son confrère Sacaze prononçait, le 30 avril 1882, l'éloge de ce littérateur, de cet économiste qui a laissé de si nombreux travaux justement appréciés, qu'il signait presque toujours de son nom, sauf cependant le *Dictionnaire encyclopédique usuel* qu'il publia sous le pseudonyme de Ch. Saint-Laurent.

**8. — Baron SABATIÉ-GARAT (Robert-Paul), ancien secrétaire général de la préfecture de la Haute-Garonne (1882).**

M. le B[on] Sabatié-Garat, élu mainteneur le 14 janvier 1881, occupe le dix-septième fauteuil depuis le 30 avril de l'année suivante.

Son discours de remerciement et son éloge du docteur Janot figurent au Recueil de l'Académie (1882, 1887).

## DIX-HUITIÈME FAUTEUIL.

**1. — Abbé de TOURNIER (Pierre), docteur en théologie, conseiller clerc au Parlement (1652-1694-1742).**

Fils de Bernard et de Marie de Combe, l'abbé de Tournier, né à Toulouse le 10 mars 1652, fit de si brillantes études au collège de l'Esquille qu'il concourut, à vingt-trois ans à peine, pour une chaire de théologie que son âge ne lui aurait pas permis d'occuper.

Il reçut les ordres et se rendit à Paris pour se consacrer à la prédication. Son ami, l'abbé de Labroue, plus tard évêque de Mirepoix, y exerçait son ministère; il le mit en relations avec Bossuet et tous deux guidèrent les débuts du jeune missionnaire.

Après quelques années d'évangélisation, l'abbé de Tournier rentra à Toulouse, étudia le droit, prit le titre d'avocat et fut reçu, le 28 avril 1690, conseiller clerc au Parlement dont faisait déjà partie son frère Jean-François.

Les lettres patentes de 1694 le nommèrent mainteneur de la nouvelle Académie.

En 1715, il fonda, dans le faubourg Saint-Cyprien, grâce au concours de Mgr de Beauvais, le couvent du Bon-Pasteur, qui fut emporté par l'inondation de 1727 avec cinquante-deux filles et le P. Bardou, doctrinaire, leur prédicateur.

L'abbé de Tournier était doyen de l'église d'Aurillac et le plus ancien des mainteneurs, lorsqu'il mourut le 6 juillet 1742; son éloge fut présenté à l'Académie, quelques jours après, par d'Estadens.

**2. — Mgr de LA ROCHE AYMON (Charles-Antoine), cardinal, archevêque, duc de Reims, premier pair et grand aumônier de France, commandeur du Saint-Esprit, abbé commendataire des abbayes royales de la Sainte-Trinité de Fécamp et de Saint-Germain-des-Prés-lès-Paris, inspecteur général des hôpitaux royaux des Quinze-Vingt et de Chartres, premier président des assemblées du clergé de France, ancien archevêque de Toulouse (1697-1742-1777).**

Fils de Raymond-Nicolas et de Geneviève Baudri de Biancourt, Mgr de La Roche-Aymon était né au château de Mainsat, dans le Limousin, le 17 février 1697.

Il fit ses études en Sorbonne, prit le titre de docteur et fut vicaire général de l'évêque de

Limoges avant d'être nommé, le 5 août 1725, évêque de Sarepte *in partibus*; appelé à l'évêché de Tarbes en 1729, il fut élevé à l'archevêché de Toulouse en janvier 1740. Une députation des Jeux Floraux, au nom de laquelle l'abbé de Cambon porta la parole, alla le féliciter le 27 mars 1741, à son arrivée dans son nouveau diocèse.

L'Académie le reçut mainteneur, le 20 juillet 1742, et le vit honorer souvent de sa présence les réunions privées des mainteneurs.

A la suppression des Etats de Languedoc par le roi Louis XV, en février 1750, Mgr de La Roche Aymon protesta avec tant d'énergie que cette assemblée provinciale fut rétablie en octobre 1752 et qu'il fut nommé à la même époque archevêque de Narbonne, après avoir administré le diocèse de Toulouse pendant douze années.

Commandeur du Saint-Esprit en 1753, grand aumônier de France en 1760, il devint ministre de la feuille des bénéfices et archevêque de Reims en 1762 avec le titre de premier pair ecclésiastique, légat du Saint-Siège et primat de la Gaule baltique. Il reçut du pape Clément XIV le chapeau de cardinal en 1771 et mourut, le 27 octobre 1777, dans le palais abbatial de Saint-Germain des Prés dont il était commendataire.

Ce prélat assista Louis XV dans ses derniers moments (1774) et il administra à Louis XVI presque tous les sacrements de l'Eglise : il le baptisa, lui fit faire sa première communion, bénit son mariage avec Marie-Antoinette et le sacra roi de France dans la cathédrale de Reims.

L'abbé Magi prononça, le 3 mars 1778, l'éloge de Mgr de La Roche Aymon, qui fut membre des Jeux Floraux pendant trente-cinq ans et qui avait appartenu à titre honoraire aux deux Académies des Sciences et de Peinture de Toulouse.

**3. — De LALO (Jean-Gui-Marie), conseiller au Parlement (1743-1778-1817).**

De Lalo, né le 3 avril 1743, avait à peine vingt ans lorsqu'il fut reçu conseiller au Parlement, le 6 juillet 1763.

Les talents dont il fit preuve à la Cour souveraine le désignèrent à plusieurs reprises pour la rédaction des remontrances à présenter au pouvoir royal. C'était lui assurer les rigueurs du chancelier de Maupeou, qui l'exila aux environs d'Auch pendant la réforme parlementaire de 1771.

A son retour, l'Académie l'appela au dix-huitième fauteuil, dont il prit possession le 18 mars 1778, et l'année suivante il fit l'Eloge en traitant de l'*Education des Femmes* (1779). Dans la même séance du 3 mai, à laquelle les mainteneurs avaient donné une solennité exceptionnelle, il prononça un discours d'inauguration du portrait de Monsieur, que S. A. R. venait d'offrir à l'Académie des Jeux Floraux.

D'une santé très délicate, de Lalo était immobilisé par ses souffrances au moment de la Révolution. Ses infirmités n'empêchèrent pas plus sa mise en arrestation à son domicile, le 21 pluviôse an II, que les perquisitions et les vexations des jacobins, mais elles sauvèrent l'académicien devenu suspect au double titre d'aristocrate et de membre de l'ancienne magistrature.

Au rétablissement de l'Académie, de Lalo put encore apporter son concours à ses confrères en écrivant les éloges du conseiller de Bardi et du Premier Président de Niquet, qui figurent au Recueil (1808, 1810).

Le professeur Carré lut à l'Académie, le 28 février 1819, la notice biographique de l'ancien magistrat au Parlement, décédé le 2 novembre 1817.

**4. — Comte d'HARGENVILLIER (Joseph-Etienne-Timoléon), ancien maréchal de camp (1767-1819-1842).**

Les premiers troubles de la Révolution vinrent interrompre la carrière militaire du jeune d'Hargenvillier, qui était né à Ganges le 28 janvier 1767, et qui venait de faire la guerre de l'Indépendance sous les ordres de Lafayette, après avoir débuté dans le régiment de Penthièvre où son père était lieutenant-colonel.

Il se cacha quelque temps dans le Midi, puis reprit du service dans l'état-major de l'armée des Pyrénées-Orientales et devint adjudant général; mais la Terreur surprend l'aristocrate et l'envoie au tribunal révolutionnaire de Perpignan. Heureusement il tombe malade et sa mise en jugement est différée; le 9 Thermidor arrive et l'arrache à une mort certaine.

Son état de santé l'oblige à la retraite, il rentre dans son pays natal, devient maire de Cuq-Toulza, sa commune, président du canton et conseiller général du Tarn. Sous l'Empire, il assiste au sacre de Napoléon Ier, harangue le Saint-Père Pie VII, au nom de plusieurs départements, et reçoit le titre de baron en 1810.

A la Restauration, le duc d'Angoulême lui confie le commandement du département du Tarn, puis il fait partie des cours prévôtales.

L'Académie des Jeux Floraux lui donna son dix-huitième fauteuil dont il prit possession le 28 février 1819.

Une ordonnance royale du 12 février 1823 l'appela à la mairie de Toulouse qu'il occupa pendant près de trois années.

Il mourut, le 17 novembre 1842, au château de Montauquier, dans le Tarn, et son éloge fut présenté à l'Académie par son confrère Dralet, le 15 janvier de l'année suivante.

**5. — D'ALDÉGUIER (Hilaire-Victor-Auguste), conseiller à la Cour de Toulouse (1793-1843-1866).**

Né le 19 mai 1793, A. d'Aldéguier fut nommé conseiller auditeur en 1818, puis conseiller à la Cour royale de Toulouse en 1826.

Sa *Monographie de Saint-Etienne* (1832) et son étude sur l'*Hôtel Mac-Carthy* (1842), firent apprécier la valeur littéraire et archéologique de ses travaux. Le 25 février 1842, l'Académie le désigna pour le dix-huitième fauteuil qu'il occupa le 16 janvier de l'année suivante, après un discours sur l'Archéologie et ses progrès (R. 1843).

Le Recueil contient les notes historiques exposées dans son éloge de Clémence Isaure (1846); son discours de la Semonce dans lequel il examina l'Influence de la presse sur la littérature (1848); sa réponse au remerciement de Pagès (1848); un rapport sur les manuscrits de l'Académie (1852) et les éloges des mainteneurs : l'abbé de Montégut (1858); Dumège et Mac-Carthy (1864) et de Lamothe Langon (1866).

Les procès-verbaux mentionnent ses rapports sur les archives (18 mai 1849) et sur les collections de l'Académie (11 février 1864); ils rappellent aussi son généreux concours pour l'achat de l'archivaire (28 décembre 1860).

Ses confrères lui donnèrent le titre de conservateur de la bibliothèque, le 7 décembre 1860.

Appelé par le corps électoral au nombre des édiles toulousains, en mars 1849, il fit partie du conseil municipal jusqu'au décret de dissolution du 21 juin 1852.

Il avait pris sa retraite depuis trois ans, lorsque la mort vint le frapper, le 18 août 1866. Le conseiller Sacase fit son éloge, le 16 février 1868.

### 6. — VILLENEUVE (Albert), conseiller à la Cour de Toulouse (1806-1868-1887).

Magistrat et poète; ces deux mots résument l'existence du conseiller Villeneuve.

Né à Paris, le 15 décembre 1806, élevé au collège Stanislas et à Sorèze, étudiant en droit à Toulouse, quelque temps avocat à Villefranche de Lauragais, il débuta dans la magistrature comme substitut à Castelsarrasin en 1834, puis à Foix et à Moissac, avant de devenir procureur à Albi, où les évènements de 1852 l'amenèrent dans les tribunaux d'exception qui siégèrent quelque temps. Enfin, il fut nommé conseiller à la cour de Toulouse, le 22 janvier 1859.

Depuis ses études à Sorèze, Virgile, Catulle, Martial, Avianus et surtout Horace, étaient devenus les compagnons des loisirs de Villeneuve. Latiniste érudit, élégant poète, il était tout désigné pour faire partie de l'Académie qui le reçut mainteneur le 16 février 1818, après un discours sur l'Art de traduire.

Villeneuve était un laborieux et le Recueil contient de nombreux travaux dus à la plume élégante et facile du mainteneur, dont la verve spirituelle venait égayer le talent littéraire.

On y trouve en 1868 son discours de réception, et un Eloge en vers consacré au Poète, sa notice biographique sur Ducos (1876), ses réponses aux remerciements : de son collègue et son ami Caussé (1870), de Marion-Brésillac (1877), d'Arnault (1879), de Sabatié-Garat (1882) et un rapport sur le concours de 1877. Il n'est pas un volume de la collection de 1868 à 1882, sauf celui de 1880, qui ne renferme de nombreux travaux de notre confrère : études, traductions, poésies se succèdent sans interruption. Son poème *La Montagne* et la traduction de plusieurs odes d'Horace sont les pièces les plus intéressantes.

Villeneuve, atteint par la limite d'âge, abandonna son siège de conseiller en 1877 et fut reçu, quatre ans après, à l'Académie des Sciences, Inscriptions et Belles-Lettres.

L'éloge de ce magistrat poète, décédé le 20 janvier 1887 à l'âge de quatre-vingts ans, a été prononcé le 27 janvier 1889, par M. le Cte de Rességuier, secrétaire perpétuel de l'Académie.

**7. — HALLBERG (Eugène), professeur de littérature étrangère à la Faculté des Lettres (1889).**

C'est par une étude sur le Rôle de la Poésie dans l'éducation que M. Hallberg a pris possession du fauteuil académique qu'il occupe depuis le 27 janvier 1889.

Ce travail et sa réponse au remerciement de M. Moquin-Tandon sont insérés au Recueil (1889-1890).

## DIX-NEUVIÈME FAUTEUIL.

**1. — DASPE (Bernard), baron de MEILHAN, seigneur de Custeing, président au Parlement (1668-1694-1740).**

Né à Auch, où il reçut le baptême le 26 mars 1668, Bernard Daspe fut élevé au collège des jésuites et fit d'excellentes études. Comme son père Jean, maire de Toulouse et président au Parlement, il entra à la Cour souveraine en qualité de conseiller, par provisions du 2 septembre

1695, et devint président à mortier, le 13 décembre 1707.

Nommé mainteneur par les lettres patentes de 1694, il siégea aux Jeux Floraux en même temps que son père jusqu'en 1711, et vingt-cinq ans après, il vit son fils Jean devenir son confrère à l'Académie et son collègue au Parlement.

De son mariage avec M^lle^ Thérèse Blondel, Daspe eut quatorze enfants : son fils ainé Jean suivit la carrière parlementaire, l'une de ses filles épousa le conseiller de Belloc, les autres entrèrent en religion.

En faisant l'éloge du vieux magistrat, décédé à l'âge de soixante-douze ans le 31 mai 1740 et enterré aux Grands-Carmes, le lieutenant général Riquet de Caraman rappela le 26 juin suivant les services des deux frères de Daspe, tous deux militaires : l'un avait été tué, presque sous ses yeux, à la journée de Parme et l'autre avait été obligé, par ses nombreuses blessures, de renoncer à sa carrière.

**2. — Marquis LEFRANC DE POMPIGNAN (Jean-Jacques), Premier Président de la Cour des aides de Montauban, membre de l'Académie française (1709-1740-1784).**

Quelqu'éloignée que la littérature puisse être de la connaissance de la législation fiscale, Lefranc de Pompignan les posséda toutes deux avec un égal talent.

D'une ancienne famille du Quercy, attaché au Parlement de Toulouse par son oncle le président de Caulet Gragnague, il naquit à Montauban le 17 août 1709, fut élevé au collège Louis-le-Grand, où il suivit les cours du P. Porée, rechercha l'amitié des gens de lettres et se lia avec Voltaire et J.-B Rousseau.

Tout jeune encore, il fit présenter au théâtre français sa tragédie *Didon* et ce début fut un coup d'éclat. Il écrivit ensuite *Zoraïde*, suivie de plusieurs autres pièces pour les théâtres de Paris, et donna sa comédie *Les adieux de Mars*, apportant dans toutes ses œuvres l'harmonie du vers, l'élégante correction du style et une noble élévation de sentiments.

Ses travaux littéraires ne l'empêchaient pas de remplir scrupuleusement tous les devoirs de sa charge d'avocat général à la Cour des aides de Montauban. Son esprit de justice apportait une si grande énergie à défendre les intérêts du peuple contre les exactions fiscales qu'il dépassa la mesure alors tolérée et reçut un ordre d'exil. Le poète Delille lui adressa, à ce sujet, une ode de félicitations dans laquelle on relève les deux vers suivants :

> Lefranc, ce fut toi seul de qui la voix hardie
> Osa faire à ton roi parler la vérité.

Le gouvernement royal revint sur son premier mouvement de rigueur et autorisa Lefranc de Pompignan à occuper l'office de Premier Président à la Cour des aides de Montauban.

Il publia de nombreuses odes dont la meilleure est celle qui est adressée aux mânes de J.-B. Rousseau. Ses poésies sacrées sont peut-être moins remarquables; elles étaient loin cependant de mériter l'épigramme injuste de Voltaire :

Sacrées elles sont, car personne n'y touche.

L'Académie française l'admit au nombre de ses membres, ainsi que l'Académie des Sciences, Inscriptions et Belles-Lettres de Toulouse, celle des Belles-Lettres de Montauban et plusieurs autres sociétés littéraires. Enfin il fut nommé conseiller d'honneur au Parlement de Toulouse en 1757.

Les Jeux Floraux s'étaient empressés d'accueillir le poète, et le 8 juillet 1740 il prenait possession du dix-neuvième fauteuil.

L'année suivante le vit chargé de faire l'éloge de Clémence Isaure; il s'acquitta de cette mission en présentant à l'Académie une œuvre des plus remarquables comprenant tous les genres de poésie : une ode, un poème, une églogue, une élégie et enfin une idylle en latin.

Le Recueil a conservé cet éloge (1741) et la Semonce que de Pompignan prononça en 1749.

Lorsqu'il ne cédait pas à son inspiration poétique, l'Académicien traduisait des auteurs anglais, italiens, espagnols ou encore les classiques grecs et latins.

On cite surtout sa traduction d'Eschyle et celle des *Géorgiques* de Virgile dont il lut un fragment à l'Académie dans la séance privée du 15 juillet 1740.

Il succomba aux suites d'une attaque de paralysie, le 1er septembre 1784, et Castilhon lut, le 20 février de l'année suivante, l'éloge du mainteneur dont le portrait est placé dans la salle des séances de l'Académie.

**3. — MAILHE (Jean-Baptiste), avocat au Parlement (1754-1785-1791-1834).**

Vers 1774, un tout jeune homme arrivait aux portes de Toulouse, pâle et défait par un long voyage et de dures privations. Dénué de ressources, il n'avait pas hésité à quitter Bordeaux, où il donnait des répétitions, pour venir prendre dans la capitale du Languedoc une place de précepteur et il avait fait la route se demandant chaque jour comment il trouverait la nourriture du lendemain. Le voyageur épuisé de fatigue et de faim allait bientôt se dévoiler orateur et poète et devait un jour, du haut de la tribune, demander et obtenir de la Convention la mise en jugement du malheureux Louis XVI.

Né dans les Hautes-Pyrénées vers 1754, et décédé à Paris le 1er juin 1834, J.-B. Mailhe, dont le nom est attaché aux plus sombres pages de l'histoire de la Révolution, appartint quelques années aux Jeux Floraux, après avoir obtenu de nombreux succès dans les concours annuels de l'Académie.

Dès 1777, il n'est encore que licencié en droit et une Violette d'argent récompense son poème de *Charles II ou le rétablissement de la Monarchie anglaise*. Il est avocat au Parlement deux ans après, lorsque son idylle *Lisimon ou le père nourricier d'Henri IV* mérite un Souci et son poème *la Prise de La Rochelle* est inséré au

Recueil. En 1780, l'Académie fait imprimer trois odes qu'il avait présentées au concours et, l'année suivante, il remporte l'Amarante d'or pour son Ode sur Marie-Thérèse. Enfin, en 1784, son discours sur la Grandeur et l'importance de la Révolution qui venait d'avoir lieu dans l'Amérique septentrionale est récompensé par le prix du genre, l'Eglantine d'or, à laquelle, vu l'importance exceptionnelle du sujet du concours, le Ministre de Vergennes avait ajouté une prime de 750 livres. On a prétendu complaisamment que ce lauréat avait pris pour devise cette phrase presque prophétique de son avenir personnel : *Tyran, descends du trône et fais place à ton maître.* Rapprochement curieux, en effet, si le fait était exact; mais le discours couronné a pour devise : *Magnus ab integro.*

Le poète et l'orateur qui avait mérité les lettres de maître ès Jeux était élu mainteneur, le 4 février 1785, et prenait possession de son fauteuil le 20 du même mois, après un discours de remerciement qui n'a pas été imprimé au Recueil. On ne retrouve pas davantage dans les archives l'éloge de Clémence Isaure et la Semonce qu'il prononça : l'un en 1785 et l'autre en 1787.

Les procès-verbaux établissent qu'il ne fit aucune lecture dans les séances privées de l'Académie. A la fête des Fleurs de 1786, il fut rapporteur du concours d'Eloquence et, l'année suivante, il figura parmi les mainteneurs chargés de féliciter Mgr de Fontanges à son arrivée à Toulouse. Enfin, on le vit assister aux Jeux de 1790 et aller avec quelques-uns de ses confrères prendre les fleurs du concours déposées sur l'autel de la Daurade.

Au mois de janvier 1791, le sort a désigné Mailhe pour remplir les fonctions de modérateur du trimestre, lorsqu'à la suite d'un conflit avec les officiers municipaux, parmi lesquels Gary se fait remarquer par sa violence, l'Académie est sur le point de périr. Le secrétaire perpétuel adjoint Castilhon demande au modérateur de convoquer une assemblée générale de tous les membres du corps des Jeux Floraux. Mais Mailhe est devenu un homme public : il est procureur général-syndic du département, il entrevoit l'avenir, il rompt avec le passé, même avec la Compagnie qui avait encouragé ses premiers essais et couronné ses travaux littéraires et il répond que ses fonctions ne lui permettent plus d'assister aux séances de l'Académie.

Depuis cette date, ce n'est plus aux Jeux Floraux, mais à l'histoire de la Révolution qu'appartient J.-B. Mailhe. Les mainteneurs, de nouveau réunis en 1806, évitaient de prononcer son nom ; la vacance du dix-neuvième fauteuil fut déclarée le 7 juin 1816 et, le 10 juillet 1818, Al. Soumet occupait le siège académique dont le titulaire, déclaré indigne, subissait à Liège la peine dont la Restauration avait frappé les conventionnels régicides.

4. — **SOUMET (Louis-Alexandre), membre de l'Académie française, maître ès Jeux (1786-1819-1845).**

Sans en arriver à admettre ce que disait un admirateur trop enthousiaste de Soumet, au moment où parut la *Divine Epopée* :

La France jusqu'alors couronnait ses enfants,
Mais aujourd'hui, c'est toi qui couronnes la France !

on doit reconnaître toute la puissance de cette grande œuvre épique, digne du Dante et de Milton, vaste conception traitée avec une richesse d'imagination et de langage qui a placé son auteur à l'un des premiers rangs des poètes français.

Fils d'un contrôleur du canal du Midi, A. Soumet naquit à Castelnaudary le 20 janvier 1785 et vint terminer ses études à Toulouse, où son père avait été appelé par l'administration à laquelle il appartenait. Le jeune homme se prépara à l'Ecole polytechnique avec Arago, puis, après un échec, il suivit les cours de l'Ecole de droit.

En 1807, l'Académie des Jeux Floraux enregistre son premier succès littéraire et fait imprimer son idylle *le Vieux Chêne*. L'année suivante, au passage de l'empereur à Toulouse, il fait partie de la garde d'honneur du souverain, auquel il adresse une *Cantate d'Isaure à Napoléon*. En 1809, il obtient l'impression de son poème *le Messie*, en même temps qu'il publie *Incrédulité*, et en 1810, c'est son ode *Illusion* qui est insérée au Recueil.

Au concours de 1811, il reçoit l'Amarante pour une ode au Roi de Rome et le Lis pour un Sonnet à la Vierge, puis il fait un voyage en Italie et, à son retour, il cueille trois fleurs au bouquet d'Isaure : l'Amarante, la Violette et le Lis, et il mérite l'impression de trois autres poésies.

Pendant son séjour de six années à Toulouse, où il a reçu les lettres de maître ès Jeux le 24 février 1815, il envoie à l'Académie française plusieurs œuvres : *les Embellissements de Paris, la Découverte de la vaccine*, *Bayard*, *les Scrupules littéraires*, etc.; mais il n'oublie pas qu'il appartient au corps des Jeux Floraux et il adresse à ses confrères, en 1816, son ode *Milton*.

L'Académie toulousaine le nomme, le 31 juillet 1818, titulaire du dix-neuvième fauteuil et non du vingt-neuvième, comme l'a dit Gatien-Arnoult, et le reçoit le 28 juin de l'année suivante, après un discours dans lequel il démontre que : Dire la vérité est le premier devoir du poète.

La province ne suffit plus au talent de Soumet, il part pour Paris et fait jouer *Clytemnestre* aux Français et *Saül* à l'Odéon.

L'Académie française l'appelle au nombre de ses membres le 25 novembre 1824 et il continue ses poésies tragiques : *Cléopâtre; une Fille de Néron; Norma*, en 1831; *le Gladiateur; le Chêne du Roi*, en 1841; les opéras de *Pharamond*, du *Siège de Corinthe* et du *Roi David*, puis il abandonne la scène, revient à la poésie épique et produit sa grande œuvre, *la Divine Epopée* (1841).

Son second poème, *Jeanne d'Arc*, dont l'Académie des Jeux Floraux avait eu la primeur plus de vingt ans auparavant, fut publié par les soins de sa fille, Mme d'Altenheym, huit mois après la mort du poète, survenue le 30 mars 1845.

De Voisins-Lavernière fit son éloge le 20 décembre 1846.

**5. — LEGAGNEUR (Hubert-Michel-Fortuné), pair de France, président à la Cour de cassation (1797-1846-1876).**

C'est à peine si l'Académie posséda pendant quelques mois cet éminent magistrat que sa carrière éloigna de Toulouse peu de temps après son élection de mainteneur.

Né le 27 février 1797 à Hattonchâtel, arrondissement de Saint-Mihiel (Meuse), Legagneur fit son droit à Paris et débuta en 1816 au barreau de Metz.

Il entre dans la magistrature comme substitut à Vouziers (1820), est envoyé en la même qualité à Metz, où il revient en 1829 comme avocat général, après avoir été procureur du roi à Charleville. Du siège de président de chambre qu'il obtient à la Cour de Metz en 1833, il passe procureur général à Limoges (1836), puis à Douai (1839), enfin Premier Président d'abord à Grenoble (1840) et ensuite à Toulouse (1843).

Trois ans après, l'Académie le nommait mainteneur et il la remerciait, le 20 décembre 1846, en lui rappelant les Rapports existant entre l'étude du droit et celle de la littérature. Le roi Louis-Philippe l'appelait, la même année, à la pairie et, l'année suivante, à la Cour de cassation.

Legagneur, comprenant qu'il ne reviendrait plus à Toulouse, offrit sa démission de mainteneur en janvier 1848, mais l'Académie ne crut pas pouvoir l'accepter.

Ce magistrat, étant procureur général à Douai, avait fait arrêter le prince Napoléon Bonaparte, lors de l'échauffourée de Boulogne. Napoléon III oublia ce qu'avait souffert le prince exilé et nomma Legagneur président à la Cour de cassation en 1868.

Le conseiller Caussé a prononcé, le 3 février 1878, l'éloge du président Legagneur, dont le décès, survenu le 10 janvier 1876, fut annoncé à l'Académie par son neveu, M. Salmon, conseiller à la Cour de cassation et membre de l'Institut.

### 6. — De CAMBOLAS (François-Raymond-Alphonse). (1832-1878-1881.)

Ce fut au collège de Sorèze que fut élevé de Cambolas, né à Toulouse le 21 mars 1832, fils d'un ancien officier de cavalerie et de Mlle de Saint-Jean Marcillac.

La rédaction de son drame en cinq actes, *le Devoir*, retraçant la fin tragique du président Duranti, auquel l'attachaient des liens de famille, avait occupé une partie des loisirs qu'il consacrait à l'étude et à la culture des Belles-Lettres, lorsque survint la guerre de 1870.

Il partit pour la frontière et prit part, comme lieutenant des mobiles du Bas-Rhin, à la belle résistance de Schlestadt ; obligé de capituler avec la place, il fut interné en Silésie et la paix le ramena à son foyer où il écrivit, en 1875, dans notre vieil idiome toulousain, *lé Rétour d'un moubile de Gascougno;* l'année suivante, il prit part au concours de Mai et obtint un Œillet pour son élégie *Alsace.*

Le Théâtre fut, le 3 février 1878, le sujet de son remerciement à l'Académie qui l'avait nommé, le 28 février 1877, au dix-neuvième de ses fauteuils. Le Recueil contient plusieurs de ses œuvres : une poésie adressée à l'Académie (1880); un paysage, *Soir et Matin* et un *Salut aux soldats partant pour faire la campagne de Tunisie* (1881), enfin une Nouvelle, *Les armes dangereuses* (1882), qui n'avait pas encore paru, lorsque la mort vint le frapper le 9 novembre 1881.

Notre secrétaire perpétuel, M. le Cte de Rességuier, a prononcé, le 15 avril 1883, l'éloge de ce littérateur qui se fit soldat pour défendre le sol de la patrie contre l'invasion étrangère.

### 7.—MAISONNEUVE (Georges). (1853-1883-1886.)

Georges Maisonneuve, né à Toulouse, le 1er juillet 1853, est mort à trente-trois ans, le 7 juillet 1886, frappé prématurément au moment où il réalisait les espérances fondées depuis son adolescence sur ses goûts et ses aptitudes littéraires.

Au sortir du collège Sainte-Marie, où il avait terminé ses études commencées au Lycée de Toulouse et continuées au Séminaire de Montauban, Maisonneuve fit momentanément le sacrifice de son culte pour la littérature et entra dans l'administration de l'enregistrement, qui n'a pas de rapports fréquents avec les Muses. Mais il ne put résister longtemps à sa vocation, abandonna les grimoires et entra dans le journalisme, où il prit bientôt une place importante à la tête du journal *l'Union du Midi*.

L'élégante énergie de son style, ses connaissances littéraires appelèrent l'attention de l'Académie, qui le nomma mainteneur le 16 juin 1882 et le reçut au nombre de ses membres le 15 avril suivant.

Son remerciement et son rapport sur le Concours de 1885 figurent au Recueil.

Maisonneuve a continué jusqu'à sa mort sa carrière de publiciste dans l'*Union du Languedoc*, les *Nouvelles* et le *Messager du Midi*. Parmi ses œuvres littéraires, il faut citer : *Quelques types d'enfant dans la littérature contemporaine ; un Duel à mort; le Vieux Guignol* et surtout son roman *Plébéienne*, qui obtint un grand et légitime succès.

De Belcastel a prononcé l'éloge du jeune académicien le 1er juillet 1888.

**8. — Abbé VALENTIN (Marie-Joseph-Louis), chanoine honoraire, professeur à la Faculté libre des Lettres (1888).**

C'est par un discours en vers sur les Droits et les Devoirs du poète que le chanoine Valentin a pris possession, le 1er juillet 1888, du fauteuil auquel il avait été appelé le 25 mai de l'année précédente.

Cette poésie est au Recueil, ainsi que son rapport sur le concours d'Eloquence chrétienne de 1802.

## VINGTIÈME FAUTEUIL.

**1. — D'ALDÉGUIER (François-Gabriel), baron de BLAGNAC, conseiller du roi, chevalier président trésorier de France en la généralité de Toulouse (1633-1694-1708).**

Fils de Marie-Antoine, receveur général des finances du Languedoc, et de Yzabeau de Royer, et né à Toulouse le 7 août 1633, F. d'Aldéguier fut nommé mainteneur par les lettres patentes de 1694, en même temps que son frère d'Aldéguier Lagarrigue.

Ses deux fils, Pierre et Géraud-Joseph, appartinrent aussi à l'Académie des Jeux Floraux.

Il mourut à Toulouse à l'âge de soixante-quinze ans, le 2 mai 1708, et fut enterré aux Grands-Carmes.

**2. — DULAURENS (Thomas), seigneur de Monpapou, avocat général à la chambre des Eaux et Forêts du Parlement (1648-1708-1722).**

Avocat au Parlement et capitoul en 1681, Dulaurens, né le 16 août 1648, était lieutenant général des Eaux et Forêts depuis le 20 novembre 1687, lorsqu'il accepta en 1700 les fonctions de chef du Consistoire.

L'année suivante, il fut l'un des cinq mainteneurs survivanciers dont l'Académie avait décidé la création le 17 mai 1701 et il ne devint titulaire que sept ans plus tard, le 18 mai 1704, en remplacement de François d'Aldéguier. Il siégea aux Jeux Floraux, en même temps que le président J. de Druillet dont il avait épousé en 1680 la fille Elizabeth, issue du premier mariage de ce magistrat avec Mlle Marie Dupuy.

A la suppression de la *Table de Marbre* en 1705, Dulaurens devint successivement avocat, puis procureur et enfin avocat général du Roi à la chambre des Eaux et Forêts du Parlement.

Le 5 mai 1722, de Ranchin Monredon prononça, en séance privée, l'éloge de Dulaurens, décédé le 15 avril précédent, et enterré au couvent de la Trinité de Toulouse.

**3. — Baron D'AIGNAN D'ORBESSAN (Bernard), président à mortier (1685-1722-1736).**

Fils et petit-fils de parlementaires, Bernard d'Aignan, né le 8 août 1685, entra à la Cour souveraine en l'office de son père, en vertu des provisions royales du 21 septembre 1706.

L'Académie des Jeux-Floraux l'appela à son vingtième fauteuil le 5 mai 1722 et le Recueil a conservé l'éloge de Saint-Laurens père, qu'il prononça le 9 avril 1724.

De Cominyhan rappela le 4 septembre 1736 à

ses confrères l'existence de ce magistrat décédé le 14 du mois précédent, avec le titre de président à mortier qu'il avait reçu le 12 avril 1715 en occupant la charge de Jean Mathias de Riquet.

**4. — De NIQUET DE SÉRANE (Antoine-Joseph), Premier Président du Parlement (1700-1736-1794).**

Voir ci-dessus au premier fauteuil, page 6.

**5. — De CAMBON LABASTIDE (Jean-Louis-Emmanuel-Augustin), Premier Président du Parlement (1737-1763-1807).**

Le dernier chef de l'ancienne magistrature parlementaire du Languedoc, né à Toulouse le 16 mai 1737, était entré, à vingt et un ans à peine, le 17 avril 1758, à la Cour souveraine, où siégeait déjà son oncle l'abbé de Cambon, le futur évêque de Mirepoix.

De nouvelles provisions royales le nomment avocat général le 19 janvier 1762 et, l'année suivante le 13 février, l'Académie des Jeux Floraux l'appelle à son vingtième fauteuil, en remplacement du Premier Président de Niquet, élu chancelier.

Son discours de remerciement du 11 mars 1763, sa Semonce de 1764 et son éloge de Clémence Isaure en 1769 ne figurent pas au Recueil.

Le jeune magistrat épousa Mlle de Riquet de Bonrepos, veuve de l'avocat général de Malaret de Fonbeauzard, alliée à la famille du chancelier de Maupeou. A la réforme de l'organisation judiciaire, il fut mis à l'écart et consacra ses loisirs à l'étude des chefs-d'œuvre de notre littérature. Le rétablissement des Parlements le ramena au Parquet, le 20 mai 1776, comme avocat général avec survivance de la charge de procureur général, alors occupée par Lecomte, mais le 29 novembre 1779, il acquit un office de Président à mortier et attendit jusqu'au 21 septembre 1786, la direction du Parquet de la Cour. Comme procureur général, il fit partie l'année suivante de l'Assemblée des Notables et Louis XVI lui confia la première présidence du Parlement de Toulouse, dont il prit possession le 18 décembre 1787.

Un mois après, une commission des mainteneurs présidée par Poitevin Peitavi alla féliciter l'académicien élevé à la plus haute dignité de la magistrature provinciale.

Deux ans ne s'étaient pas écoulés que la Révolution avait supprimé les Parlements. Le président de Cambon fait un voyage en Italie et rentre en France avant la promulgation de la loi contre les émigrés, ce qui n'empêche pas les jacobins d'inscrire son nom sur les listes de proscription.

La Terreur vient et il se réfugie à Paris avec sa femme et sa fille. Son domicile est découvert; il parvient à fuir, mais M^me et M^lle de Cambon sont arrêtées et conduites à Saint-Lazare. Il faut aux Jacobins une victime et, à défaut du Premier Président, la guillotine aura M^me de Cambon. Fouquier-Tinville invente la conspiration des prisons; la malheureuse femme est impliquée dans ce complot imaginaire, condamnée à mort et exécutée à Paris, le 8 Thermidor an II, la veille de la chute de Robespierre.

L'épopée militaire du Consulat et de l'Empire avait rendu le calme à la France. Le président de Cambon, radié de la liste des émigrés d'abord en l'an III puis définitivement en l'an IX, rentra à Toulouse, où il mourut le 19 septembre 1807. Le soin de prononcer son éloge fut confié à son gendre F. d'Ayguesvives que Mme de Cambon avait fiancé à sa fille, au moment où elle quittait la prison de Saint-Lazare pour aller mourir sur l'échafaud (R. 1812).

**6. — D'ALDÉGUIER (Thérèse-Joseph-Hippolyte), président de chambre à la Cour de Toulouse (1767-1811-1834).**

Né à Toulouse le 7 mai 1767, fils de Louis, capitaine commandant à Poitou-Infanterie, et de Sophie de Belloc, nièce du président au Parlement, d'Aldéguier fait ses études à la Flèche, à Sorèze, puis à l'école militaire de Saint-Louis, et devient officier à Enghien-Infanterie, à Besançon, en 1783. Il ne tarde pas à abandonner la carrière militaire, achète l'office de d'Assézat et est reçu conseiller aux Enquêtes du Parlement de Toulouse le 25 avril 1789.

L'année suivante, il épouse Mlle M. J. Dupuy-Montbrun, mais la tourmente révolutionnaire gronde et d'Aldéguier est obligé de se cacher pendant de longs mois. Après la Terreur, il se retire à la campagne, néanmoins il est de nouveau menacé d'emprisonnement, au moment de l'insurrection de l'an VII.

Le gouvernement impérial lui confie une présidence de chambre à la Cour de Toulouse, le 30 avril 1811, et l'Académie des Jeux Floraux l'appelle, le 12 juillet suivant, à son vingtième fauteuil que le trésorier de France, F. d'Aldéguier, avait occupé de 1694 à 1708. Le Recueil de 1812 contient le remerciement qu'il prononça le 23 août 1811, jour de sa réception, et les procès-verbaux rappellent sa réponse au discours du nouveau mainteneur Dantigny, le 26 janvier 1812.

Une ordonnance royale le nomme conseiller municipal de Toulouse, le 30 décembre 1814 ; il refuse de prêter serment et se démet de ses fonctions dans la magistrature, le 4 avril 1815 à la nouvelle du retour de Napoléon. A la seconde Restauration, il refuse au duc d'Angoulême, le 27 juillet 1815, la charge de Premier Président de la Cour de Toulouse, et un mois après, le 22 août 1814, il est élu député de la Haute-Garonne. Son mandat législatif est renouvelé en octobre 1816, mais Louis XVIII lui rend, en juin 1819, la présidence d'une des Chambres de la Cour de Toulouse et il donne sa démission de député.

Nommé une seconde fois conseiller municipal par ordonnance royale du 13 mai 1816, d'Aldéguier conserva ces fonctions jusqu'à la fin de la Restauration, avec celles de membre (1818) puis de vice-président de l'administration des hospices.

Il mourut le 7 janvier 1834, et son éloge fut prononcé par Pech, le 6 mars suivant.

**7. — Du GABÉ (Charles-Casimir), avocat à la Cour, député de l'Ariège (1799-1834-1874)**

Né au Mas-d'Azil le 27 février 1799, du Gabé fit ses classes à Sorèze, étudia le droit à Toulouse et débuta au barreau de cette ville en 1822 sous le patronage de Romiguières, qui avait reconnu les qualités naissantes de son jeune confrère.

L'Académie l'avait élu mainteneur le 14 février et il avait pris possession de son fauteuil le 6 mars 1834, après un discours sur l'Eloquence, lorsqu'il fut obligé de s'éloigner de Toulouse pour répondre à la confiance du corps électoral de l'Ariège qui l'envoya, la même année, à la Chambre des députés et lui maintint son mandat législatif jusqu'à la Révolution de février.

Il reprit alors ses travaux au barreau de Toulouse et à l'Académie des Jeux Floraux.

L'éloge de Clémence Isaure dans lequel il examina l'Influence civilisatrice de la femme (1853), ses Conseils aux jeunes littérateurs (1855), l'éloge de son confrère de Puibusque (1865), et ses réponses aux discours de réception de M. Delavigne (1857), et du R. P. Caussette (1864), figurent au Recueil.

M. le conseiller Auzies a prononcé, le 14 janvier 1877, l'éloge de du Gabé décédé à Toulouse, le 14 avril 1874.

**8. — De MARION BRÉSILLAC (Louis-Jacques-Joseph), juge au tribunal de Toulouse (1811-1877-1892).**

Aîné de sept enfants, de Brésillac naquit le 20 août 1811 au château de Capmazou, près de Fanjeaux, fut élevé au collège de Tarbes, fit son droit à Toulouse, appartint au barreau de cette ville de 1839 à 1845 et débuta dans la magistrature comme substitut à Castelsarrassin en 1846. Il continua sa carrière, un moment interrompue par les événements de 1848, en devenant successivement juge suppléant, substitut puis juge au tribunal de Toulouse.

Depuis longtemps déjà, de Brésillac cultivait la poésie et il avait fait une traduction des *Bucoliques* avant que l'Académie ne le nommât mainteneur le 21 janvier 1876.

La Dépravation de la littérature fut, le 14 janvier 1877, le sujet de son discours de remerciement que suivirent bientôt au Recueil les œuvres nombreuses et si justement appréciées de ce mainteneur : *Goliath*, héroïde biblique (1877); *le Purgatoire du Dante*, un écho des *Fleurettes de Saint-François*, des *Iambes sur la Charité* (1878); une *Idylle sur le livre de Ruth* et des strophes intitulées : *de Virgile à Alfred de Musset* (1879); des fragments d'une *Etude poétique sur le livre du prophète Daniel;* une paraphrase biblique ayant pour titre : *de Gavarnie à Biarritz*, des *Stances à une enfant au berceau* (1880); la *Légende du Pont de la Fou*, dans les Corbières (1881); des poésies bibliques (1882,

1883, 1884); l'éloge de son confrère de la Jugie, qui avait comme lui cherché ses inspirations dans les livres sacrés (1885); enfin des fragments de son poème, *Mgr Melchior* (1886, 1887); sans compter l'éloge de Clémence Isaure qu'il prononça en 1878.

D'opinion royaliste hautement déclarée, le magistrat collaborait à l'*Echo de la Province* comme il l'avait fait à la *Gazette du Languedoc* lors de ses débuts au barreau. Au lendemain de l'Année terrible, il écrivit son *Cri de réveil* : *France et Roi*, puis le *Cri patriotique* : *Dieu, France et Roi*, et s'attira les rigueurs disciplinaires de la Cour de Cassation pour avoir fait acte de foi politique.

Atteint par la limite d'âge, il abandonna son siège de magistrat et mourut le 25 avril 1892, après avoir traversé de cruelles épreuves, que M. Dubédat a retracées le 11 février 1894, dans l'éloge de son confrère.

### 9. — PERROSSIER (Joseph-Ernest), colonel d'infanterie (1894).

Jeune capitaine d'état-major à Toulouse, M. Perrossier présentait au concours de 1863, une ode, *Solférino*, qui fut remarquée par l'Académie. Depuis lors, il vint prendre part aux joutes littéraires des Jeux Floraux, eut plusieurs pièces publiées dans le Recueil et obtint, en 1873, un Œillet pour son idylle *Avril*.

En imprimant cette poésie au Recueil, une faute de typographie dénatura légèrement le nom de l'auteur que l'on appela Perrassier, ce qui valut à l'Académie une spirituelle protestation du lauréat réclamant qu'on lui rendit son O. Cette poésie est au volume de 1873.

Frappé à son tour par l'inflexible rigueur des règlements militaires sur la limite d'âge, le colonel Perrossier est venu se fixer à Toulouse et l'Académie s'est empressée de l'appeler au nombre de ses membres le 16 juin 1893. Il a été installé, le 11 février 1894, après un discours rappelant le souvenir des nombreux mainteneurs qui, depuis deux siècles, ont appartenu à la carrière des armes.

Ce discours est imprimé, ainsi que la cantate dont le colonel a écrit les paroles pour le deuxième centenaire de l'Académie, célébré le 2 mai 1895.

## VINGT ET UNIÈME FAUTEUIL.

### 1. — De NOLET (François-Joseph), trésorier-général de France (1653-1694-1713).

Appelé à faire partie de l'Académie par les lettres patentes de 1694, de Nolet n'a laissé aucune œuvre dans les archives de l'Académie.

Il mourut à soixante ans, le 2 mars 1713, et fut enseveli aux Grands Augustins de Toulouse. Son éloge par le Ch[er] de Catellan, secrétaire perpétuel, est inséré au procès-verbal de la séance ordinaire du 17 mars 1713.

**2. — De SAPTE du PUGET (Henri-Bernard), conseiller au Parlement (1660-1713-1739).**

Né à Toulouse, le 20 juillet 1660, et fils de Jean, membre de la Cour souveraine, H.-B. de Sapte entra au Parlement le 10 septembre 1687.

Son goût pour les Belles-Lettres, qu'il cultivait avec talent, l'avait rapproché de Malebranche et de Bayle, avec lesquels il se lia d'amitié.

L'Académie le nomma, le 17 mars 1713, mainteneur titulaire, titre qu'il attendait depuis le 4 avril 1710, date de son élection de survivancier.

L'éloge de ce mainteneur, décédé le 9 décembre 1739, a été prononcé le 31 décembre suivant par l'abbé de Cambon.

**3. — De BARDY (Jacques), conseiller au Parlement (1709-1739-1794).**

Jacques de Bardy, fils de Pierre, président trésorier des finances, intendant des Gabelles du Languedoc, et de Mlle Antoinette de Magnol, était né à Montpellier le 24 octobre 1709.

La magistrature parlementaire de Toulouse le reçut à titre de membre de la chambre des Requêtes, le 15 mars 1738, puis comme conseiller à la grand'Chambre en juillet 1752.

Il assista pour la première fois, le 8 janvier 1740, aux séances de l'Académie qui l'avait nommé mainteneur le 31 décembre précédent. L'éloge de Dumas d'Ayguebère, prononcé le 22 août 1755, et la réponse au remerciement de

Verny, le 12 décembre suivant, sont les seuls travaux académiques de Bardy dont les procès-verbaux fassent mention.

Ce magistrat avait une situation importante à la Cour souveraine, qui lui confia plusieurs fois le soin de présenter au roi ses vœux et ses doléances. Membre de la Chambre des Vacations, il présidait la célèbre séance du 25 septembre 1790, dans laquelle furent votées les protestations contre les arrêts supprimant les parlements. L'Assemblée nationale ordonna l'arrestation des protestataires, Bardy émigra, rentra en France après l'amnistie illusoire de 1791, et se retira à la campagne dans son domaine de Lanségur, près de Blagnac. Arrêté par ordre de l'accusateur public Cappelle, il fut incarcéré à la Visitation, le 30 ventôse an II, et de là conduit à Paris, où le Tribunal révolutionnaire envoya ce vieillard plus qu'octogénaire mourir sur l'échafaud, le 18 messidor suivant (6 juillet 1794).

Le Recueil de 1808 contient son éloge par de Lalo, son ancien collègue au Parlement et son confrère à l'Académie.

**4. — Mgr PRIMAT (Claude-François-Marie) comte de l'Empire, archevêque de Toulouse, sénateur (1746-1806-1816).**

D'une modeste famille lyonnaise, Claude Primat fut tenu sur les fonts baptismaux de l'église Saint-Pierre le Vieux, le 28 juillet 1746, lendemain de sa naissance, par haut et puissant seigneur Claude-François de Roussillon, maître de chœur de l'église Saint-Jean, et par Marie Alexandre, mariée à J.-B. Poyet, maître chirurgien.

Du fond d'une boutique de perruquier, Jean Primat et sa femme Catherine Nallier rêvaient de faire donner de l'instruction à leur fils et ils obtinrent, grâce sans doute à l'intervention de son parrain, qu'il fût élevé dans la maison de l'Oratoire aux frais du chapitre de Saint-Jean. L'enfant grandit, profita des leçons des Oratoriens, entra dans les ordres et devint curé de Saint-Pierre, à Douai.

N'était-il pas encore sous l'influence de l'éducation religieuse des P. de l'Oratoire et par conséquent disposé, comme un grand nombre d'entre eux, à accepter les réformes du clergé, au moment de la Révolution? A l'exemple de plusieurs membres de cet ordre, il approuva la nouvelle constitution du clergé, fut élu évêque constitutionnel de Cambrai et son erreur fut, dit-on, plus grave encore en 1793. On le retrouve en 1797 au concile des évêques constitutionnels, qui le nomment titulaire du diocèse de Lyon; il figure aussi parmi les membres du concile de 1801.

A la suite du Concordat, il est appelé à l'archevêché de Toulouse dont il prend possession le 11 juillet 1802.

Il entre à l'Académie des Jeux Floraux, le 23 février 1806, et occupe le vingt et unième fauteuil auquel il avait été appelé le 15 du même mois. Il assistait parfois aux réunions des mainteneurs, et dans la séance du 30 mai 1806, ses confrères lui adressèrent leurs félicitations pour sa nomination de sénateur de l'Empire.

Il mourut à Villemur, au cours d'une tournée pastorale, le 17 octobre 1816.

Son éloge, prononcé le 30 août 1818 par l'abbé Jamme, ne fut pas immédiatement inséré au Recueil; l'Académie décida son impression en 1822, le soumit à correction l'année suivante et ne le publia qu'en 1830.

**5. — TAJAN (Bernard-Antoine), avocat à la Cour (1775-1818-1845).**

Tajan, né à Toulouse le 28 octobre 1775, fut compris dans la levée en masse sous la Révolution et incorporé dans l'armée des Pyrénées orientales, avec laquelle il prit part au combat de la Jonquière.

De retour à Toulouse, il étudia le droit et fut nommé, en 1806, chef de division à la Préfecture de la Haute-Garonne. En 1811, il reprit sa liberté, se fit inscrire au tableau de l'Ordre des avocats et ne tarda pas à se placer au premier rang des membres du barreau. Le procès criminel contre les assassins de Fualdès, en 1818, dans lequel il plaida pour le fils de la victime, le mit complètement en évidence et fit ressortir son éloquence énergique, spirituelle et convaincante.

Elu mainteneur le 31 juillet 1818, il combattit victorieusement, dans son discours de remerciement du 30 août suivant, un ancien préjugé d'après lequel le goût de la littérature était incompatible avec l'étude du droit. Ce discours est inséré au Recueil, ainsi que : ses éloges d'A. Jamme (1819), de Martel (1822), de Carré (1826), de l'abbé Saint-Jean (1829), de Gauldrée Boilleau (1832) et du baron Gary (1836); deux Semonces, l'une de 1820, dans laquelle il traita de l'Utilité des concours académiques, l'autre de 1829, qu'il consacra à une Etude comparative de la littérature classique et du romantisme; enfin l'Eloge de 1821 sur les Femmes illustres dans la littérature et dans les arts.

Les procès-verbaux citent encore sa réponse au remerciement de l'abbé de Montégut, en 1825.

A la révolution de Juillet, Tajan fut nommé membre de la Commission municipale de Toulouse et envoyé en délégation à Paris. Il revint avec le titre de conseiller de Préfecture.

L'âge l'avait forcé à la retraite; il mourut à Lardenne le 28 octobre 1845, et son éloge fut présenté à l'Académie, le 17 janvier 1847, par son ami Ducos.

Tajan avait appartenu à l'Académie des Sciences, Inscriptions et Belles-Lettres, qu'il présida pendant deux périodes triennales de 1834 à 1841. Dans une note qu'il lut à cette Compagnie, le 21 juin 1866, Ducos déclara que Tajan était l'auteur des *Satires toulousaines*, longtemps attribuées à Baour-Lormian. Ces satires, publiées au commencement du siècle, sont assez mauvaises au point de vue littéraire, mais elles sont particulièrement intéressantes pour compléter les études de détail de cette époque agitée de notre histoire.

**6. — DESCLAUX (Pierre-Bruno), avocat, ancien procureur général (1784-1847-1847).**

Avocat, administrateur, magistrat, professeur et agronome, Desclaux n'appartint que pendant quelques mois à l'Académie.

Né à Villefranche-de-Rouergue, le 13 mars 1784, il fit partie successivement des barreaux de sa ville natale, de Toulouse, de Paris enfin, où il plaidait, en 1808, à la Cour de cassation et au Conseil des prises. L'année suivante, il est assesseur du Commissaire général de justice dans les provinces Illyriennes, et il devient, en 1811, procureur général près la Cour d'appel de Leybach et membre du gouvernement d'Illyrie avec le B[on] Dunoyer et le duc de Raguse.

Sous la Restauration, il est avocat général à Amiens, procureur général à Châteauroux, où il dirige les premières études juridiques de Troplong, et procureur général à Colmar.

A la révolution de Juillet, il abandonne la magistrature, revient pendant quelque temps à la barre de la Cour de cassation et entre dans l'enseignement comme professeur de droit à l'Université de Gand. Son état de santé l'oblige à revenir dans le Midi et ne lui permet pas de reprendre au barreau la place que lui assuraient son expérience et son savoir.

Il dirige ses études vers les questions agricoles et la Société d'agriculture de la Haute-Garonne le nomme son président.

De son côté, l'Académie lui confie, le 27 février 1846, le vingt et unième fauteuil dont il prend possession, le 17 janvier 1847, après avoir traité, dans son remerciement, des Affinités du droit et de la littérature (R. 1847).

Desclaux mourut le 12 décembre suivant et son éloge fut prononcé, le 28 mai 1849, par J. de Rességuier.

**7. — BÉNECH (Raymond-Osmin), professeur de droit romain à la Faculté de Toulouse (1807-1849-1855).**

La Protection de la liberté et de la propriété par les Belles-Lettres était le sujet du discours de remerciement prononcé, le 28 mai 1849 (R. 1850), par un nouveau mainteneur élu le 2 février précédent, R. Bénech, né à Bardigues, près de Casteisarrasin, le 20 juillet 1807, licencié en droit à dix-neuf ans et professeur de droit romain à la Faculté de Toulouse à l'âge de vingt-quatre ans, dans la chaire de Ruffat, auquel il avait succédé le 12 novembre 1831.

Déjà connu par des œuvres importantes : *Cujas et Toulouse* en 1842, *l'Enseignement du droit français dans l'ancienne Université de Toulouse* en 1847, Bénech prononça l'Eloge de Clémence Isaure en 1851 et lut à l'Académie une intéressante étude sur la *Femme romaine et le mouvement intellectuel de son pays* (R. 1853).

Membre de l'Académie des Sciences, Inscriptions et Belles-Lettres de Toulouse, président du Conseil général du Tarn-et-Garonne, Bénech venait d'être nommé par décret premier adjoint du maire de Toulouse lorsque, dans un moment de folie, il se suicida le 10 novembre 1855.

8. — **DELAVIGNE (Ferdinand MARRÉAUX), ancien doyen de la Faculté des Lettres de Toulouse (1857).**

C'est en traitant du Spiritualisme chrétien que M. Delavigne a pris possession, le 1er mars 1857, du fauteuil auquel il avait été appelé le 23 mai de l'année précédente (R. 1857).

On trouve au Recueil la Semonce qu'il a prononcée en 1858 sur le Mouvement littéraire au commencement du dix-neuvième siècle et l'allocution qu'il a adressée au poète Mistral, en lui remettant les lettres de maîtrise dans la séance publique du 3 mai 1879.

## VINGT-DEUXIÈME FAUTEUIL.

1. — **Abbé d'AUTERIVE (Henri), chanoine de Saint-Etienne, chancelier de l'Université de Toulouse (1660-1694-1710).**

Frère du conseiller au Parlement et né à Toulouse le 18 septembre 1660, Henry d'Auterive entra dans les ordres et devint chancelier de l'Université de Toulouse, dignité attachée au chapitre métropolitain dont il était membre.

Les lettres patentes de 1694 le nommèrent mainteneur et secrétaire des Assemblées de l'Académie; il conserva cette fonction jusqu'en 1702, date à laquelle il fut remplacé par le chevalier de Catellan.

L'abbé d'Auterive mourut à Toulouse, le 4 février 1710.

**2. — D'ADVISARD (Claude), avocat général, puis conseiller d'honneur au Parlement (1678-1710-1738).**

Ce mainteneur, né le 3 mars 1678, était fils d'un président à mortier au Parlement de Toulouse; il entra à la Cour comme avocat général et prit l'office de Jacques de Buisson d'Aussonne en vertu de provisions datées du 23 novembre 1698.

Mainteneur survivancier le 5 septembre 1704, il siègea pour la première fois, le 21 novembre suivant, et fut appelé, le 21 février 1710, à succéder à d'Auterive au vingt-deuxième fauteuil. Près de trente-neuf années de services lui méritèrent le titre de conseiller d'honneur au Parlement, le 4 mai 1737.

Ses goûts littéraires et le tour élégant et spirituel de sa conversation l'avaient fait admettre au nombre des familiers de la cour de Sceaux; il s'en éloigna quelque temps, mais il ne tarda pas à rentrer en faveur et demeura l'un des fidèles des Princes, jusqu'à la mort du Duc du Maine, auquel il ne survécut pas longtemps.

De Gailhac prononça, le 23 décembre 1738 (R. 1740), l'éloge de d'Advisard, décédé le 7 novembre précédent.

**3. — Mgr De CAMBON (François-Tristan), évêque de Mirepoix, conseiller d'honneur au Parlement (1716-1738-1791).**

Né à Toulouse, le 27 août 1716, T. de Cambon avait fait une partie de ses études à Paris et n'était encore que sous-diacre lorsqu'il fut reçu, le 10 juin 1738, conseiller clerc au Parlement en l'office de P. de Tournier, démissionnaire et membre de l'Académie des Jeux Floraux. Il siégea d'abord à la troisième chambre des Enquêtes, puis à la Grand'Chambre.

La même année, le 23 décembre, il fut nommé mainteneur et prononça son remerciement, le 2 janvier de l'année suivante. Ce discours ne figure pas au Recueil, qui a conservé seulement l'éloge de l'académicien de Sapte par l'abbé de Cambon, le 31 décembre 1739 (R. 1740).

Au nom de l'Académie, le 27 mars 1741, il félicita, à son arrivée à Toulouse, le nouvel archevêque Mgr de La Roche Aymon, qui le nomma son grand vicaire, le 1er janvier 1751.

Le roi Louis XV le pourvut de l'abbaye de N.-D. de la Capelle des Prémontrés, près de Merville, en 1757, et il fut nommé évêque de Mirepoix en mars 1768. Ses nombreux devoirs ne lui permettant plus de remplir les fonctions de magistrat, des provisions royales du 8 novembre de la même année lui accordèrent le titre de conseiller d'honneur.

Le prélat fut bientôt entouré de la respectueuse affection de ses diocésains et sut prendre une influence incontestée dans les assemblées des Etats provinciaux. L'Académie des Jeux Floraux n'a pas oublié qu'il célébra lui-même le service funèbre qu'elle fit faire, le 21 juin 1774, en l'honneur de Louis XV. Toulouse et Mirepoix ont conservé longtemps le souvenir de son dévouement et de sa charité pendant l'épidémie qui dévasta son diocèse et la capitale du Languedoc en 1782.

La Révolution supprime l'évêché de Mirepoix; le prélat dépossédé proteste publiquement et sa lettre est dénoncée aux administrateurs du département. Il se retire à Toulouse et meurt le 20 novembre 1791, en demandant d'être enterré sans aucun apparat. Le saint prêtre avait compté sans le P. Sermet, l'ancien carme déchaussé devenu par voie électorale évêque métropolitain du Sud. L'évêque jureur ne tint aucun compte des dernières volontés du prélat fidèle, lui fit des funérailles pompeuses et constata par lui-même, avant de l'ensevelir, l'identité du défunt.

Au rétablissement de l'Académie après la Révolution, le vingt-deuxième fauteuil, déclaré vacant, fut confié, le 15 février 1806, au préfet Richard, qui changea de résidence avant d'avoir été installé. Nouvelle déclaration de vacance et nouvelle élection le 30 mai de la même année en faveur du Cte Demeunier, sénateur de la Haute-Garonne; mais le nouveau titulaire était presque toujours absent, et l'Académie déclara que la mémoire de Mgr de Cambon ne pouvait attendre plus longtemps l'éloge qui lui était dû. Elle proclama pour la troisième fois la vacance du fauteuil, qui fut attribué le 29 mai 1807 à A. de Cambon, petit-neveu de l'évêque de Mirepoix.

Le nouveau titulaire entra à l'Académie le 14 juin, après l'éloge de Mgr de Cambon par le secrétaire perpétuel, Poitevin-Peitavi.

**4. — Baron de CAMBON (Louis-Alexandre), pair de France, Premier Président de la Cour d'Amiens (1771-1807-1837).**

Fils du Premier Président de la Cour souveraine du Languedoc et de Mlle Riquet de Bonrepos, guillotinée à Paris sous la Terreur, Alexandre de Cambon était né à Toulouse le 23 septembre 1771, et terminait ses études de droit au moment de la suppression des Parlements et des premiers troubles de la Révolution.

Il passa la frontière et, lorsqu'il put rentrer en France, il servit quelque temps dans la cavalerie, puis revint à Toulouse, où l'Académie, qui venait de se réorganiser, lui donna le 29 mai 1807 la succession de son grand'oncle, l'évêque de Mirepoix, dernier titulaire du vingt-deuxième fauteuil.

Les talents dont il fit preuve dans les fonctions de conseiller à la Cour de Toulouse auxquelles il avait été appelé en 1811, le conduisirent à une présidence de chambre d'abord à Agen, puis à Toulouse (1818), et l'importante situation qu'il avait dans le Tarn lui assura par deux fois, en 1827 et en 1830, la représentation de ce département à la Chambre des députés. Premier Président à la Cour d'Amiens à la fin de la Restauration, il était nommé pair de France par la Monarchie de Juillet en 1835. Deux ans après, le secrétaire perpétuel de Malaret prononçait, le

20 août 1837, l'éloge du magistrat, décédé le 22 mai précédent.

Il a laissé au Recueil de l'Académie son discours de réception du 14 juin 1807 (R. 1808), ses réponses aux remerciements d'Hippolyte d'Aldéguier et de Serres de Colombars (R. 1812) et un éloge de Clémence Isaure en 1827.

On retrouve aux procès-verbaux le souvenir de l'éloge de la Restauratrice des Jeux Floraux qu'il prononça dans la séance solennelle du 4 mai 1823, à laquelle assistait S. A. la duchesse d'Angoulême.

**5. — Comte de CASTELBAJAC) Joseph-Gratien-Catherine-Louis-Raymond-Adolphe), président à la Cour de Toulouse (1795-1837-1864).**

En septembre 1793, la municipalité de Grenade avait fait incarcérer comme suspectes les deux sœurs de Cazalès, l'orateur royaliste de l'Assemblée Nationale; obligée de les mettre en liberté provisoire à cause de leur état de santé, elle les faisait bientôt arrêter une seconde fois, et un an après, en vendémiaire an II (septembre 1794), le représentant du peuple Mallarmé les maintenait en état d'arrrestation, à Beaumont-de-Lomagne, où avait été transporté le siège du district.

L'une d'elles, Mme de Finot, eut un enfant entre ses deux incarcérations; l'autre, récemment mariée à M. de Castelbajac, mit au monde, le 14 août 1795, un fils qui devait appartenir un jour à l'Académie des Jeux Floraux.

Elevé à l'institution Gary et Savy, de Toulouse,

Adolphe de Castelbajac fut quelque temps mili taire, abandonna la carrière des armes et revint en 1820 faire son droit à Toulouse; il était un des assidus aux réunions de M^me^ d'Hargicourt, femme d'esprit et de cœur qui avait rétabli l'ancien usage des salons, où l'art de bien dire était considéré comme le premier devoir des invités.

De Castelbajac entra dans la magistrature et devint conseiller, puis président de chambre à la Cour de Toulouse, le 25 mai 1852.

L'Académie l'avait appelé au nombre de ses membres le 23 juin 1837. Son discours de remerciement est inséré au Recueil (1838), ainsi que sa réponse au remerciement de Mac-Carthy (1846) et l'éloge de Clémence Isaure qu'il fit en 1839 et dans lequel il examina l'Influence des femmes sur la littérature française.

De Barbot a lu, le 28 mai 1865, l'éloge de Castelbajac, décédé à l'âge de soixante-huit ans, le 10 février 1864.

**6. — Comte de RÉMUSAT (François-Marie-Charles), membre de l'Académie française, Ministre des Affaires étrangères (1797-1865-1875).**

Né à Paris, sous le Directoire, le 14 mars 1797, et fils d'un ancien avocat à la Cour des Aides de Provence et de M^lle^ de Vergennes, petite-fille du Premier Président de Bastard et petite-nièce du C^te^ de Vergennes ministre de Louis XVI, Charles de Rémusat faisait ses études au Lycée Napoléon pendant que son père était chambellan de l'empereur et que sa mère remplissait les fonctions de dame d'honneur auprès de l'impératrice Joséphine.

Avocat en 1819, il s'occupe de jurisprudence et de journalisme et son père devient, sous la Restauration, préfet de Toulouse, puis de Lille. En 1830, il signe la protestation des journalistes contre les ordonnances de Juillet; l'année suivante, le département de la Haute-Garonne l'envoie à la Chambre des députés, où il siège pendant tout le règne de Louis-Philippe.

Ministre de l'Intérieur en 1840, il propose, au nom du gouvernement, le retour des cendres de Napoléon, et il provoque, sous le Ministère Guizot, une réforme célèbre sur les incompatibilités parlementaires.

Il devient membre de l'Académie des Sciences morales et politiques en 1846, puis il est reçu à l'Académie française l'année suivante.

Sous la seconde République, il est membre des Assemblées Constituante et Législative. Au coup d'Etat, il est arrêté et expulsé de France pendant quelques mois. Pendant l'Empire, de Rémusat se consacre à des travaux littéraires et philosophiques, écrit dans la *Revue des Deux-Mondes*, est élu maintenenr et occupe son fauteuil le 28 mai 1865, après avoir traité du Rôle de l'imagination dans la littérature contemporaine.

Ce discours est inséré au Recueil (1866), ainsi que son éloge de Pagès, de l'Ariège (1868).

Sous la troisième République, Thiers, son ancien collègue à la Chambre des députés, devenu chef du Pouvoir exécutif, le nomme Ministre des Affaires étrangères en août 1871. En cette qualité, il négocie avec la Prusse pour l'évacuation du territoire et il abandonne son portefeuille à la chute du Président, en mai 1873.

Il entre à la Chambre des députés au mois d'octobre de la même année, comme représentant de la Haute-Garonne, combat le gouvernement du 24 Mai et contribue à la chute du Ministère de Broglie.

Le comte de Rémusat est mort à Paris, le 6 janvier 1875, et son éloge a été lu à l'Académie, le 13 mai 1877, par Gatien-Arnoult.

**7. — Marquis d'ARAGON (Louis-Albert-Charles de BANCALIS DE MAUREL). (1876.)**

M. le M^is^ d'Aragon, élu mainteneur le 25 février 1876, a pris possession de son fauteuil le 13 mai 1877, après un discours de remerciement sur l'Histoire (R. 1878).

Sa réponse au remerciement de J. Rolland figure au Recueil de 1884 et le procès-verbal de la séance du 21 mars 1888 rappelle sa réception par N. S. P. le Pape Léon XIII, qui daigna lui accorder sa bénédiction apostolique pour l'Académie des Jeux Floraux.

## VINGT-TROISIÈME FAUTEUIL.

**1. — Abbé COMPAING (Jean-Baptiste), docteur en théologie, chanoine de Saint-Etienne (1652-1694-1718).**

L'abbé Compaing avait appartenu au barreau avant d'embrasser la carrière ecclésiastique; docteur en théologie et chanoine de la cathédrale, il venait de remporter un prix au concours d'Eloquence de la société des Lanternistes, lorsque les lettres patentes de 1694 le nommèrent mainteneur de la nouvelle Académie des Jeux Floraux.

Prédicateur de talent, historien érudit ayant particulièrement étudié les premiers siècles de l'ère chrétienne, membre des plus appréciés de l'académie des Lanternistes, écrivain distingué qui a laissé une œuvre remarquée, *La science du salut*, l'abbé Compaing, né vers 1652, mourut à Toulouse le 29 novembre 1718, et fut inhumé dans le chœur de Saint-Etienne.

De Laroque Casaubon prononça son éloge dans la séance privée du 16 décembre 1718.

**2. — De MONTAUDIER (Jean-Baptiste), avocat au Parlement, capitoul (1667-1718-1730).**

Né à Cahors vers 1667, de Montaudier se distingua au barreau du Parlement de Toulouse, devint capitoul en 1714 et fut délégué, en cette qualité, aux Etats du Languedoc.

Le 11 juin de la même année, l'Académie l'appela au nombre des mainteneurs survivanciers et lui attribua son vingt-troisième fauteuil, le 16 décembre 1718.

Les procès-verbaux rappellent son éloge de Clémence Isaure en 1715 et le Recueil a conservé deux de ses discours. Réélu capitoul en 1720, il répondit au nom de l'édilité toulousaine à la Semonce du Ch[ier] de Catellan et, trois ans plus tard en 1713, il fit à son tour la Semonce en traitant de l'Eloquence. Ce mainteneur était également membre de la Société des Lanternistes.

Le viguier de Rabaudy fit, le 21 mars 1730, l'éloge de Montaudier décédé le 1er du même mois, à l'âge de soixante-trois ans. Il avait été enseveli dans la nef de l'église Saint-Etienne.

### 3. — Baron de PARAZA (André JOUGLA), baron de Villa du Port, conseiller au Parlement (1702-1730-1769).

Né à Béziers le 12 novembre 1702, André de Paraza appartenait à la magistrature par tradition familiale. Il entra à la Cour souveraine de Toulouse comme membre de la Chambre des Requêtes en juin 1725, et devint conseiller par provisions royales du 3 septembre 1736.

L'Académie avait appelé à l'un de ses fauteuils, le 21 mars 1730, ce magistrat qui joignait à ses mérites littéraires la qualité de latiniste distingué; l'année suivante, elle lui confiait l'éloge de Clémence Isaure (R. 1731).

Les procès-verbaux rappellent que le 9 juin

1730, de Paraza présidait une délégation des mainteneurs, chargée de féliciter le jeune prince de Conti, âgé de treize ans, qui était de passage à Toulouse.

D'Estadens lut à l'Académie, le 15 avril 1769, l'éloge du conseiller, décédé à Paris quelques semaines auparavant. La notice biographique de cet académicien n'a pas été imprimée au Recueil.

**4. — De PARAZOLS (Jean-Baptiste de MONTRATIER), avocat général au Parlement (1741-1769-1780).**

Né le 10 août 1741 d'un lieutenant des maréchaux de France et de Claire de Buisson de Beauvoir, J.-B. de Parazols fut nommé avocat général au Parlement de Toulouse le 30 mars 1763, bien qu'il n'eut pas encore vingt-deux ans.

Elu mainteneur le 15 avril 1769, il ne prit possession de son fauteuil que trois ans après, le 8 mars 1772. La Semonce et l'éloge de Clémence Isaure qu'il prononça : l'une le 8 août 1773, et l'autre le 3 mai 1775, figurent au Recueil de l'Académie.

De Parazols mourut en juin 1780, et son confrère de Lacroix fit son éloge, le 13 août de la même année.

**5. — De RESSÉGUIER (Louis-Emmanuel-Elizabeth), procureur général au Parlement (1755-1780-1801).**

Pouvait-il ne pas être magistrat et littérateur, ce jeune avocat qui débuta si brillamment au barreau du Parlement de Toulouse, où l'appelaient toutes les traditions de sa famille ?

Né à Toulouse le 15 mai 1755, fils de Marie-Louis et de Marie-Gabrielle de Boyer Drudas, L.-E de Rességuier fut nommé avocat général avant d'avoir atteint sa vingt-quatrième année, le 10 avril 1779. L'Académie des Jeux Floraux l'accueillait l'année suivante, mais les impérieux devoirs de sa charge au Parlement ne permirent pas au nouveau mainteneur de prendre une part active aux travaux de ses confrères; néanmoins il prononça en 1787 un éloge de Clémence Isaure, qui est inséré au Recueil ainsi que son discours de réception.

La ville de Toulouse n'a pas oublié sa bienfaisance pour les infirmes de l'Hospice de la Grave et pour les femmes détenues à la Force, et les archives du Parlement ont conservé le souvenir des éloquentes protestations que de Rességuier, devenu procureur général, opposa, le 8 mai 1788, aux injonctions des commissaires royaux chargés de faire enregistrer au Parlement la réforme judiciaire et la création des grands bailliages.

Au rétablissement de la Cour, le procureur général fut appelé à faire partie de la seconde assemblée des Notables et s'y fit remarquer par son éloquence entraînante et la rectitude de son jugement.

Les Etats Généraux sont convoqués, l'Assemblée nationale dissout les Parlements, la Chambre des vacations de Toulouse proteste contre les nouveaux décrets et le procureur général refuse d'enregistrer la condamnation de l'ancienne magistrature française. Un ordre d'arrestation est lancé contre lui, il passe en Espagne, rejoint le conseiller de Montégut à Vittoria, puis il traverse la Péninsule, s'embarque à Barcelone sur une galère commandée par un de ses parents, passe en Italie, de là en Angleterre, rentre en France à la fin de 1792 et trouve un asile sûr pendant la Terreur.

Le malheur le poursuit et le frappe sans relâche. Ses biens sont confisqués et son nom est porté sur la liste des émigrés; Mme de Rességuier, née de Chastenet de Puységur, est obligée de fuir à l'étranger, en confiant ses deux jeunes fils aux soins de leur bisaïeule Mme de Boyer-Drudas, mais celle-ci ne tarde pas à être incarcérée comme suspecte par les jacobins de Toulouse, qui la retiennent prisonnière pendant près de neuf mois dans le couvent des chanoinesses de Saint-Sernin, transformé en maison d'arrêt.

L'ancien procureur général était à Paris et comptait obtenir sa radiation de la liste des émigrés, mais une dénonciation de Daubermesnil, membre du conseil des Cinq Cents, fit ajourner l'ordre du Pouvoir exécutif. De nouvelles démarches finirent par surmonter toutes les difficultés, son nom fut effacé du nombre des suspects le 8 floréal an VIII, lorsqu'il mourut subitement, le 28 août 1801, dans des circonstances qui permirent, non sans raison peut-être, de croire à l'intervention d'une main criminelle.

Le décès du chef de la famille fut bientôt suivi de celui de sa grand-mère, qui élevait les deux enfants du malheureux magistrat; Mme de Rességuier rentrant d'émigration mourut quelques jours après avoir revu la France, et son père M. de Puységur succomba à son tour peu de temps après.

Le secrétaire perpétuel Poitevin-Peitavi a rappelé, le 5 avril 1811, cette existence si brillante et si heureuse au début, si cruellement tourmentée ensuite, avant de succomber sous les coups répétés du malheur et de l'adversité.

E. de Rességuier a été le dernier titulaire élu du vingt-troisième fauteuil, qu'une décision du 23 mars 1813 a réservé au Préfet de la Haute-Garonne, mainteneur-né.

## VINGT-QUATRIÈME FAUTEUIL.

### 1. — De MALAPEYRE (Gabriel VENDAGES), conseiller au Parlement (1624-1694-1702).

Au nom de Malapeyre se rattachent le souvenir d'un don généreux fait à l'Académie et celui d'un constant et fidèle hommage de piété à la Vierge Marie.

Gabriel, fils de Jean Malapeyre et de Marie d'Auddiou, naquit à Toulouse, le 20 juillet 1624. A son nom de Vendages, sa famille avait joint celui du domaine de Malapeyre, situé aux portes de Toulouse, non loin des ruines de l'amphithéâtre romain.

Il étudia le droit, les mathématiques, la philosophie, la médecine et la théologie scolastique, mais il se consacra plus particulièrement aux Lettres et à la Poésie. Il est permis de se demander s'il est exact, comme l'ont dit certains biographes, qu'il ait fait l'éloge de Clémence Isaure en 1638, date à laquelle il avait à peine quatorze ans ; il est certain cependant que, dès sa jeunesse, il s'occupait très activement de littérature et de sciences, puisqu'il contribua avec Pélisson à fonder les premières conférences des Lanternistes, qui se réunissaient chez P. de Garreja, conseiller au Présidial.

Il n'avait pas encore atteint sa vingt-neuvième année que des provisions royales du 12 mai 1653 le nommèrent conseiller au Présidial de Toulouse, en l'office de P. de Garreja, qui l'avait fait son légataire universel. Ses fonctions n'interrompirent pas ses travaux.

Il fit tout d'abord une excursion dans le domaine scientifique et publia une *Etude sur la nature des comètes*, puis il se voua tout entier, pour ne plus l'abandonner, au culte de la Vierge et des Saints.

Son *Panégyrique de saint Joachim* paraît en 1674 et sa traduction de quelques *Passages des Saints Pères en l'honneur de la Très Sainte Vierge, mère de Dieu,* en 1686. Il compose toute une série de sonnets à la Vierge : sept cents, disent les uns ; un pour chaque jour de l'année, disent les autres ; il fait bâtir, dans l'église des Grands Carmes, une magnifique chapelle qu'il dédie à N.-D. du Mont-Carmel, écrit le *Panégyrique* de cette Madone et la *Description de sa chapelle* en 1692. Deux ans après, un nouveau volume contenant cinquante sonnets sur la *Passion* est publié par notre poète que les lettres patentes de Louis XIV appellent à faire partie de l'Académie des Jeux Floraux. En 1701, il fait imprimer son *Psautier de N.-D. ou la Vie de la Très Sainte Mère de Dieu;* puis il offre aux mainteneurs ses confrères de fonder un prix annuel consistant en un Lis d'argent destiné à récompenser la meilleure poésie, hymne ou sonnet, en l'honneur de la Vierge, et de faire célébrer tous les ans à l'église des Grands Carmes une grand'messe anniversaire de l'érection des Jeux Floraux en Académie de Belles-Lettres.

Pendant que les mainteneurs d'Aldéguier et Dulaurens examinent sa proposition, Malapeyre fait faire le Lis d'argent; le nouveau prix est annoncé en 1702 et décerné, l'année suivante, à Baratet, maire ancien de Villeneuve en Agenais. Mais le fondateur ne vit même pas le concours de 1703; il était mort le 5 mai de l'année précédente, sans avoir pris les dispositions nécessaires pour assurer l'exécution de ses volontés.

Dans son testament, daté du jour même de sa mort, en son domicile de la rue du Canard, Vendages avait disposé de ses biens en faveur de ses cinq enfants, en donnant l'usufruit de sa fortune à Mme de Vendages, à laquelle il se bornait « à « faire mémoire de ses dispositions et legs pieux ».

Du Lis d'argent et de la messe annuelle, il n'est fait aucune mention dans ce document que nous avons eu sous les yeux. Un traité avait bien été passé avec les Carmes, mais les héritiers ne versèrent pas les fonds nécessaires et la messe ne fut pas célébrée.

L'Académie n'ayant d'ailleurs aucun titre pour faire valoir des droits que la succession du mainteneur oublia pendant plusieurs années, le concours du Sonnet à la Vierge fut supprimé dès 1704.

En février 1739, Jean-François Vendages de Lifart, fils aîné du second mariage de l'académicien, se décide à réaliser les intentions du défunt.

Il remet à l'Académie le contrat passé entre elle, son père et les religieux des Grands Carmes, qui doivent célébrer tous les ans une grand'messe dans la chapelle du Mont-Carmel, le premier samedi après la Purification; cette cérémonie a eu lieu régulièrement depuis lors jusqu'à la Révolution. Il affecte en même temps une somme de 60 livres, revenu d'un capital de 1,200 livres, à l'établissement du prix annuel pour le concours de poésie en l'honneur de la Vierge; enfin, il fait don d'un portrait de son père gravé par Bazin en 1703. Cette gravure a disparu avec la plupart des tableaux qui ornaient autrefois la salle de Clémence Isaure; un second exemplaire donné en 1818 par de Lamothe-Langon a eu le même sort, mais il a été remplacé récemment par les soins de notre confrère, M. le B[on] Desazars de Montgaillard.

Le concours du Lis d'argent fut annoncé pour l'année 1740 et le prix accordé à l'abbé Portes. L'Académie maintint le concours pendant douze années et le supprima en 1752, sans doute par suite de l'interruption du service de la rente qui lui était affectée. Le Lis fut définitivement rétabli en 1761 par M. L'Hérissé, qui avait épousé une demoiselle de Malapeyre; il n'a pas cessé de figurer depuis cette époque dans le bouquet annuel des fleurs de Clémence Isaure.

On retrouve dans le testament du mainteneur les noms de ses enfants : Noël de Noires, qu'il avait eu de son premier mariage avec Jeanne d'Auriol; Jean-François de Lifart, Mmes de Ségla et de Melet et Ursule, célibataire, nés de sa seconde union avec Marie de Tournier.

Poitevin-Peitavi a présenté à l'Académie, le 9 août 1811, une notice nécrologique de Malapeyre dont l'éloge manque au Recueil. Vendages avait demandé, par humilité chrétienne, à être enterré sur le seuil de la porte donnant accès à la chapelle du Mont-Carmel, qu'il avait fait construire avec un luxe exceptionnel.

### 2. — Abbé LABORIE (Jean-Arnaud), maître ès Jeux (1653-1702-1712).

A. Laborie avait à peine dix-huit ans que déjà il adressait des compliments en vers aux vainqueurs des concours annuels des Jeux Floraux, notamment à Jonquet, en 1671.

L'année suivante, il se mettait sur les rangs et obtenait l'Eglantine, avec un chant royal intitulé : *la Vision de Balthazar*. En 1675, il félicite les lauréats J. de Pradines et Anselme, tout en se plaignant à ce dernier de combattre sans succès pour obtenir sa deuxième fleur. Un Souci décerné au *Désespoir de Porcie* le récompensa de ses efforts persévérants, en 1676; enfin un chant royal, *la Muraille de Jéricho*, lui valut, en 1679, la Violette et la maîtrise.

On retrouve dans les Triomphes de cette époque[1] plusieurs poésies adressées à leurs auteurs par l'abbé Laborie, qui prenait le titre de maître et celui de juge aux Jeux Floraux.

Le poète auquel les lettres patentes de 1694 confirmèrent la maîtrise avait une connaissance approfondie de la littérature étrangère et il versifiait avec autant de facilité en espagnol et en italien qu'en sa langue maternelle.

La nouvelle Académie le nomma, le 17 juin 1701, mainteneur survivancier avec les fonctions et les prérogatives des titulaires, lui confia, la même année, en remplacement de Lafaille, l'office de secrétaire des assemblées qu'elle lui conserva jusqu'à sa mort et l'appela, le 19 mai 1702, à remplacer Vendages de Malapeyre au vingt-quatrième fauteuil.

Il appartint à la Société des Lanternistes dont il fut également le secrétaire.

L'abbé Laborie, né vers 1653, mourut à Toulouse le 27 juin 1712 et fut enseveli à l'église Nazareth à laquelle il était attaché. Les procès-verbaux de l'Académie ne font aucune mention de l'éloge de ce mainteneur.

1. De Ranchin Monredon (1685); d'Aussonne et Cironis de Beaufort (1687); etc.

**3. — De RESSÉGUIER (Jean), président au Parlement (1683-1712-1735).**

Fils de Jean, titulaire du quatorzième fauteuil, et de Marie-Dorothée de Caulet, Jean de Ressé-guier, né le 22 juin 1683, suivit brillamment la voie que son père et son aïeul lui avaient tracée au Parlement et à l'Académie.

Après avoir fait ses études au collège des Jésuites et suivi les cours de droit de l'Université de Toulouse, il entra à la Cour du Languedoc, le 14 février 1705, quelques mois après la mort de son père.

L'Académie l'appela au nombre de ses mainteneurs survivanciers, le 1er décembre 1709, et le nomma titulaire le 31 janvier 1712. Les procès-verbaux rappellent qu'il fit, le 27 novembre 1720, l'éloge de Mgr de Labroue, évêque de Mirepoix ; en outre, le Recueil a conservé : la Semonce qu'il prononça en 1722, la notice biographique du Premier Président de Bertier, chancelier des Jeux Floraux (1724) et les Conseils qu'il donna aux jeunes littérateurs dans son éloge de Clémence Isaure en 1725.

A partir de cette date, de Rességuier dut consacrer tout son temps à ses fonctions de magistrat. Son importante situation au Parlement et la confiance qu'il inspirait à ses collègues le désignèrent en 1726 au choix de la Cour pour aller défendre auprès du gouvernement royal les intérêts et les privilèges de la magistrature. Appelé à la présidence de la deuxième chambre des

Enquêtes, le 5 mai 1730, il mourut le 27 septembre 1735, laissant trois fils et deux filles de son mariage avec Marthe-Dorothée du Bourg.

Le président avait été l'élève du P. Vanière; il devint le compagnon d'études du savant latiniste, qui écrivit une partie de ses œuvres sous les beaux ombrages du Secourieu, domaine familial des de Rességuier.

En faisant l'éloge de ce mainteneur, le 21 décembre 1735, de Ponsan a rappelé quelques-uns de ses nombreux travaux inédits : une *Histoire du Parlement de Toulouse depuis sa fondation*, un *Recueil d'arrêts notables*, une traduction en vers du treizième volume du *Prædium rusticum* du P. Vanière et toute une série de pièces en prose et en vers.

**4. — SOUBEIRAN DE SCOPON (Jean), avocat au Parlement (1699-1735-1751).**

Né à Toulouse le 18 janvier 1699, Soubeiran de Scopon se destinait au barreau; il se rendit à Paris afin de se perfectionner dans l'étude des lettres, puis il voyagea en Angleterre et en Hollande et se lia intimement avec le protestant Jean Saurin; enfin, il rentra à Toulouse vers 1726 pour exercer sa profession d'avocat.

Au Parlement, Soubeiran se fit remarquer par son éloquence, à laquelle il joignait un talent exceptionnel de déclamation. Lorsque ses occupations le lui permettaient, il allait se livrer tout entier à ses études littéraires et philosophiques dans son domaine de Scopon, près de Loubens;

cette terre, qui avait appartenu autrefois à Pierre Julien, maître des anciens Jeux Floraux, passa, après Soubeiran, à un troisième littérateur, au poète Treneul.

L'Académie donna un fauteuil à de Scopon le 21 décembre 1735, et ce fut par une lettre qu'il la remercia, le 20 janvier suivant.

Le Recueil a conservé le discours qu'il prononça à la fête des Fleurs de 1741 pour démontrer combien il est injuste de douter du talent intellectuel des femmes. Dans la Semonce de 1745, il établit l'obligation pour l'homme de lettres de respecter le goût de son siècle; ce discours est imprimé dans la collection de l'Académie, ainsi que son éloge de Clémence Isaure en 1746 et la dissertation qu'il présenta, le jour de la distribution des prix de la même année, sur le Bon ton, le Bon goût et la Bonne compagnie.

Soubeiran fut secrétaire des assemblées en 1745. Pendant qu'il remplissait cet office, il proposa à ses confrères de donner à l'Eglantine une valeur égale à celle de l'Immortelle pour augmenter l'émulation chez les jeunes orateurs prenant part au concours d'Eloquence. A l'exemple de son prédécesseur au vingt-quatrième fauteuil, Vendages de Malapeyre, qui avait fondé le prix du Lis d'argent, il devint l'un des bienfaiteurs de la Compagnie en lui abandonnant une rente annuelle de 200 livres que lui devait la Ville; cette somme fut affectée à transformer l'Eglantine d'argent en une fleur d'or. Des lettres patentes de Louis XV du 25 mai 1746 autorisèrent cette modification aux concours annuels et approuvèrent la proposition de l'Académie d'accorder des lettres de maîtrise au lauréat qui aurait obtenu trois fois le prix d'Eloquence. L'Eglantine d'or fut décernée pour la première fois en 1748.

L'origine de cette rente mérite d'être rappelée. L'ancienne monarchie battait quelquefois monnaie en confisquant aux villes et aux communautés leurs droits et privilèges, qu'elle consentait ensuite à leur reconnaître de nouveau, moyennant finances.

Toulouse avait été frappée comme tant d'autres. Un maire, un lieutenant de maire, des auditeurs des comptes, quatre capitouls perpétuels, alternatifs et mi-triennaux, lui avaient été successivement imposés et elle avait obtenu l'extinction de ces diverses charges en échange de sommes importantes qu'elle avait dû se procurer par voie d'emprunt. Ce fut ainsi que, le 14 mars 1710, G.-L. de Bailot, avocat au Parlement et syndic de la ville, emprunta 10,000 livres à noble J. Domergue, écuyer, seigneur de Saint-Victor, auquel il s'engagea à servir une rente de 500 livres.

La ville débitrice diminua de sa propre autorité le taux du revenu et réduisit à 200 livres la rente qu'elle devait faire à son créancier, dont le fils, noble Louis Domergue, céda ses droits pour une somme de 5,000 livres, le 24 octobre 1727, à Pierre Soubeiran de Scopon, procureur au Parlement, père du mainteneur.

Celui-ci fit sa donation à l'Académie, le 3 septembre 1745, par un sous-seing privé qui fut transformé à Paris, le 1er février 1751, en un acte public auquel le mainteneur de Rabaudy intervint comme représentant des Jeux Floraux. Dans cet acte, Soubeiran prend les titres de seigneur haut justicier de Scopon, conseiller secrétaire du roi, maison et couronne de France près le Conseil supérieur de Roussillon.

La donation avait été approuvée, dès le 25 mai 1746, par des lettres patentes dont le coût, joint aux droits d'amortissement, dépassa 627 livres.

Les termes formels de l'acte de 1710 et l'authenticité du contrat établissent qu'en supprimant de son budget des dépenses de 1894 la totalité de la rente due à l'Académie des Jeux floraux, la Ville a refusé arbitrairement d'exécuter les clauses librement consenties d'un emprunt fait par elle pour le rachat de ses libertés communales. Débitrice solvable, la Municipalité toulousaine a simplement nié sa dette pour ne pas en payer les intérêts.

Soubeiran avait publié, non sans succès, plusieurs ouvrages. Son *Examen des confessions du Cte de X*** par Duclos* appela l'attention des littérateurs, en 1742; ses *Lettres sur l'histoire de Mme de Luz* furent peut-être moins appréciées; il réussit de nouveau avec son *Caractère de la véritable grandeur* (1746), et ses *Considérations sur les mœurs du siècle* (1749).

Au décès de son père, il quitta Toulouse et alla s'établir à Paris pour se livrer entièrement à ses études et vivre dans le monde des lettres ; à peine y était-il installé qu'il mourut subitement d'apoplexie le 12 février 1751.

Son éloge, prononcé par de Comynihan le 28 mars suivant, a été complété le 24 janvier 1812 par le secrétaire perpétuel Poitevin-Peitavi, qui avait offert à l'Académie le portrait du fondateur de l'Eglantine d'or. Ce tableau est encore dans la salle des séances.

**5. — CASTILHON (Jean), avocat au Parlement, président du « Lycée de Toulouse », bibliothécaire au Collège national (1720-1751-1799).**

Né à Toulouse, le 11 septembre 1720, de Jean-Baptiste, procureur à la sénéchaussée, et de Marguerite Merle, élevé chez les Jésuites puis à l'Esquille où il suivit le cours de philosophie du P. Ricaut, Castilhon consacra sa longue existence à l'étude des Lettres.

A peine étudiant en droit, il fonde une société littéraire à laquelle s'associe Marmontel, qui déjà briguait les faveurs d'Isaure, les obtint et les méconnut.

Dès 1742, il prend part au concours académique et son idylle, *Les fleurs artificielles*, mérite l'insertion au Recueil; en 1743 et 1746, il remporte le prix du genre pour les idylles, *Le miroir* et *Pan;* enfin les Jeux de 1751 lui apportent deux nouvelles fleurs : l'Amarante d'or pour une ode, *les avantages de l'Espérance*, et un Souci décerné à l'églogue, *Thémire*.

Ce fut pendant ce dernier concours que l'Académie l'appela, le 28 mars 1751, à son vingt-quatrième fauteuil dont il prit possession le 30 du mois suivant.

Aux Fêtes de mai de l'année 1752, Castilhon, devenu secrétaire des Assemblées, prononce l'Eloge en traitant de l'*Influence réciproque des arts et des mœurs*, et termine son discours par une ode à Clémence Isaure (R. 1752). L'Etude des sciences, complément de l'étude des Lettres, lui sert de thème pour la Semonce de 1753.

Puis, il quitte le Midi et se rend à Paris, où il rédige la partie littéraire de l'*Essai sur l'art de la guerre* par le Cte de Turpin-Sancey, inspecteur général de cavalerie; pendant deux années, il suit les armées en Allemagne, comme secrétaire général de l'inspection de cavalerie, et compose avec de Turpin, *les Amusements philosophiques et littéraires de deux amis*. De retour à Paris, il se lie avec Lalande, d'Alembert et Diderot, collabore à la rédaction de la *Grande Encyclopédie* et devient l'ami de Palissot, l'auteur de la comédie *Les philosophes*.

Il fonde avec son frère Louis le *Journal de Bouillon*, et utilise une partie de ses loisirs à étudier l'Influence des mœurs et de la philosophie sur le génie et sur les arts. Cette dissertation est lue, comme Semonce, par l'abbé d'Aufrery, dans la séance publique de l'Académie du 13 août 1769 (R. 1770).

Il trouve le temps d'écrire pendant plus de vingt ans, de 1761 à 1782, dans le *Nécrologe des hommes célèbres de France*, et de fonder le *Spectateur français* ou *Journal des mœurs* (1776).

La continuation du *Journal Encyclopédique* en collaboration avec son frère et la rédaction du *Journal de Trévoux*, de 1774 à 1778, retiennent Castilhon pendant plusieurs années encore loin de son pays natal. Enfin M^gr de Brienne, archevêque de Toulouse, se souvint des mérites du littérateur et du critique, lui confia la bibliothèque du Collège royal (1784) et le fit entrer ensuite (1786), au « Musée de Toulouse », qui tenait ses séances dans la Salle de concert, en face la maison Saint-Antoine de Vienne.

Le mainteneur, absent depuis de longues années, s'était empressé d'accepter les offres du prélat; il vendit sa bibliothèque au Prince de Salm, quitta définitivement Paris, et apporta immédiatement à ses confrères son tribut littéraire en un discours en vers sur son retour dans la patrie (1784); il reprit alors ses travaux académiques, trop longtemps interrompus. Entre les deux Semonces de 1785 et 1788, qui lui permirent de traiter *de l'Utilité et de la nature du génie*, il lut, au « Musée de Toulouse » plusieurs poésies, notamment son idylle des *Roses;* il fit aussi les éloges de Lefranc de Pompignan (1785), de Valet de Reganhac, maître ès Jeux, de Férès (1788), et de Garaud (1789), lesquels figurent au Recueil ainsi que *son épître à M^me de **** (1788). Ses observations sur le concours de 1790 méritèrent l'impression et l'Académie décida qu'à l'avenir elle publierait les rapports sur les Jeux annuels.

A ces nombreux travaux académiques, il faut ajouter un discours *sur l'Amour de la patrie* présenté à la séance de la Semonce de 1784 et une *Épître sur le sentiment considéré comme le principe du génie*, œuvre dont le mainteneur de Montégut donna lecture pendant les Jeux de 1788.

Castilhon appartenait à l'Académie des Sciences, Inscriptions et Belles-Lettres, qui le nomma secrétaire perpétuel en 1784. Il remplit provisoirement les mêmes fonctions, à partir de 1787, à l'Académie des Jeux Floraux en remplacement de l'abbé d'Aufrery, adjoint au secrétaire perpétuel Delpy.

Après les jours terribles de la Révolution, le mainteneur devint, en l'an IV, membre correspondant de l'Institut, ce qui lui permit d'inscrire un certain nombre de ses confrères sur la liste des associés correspondants de la Société littéraire « Le Lycée de Toulouse » qu'il fonda en 1798 et dont le premier, il fut le président. Parmi les membres de cette association on remarque Bertholet, Monge, Napoléon Bonaparte, etc., à côté de Dalayrac et de M[es] d'Esparbès, d'Hautpoul et Fanny de Beauharnais.

Quelques mois après avoir prononcé le discours d'ouverture de cette nouvelle compagnie, le 10 floréal an VI, Castilhon mourut à Toulouse, le 6 janvier 1799, à l'âge de soixante-dix neuf ans. Son successeur à la présidence du Lycée, Gaspard Lafont fit son éloge, le 30 germinal an VII, et ce fut seulement le 22 mars 1810, que l'Académie des Jeux Floraux, entendit F. d'Ayguesvives retracer l'existence laborieuse de ce littérateur qui avait appartenu pendant plus d'un demi siècle à notre compagnie.

**6. — GAULDRÉE-BOILLEAU (Denis-Charles-Henri), marquis de LACAZE, commissaire ordonnateur en chef des guerres (1773-1810-1830).**

Gauldrée-Boilleau, naquit à Aire dans l'Artois, le 15 septembre 1773, du mariage de Mre Charles, écuyer, commissaire ordinaire et provincial des guerres de l'Artois, ancien capitaine aide-major d'infanterie, et de dame Madeleine-Thérèse Machédé.

Il embrassa la carrière militaire au collège d'artillerie de Metz et devint, le 12 août 1788, sous-lieutenant au régiment provincial de la Fère. A la Révolution, le jeune officier entre dans les commissariats, fait un séjour à Toulouse en 1792, comme commissaire-ordonnateur de la dixième division militaire, et passe à l'armée des Pyrénées orientales.

Pendant qu'il était en résidence à Dantzig, l'Académie le nomma mainteneur, le 9 février 1810. Il vint prononcer son discours de remerciement, le 22 mars suivant (R. 1810), repartit pour l'armée et ne reparut plus à Toulouse. Néanmoins, ses rapports avec les Jeux Floraux ne cessèrent pas complètement, puisque quelques mois après avoir pris sa retraite, le 1er juillet 1818, il leur soumit un Recueil de fables qui fut renvoyé, le 28 mai suivant, à l'examen d'une commission.

Marié à Mlle Charlotte Emilie de Livron, fille de Mlle Gilet de Lacaze, Gauldreé-Boilleau hérita du Mis de Lacaze, ancien Premier Président à

Pau, qui lui laissa son nom, son titre et sa fortune.

Il mourut, le 25 mai 1830, au château de Lacaze, commune de Parleboscq (Landes), et son éloge fut prononcé le 4 mars 1832 par son confrére Tajan.

**7. — SAUVAGE (François), professeur de littérature latine à la Faculté de Toulouse (1788-1832-1874).**

Sauvage avait plus de quarante ans au moment où il fut appelé à la chaire de littérature latine à la Faculté de Toulouse, le 29 novembre 1830. Né à Brives, le 22 septembre 1788, il avait été professeur libre à Villefranche d'Aveyron, à Uzerche et à Périgueux, puis à Toulouse, où il occupa les chaires d'humanités et de rhétorique au lycée, de 1827 à 1830.

Les Jeux Floraux s'attachèrent ce littérateur, non moins savant que spirituel, en le nommant mainteneur, le 17 juin 1831. L'Académie des Sciences, Inscriptions et Belles-Lettres l'appela également au nombre de ses membres et il présida cette compagnie en 1844 et 1845.

Son discours de remerciement sur la Critique, lu aux Jeux Floraux le 4 mars 1832, est au Recueil, ainsi que son Eloge de 1836, dans lequel il rappela les principaux caractères des anciens Jeux. Enfin les volumes de 1861, 1862 et 1872 contiennent une série de ces *Pensées détachées* dans lesquelles il excellait.

Obligé par la limite d'âge d'abandonner l'Université en 1863, il continua ses travaux littéraires tantôt à Toulouse, tantôt à la campagne, près de l'Isle en Jourdain, où il mourut le 12 octobre 1874.

Sa famille eut la pieuse pensée de réunir ses œuvres, sous le titre de *Pensées morales et littéraires*. Les pensées de F. Sauvage, dont les Jeux Floraux avaient eu la primeur, furent dédiées à notre compagnie et obtinrent à l'Académie française un succès auquel leur auteur n'aurait pas songé de son vivant.

M. de Sambucy-Luzençon a prononcé l'éloge du professeur Sauvage le 4 février 1877.

**8. — DUBÉDAT (Jean-Baptiste), ancien conseiller à la Cour de Toulouse (1877).**

L'Eloquence judiciaire a été le sujet du discours de remerciement de M. Dubédat, qui a pris possession, le 4 février 1877, du fauteuil auquel il avait été appelé le 28 janvier de l'année précédente.

Cette dissertation est accompagnée au Recueil : des éloges de Rodière (1877), de Belcastel (1891), et de Marion-Brésillac (1894); de la réponse au discours de réception de M. de Malafosse (1884); d'un éloge de Clémence Isaure (1886), de fragments de son *Histoire du Parlement de Toulouse* (1882-1883), ouvrage couronné par l'Académie française; d'une étude sur *les Parlementaires aux Jeux Floraux* (1884); d'une relation de voyage *de Bayonne à la cathédrale de Burgos (1885)*; enfin d'un travail sur cette église célèbre de la Vieille-Castille (1887).

## VINGT-CINQUIÈME FAUTEUIL.

**1. — De LAFAILLE (Germain), syndic de la ville de Toulouse (1616-1694-1711).**

Elevé à Toulouse, Lafaille fut nommé, par provisions royales du 3 juillet 1637, avocat du roi au présidial de la ville de Castelnaudary, où il était né le 13 octobre 1616.

Il obtint en 1655 la charge de syndic de Toulouse, en exerça les fonctions pendant trente ans, avant d'user du droit de survivance pour les transmettre à son neveu. Ce fut pendant cette période, qu'il écrivit son *Traité de la noblesse des Capitouls* (1667), et ses importantes *Annales de Toulouse,* dont le premier volume parut en 1687 et le second en 1701.

Quatre fois capitoul (1660, 1667, 1674 et 1681), il fit adopter, en 1674, le projet d'établir dans une des salles du Capitole une galerie des Illustres.

Les lettres patentes de 1694 l'appelèrent à faire partie de l'Académie des Jeux Floraux et ses confrères le nommèrent secrétaire perpétuel. Son grand âge ne lui permit pas de remplir utilement cet office, si l'on en juge par les procès-verbaux qui commencent seulement en 1700 et dans lesquels on ne trouve aucune trace de la collaboration effective de l'historien de Toulouse.

Lafaille mourut à l'âge de quatre-vingt quinze ans, le 12 novembre 1711. Ses successeurs au capitoulat placèrent son buste dans la salle des Illustres, et un siècle après sa mort, le secrétaire perpétuel Poitevin-Peitavi répara l'omission de son éloge aux anciens procès-verbaux, en lisant à l'Académie, dans la séance privée du 9 août 1811, une notice nécrologique sur l'auteur des *Annales de Toulouse*.

**2. — De CAULET GRAGNAGUE (Joseph) président au Parlement (1685-1711-1742).**

Fils de Guillaume et de Anne de Noël, né à Toulouse, le 7 avril 1685, J. de Caulet fut placé sous la direction de l'abbé Rollin au collège de Beauvais, où il obtint des succès exceptionnels dans les concours de l'Université. Après ses études de droit, il fut reçu conseiller au Parlement de Toulouse, le 9 février 1707, en l'office de B. de Parade.

Le 18 mai de l'année suivante, il entrait à l'Académie, comme mainteneur survivancier, et devenait titulaire du vingt-cinquième fauteuil, le 20 novembre 1711, en remplacement de Lafaille.

Des provisions royales l'appelèrent, le 30 juin 1714, à l'office de président à mortier dont son père s'était dessaisi en sa faveur.

En résumant l'existence de ce mainteneur, décédé le 27 juillet 1742, le viguier de Rabaudy a rappelé son assiduité aux séances de l'Académie, sa participation au choix des sujets du concours annuel d'éloquence, la Semonce qu'il prononça en 1712 et son goût éclairé en numismatique.

Les procès-verbaux mentionnent, en décembre 1722, les félicitations qui lui furent adressées par l'Académie pour la nomination de son frère à l'évêché de Grenoble.

**3. — LECOMTE (Pierre-Louis-Joseph-Antoine), marquis de NOÉ, procureur général au Parlement (1718-1742-1786).**

Fils d'Antoine, titulaire du quatorzième fauteuil, et de Suzanne de Carrière, ce mainteneur naquit à Toulouse, le 20 mars 1718, et fut appelé par provisions royales du 26 octobre 1742 à l'office d'avocat général au Parlement que son père avait eu en survivance.

Il entra à l'Académie le 24 août 1742, et trois ans après, il prononça un Eloge qui figure au Recueil (1745).

A la réforme de la magistrature par le chancelier de Maupeou, le procureur général Riquet de Bonrepos donna sa démission, et des provisions royales du 10 février 1771 placèrent à la tête du Parquet, Lecomte de Noé qui occupait le siège d'avocat général depuis déjà plus de vingt-neuf années.

L'essai de la nouvelle organisation judiciaire n'aboutit pas et les Parlements furent rétablis. De Cambon obtint la charge d'avocat général avec promesse de survivance de la charge de procureur général, en cas de démission ou de décès du titulaire, mais Lecomte de Noé refusa de se retirer et contesta la validité de la nomination de de Cambon; le roi intervint, maintint le nouvel avocat général et fit payer directement à Lecomte 105,000 francs pour liquidation de son office.

Il mourut à Paris, le 23 juillet 1786, et des provisions du 29 septembre, confirmant celles de 8 février 1776 relatives à sa survivance, nommèrent de Cambon procureur général du Parlement.

Le mainteneur Martel prononça l'éloge de son confrère, le 11 mars 1787.

**4. — Marquis D'ESCOULOUBRE (Louis-Gaston-François), ancien colonel d'Infanterie (1755-1787-1834).**

D'une ancienne famille du Béarn, le M^is^ d'Escouloubre, fils d'un maréchal de camp aux armées royales et de la sœur du célèbre M^is^ de Montcalm, naquit à Toulouse le 13 janvier 1755, fut élevé au collège de Juilly, entra au régiment du Roi, devint capitaine de cavalerie à Royal-Normandie, puis mestre de camp au régiment de Bresse et colonel à Vieille-Marine infanterie.

Il quitta la carrière militaire, rentra à Toulouse et fut, des premiers, membre du « Musée » fondée par Mgr Loménie de Brienne. Bientôt après, le 11 mars 1787, il entra à l'Académie des Jeux Floraux qui a conservé au Recueil son discours de remerciement.

Elu député de la Noblesse de la sénéchaussée de Toulouse aux Etats Généraux le 7 avril 1789, il ne prit aucune part active aux discussions de l'Assemblée nationale et fut obligé de passer à l'étranger pendant la Révolution.

Après sa radiation de la liste des émigrés, en l'an IX, il rentra en France et partagea ses loisirs entre la linguistique et la science agricole. Ses travaux et son expérience ne tardèrent pas à l'appeler à la présidence de la Société d'Agriculture de la Haute-Garonne.

D'un autre côté, il collaborait avec son confrère d'Aguilar à la traduction de la *Poétique* de Molinier et faisait à l'Académie un rapport sur la découverte d'un ancien recueil du Collège de la Gaie Science (R. 1810).

A la chute de l'Empire, au lendemain de la retraite du maréchal Soult, alors que Wellington préparait son entrée scandaleusement triomphale dans l'ancienne capitale du Languedoc, le 13 avril 1814, le M^is^ d'Escouloubre, qui était conseiller municipal depuis le 26 nivôse an XII sous le Consulat, fut élu maire de Toulouse et remplit ces fonctions particulièrement difficiles pendant l'absence du B^on^ de Malaret. Il reprit ensuite son siège au conseil municipal et le conserva, sauf pendant les Cent-Jours, jusqu'en 1818, date à laquelle il donna sa démission.

Il fut pendant plusieurs années membre du conseil général de la Haute-Garonne et du conseil d'administration des hospices de Toulouse.

L'Académie entendit, le 2 mai 1834, d'Aguilar faire l'éloge de d'Escouloubre, décédé le 21 janvier précédent.

**5. — De LIMAIRAC (Charles-Antoine-Gabriel), ancien préfet (1770-1834-1847).**

Né à Toulouse, le 1er avril 1770, de Marie-Bernard et de Jeanne de Laloge, de Limairac émigra pendant la Révolution, fit partie du camp de Condé, se distingua au combat de Berstheim et vécut à Hambourg et en Angleterre jusqu'au jour où il put revoir sa patrie.

Conseiller de préfecture à Toulouse en juin 1811, il devient préfet de la même ville, investi de fonctions spéciales par le duc d'Angoulême en 1814, puis représentant de la Haute-Garonne à la Chambre des députés, de 1815 à 1824. Nommé préfet du Tarn-et-Garonne en 1822, il passe dans le Vaucluse, sous le ministère de Villèle dont la chute le décide à prendre sa retraite et il se retire à Toulouse.

De Limairac fut reçu mainteneur le 2 mai 1834. Son discours de remerciement sur l'Etat de la Littérature se trouve au Recueil (1834), ainsi que *les Adieux d'un mainteneur à la ville de Toulouse* (1837) et les épîtres qu'il adressa à ses confrères, Sauvage et Mazoyer (1838, 1839).

Après avoir vu, en 1843, son fils prendre place à ses côtés aux séances de l'Académie, il mourut à Toulouse le 10 janvier 1847. Le Recueil de 1849 contient son éloge que les événements politiques ne permirent pas à de Raynaud de lire dans la séance publique du 12 mars 1848, avant le discours de réception de son successeur.

**6. — De LA JUGIE (François-Firmin) (18.. - 1848-1884).**

Né dans le Limousin et élevé à Paris à l'institution de l'abbé Poiloup, de La Jugie vint faire son droit à Toulouse et ne tarda pas à prendre part aux concours annuels de l'Académie.

Le Recueil de 1837 contient trois de ses poésies ; deux d'entre elles méritèrent un Souci et un Lis.

Son goût et ses aptitudes pour la littérature le désignaient à l'attention de l'Académie, qui l'installa au vingt-cinquième fauteuil, le 12 mars 1848, après avoir entendu son remerciement en vers, dans lequel il rappela les Mérites littéraires des troubadours limousins.

Il fut chargé de l'office de secrétaire des assemblées, en janvier 1849 pour trois années, et du 11 juin 1858 à la fin de l'année suivante. En cette qualité et en l'absence du secrétaire perpétuel de Panat, il fit, sur les concours de 1849, 1850 et 1851, des rapports qui figurent au Recueil.

Les caractères dominants de l'existence de cet académicien sont : un véritable culte pour sa mère, un profond attachement à son pays natal et une passion pour la poésie.

Entourant M^me^ de La Jugie de ses soins affectueux, tantôt à Toulouse, tantôt dans le Limousin, il faisait des vers et, pendant vingt-cinq années, de 1848 à 1873, le Recueil académique n'a pas publié moins de quarante œuvres diverses de ce poète, chez lequel l'inspiration ne faisait jamais défaut.

Sa poésie principale est la *Traduction des*

*Psaumes*, dont il fit hommage à ses confrères toulousains avant de la présenter à l'Académie française, qui la couronna en 1863.

Après la mort de Mme de La Jugie, le mainteneur se retira à Paris, cherchant dans un labeur incessant l'oubli d'un isolement auquel son affection filiale ne lui avait jamais permis de songer. Il mourut le 9 janvier 1884, et de Marion-Brésillac prononça son éloge le 1er mars de l'année suivante.

**7. — ROLLAND (Jules), avocat, rédacteur de « l'Express du Midi » (1885).**

Démontrer l'utilité de l'Etude de l'histoire provinciale a été le but du discours que M. Rolland a prononcé le 1er mars 1885, en remerciant l'Académie de l'avoir appelé, le 26 décembre précédent, au nombre de ses mainteneurs.

Ce discours figure au Recueil, ainsi que le rapport de M. Rolland sur le concours de 1886 et sa réponse au remerciement de notre regretté confrère Boissin, en 1887.

## VINGT-SIXIÈME FAUTEUIL.

**1. — De MALEPRADE (Jean-François), coseigneur de Gagnac, avocat au Parlement (1632-1694-1696).**

Les archives et les biographies ne donnent aucun renseignement sur ce mainteneur, nommé membre de la nouvelle Académie par les lettres patentes de 1694. Cependant le nom de son successeur figure au registre des procès-verbaux dès l'année 1700; son décès remonte donc aux six premières années de l'existence de la Compagnie.

Une première indication a permis de fixer approximativement la date de sa mort et celle de la réception de son successeur, de Laloubère. Sa sœur, Marthe de Maleprade, faisait dresser, le 21 avril 1698, un acte de notoriété établissant qu'elle détenait seule toute la succession de noble J.-F. de Maleprade, seigneur de Gagnac, décédé un an et demi auparavant; au nombre des témoins signataires de cette déclaration, se trouve Pierre de Lombrail, qui est très probablement de Lombrail La Salvetat, conseiller au Parlement et mainteneur des Jeux Floraux.

Grâce à son titre de coseigneur pour la *sixième partie de la seigneurie de Gagnac*, qu'il déclara au dénombrement de 1689, nous avons pu réunir quelques précisions biographiques et retrouver la date exacte de son décès sur les registres déposés aujourd'hui à la mairie de Fenouillet.

D'une famille dont le nom figure parmi les capitouls du commencement du dix-septième siècle, de Maleprade, fils d'André, avocat au Parlement, et de Catherine d'Ustou, naquit dans l'hôtel familial, situé rue des Balances. Suivant un usage très répandu à cette époque, il fut tenu sur les fonts baptismaux de la Daurade, le 3 mai 1632, par un enfant de l'hôpital Saint-Jacques et par une fille de la Maison des Orphelines.

Il cultiva les Belles-Lettres, prit part aux concours des Jeux Floraux et obtint la maîtrise, dit-on, après avoir remporté les trois prix réglementaires. Il prenait, il est vrai, le titre de maître ès Jeux dans un compliment qu'il adressait en 1683 à Ranchin de Monredon, vainqueur du concours de l'Eglantine, mais nous n'avons pas trouvé une seule fois son nom parmi les lauréats des Jeux Floraux dont nous avons la liste complète depuis 1663.

Il mourut deux ans après sa nomination de mainteneur, le 3 novembre 1696, en son château de Gagnac et fut enseveli le lendemain dans l'église des Jacobins, à Toulouse.

Il est à remarquer que de 1694 à 1701, date de la mort de Mauriac, Maleprade est le seul mainteneur dont l'Académie ait eu à déplorer la perte dans une période de sept années. La mort n'a jamais épargné aussi longtemps le corps des Jeux Floraux.

**2. — De LALOUBÈRE (Simon), seigneur de Montesquieu, du Carla et de Saverdun, membre de l'Académie française (1643-1696-1729).**

On ignorait la date de la naissance de Laloubère et celle de son admission à l'Académie des Jeux Floraux. Nous avons pu retrouver l'une et fixer très approximativement la seconde.

Aux registres des baptêmes de l'église Saint-Etienne et à la date du 21 avril 1643 est inscrit l'ondoiement de Simon, fils de messire Arnaud de Laloubère, lieutenant principal au sénéchal de Toulouse, et de Jeanne de Bertrand. L'enfant avait été présenté aux fonts baptismaux par messire Simon de Laloubère, juge au Présidial de Montauban, et par Yzabeau de Bertrand, veuve de Mre de Melet, conseiller au Parlement.

Laloubère fit ses études au collège des Jésuites de Toulouse et se rendit à Paris où il débuta par des succès littéraires que lui facilitaient ses connaissances de plusieurs langues étrangères, puis il entra dans la diplomatie et fut secrétaire d'ambassade en Suisse.

Attiré vers l'Extrême Orient par son goût des voyages, il partit de Brest le 1er mars 1687 et alla passer quelques mois à Siam d'où il rapporta des documents suffisants pour publier une fort intéressante relation en deux volumes. Après avoir rempli, à la satisfaction du roi, une mission secrète en Espagne et en Portugal, il revint à Paris, fut reçu membre de l'Académie française, puis de l'Académie des Inscriptions et Belles-Lettres, et dirigea l'éducation du fils du chancelier de France, de Pontchartrain, dont il était l'ami.

Dans l'un de ses voyages à Toulouse, il fut témoin, dit Poitevin-Peitavi, « de l'orgie révoltante « qui avait été substituée à la Fête des Fleurs. » Il résolut de sauver les Jeux Floraux, s'entendit à ce sujet avec le maire Daspe, usa de toute son influence auprès du chancelier de France pour obtenir une nouvelle réorganisation de l'ancien Collège de la Gaie Science, et prépara les statuts que le roi approuva en instituant par ses lettres patentes de 1694 la nouvelle Académie des Jeux Floraux.

Laloubère s'établit alors à Toulouse, devint membre de la société des Lanternistes et se livra à l'étude des mathématiques et des sciences dont la culture des lettres pouvait seule le distraire. L'Académie, à laquelle il n'avait pas voulu appartenir par décision royale, ne pouvait tarder à témoigner sa reconnaissance au restaurateur de ses concours : elle l'appela au premier fauteuil qui devint vacant par la mort de Maleprade à la fin de 1696. Bien que les registres des procès-verbaux commencent seulement en 1700, les usages de l'Académie à cette époque permettent d'affirmer qu'un mois à peine ne dut pas s'écouler entre le décès du mainteneur et le choix de son successeur, et nous avons établi que Maleprade était mort le 3 novembre 1696.

Laloubère écrivit son *Traité de l'origine des Jeux Floraux* que l'Académie fit imprimer en 1715 et qui fait partie du premier volume de la collection de son Recueil; en même temps, il préparait son *Traité de la résolution des équations et de l'extraction des racines,* qui fut publié après sa mort.

Seigneur de Montesquieu-Volvestre et possesseur de domaines importants, Laloubère avait considérablement augmenté sa fortune territoriale en recevant du roi Louis XIV, en échange de ses terres enclavées à Marly dans le parc de Versailles, les seigneuries de Saverdun, du Carla, de la Bastide-Besplas et du Plan Saint-Christau.

Il termina sa carrière non à Toulouse, mais au château de Laloubère, près de Montesquieu, le 26 mars 1729, à l'âge de quatre-vingt-six ans;

l'acte mortuaire est porté aux registres paroissiaux de Montesquieu-Volvestre. Il ne laissa pas d'enfants et eut pour héritier Bertrand de Monneville.

Par décision spéciale de l'Académie, l'éloge de son bienfaiteur fut prononcé en séance publique le 20 avril 1729 par de Saint-Laurens, et devait être imprimé au Recueil. L'auteur demanda à faire des corrections à son discours, différa la remise de sa minute définitive, et l'année 1729 s'écoula sans que le volume pût être publié. L'Académie fit alors préparer l'impression de l'éloge tel qu'il avait été prononcé, mais elle dut se soumettre à une ordonnance rendue par le lieutenant principal de la sénéchaussée sur la demande de Saint-Laurens, et lui interdisant de faire imprimer et publier l'œuvre de cet académicien ; elle fut obligée d'annoncer dans le Recueil comprenant les deux années 1729 et 1730 que « des raisons particulières l'avaient momen-« tanément empêchée de publier les marques de « sa vénération et de sa reconnaissance » pour le mainteneur auquel elle devait son institution et le maintien des privilèges des anciens Jeux Floraux.

Le portrait de Laloubère, offert par de Lamothe-Langon, orne la salle des séances de l'Académie, et nous regrettons de n'avoir pas retrouvé dans nos archives l'étude consacrée à ce mainteneur, en janvier 1895, par notre confrère M. de Lahondès.

**3. — Mgr de CRILLON (Jean-Louis de BALBIS DE BERTON), archevêque de Toulouse (1683-1729-1751).**

Né à Avignon en 1683, Mgr de Crillon avait été nommé titulaire de l'évêché de Saint-Pons, le 15 octobre 1713, avant d'être appelé, le 30 juillet 1727, à l'archevêché de Toulouse.

L'année suivante, il prit possession de son siège et tint un synode à Toulouse.

Il fut reçu à l'Académie le 24 avril 1729, quatre jours après son élection au fauteuil devenu vacant par le décès de Laloubère.

Pendant son épiscopat, une terrible inondation dévasta le faubourg Saint-Cyprien; parmi les nombreuses victimes de ce désastre, on ne saurait oublier le P. Bardou et les cinquante religieuses ou filles repenties dont ce saint prêtre était le directeur spirituel.

Mgr de Crillon passa le 31 août 1739 à l'archevêché de Narbonne, reçut le cordon bleu en 1742, et mourut à Avignon le 15 mars 1751.

Julien de Pegueiroles prononça son éloge le 2 mai suivant.

**4. — De VILLENEUVE BEAUVILLE (Jean-François), écuyer du Roi (1721-1751-1805).**

De Villeneuve appartenait à une très ancienne famille du Midi que Dumège fait remonter au neuvième siècle en l'appelant la maison des Montmorency du Languedoc.

L'excellence de son goût littéraire était particulièrement appréciée à l'Académie, où il entra le 14 mai 1751, mais on ne put jamais triompher de sa modestie et obtenir qu'il livrât ses travaux à l'impression.

Il fit la Semonce de 1754 et, lorsque l'Académie décida, en 1757, que cette cérémonie aurait lieu dorénavant le deuxième dimanche du mois d'août, elle confia à de Villeneuve le soin de prononcer le discours l'année suivante ; aucun procès-verbal n'indique que cette séance ait été tenue.

A la tête d'une commission de mainteneurs, il harangua le maréchal de Thomond, le 15 août 1761, pour lui souhaiter la bienvenue. Il prononça l'éloge du maréchal en 1762 et celui du Président de Maniban en 1763 ; ces deux discours ne sont pas au Recueil, quoique l'Académie eût décidé leur impression le 12 août 1763. Son grand âge (il avait alors soixante-treize ans), et le mauvais état de sa santé lui épargnèrent la prison pendant la Terreur, sans lui éviter les poursuites des terroristes, qui le taxèrent à 3,000 livres pour l'emprunt forcé et le tinrent en arrestation à son domicile, du 16 germinal an II au même mois de l'année suivante.

De Villeneuve Beauville mourut vers 1805 et son éloge fut prononcé par Poitevin-Peitavi le 29 août 1813.

**5. — Baron de LAMOTHE-LANGON (Etienne-Léon), ancien sous-préfet (1786-1813-1864).**

Né à Montpellier, le 1er avril 1786, et petit-fils d'un mainteneur, de Lamothe-Langon est un des écrivains les plus féconds du dix-neuvième siècle. Ses biographes ne lui attribuent pas moins de douze cents volumes, sans aucune collaboration.

A vingt ans, il quittait Toulouse, où il avait obtenu quelques succès au Gymnase littéraire qui se réunissait dans la salle des Concerts, et il partit pour Paris avec un bagage déjà lourd de quatre tragédies, six comédies, un vaudeville, un drame, trois nouvelles et deux romans. La campagne de Prusse lui inspira un dithyrambe; Wagram lui dicta un poème : *l'Ombre de Charlemagne*, qui lui valut une récompense de Napoléon. Vers cette époque, il se lia d'amitié avec Delille, fit un opéra et publia son roman : *Clémence Isaure ou les troubadours*.

Il interrompt un instant ses travaux littéraires, devient auditeur au Conseil d'Etat en 1809, puis sous-préfet de Toulouse le 11 juillet 1811, et se fait remarquer par sa fermeté lors d'une émeute causée dans cette ville par le manque de blé.

Deux ans après, il est élu mainteneur, fait don à ses confrères du portrait de Laloubère, et son confrère d'Aguilar lit à l'Académie, le 29 août 1813, son remerciement en vers, dans lequel il fait l'Apologie du poète. Le récipiendaire venait d'être appelé en Italie comme sous-préfet de Livourne; le 13 décembre suivant, il se met à la tête des troupes de son arrondissement et livre le combat de Viareggio, qui lui mérita le titre de baron de l'Empire et l'autorisation de joindre à ses armes le cri de : *Viareggio-Livorno*. Les Cent-Jours l'appellent à la préfecture de Carcassonne, où il rend des services dans des circonstances particulièrement délicates. Sous la Restauration, on le voit sous-préfet de Saint-Pons, mais bientôt la privation de son emploi, des revers de fortune et des malheurs immérités obligent de Lamothe à demander à son talent d'écrivain des moyens d'existence.

Cependant il vient prendre part aux travaux de l'Académie dont il avait été éloigné pendant de longues années. A la séance publique tenue le 12 février 1821 pour la réception de Mgr de Clermont Tonnerre, il lit le troisième chant de son poème, *Constantin ou le triomphe de la religion chrétienne*. Ce fragment est au Recueil (1821) et son remerciement de 1813 est porté au volume de 1817. Il est chargé de faire l'éloge de son confrère l'abbé de Rozières, et l'Académie à laquelle il soumet son travail lui demande la suppression ou la modification de certains passages; il préfère retirer son discours, et Carré doit presque improviser la notice nécrologique du mainteneur décédé.

L'année suivante, de Lamothe présente à ses confrères, le 15 février 1821, *Quelques réflexions sur les poésies de Clémence Isaure* et leur rappelle que noble Sr Jean Dupré, seigneur de Barres, écrivain du commencement du seizième siècle, n'avait pas oublié Clémence Isaure au nombre des femmes illustres de son temps. A la fin de son séjour dans le Midi, il prend une part importante à la rédaction de la *Biographie toulousaine;* puis il publie des œuvres de toute nature : en 1824, son roman, *M. le Préfet*, qui obtint un certain succès, suivi bientôt après de la Biographie des préfets du royaume et les *Mémoi-*

*res d'une femme de qualité*, qui furent très remarqués. Il aborde un instant la scène avec son *Isabeau de Bavière*, mais cet essai ne lui réussit pas et le ramène à ses études. Il donne au public les *Mémoires d'un pair de France*, ceux de *Louis XVIII*, de *la duchesse de Berry*, de *Talleyrand*, de *M[lle] Quinault*, de *Sophie Arnoult*, etc.; il collabore à la rédaction de l'*Ermite de la Chaussée d'Antin* et de l'*Ermite en Province* et parfois il revient à la poésie, notamment dans les *Merveilles de la Création* dont il fait hommage à l'Académie le 11 mai 1838.

Les labeurs quotidiens, les fatigues de la lutte ont épuisé ses forces; il cède à la lassitude en 1844 et se retire à Paris, non loin du Jardin des Plantes. Il y demeura pendant près de vingt ans, soutenu par quelques amis et surtout par un prince français qui, né sur les marches du trône, vécut et mourut loin de sa patrie.

L'existence agitée et si longtemps malheureuse de Lamothe Langon finit à Paris le 24 avril 1864, et les travaux de cet écrivain furent rappelés à l'Académie par A. d'Aldéguier, le 11 juin 1865.

La *Biographie toulousaine* contient des renseignements intéressants sur sa famille, depuis Gaillard de Lamothe, neveu du pape Clément V et cardinal au quatorzième siècle, et Philippe qui fut blessé dans les rues de Toulouse pendant la lutte contre les Huguenots en 1562, jusqu'à son père, le conseiller au Parlement, que le tribunal révolutionnaire de Paris envoya à la guillotine, le 6 juillet 1794.

**6. — Mgr de LA BOUILLERIE (François-Alexandre ROULLET), évêque de Carcassonne (1810-1865-1882).**

L'évêque de Carcassonne, élu mainteneur le 3 février 1865, était né le 1er mars 1810 à Paris; il y avait reçu les ordres et rempli les fonctions de vicaire général, avant son élévation à l'épiscopat au siège de Carcassonne, le 6 février 1855.

Son discours de remerciement du 11 juin 1865 a pour sujet *la Religion et l'Académie des Jeux Floraux* (R. 1866).

Appelé en 1872 auprès de l'archevêque de Bordeaux comme coadjuteur avec survivance puis avec le titre d'archevêque de Perga *in partibus*, il mourut à Bordeaux le 8 juillet 1882.

Notre confrère M. Buisson a rappelé l'existence du prélat dans son éloge du 20 janvier 1884.

**7. — De MALAFOSSE (Louis). (1884.)**

Le vingt-sixième fauteuil est occupé, depuis le 20 janvier 1884, par M. L. de Malafosse, qui a pris une part brillante aux concours de 1859, 1860 et 1861. Son discours de réception, inséré au Recueil (1884), est suivi de sa réponse au remerciement de M. E. de Capèle (R. 1888), et le procès-verbal de la séance du 10 juin 1887 rappelle sa lecture de quelques pages sur les *Annales des Jeux Floraux*, à propos du Grand Livre vert.

M. de Malafosse a été nommé conservateur de la bibliothèque de l'Académie, le 18 novembre 1887.

## VINGT-SEPTIÈME FAUTEUIL.

**1. — De NUPCES DE FLORENTIN (Jean-Georges), président au Parlement (1663-1694-1728).**

Né à Toulouse le 13 août 1663, de Bertrand, conseiller au Parlement, et de Marguerite de Caulet, J. de Nupces ne pouvait que suivre la carrière parlementaire dans laquelle ses ancêtres paternels et maternels s'étaient distingués depuis déjà deux siècles.

Il fut nommé conseiller, le 24 mars 1695, en la charge de son père, mais il dut obtenir des dispenses de parenté pour pouvoir siéger en même temps que ses oncles, F. de Nupces et Guillaume de Caulet, tous deux présidents à mortier.

Appelé au nombre des mainteneurs par les lettres patentes de 1694, il n'a laissé à l'Académie aucune œuvre littéraire.

Devenu président à mortier à la deuxième chambre des Enquêtes, par lettres du 3 août 1701, en l'office de son oncle, il mourut le 12 janvier 1728, et le 5 mai suivant, de Saget prononça son éloge devant l'Académie.

Le président de Nupces s'était marié à l'église Saint-Sulpice à Paris en 1695, avec Marie-Françoise de Souliac, fille d'un lieutenant général, commandant le Roussillon et la Cerdagne; devenu veuf, il avait contracté une seconde union, le 4 février 1712, aux Pénitents Bleus à Toulouse, avec Marguerite Dambès, veuve du Mis de Saint-Léonard, conseiller au Parlement.

**2. — De RABAUDY (Pierre), viguier de Toulouse (1702-1728-1754).**

La charge de viguier de Toulouse, cédée en 1597 à Pierre de Rabaudy par de Verdavaine, n'avait pas cessé d'appartenir à la famille de Rabaudy, lorsque naquit, le 9 mars 1802, Pierre, fils de Jean-François et d'Antoinette de Drulhe.

Après avoir complété à Paris les études qu'il avait faites chez les Pères doctrinaires à Toulouse, et suivi les cours de droit à l'Université de sa ville natale, de Rabaudy perdit son père et fut appelé à lui succéder à la Viguerie, au moment où il atteignait sa vingtième année.

Elu mainteneur en février 1728, il prononça l'Eloge en 1729 et 1736. Le Recueil a conservé ces deux œuvres, ainsi que son discours sur *La naissance du Dauphin*, les éloges du président de Couffoulens et de l'ancien capitoul de Montaudier, qu'il fit comme modérateur du trimestre au moment de leur décès (1730), et sa notice biographique sur J. de Caulet Gragnague (1743). Enfin il a été secrétaire des Assemblées en 1746 et 1747.

En avril 1749, Louis XV supprima l'office de viguier; de Rabaudy fut remboursé de sa finance, reçut une rente de 1,200 livres sur le Trésor royal et conserva le droit de suffrage au Conseil de ville.

Il était membre de l'Académie des Sciences et

l'un des directeurs de l'hôpital Saint-Joseph de la Grave.

Il mourut le 29 janvier 1754, et le 22 du mois suivant, l'abbé d'Aufrery prononça l'éloge de ce mainteneur, qui fut le dernier viguier de la ville de Toulouse.

**3. — DELPY (Jacques-Saturnin), écuyer, secrétaire perpétuel de l'Académie (1703-1754-1792).**

Né le 13 septembre 1703, fils de Marie-Antoine et de Marie-Anne Carrière, Delpy fut reçu mainteneur le 1er mars 1754, huit jours après son élection.

La Semonce de 1755 dans laquelle il rappela les Règles de la littérature, figure au Recueil, ainsi que son éloge de Gailhac (1759).

De Ponsan, secrétaire perpétuel adjoint avec survivance, donna sa démission, le 20 avril 1759, et fut remplacé, le même jour, par Delpy, qui devint titulaire de la charge, le 27 juin suivant, au décès du Cher d'Aliez.

L'Académie a conservé l'éloge de la Modestie, qu'il prononça à la Fête des Fleurs de 1762 et ses notices biographiques de l'abbé Prades (1770) et de J. de Bojat (1772).

Ses occupations et ses fréquentes absences l'amenèrent à donner sa démission de secrétaire perpétuel, le 20 mai 1768, mais ses confrères refusèrent de se priver de son concours et lui adjoignirent, l'année suivante, de Belesta Gardouch. Celui-ci se retira en 1773, et l'abbé Magi, secrétaire des assemblées, remplit ses fonctions pendant plusieurs années. En 1780, Delpy demanda une seconde fois à se démettre d'une charge que ses infirmités ne lui permettaient plus d'occuper. L'Académie persista dans son premier refus et nomma secrétaire adjoint l'abbé d'Aufrery, lequel conserva cet office jusqu'en 1786, date de son décès.

La Révolution dispersa les mainteneurs, et ce ne fut que le 18 juillet 1806, que Poitevin-Peitavi prononça l'éloge de Delpy, décédé quatorze ans auparavant, le 6 janvier 1792, à l'âge de quatre-vingt huit ans.

Secrétaire perpétuel de l'Académie pendant trente-trois ans, Delpy n'exerça réellement les fonctions de cette charge que durant six années environ.

**4. — Baron de MALARET (Joseph-François-Magdeleine), maire de Toulouse, pair de France, secrétaire perpétuel de l'Académie (1770-1806-1846).**

La monarchie fortement ébranlée, depuis deux années, était sur le point de disparaître, lorsque de Malaret, à peine âgé de vingt et un ans, arriva à Paris, en 1791, avec le grade d'avocat et la qualité déjà dangereuse de gentilhomme. Fils de Joseph, lieutenant colonel au régiment de Piémont, et de Mlle de Baynaguet de Saint-Pardoux, né à Toulouse le 8 août 1770, élevé au collège de l'Esquille, le jeune Toulousain était le neveu du B[on] de Fonbeauzard, avocat général au Parlement, et comptait parmi ses proches le prévôt de la cathédrale de Toulouse et un chanoine à N.-D. de Paris.

Bientôt le péril démagogique augmente et de Malaret émigre; il ne peut pas supporter l'exil, et l'année suivante, il rentre à Paris. En 1793, il part avec la levée en masse, au cinquième bataillon des Vosges, à l'armée du Nord; mais les patriotes toulousains veillent : il est dénoncé comme suspect et arrêté à Avesnes, car les aristocrates sont frappés de déchéance civique et n'ont plus le droit de se faire tuer pour leur pays. Les sans-culottes l'envoient à Paris et l'emprisonnent; heureusement, Thermidor vient l'arrêter à temps sur le chemin de la guillotine.

Son mariage avec M^lle^ d'Esparbés de Lussan le ramène dans le Midi et il s'établit définitivement à Toulouse.

L'Académie des Jeux Floraux se reconstitue : elle appelle de Malaret à son vingt-septième fauteuil, le 4 juillet 1806, et dès le lendemain de son admission, le nouveau mainteneur apporte le plus actif concours à ses confrères. En 1808, il prononce la Semonce et traite *De la gloire littéraire;* en 1809, il fait l'éloge de Rafin et, l'année suivante, la *Renaissance des Belles Lettres au quinzième siècle* sert de thème à son éloge de Clémence Isaure. Ces discours et son remerciement figurent au Recueil.

L'abbé d'Emery qu'il avait connu pendant sa détention au Luxembourg, et son oncle l'abbé de Malaret, étaient bien en Cour sous l'Empire et surent faire apprécier ses mérites au gouvernement, qui le nomma conseiller municipal, adjoint, puis maire de Toulouse en janvier 1811, en remplacement de Bellegarde.

Cette lourde tâche n'était pas au-dessus des forces du littérateur.

La ville de Toulouse était menacée de la disette en 1812; de Malaret sut prévoir le danger et contribua largement de sa fortune personnelle à en atténuer la gravité. La croix de chevalier de la Réunion et le titre de baron de l'Empire récompensèrent ses services exceptionnels en ces circonstances difficiles.

Ses importantes fonctions administratives ne l'empêchaient pas complètement de prendre part aux travaux de l'Académie : il présida la séance de réception de Carney et répondit au remerciement du nouveau mainteneur (R. 1813).

La victoire trahit Napoléon et les alliés envahissent la France. Wellington entre à Toulouse après avoir livré bataille au maréchal Soult, « qui « venait de tirer le dernier coup de canon de « l'indépendance nationale ». Malaret avait préparé les moyens de défense de la ville et le ravitaillement de l'armée, qui achevait une retraite de 200 lieues; il suivit le drapeau. Sur la demande du général anglais, le conseil municipal appelle à le diriger le Mis d'Escouloubre, le 13 avril 1814; mais le gouvernement de Louis XVIII rétablit de Malaret à la Mairie de Toulouse, le 12 juin suivant. Aux Cent-Jours, il donne sa démission que l'Empereur refuse et il est nommé député. La seconde Restauration le remplace, en juillet 1815, par de Villèle et le nomme président du collège électoral de la Haute-Garonne ; il veut remplir son mandat, mais l'ancien maire de l'Empire est devenu un suspect et c'est à grand peine qu'il échappe aux verdets qui cherchent une victime et frappent le général Ramel.

Malaret se retire complètement de la vie publique et se consacre tout entier à l'Académie. Secrétaire des assemblées de 1821 à 1824, il est remplacé, sur sa demande, par de Panat, pendant une année, puis il est appelé de nouveau au même office qu'il remplit jusqu'au 20 mars 1825, date à laquelle il devient secrétaire perpétuel, à la place de Pinaud, démissionnaire.

Comme secrétaire des assemblées, il avait fait la résumption des travaux en 1823 et 1824, et par ses soins, le secrétaire archiviste Roaix, avait établi le répertoire des procès-verbaux des séances, depuis le commencement du dix-huitième siècle. De 1825 à 1834 inclusivement, sauf en 1831, il présenta à l'Académie le rapport sur tous les concours annuels.

La monarchie de Juillet avait succédé aux Bourbons et de Malaret avait été élu député de la Haute-Garonne. Le mandat législatif ne lui permettait pas de remplir ses fonctions de secrétaire perpétuel, il donna sa démission, mais sur les instances de ses confrères, il conserva cet office pendant encore trois années et se retira définitivement, le 9 janvier 1834, en laissant au Recueil ses éloges de Carney (1832), et de Desmousseaux (1833), auquel vint se joindre plus tard celui du B[on] de Cambon (1838).

Malaret fut nommé Pair de France, en 1839, et mourut le 10 janvier 1846, à l'âge de soixante-quinze ans, après avoir consacré la majeure partie de sa longue existence au service de ses concitoyens et à la culture des Lettres et des Arts.

Il appartint pendant quarante ans à l'Académie des Jeux Floraux. Durant cette même période, il ne prononça pas moins de vingt-neuf discours en séance publique au nom de la Société d'Agriculture, dont il était président depuis 1817, et douze au nom de l'Académie des Sciences, Inscriptions et Belles-Lettres, qui l'avait également appelé à la présider de 1828 à 1830.

Son éloge, qui n'était pas prêt pour le jour de la réception de son successeur Rodière, fut prononcé le 26 décembre 1847. En retraçant les services du B[on] de Malaret, de Lavergne rappela les magnifiques obsèques faites par la population toulousaine au mainteneur qui joignait aux titres de Pair de France et de vice président de la commission administrative des Hospices, ceux d'ancien député, d'ancien maire, de président de la Société d'Agriculture, de membre de l'Académie des Sciences et de commandeur de la Légion d'honneur.

**5. — RODIÈRE (Honoré-Bernard-Aimé), professeur à la Faculté de droit (1810-1847-1874).**

Après avoir fait ses études de droit à Toulouse, Rodière, né à Albi le 16 mai 1810, passa six années auprès de Dalloz, dont il était le secrétaire, et obtint au concours, en 1838, la chaire de Procédure civile et de Législation criminelle à la Faculté de droit de Toulouse.

Ses nombreux travaux de jurisprudence et son goût pour la littérature et la poésie le désignèrent au choix de l'Académie, qui le nomma mainteneur le 27 février 1846.

Il traita du Beau, le 21 février de l'année suivante, dans son discours de remerciement, qui est inséré au Recueil.

L'Académie a fait imprimer, en outre, dans le volume qu'elle publie tous les ans : l'Éloge de 1840, dans lequel Rodière démontra l'Influence de Clémence Isaure sur le développement de la littérature; la Semonce de 1851 qu'il consacra à étudier *l'éducation de l'homme de lettres et le but de ses travaux;* son éloge de Féral (1859), ses allocutions à Jasmin et à Viennet, en leur remettant les lettres de maîtrise, et ses réponses aux remerciements de MM. d'Adhémar et de Lordat (1854, 1864 et 1865).

On retrouve aux procès-verbaux son souvenir comme secrétaire provisoire des assemblées en 1853, sa réponse au remerciement du commandant de Roquemaurel (1865), ses notices sur les poètes Reboul et Boulay-Paty, maîtres ès Jeux, et l'hommage de plusieurs de ses ouvrages, parmi lesquels nous nous bornerons à citer : *De la solidarité et de l'indivisibilité;* un volume de vers contenant la pièce *Jeanne d'Arc ou la France reconquise* et plusieurs poésies pieuses : *La morale en comédie; Les grands jurisconsultes*, etc.

M. le conseiller Dubédat a prononcé, le 22 avril 1877, l'éloge de Rodière, décédé en 1874.

**6. — MARCHAL (Auguste), avocat, docteur en droit (1877).**

C'est en entretenant l'Académie de l'*Union intime du christianisme et de la poésie* que M. Marchal, lauréat des concours d'Eloquence de 1873 et 1874, a pris possession, le 22 avril 1877, du fauteuil auquel il avait été appelé le 4 février de l'année précédente.

Son éloge de Clémence Isaure en 1882, le rapport sur le concours de 1888 et sa notice biographique de Boutan (1892) figurent au Recueil académique, et les procès-verbaux mentionnent sa lecture d'un épisode de la guerre du Mexique : *La mort du maréchal-des-logis de Gouzens.*

## VINGT-HUITIÈME FAUTEUIL.

**1. — Abbé MASSOC (Pierre), vicaire général de l'évêché de Mirepoix (1662-1694-1710).**

Les lettres patentes de 1694 appelèrent au vingt-huitième fauteuil de l'Académie Pierre Massoc, avocat au Parlement, né à Toulouse le 12 février 1662, fils de Jean, avocat et ancien capitoul, et de Marie Dauch.

Le nouveau mainteneur avait un frère, qui était curé de Lagardelle, et trois sœurs religieuses ; il rencontra à l'Académie Mgr de Labroue, évêque de Mirepoix, et ne tarda pas à abandonner le barreau et la littérature pour entrer dans les ordres.

Mgr de Labroue l'appela à la tête du séminaire qu'il avait fondé à Mazères, lui confia la cure de cette ville et le nomma son grand vicaire.

L'abbé Massoc se consacra avec ardeur aux fonctions qui lui étaient confiées et mourut, le 19 mars 1710, à quarante-huit ans à peine, à Mazères; les fidèles l'ensevelirent dans le chœur de l'église paroissiale.

**2. — Chevalier D'ALIEZ (Jean), secrétaire perpétuel de l'Académie (1676-1710-1759).**

Nous n'avons pas retrouvé, vers 1676, la date de la naissance du Ch[er] d'Aliez. Nous savons seulement qu'après avoir suivi pendant quelque temps la carrière militaire, il se consacra entièrement à la littérature.

Mainteneur survivancier du 21 novembre 1704, il siégea pour la première fois le 12 du mois suivant et devint titulaire le 4 avril 1710.

Il remplaça l'abbé Laborie comme secrétaire des assemblées le 12 juillet 1712, fut nommé secrétaire perpétuel adjoint avec survivance le 25 avril 1732 et prit possession de cette charge en 1734, après la mort du Ch[er] de Catellan, ce qui ne l'empêcha pas de conserver jusqu'en 1745 ses fonctions de secrétaire des assemblées.

L'Académie a conservé des œuvres nombreuses de d'Aliez. Il prononça six Semonces : cinq d'entre elles sont insérées au Recueil. Celle de 1717 sur les Belles-Lettres fut la première dont l'Académie ordonna l'impression; le discours qu'il fit en 1733 n'a pas été conservé; en 1734, il démontre que l'*Art doit chercher ses modèles dans la nature*, puis s'adressant aux jeunes littérateurs, il cherche, en 1736, à les prémunir contre la prétention, et les guide de ses conseils en 1739 (R. 1740); enfin il traite, en 1751, de la *Stérilité des idées*. On a encore de lui trois éloges de Clémence Isaure en 1720, 1743 et 1748, et cinq éloges de ses confrères : le président Druillet de Montlaur (1733), de Papus et de Ranchin Lavergne (R. 1738), le procureur général Lemasuyer et de Fumel (R. 1750).

Une dissertation sur l'*Épigramme* le 22 juillet 1740, l'éloge de A. Lecomte, conseiller d'honneur au Parlement, le 23 décembre 1751, et la réponse au remerciement du président Riquet de Caraman, le 30 janvier 1756, sont relevés aux procès-verbaux des séances de l'Académie.

Son grand âge ne permettait plus à d'Aliez de continuer les fonctions de secrétaire perpétuel; il envoya sa démission le 20 juin 1755, mais l'Académie refusa de l'accepter et lui adjoignit de Ponsan avec droit de survivance.

Il était doyen de l'Académie et avait fait preuve, pendant vingt-trois ans, d'un zèle infatigable dans la charge de secrétaire perpétuel, lorsqu'il mourut, le 19 juin 1759, à l'âge de quatre-vingt-trois ans. Il fut enseveli aux Grands Cordeliers et de Lamote prononça son éloge le 11 du mois suivant.

Sa nièce, Elizabeth d'Aliez, avait épousé en 1745 le conseiller Valentin du Bourg. L'un des enfants issus de ce mariage devint membre du Parlement et fut guillotiné à Paris pendant la Terreur, le 14 juin 1794.

**3. — Marquis De MONTGAILLARD (Louis-Claude de LOURDES). (1711-1759-1777.)**

Les archives de l'Académie ne contiennent aucun travail du Mis de Montgaillard, et son éloge, prononcé le 6 juin 1777 par de Progen, ne donne aucune indication précise sur ce mainteneur (R. 1777).

Fils de François et de Paule-Honorée Daban de Mons, il naquit à Toulouse le 4 février 1711, fut élu mainteneur le 11 juillet 1759, remplit en 1762 les fonctions de secrétaire des assemblées et mourut, le 30 avril 1777, chez son ami le Mis de Maniban.

**4. — De SAPTE (Henri-Bernard-Catherine), seigneur du Puget, Bussarens, Verdun, etc., président au Parlement (1742-1777-1794).**

Petit-neveu de Henri-Bernard, titulaire du vingt et unième fauteuil, et fils de Jean-Etienne-Bernard, conseiller au Parlement, et de Mlle de Catellan, H.-B.-C. de Sapte naquit en juin 1742, devint conseiller au Parlement en août 1763, puis président, au mois de juin 1769.

Après trois ans d'exil pendant le Parlement Maupeou, il rentra à Toulouse et fut élu mainteneur à l'unanimité le 30 mai 1777. Son remerciement du 6 juin suivant est un des premiers qui aient été imprimés au Recueil.

Les services du président de Sapte et ceux de sa famille en faisaient une victime toute désignée pour les hécatombes de la Terreur. Depuis le commencement du seizième siècle, ses ancêtres s'étaient signalés dans la magistrature, l'ordre de Malte et l'Eglise; l'un d'eux, Mgr de Sapte, avait été précepteur du duc de Bourgogne; lui-même enfin avait épousé Mlle Bourrée de Corberon, fille d'un président au Parlement de Paris.

Aux premières arrestations de 1793, il est incarcéré à la Visitation, mis provisoirement en liberté, puis arrêté de nouveau le 22 août, et dirigé sur Paris où le Tribunal révolutionnaire l'envoie à la guillotine, le 14 juin 1794, avec vingt-cinq autres membres de l'ancienne magistrature du Languedoc. Son beau-frère et son collègue, le conseiller de Larroquan, mourut avec lui sur l'échafaud encore teint du sang de son beau-père, le président Bourrée de Corberon.

Son éloge fut prononcé, le 27 mars 1808, par Hocquart, qui devait, quelques années après, devenir Premier Président de la Cour de Toulouse.

### 5. — Marquis de VILLENEUVE HAUTERIVE (Pons-Louis-François), préfet de la Corrèze (1774-1806-1842).

Né à Saint-Pons-de-Thomières en 1774, du Mis Jean-Joseph et de Rose d'Amblard, de Villeneuve Hauterive fut élevé à Juilly, où Fouché était alors professeur, puis il rentra dans son pays natal et les jacobins, l'ayant déclaré suspect, lui firent subir un assez long emprisonnement.

Après la Terreur, il épousa Mlle du Haget-Vernon et, dès les premiers jours du rétablissement de l'Académie, le 23 février 1806, il fut reçu mainteneur.

Devenu conseiller général de la Haute-Garonne, sous l'Empire, il fut chargé, avec ses collègues d'Escouloubre et de Pérignon, d'exposer à Napoléon les doléances des campagnes dépeuplées par la guerre et de lui demander de faire la paix avec les puissances étrangères. N'ayant pu obtenir d'audience, il s'adressa à son ancien professeur; le duc d'Otrante n'oublia pas l'élève de ses jeunes années et le fit recevoir par l'empereur. Ce fut sans surprise, d'ailleurs, que de Villeneuve constata l'insuccès de la démarche tentée au nom du Conseil général.

Il vivait retiré à la campagne au moment de l'invasion, mais il quitta sa retraite et intervint auprès de Wellington, après le combat de 1814, pour obtenir que Toulouse fût épargnée par les armées des alliés.

La première Restauration le nomma préfet dans le Tarn-et-Garonne, puis dans les Hautes-Pyrénées. Pendant les Cent-Jours, il fut mis en arrestation pour être dirigé sur Paris; mais il parvint à s'enfuir et trouva un asile dans une tour abandonnée, où il était obligé de se priver de lumière pendant la nuit pour échapper à la surveillance de la police. Durant les longues heures passées dans sa cachette, il composa un poème latin de cent soixante vers, *Captivi patris ad filium Pontium Philippum de Villanova latinum carmen*, et l'année suivante, en mars 1816, il put faire lire à la Cour cette poésie, qui obtint les suffrages de la famille royale et surtout ceux de la duchesse d'Angoulême.

De Villeneuve quitta son refuge et se rendit en Espagne, auprès du duc d'Angoulême. Administrateur général des provinces du Midi, au retour des Bourbons, il tenta de provoquer à Toulouse la réunion d'Etats généraux pour protester contre les exactions des alliés, puis le gouvernement royal l'appela au Conseil d'Etat, tout en lui confiant successivement les préfectures du Cher, de la Creuse et de la Corrèze.

Les événements de 1830 brisèrent sa carrière administrative et il mourut au château de Péguilhan, le 5 août 1842.

L'Académie a conservé au Recueil son remerciement (1806), son Eloge sur le *Goût littéraire* (1809) et ses notices biographiques sur de Talleyrand Périgord (1808) et sur de Belesta Gardouch (1816).

Parmi les œuvres laissées par de Villeneuve, il faut signaler son *Agonie de la France* et son *Précis de l'Histoire*, longtemps adopté par l'Université et imprimé à plusieurs éditions.

Dumège a fait, le 26 février 1843, l'éloge de ce mainteneur, qui était également membre de l'Académie des Sciences, Inscriptions et Belles-Lettres.

Sa famille est encore représentée dans le corps des Jeux Floraux par son gendre, M. le Mis de Lordat, notre confrère, et par sa deuxième fille, Mme la Mise de Villeneuve-Arifat, maître ès Jeux.

**6. — De LIMAIRAC (Jean-Charles-Edmond), ancien magistrat (1804-1843-1860).**

Fils de Gabriel, qui occupa le vingt-cinquième fauteuil pendant près de douze ans, Ed. de Limairac naquit à Passy-sur-Marne (Aisne), le 21 mars 1804, et fit ses études d'abord à Toulouse, chez l'abbé Savy qui devint plus tard évêque d'Aire, puis à Paris; il revint ensuite faire son droit à Toulouse.

La Restauration le nomma juge auditeur au Tribunal, puis conseiller auditeur à la Cour de Toulouse, mais la Révolution de Juillet supprima les fonctions qu'il occupait et il abandonna la magistrature.

Il entra en 1838 à la Société d'Agriculture dont il devint, quatre ans plus tard, le secrétaire général.

L'Académie l'appela au nombre de ses membres et l'entendit traiter *des Lettres et de la Foi chrétienne*, en faisant son remerciement du 26 février 1847; dans son discours de la Semonce de l'année suivante, il parla *de l'Influence des convictions dans la littérature*. Ces deux œuvres littéraires sont suivies au Recueil de ses éloges de l'abbé Jamme (1844) et du Mis de Latresne (1848).

Conseiller municipal de Toulouse le 26 mars 1849, il fut député de la Haute-Garonne, depuis le 13 mai de la même année jusqu'au coup d'Etat.

M. de Rességuier a présenté à l'Académie, le 3 mars 1861, l'éloge d'Ed. de Limairac, décédé à Paris le 19 janvier 1860.

**7. — DEPEYRE (Octave-Victor), ancien ministre de la Justice (1825-1861-1891).**

Elevé à Cahors, où il était né le 15 octobre 1825, Octave Depeyre termina son droit en 1846 et débuta dans le journalisme comme rédacteur à la *Gazette du Languedoc*.

Les résultats des élections de 1849 amenèrent des instances judiciaires, dans lesquelles Depeyre déploya un talent d'avocat non moins remarquable que celui dont il faisait preuve comme publiciste.

Représentant de la Haute-Garonne à l'Assemblée nationale de 1871, il prononça un discours célèbre au sujet de la loi sur l'Internationale. Sous la présidence du maréchal de Mac-Mahon, il fut ministre de la Justice, de novembre 1873 à mai 1875; puis il occupa pendant trois années, de 1876 à 1879, un siège de sénateur du département du Lot. Descendu du pouvoir, l'homme politique continua à défendre ses principes et ses doctrines sur le terrain électoral, notamment en 1880, et dans les journaux *Le Français* et *Le Moniteur*, dont il fut le directeur.

Mainteneur élu le 25 mai 1860, il fut reçu à l'Académie, le 3 mars de l'année suivante, après un discours dans lequel il étudia les *Rapports des Belles-Lettres et du Barreau, les caractères du poète et de l'avocat*. Ses éloges de Saint-Félix Mauremont (1868), de Sacase (1886), et d'Albert d'Ayguesvives (1890), figurent au Recueil, ainsi que ses réponses aux remerciements de Boutan, de Sacase et de Mgr Goux (1862 et 1866).

L'abbé Duilhé de Saint-Projet a prononcé, le 19 février 1893, l'éloge de Depeyre décédé le 30 septembre 1891.

**8. — LAZEU DE PEYRALADE, avocat (1893).**

L'Académie, qui avait élu M. de Peyralade au vingt-huitième fauteuil le 21 mai 1892, l'a entendu traiter *de la Chronique*, dans son discours de remerciement du 19 février 1893.

L'œuvre de M. de Peyralade est au Recueil avec l'éloge de Clémence Isaure (1893) et son rapport sur le premier concours de langue romane en 1895.

## VINGT-NEUVIÈME FAUTEUIL.

**1. — PALAPRAT (Jean), sieur de Bigot, écuyer (1650-1694-1721).**

Le *Grondeur* et l'*Avocat Patelin* sont les seuls ouvrages de « génie que deux auteurs aient com- « posés ensemble », écrivait Voltaire en parlant de l'abbé Brueys et de son collaborateur Palaprat.

Né à Toulouse, le 29 mai 1650, sur la paroisse de la Dalbade, Jean Palaprat était fils de Bernard, avocat, et de Foy de Fontaines. Suivant les traces de son père, qui aurait été mainteneur, il remporta les trois prix nécessaires pour recevoir, en 1671, les lettres de maîtrise. Ses vers à du Puget et les résultats connus de ce concours établissent qu'il obtint cette année sa troisième fleur : un Souci. En outre, dans un compliment qu'il adressa à de Peitevin, lauréat de 1683, il prend le titre de maître ès Jeux depuis quinze ans.

Le jeune poète entra au barreau et s'y fit remarquer par son éloquence et par sa connaissance du droit ; capitoul en 1676, puis chef du Consistoire en 1684, il se délassait de ses travaux de jurisconsulte et de magistrat par des études littéraires à la Société des Lanternistes, dont il faisait partie, ou par des madrigaux et des rondeaux, qu'il envoyait aux vainqueurs des Jeux et que l'on retrouve imprimés à la suite de plusieurs Triomphes de cette époque.

En 1686, il fit un voyage à Rome et fut présenté à la reine Christine de Suède, qui voulut l'attacher à sa personne. Deux ans après, il s'établissait à Paris et obtenait d'être admis à la cour du grand prieur Philippe de Vendôme, dont il devenait le secrétaire des commandements et qu'il accompagnait dans ses campagnes, de 1693 à 1696.

Jurisconsulte et capitoul dans sa jeunesse, Palaprat attend l'âge mûr pour se consacrer aux Belles-Lettres. Etrange particularité que signalait le Ch[er] d'Aldéguier, le 30 novembre 1721, dans l'éloge du poète : « Le magistrat expéri-
« menté, sage, prévoyant, c'est là le jeune
« homme ; le poète enjoué et galant, l'auteur
« fécond et vif dans ses productions, c'est là le
« vieillard. »

Les lettres patentes de 1694 nommèrent mainteneur l'ancien maître ès Jeux, devenu secrétaire des commandements d'un lieutenant général des armées du roi, mais plus occupé de littérature et de poésie que de stratégie et de mouvements de troupes.

Palaprat mourut à Paris, le 23 octobre 1721, et fut enterré à Saint-Sulpice. Il a laissé de nombreuses poésies et pièces de théâtre : *le Ballet extravagant, Arlequin Phaéton, la Fille de bon sens, la Prude ou les Saturnales, Hercule et Omphale* et tant d'autres ; mais les seules qui ont une véritable valeur sont celles pour lesquelles il s'était adjoint l'abbé Brueys, avec lequel il s'était lié dès son arrivée à Paris. *Le Grondeur*, de 1691, reviendrait en grande partie à Brueys, et Palaprat serait, au contraire, le principal auteur de *l'Avocat Patelin*, paru en 1706.

**2. — DELHERM (Henri-Jean-Baptiste), conseiller au Parlement (1681-1722-1739).**

Le conseiller Delherm, fils de Jacques, écuyer, et de Jeanne de Duierry, né à Toulouse le 17 juin 1681, était entré à la Chambre des requêtes du Parlement par provisions royales du 11 juillet 1705.

L'Académie l'appela le 30 novembre 1721, et l'installa au vingt-neuvième fauteuil, le 30 janvier 1722. Le magistrat prononça l'éloge de Clémence Isaure en 1722, rappela, dans la Semonce de 1724, les Préceptes généraux de la poésie et fut chargé par ses confrères d'être leur interprète auprès de l'archevêque de Toulouse, Mgr de

Crillon, à son arrivée dans le diocèse, en juin 1728.

Ces trois discours sont insérés au Recueil.

Le volume de 1739 contient l'éloge que l'abbé Prades fit du conseiller Delherm, décédé le 4 avril 1739 et enseveli aux Grands-Cordeliers.

**3. — Abbé de VILLARS LUGEIN (Etienne-François-Louis-Antoine), abbé de Saint-Marcel, chanoine de l'église de Montauban (1699-1739-1777).**

Fils de Plaibault, seigneur de Courtenain, brigadier des armées du roi, et d'Elisabeth du Boys de Lauroy, de Villars Lugein embrassa la carrière militaire et fut lieutenant au régiment d'Alsace; à la suite de la mort de son père, tué d'un coup de canon sous les murs de Marchiennes, il entra dans les ordres.

Chanoine de Montauban, puis de Toulouse sous Mgr de Crussol, il obtint l'abbaye cistercienne de Saint-Marcel, dans le diocèse de Cahors; mais ses infirmités l'obligèrent à abandonner ses fonctions de chanoine et à donner sa démission.

L'abbé de Villars Lugein a appartenu pendant trente-huit ans à l'Académie, qui l'avait élu mainteneur le 12 juin 1739; néanmoins on ne retrouve aucune trace de la part qu'il aurait prise, pendant cette longue période, aux travaux de ses confrères.

Il mourut le 18 mai 1777, et l'abbé Magi prononça son éloge, le 25 janvier de l'année suivante.

4. — **FÉRÈS (Jean-François), lecteur et bibliothécaire de Monsieur, frère du Roi (17..-1778-1787).**

Parmi les personnages qui accompagnaient Monsieur, frère du roi, pendant son séjour à Toulouse en 1777, se trouvait Jean-François Férès, son lecteur, bibliothécaire de Madame, secrétaire du conseil des Finances de la Reine, officier de l'ordre de Saint-Lazare.

D'origine toulousaine très modeste, Férès avait été élevé par un de ses oncles, bénéficier à Moulins, puis par les Jésuites, à Paris. Il venait de terminer ses études, lorsqu'il commença l'éducation d'un jeune homme de famille destiné à la carrière des armes; il réussit au delà de toute espérance et ce succès le fit appeler auprès du fils du duc de Lavauguyon, gouverneur des Enfants de France.

La situation de l'élève rapprocha souvent le professeur des jeunes princes royaux, qui apprécièrent ses qualités et son mérite et, lorsque Monsieur, frère de Louis XVI, monta sa maison, il s'attacha Férès en lui donnant la charge de lecteur et la direction de la bibliothèque de Madame.

L'Académie des Jeux Floraux l'appela au vingt-neuvième fauteuil, le 8 août 1777, et le reçut, le 25 janvier de l'année suivante. Quelques mois après sa réception, il lut à la Fête des Fleurs une imitation des Psaumes, qui est imprimée au Recueil, ainsi que son discours de remerciement (R. 1777, 1778).

Férès s'était retiré à Toulouse et vivait entouré

de fidèles amitiés; des chagrins de famille, la perte de sa fille, abrégèrent son existence. Il mourut au commencement de 1787, et Castilhon fit son éloge le 2 mars 1788.

**5. — BARÈRE DE VIEUZAC (Bertrand), conseiller au Présidial de Tarbes (1755-1788-1816-1841).**

Né à Tarbes le 10 septembre 1755, avocat au Parlement de Toulouse et très protégé par le conseiller Dumas de Saint-Germier, qui devint grand maître des eaux et forêts du Languedoc, Barère fut nommé conseiller au présidial de Tarbes, avec dispense d'âge, le 7 novembre 1776.

Dans son *Histoire de Toulouse*, d'Aldéguier dépeint Barère comme « un homme de lettres « spirituel, aimable, de mœurs fort douces, « aimant la bonne compagnie et vivant dans une « assez grande intimité avec plusieurs membres « du Parlement. »

Il prit part au concours d'Eloquence de 1787, et son éloge de Jean-Jacques Rousseau, classé au deuxième rang, fut jugé digne de figurer au Recueil de l'année.

Elu mainteneur le 22 février 1788, il fit son remerciement, le 2 du mois suivant, en traitant des Bienfaits de la philosophie, et ne reparut plus à l'Académie.

Après avoir représenté la sénéchaussée du Bigorre aux Etats-Généraux, Barère fut député à la Convention par le département des Hautes-Pyrénées. Son nom a acquis sous la Terreur une triste et sanglante renommée.

La Restauration l'exila en 1816 comme régicide; il se retira en Belgique, attendit les événements de 1830 pour rentrer dans son pays natal, et fut élu député, mais des vices de forme firent annuler son élection. Les suffrages de ses concitoyens l'envoyèrent au conseil général, où il demeura jusqu'en 1840, date à laquelle il donna sa démission. Il mourut le 15 janvier 1841.

Le fauteuil de Barère avait été déclaré vacant, le 7 juin 1816, pour cause d'indignité du titulaire. Il avait encore vingt-cinq ans à vivre, lorsque l'Académie pourvut au remplacement de cet homme dont on ne prononçait plus le nom dans les assemblées.

**6. — DECAMPE (Louis-Amédée), avocat, ancien recteur de l'Académie de Lyon (1788-1816-1861).**

Le Recueil contient de nombreux travaux de Louis-Amédée Decampe, qui a fait partie de l'Académie pendant quarante-cinq années.

On y trouve : son remerciement adressé le 23 août 1816 aux mainteneurs qui l'avaient appelé le 28 juin précédent, non au dix-neuvième fauteuil, comme l'ont dit certains historiens de l'Académie, mais bien au vingt-neuvième; la Semonce de 1817, dans laquelle il étudia les différences qui distinguent la langue oratoire de la langue poétique; l'éloge en vers de Clémence Isaure en 1820; les notices nécrologiques de ses confrères : Demeunier (1818), Picot de Lapeyrouse (1819) et Pujol (1843); ses réponses aux discours de réception des mainteneurs Ducos (1830) et de La Jugie (1848); l'éloge historique de Louis XVIII prononcé dans la séance publique du 23 avril 1826 ; le *Rat et le Grillon*, fable lue le jour de la cérémonie de la Semonce de 1820; des réflexions critiques sur l'Apologue et sur les fables de La Fontaine (1852), enfin une idylle, *le Songe évanoui*, en 1857.

Les procès-verbaux qu'il dressa comme secrétaire des assemblées, de 1834 à 1836, rappellent son active collaboration aux travaux de l'Académie. En 1820, il est chargé par ses confrères de rédiger l'adresse de condoléances au roi, à la suite de l'assassinat du duc de Berry ; trois ans ans après, il récite quelques vers de circonstance à la séance des Fleurs du 4 mai 1823, à laquelle assistait la duchesse d'Angoulême ; il écrit en 1834 une Notice sur la Bibliothèque de l'Académie et fait, en 1836 et 1837, la résumption des travaux de la Compagnie.

Fils d'un imprimeur des Etats du Languedoc, Decampe, né à Narbonne le 11 octobre 1788, fit son droit à Toulouse et se destina à l'enseignement. A peine avait-il atteint sa majorité qu'il prenait part avec succès aux concours des Jeux Floraux, où il obtint successivement une Eglantine d'or pour l'éloge de Riquet en 1809, un Lis pour une élégie l'année suivante, enfin le prix du concours d'éloquence en 1811.

Mainteneur en 1816, il fonda avec son frère un établissement d'instruction secondaire, devint inspecteur de l'Académie de Toulouse en 1825, puis recteur de l'Académie de Lyon. La Révolution de Juillet lui fit perdre sa charge et il reprit le professorat, d'abord à Toulouse, puis au collège de Sorèze, qui ne tarda pas à être placé sous sa direction.

A la mort de son frère, il rentra à Toulouse, où il mourut le 13 septembre 1861.

Cette existence d'un littérateur voué à l'enseignement a été rappelée par Sacase le 19 avril 1863, et l'Académie a conservé le souvenir du goût éclairé et de la science littéraire du mainteneur Decampe.

**7. — HAMEL (Emilien-Louis), professeur à la Faculté des lettres (1809-1863-1889).**

Hamel naquit à l'Aigle, dans l'Orne, le 6 août 1809, fit ses études, et sortit de l'Ecole normale supérieure en 1832, avec le titre d'agrégé et de docteur ès lettres, à la suite de la soutenance d'une thèse sur Hésiode et la psychologie d'Homère.

Après quelques semaines de professorat au collège de Rouen, il fut appelé à la chaire de littérature grecque de la faculté de Toulouse, où il devint le collègue de Barry et de Pinaud, et l'ami de Sauvage et de Gatien-Arnoult.

Il remercia l'Académie, le 19 avril 1863, de sa nomination de mainteneur, en l'entretenant de la Littérature grecque. Son discours est inséré au Recueil (1863), ainsi que sa réponse au remerciement de l'abbé Lézat (1872).

Les mémoires de l'Académie des Sciences, Inscriptions et Belles-Lettres, dont il était membre et qu'il présida (1854, 1855), et la *Revue de Toulouse*, ont publié de nombreux travaux de ce savant helléniste, qui avait fait une étude approfondie des œuvres de Platon.

M. Deloume a prononcé le 15 février 1891, l'éloge de L. Hamel, décédé le 20 mai 1889, à Biarritz, où il s'était établi, après avoir pris sa retraite.

**8. — ARNAUD (Charles), professeur à la Faculté libre des lettres (1889).**

Elu mainteneur le 21 juin 1889, M. Arnaud a été reçu le 15 février 1891, et a remercié ses confrères par une étude sur la Critique (R. 1891).

## TRENTIÈME FAUTEUIL.

**1. — De FERRIÈRES, baron de la CROISETTE (16..-1694-1726).**

Les archives ne donnent aucune indication sur cet académicien, nommé mainteneur par les lettres patentes de 1694.

Elles n'ont même pas conservé son éloge qui fut prononcé, le 24 juin 1726, par le conseiller J.-F. de Saint-Laurens.

**2. — De SAGET (Jacques), avocat général au Parlement (1699-1726-1770).**

Des lettres royales de dispense d'âge et de parenté, en date du 22 septembre 1719, autorisèrent le Parlement à recevoir comme avocat général, Jacques de Saget, né le 7 juillet 1699, bien qu'il eût à peine vingt ans et deux mois, et que, marié depuis près d'un an à Marianne de Cambolas, il dut se rencontrer à la Cour souveraine avec son beau-père et ses deux beaux-frères, de Cambolas et d'Espaigne; ce dernier avait épousé Jeanne-Marie de Saget.

Le jeune magistrat, neveu de l'abbé de Saget, qui avait été longtemps conseiller clerc au Parlement, ne tarda pas à faire partie de l'Académie des Jeux Floraux, qui le nomma mainteneur le 24 juin 1726.

L'année suivante, il démontra l'Utilité du con cours annuel d'éloquence, dans son discours de la Semonce et prononça l'éloge de Clémence Isaure. Ces deux œuvres sont au Recueil (1727), ainsi que ses éloges de Mgr Druillet, évêque de Bayonne, et du président de Nupces (1728).

Un second éloge de notre patronne en 1739, et la notice biographique de Lardos, lue à l'Académie le 20 août 1743, n'ont pas été imprimés.

Vers cette époque, J. de Saget, dont l'existence avait eu des débuts aussi heureux que brillants, éprouva une série de chagrins et de revers; il perdit toute sa fortune, et sa charge d'avocat général, saisie à la requête du scelleur de la chancellerie du Parlement, fut vendue par voie d'adjudication, le 14 août 1747, pour 90,000 livres, à Etienne-Hippolyte Julien de Pegueiroles.

Il avait alors deux enfants : un fils Joseph-Marie et une fille Marie-Françoise, mariée en 1737, à André de Miramont, conseiller au Parlement.

Le grand âge et les infirmités motivèrent la démission que ce mainteneur donna le 27 juillet 1770; il fut remplacé, le 30 août suivant, par Alex. Jamme.

Aucun document n'indique qu'un éloge de Saget ait été prononcé après son décès, dont nous ignorons la date exacte.

**3. — JAMME (Alexandre-Auguste), chevalier ès lois, professeur en droit, maître ès jeux, recteur de l'Académie de Toulouse (1736-1770-1818).**

Fils de Gabriel, notaire royal, et de Magdeleine de Moustellons, Alexandre Jamme naquit à Mons, près de Toulouse, en 1736, et fut élevé par les Pères doctrinaires du collège de l'Esquille.

A peine au début de ses études de droit, il sut se classer hors de pair par l'éloge du professeur Dèzes en 1759, et par celui de Combettes d'Hauteserre, l'année suivante. Ses aptitudes et ses succès exceptionnels furent si remarqués qu'ils lui méritèrent le titre de chevalier ès lois que l'Université de Toulouse n'avait encore accordé, depuis sa création, qu'une seule fois, en 1522.

Dès 1758, Jamme prenait une part brillante aux concours des Jeux Floraux : deux de ses poèmes figurent aux Recueils de 1758 et 1759. Il obtient une Violette en 1760, et les jeux de 1761 lui apportent trois nouvelles fleurs : une Violette, un Souci, et un Lis, et l'impression de trois autres poésies. Les lettres de maître ès jeux lui furent accordées le 21 avril 1769.

A ce titre, il prononça l'Eloge en 1770, en rappelant l'œuvre de Clémence Isaure (R. 1770), et le 31 août suivant, il remercia l'Académie de l'avoir appelé à son trentième fauteuil, devenu vacant par la démission de Jacques de Saget.

L'éloge funèbre de Louis XV, qu'il prononça dans la séance publique tenue à la salle des Illustres le 21 juin 1774, est imprimé au Recueil ainsi que ses notices sur du Puget de Gau (1773), de Lafage (1782), et ses réponses aux remerciements de l'abbé de Grumet, de Lecomte de Latresne (1782), et de Belmont de Malcor (1783). Les procès verbaux rappellent encore l'idylle dont il donna lecture à la Fête des Fleurs de 1771.

La culture des lettres n'était pour Jamme qu'une distraction à ses devoirs professionnels d'avocat au Parlement. Il plaida plusieurs causes célèbres notamment celle de Catherine Estinès, et se fit, en 1788, le défenseur du barreau et du Parlement que le cardinal de Brienne venait de bouleverser. L'ordre des avocats le remercia, en lui décernant une médaille avec le titre de : *Orator patriæ*, mais le gouvernement royal le manda à Paris, avec Lafage et Duroux capitoul, ses confrères, et le Cte Jean Dubarry, pour justifier de sa conduite à l'occasion de la réforme de la magistrature. Le rétablissement des Parlements sauva les inculpés et leur prépara un accueil enthousiaste, à leur retour à Toulouse, le 26 septembre 1788, date dont le souvenir fut conservé par des médailles commémoratives.

La Révolution supprime les Parlements et disperse les avocats comme les académiciens. Jamme devient un suspect et la Terreur l'oblige à quitter Toulouse. Il se réfugie à Aureville chez le Mis de Fontenilles, mais un jour son asile est découvert et va être cerné par les sans-culottes; son fils voit l'imminence du danger, le fait fuir par une fenêtre et se livre lui-même pour donner à son père le temps d'échapper aux sbires de la justice révolutionnaire.

Aux premiers jours de calme, Jamme reprend ses travaux et ses études : il devient membre du « Lycée de Toulouse », et lit à ses confrères en l'an VIII des poésies : l'une sur les Hommes illustres de l'ancienne capitale du Languedoc et l'autre intitulée, *le Clocher*. L'année suivante, dans la séance publique tenue par cette Société, le 30 germinal, il annonce l'ouverture d'un concours littéraire pour l'an X, mais le Lycée disparut avant d'avoir pu réunir les concurrents qu'il avait appelés.

Sous le Consulat, Jamme est nommé professeur de droit à Toulouse, et il cherche, avec l'appui du maire Picot de Lapeyrouse, à reconstituer l'Académie. En 1323, sept troubadours fondèrent les Jeux Floraux; en 1806, sept anciens mainteneurs rétablirent l'Académie : ils se réunirent deux fois chez Jamme, qui était leur doyen, le nommèrent modérateur pour deux trimestres, et tinrent leur première séance publique le 23 février. Il installa six nouveaux mainteneurs et, dans la séance suivante du 3 mai, il prononça un discours d'ouverture et l'éloge de Clémence Isaure (R. 1806).

Lorsque l'Académie eut repris le cours régulier de ses travaux, elle lui confia l'éloge de d'Albis de Belbèze (R. 1817) et la réponse au discours de remerciement de l'abbé de Rozières (R. 1808), enfin, quelques mois avant sa mort, il envoya à ses confrères une épître à l'Académie des Arcades de Rome, œuvre que son fils l'abbé Jamme lut à la Fête des Fleurs du 3 mai 1818.

L'Empire avait appelé Jamme aux fonctions de Recteur de l'Académie de Toulouse en 1809 et l'Académie des Sciences, Inscriptions et Belles-Lettres lui avait confié sa présidence qu'il conserva pendant douze ans (1807 à 1818).

Les sympathies et l'estime dont il était entouré se manifestèrent avec éclat pendant une maladie grave dont il fut atteint en 1811. L'Université fit célébrer une messe pour obtenir sa guérison et les Jeux Floraux suspendirent leur séance et firent prendre des nouvelles de sa santé.

Tajan prononça, le 28 février 1819, l'éloge du mainteneur octogénaire, décédé le 13 octobre 1818. Dans cette longue existence, commencée sous Louis XV et terminée sous Louis XVIII, après avoir été témoin des grands évènements de la Révolution et de l'Empire, l'Académie conserve précieusement le souvenir d'un concours littéraire remarquable et d'un dévouement auquel elle doit, en majeure partie, son rétablissement et le maintien de ses droits, aujourd'hui trop oubliés.

**4. — D'AUBUISSON DE VOISINS (Jean-François), ingénieur en chef des Mines (1769-1819-1842).**

Né à Toulouse, le 16 août 1769, d'Aubuisson avait achevé ses études à Sorèze, lorsque éclata la Révolution. Il passa la frontière et servit pendant cinq ans à l'armée des Princes, puis il voyagea en Allemagne. A son retour en France, il devint successivement conservateur des collections minéralogiques de l'Ecole de Paris, puis ingénieur au département de la Doire et de la Sesia, enfin ingénieur des Mines à Toulouse.

L'Académie lui donna le trentième fauteuil de ses mainteneurs le 12 février 1819 et, le 28 du même mois, il la remercia en exposant des idées générales sur la Géologie. Sa réponse au discours de remerciement de Mgr de Clermont Tonnerre figure au Recueil de 1821.

Nommé membre du Conseil municipal pour une durée de quinze années par l'ordonnance royale du 13 mai 1816, il conserva ces fonctions jusqu'aux évènements de 1830. Quelque temps après, le 25 janvier 1831, il donna sa démission de mainteneur, mais l'Académie refusa de se priver de l'utile concours d'un de ses membres aussi distingué dans les Lettres que dans les Sciences.

Il mourut à Toulouse le 20 août 1842 et de Panat, secrétaire perpétuel, prononça son éloge, le 15 janvier 1843.

On ne saurait oublier que l'établissement des fontaines publiques à Toulouse est dû à l'ingénieur d'Aubuisson de Voisins, correspondant de l'Institut et secrétaire perpétuel de l'Académie des Sciences, Inscriptions et Belles-Lettres de cette ville.

**5. — CABANIS (Jean-Guillaume Gaston), ancien notaire, maire de Toulouse, député de la Haute-Garonne (1813-1843-1847).**

C'est à la fleur de l'âge, au moment où s'ouvrait devant lui un avenir plein d'espérances et de promesses, que la mort a enlevé à l'Académie Gaston Cabanis, né à Toulouse, le 4 mai 1813, et lauréat du concours de 1838, dans lequel son éloge de saint Bernard avait obtenu une Violette réservée.

Titulaire du trentième fauteuil depuis le 25 février 1842, sa réception fut différée par la mort du duc d'Orléans, et ne put avoir lieu que le 15 janvier de l'année suivante, après un discours dans lequel il fit ressortir l'indispensable nécessité de la Dignité chez l'homme de lettres.

La même année, il prononça l'éloge de Pinaud, inséré au Recueil de 1844.

Mais bientôt d'autres occupations, que lui ont imposées l'estime et la confiance de ses concitoyens, le détournent de ses travaux littéraires et l'obligent à abandonner son étude de notaire.

En 1846, il est élu maire de Toulouse et il fonde un prix annuel pour le meilleur élève de rhétorique du Lycée, où il a été élevé. Le corps électoral l'envoie au conseil général et lui confie la représentation du département de la Haute-Garonne à la Chambre des députés.

A peine a-t-il entrevu les horizons de la tâche

à accomplir, que la mort le frappe inopinément à l'âge de trente-quatre ans, le 20 juin 1847, quelques mois avant la chute de la monarchie constitutionnelle. Les évènements de février ajournent une première fois l'hommage que l'Académie ne manque jamais de rendre à ceux de ses membres qu'elle a perdus; la politique est cause d'un second renvoi, le jour de la réception de son successeur, et c'est seulement le 17 mars 1850 que de Tauriac prononce l'éloge du jeune académicien, enlevé prématurément à l'affection et aux espérances de ses concitoyens.

**6. — CAZE (Adolphe-Léger-Eléonore-Louis), président à la Cour de Toulouse (1798-1849-1868).**

Après avoir fait ses études classiques et de droit à Toulouse, où il était né le 24 mars 1798, Adolphe Caze se fit inscrire au barreau et y débuta brillamment sous la direction et le patronage de Romiguières.

Il s'occupa de littérature avec l'abbé Saint-Jean, mainteneur, qui le prit en grande affection et le fit plus tard son exécuteur testamentaire. La politique militante n'était pas pour déplaire au jeune avocat, qui fut l'un des fondateurs du journal royaliste libéral *la France méridionale*, dans lequel il défendit la Charte et les principes parlementaires.

A la Révolution de 1830, il entre au Parquet comme substitut du procureur général à Toulouse, devient conseiller à la même Cour en 1834, et fait preuve d'une telle connaissance des affaires que jusqu'en septembre 1860, date à laquelle il fut nommé président de Chambre, il dirigea les débats de soixante-douze sessions d'assises.

Envoyé en 1838 à la Chambre des députés par le département de la Haute-Garonne, il fut appelé par ses concitoyens au conseil municipal de Toulouse en 1848 et y demeura dix-sept années. La dissolution du conseil, en 1849, n'empêcha pas le conseiller Caze d'être réélu quelques semaines après. Aux évènements de 1851, il vota avec ses collègues l'adresse de félicitations au Prince Président (19 janvier 1852), et ne quitta le conseil municipal qu'en donnant sa démission en 1865.

Lorsque l'Académie des Jeux Floraux décida de pourvoir à la vacance du fauteuil de Cabanis, décédé en 1847, elle eut à faire choix, pour la première fois, entre quatre candidats et ce ne fut qu'au troisième tour de scrutin que le conseiller Caze l'emporta sur ses concurrents, le 19 juin 1848. Il remercia ses confrères, le 28 mai de l'année suivante, en étudiant les Rapports existant entre la Science du Droit et la culture des Lettres (R. 1850). Le Recueil contient la Semonce qu'il prononça en 1852, sur l'Indépendance et la mission des Belles-Lettres, ainsi que son éloge de Delquié (1859). Le procès-verbal de la séance privée du 8 août 1851 rappelle la lecture de son mémoire sur l'*Histoire du Parlement de Toulouse* pendant le siècle dernier.

Le président Caze trouvait encore des loisirs pour s'occuper de sciences et d'agriculture. L'Académie des Sciences, Inscriptions et Belles-Lettres, la Société d'Archéologie, la Société d'Agriculture et l'Académie de Législation le comptaient au nombre de leurs membres les plus laborieux et les mieux écoutés. Sa haute compétence en matière agricole fut particulièrement remarquée lors de la grande enquête de 1867; il mourut peu de temps après, le 31 mars 1868, et son confrère, Vaïsse-Cibiel, prononça son éloge, le 27 février 1870.

Il a laissé des œuvres importantes, notamment: *Réformes du régime pénitentiaire, Extinction de la mendicité et du vagabondage, Histoire du droit criminel des peuples modernes*, etc., etc.

**7. — CAUSSÉ (Gaspard-Claude-Pierre-Louis), conseiller à la Cour de Toulouse (1815-1870-1888).**

Elève du petit séminaire de Belmont (Aveyron), puis du collège Saint-Raymond, enfin de la Faculté de Droit de Toulouse, G. Caussé, né à Valderiès (Tarn), le 29 mars 1815, était entré dans la magistrature et avait rempli les fonctions de substitut à Saint-Affrique, Perpignan et Rodez, au moment où fut proclamée la République de 1848, qui interrompit violemment sa carrière.

Le corps électoral du canton de Valderiès venait de l'appeler au conseil général du Tarn; il y siégea pendant vingt-huit ans, avec une interruption de onze années de 1857 à 1868, période pendant laquelle il se désista volontairement en faveur de la candidature du B[on] Gorsse.

Sous l'Empire, il entra dans la magistrature de

Toulouse, et occupa les sièges de juge suppléant et de juge d'instruction, avant d'être nommé, en 1868, conseiller à la Cour.

Son importante exploitation agricole de Rouis, près de Castelmaurou, l'avait signalé à la Société d'Agriculture de la Haute-Garonne, qui l'appela au nombre de ses membres et ne tarda pas à le charger de la présidence.

La Société archéologique du midi de la France et l'Académie des Sciences, Inscriptions et Belles-Lettres s'attachèrent le savant et le littérateur, que l'Académie des Jeux Floraux élut mainteneur le 14 mai 1869.

Il la remercia, le jour de sa réception le 27 février 1870, en l'entretenant du Rôle de la magistrature dans l'histoire des Jeux Floraux. Son discours est inséré au Recueil ainsi que son éloge du président Legagneur (1878) et son étude sur les lieux de réunion occupés par les Jeux Floraux depuis leur institution (1884).

Notre confrère, M. de Capèle, a fait, le 20 avril 1890, l'éloge du conseiller Caussé, décédé le 4 février 1888, quelques heures après avoir assisté à une séance ordinaire de l'Académie.

**8. — MOQUIN-TANDON (Gaston), professeur à la Faculté des Sciences (1890).**

Les Infiniment petits, les bactéries, ont été le sujet que M. Moquin-Tandon a traité, le 20 avril 1890, en remerciant l'Académie de l'avoir élu mainteneur, le 7 juin de l'année précédente.

Ce discours est au Recueil et les procès-verbaux

rappellent l'hommage que ce mainteneur a fait à l'Académie de plusieurs de ses travaux scientifiques.

## TRENTE ET UNIÈME FAUTEUIL.

**1. — De CAMPISTRON (Galbert), écuyer, secrétaire général des galères de France et des commandements du duc de Vendôme, membre de l'Académie française (1656-1694-1723).**

La famille de Campistron, originaire de l'Armagnac, était établie à Toulouse depuis le seizième siècle.

Les actes de baptême de la paroisse Saint-Etienne portent que Gaubert, fils de Louis de Campistron, procureur du roi en la Table de Marbre du Palais, et de Anne de Gourdon, naquit le 3 août 1656. Gaubert Lavernhe, procureur du roi au Sénéchal, et Marie Balsalon, veuve de François Gourdon, receveur, le tinrent, trois jours après, sur les fonts baptismaux.

Campistron, destiné au barreau par sa famille, se sentait attiré vers la poésie : il partit pour Paris, où il devint le disciple puis le protégé de Racine, qui le présenta au duc de Vendôme. Il écrivit pour le Prince une petite pièce dramatique ; comme témoignage de satisfaction, le Duc lui offrit cent louis, et sur son refus de toute rémunération, le nomma secrétaire de ses commandements. Le littérateur se fit guerrier, suivit le Prince dans les campagnes d'Espagne et d'Italie, s'y distingua par son entrain et son sang-froid, et en revint avec une riche commanderie de Saint-Jacques octroyée par le roi Phillippe V et le marquisat de Pegnano qu'il avait reçu du duc de Mantoue.

Comblé des faveurs princières, Campistron aspirait à la vie paisible et au calme de la retraite; il quitta le duc de Vendôme sur une boutade, ce qui l'a fait accuser d'ingratitude, et revint à Toulouse. Les lettres patentes de 1694 l'appelèrent à faire partie, comme mainteneur, de la nouvelle Académie des Jeux Floraux et, le 16 juin 1701, il fut nommé membre de l'Académie française.

Au mois de novembre de la même année, il épousa Mlle de Maniban Casaubon, cousine germaine du Premier Président, et eut de son mariage quatre enfants, dont deux fils, qui suivirent la carrière des armes.

Il mourut à Toulouse le 11 mai 1723. Le Recueil n'a conservé que sa Semonce sur les Merveilles de la poésie, qui fut lue en 1719 par son confrère d'Aldéguier. Son éloge prononcé, quelques jours après sa mort, par de Ranchin Lavergne, est le premier que l'Académie ait fait imprimer dans sa publication annuelle.

Pâle imitateur de la manière de Racine, dont il eut le malheur d'être le contemporain, écrivain au style correct mais sans énergie, Campistron obtint de grands succès dans sa carrière dramatique; bien que ses œuvres aient eu dix éditions, elles sont aujourd'hui moins appréciées que par le passé.

Parmi ses tragédies en vers ou en prose, il faut citer : *Virginie* que la cabale de Pradon faillit faire échouer, *Arminius* dédié à la duchesse de Bouillon, *Andronic* représenté pour la première fois au Théatre Français le 8 février 1685, *Alcibiade* placé sous le patronage de la Dauphine, *Phocion*, *Phraate*, *Adrien*, *Tiridate* qui fit merveille, *Aétius*, *Juba*, etc., etc.

On a encore de lui deux comédies : *l'Amant Amante* et le *Jaloux désabusé*, jouées aux Français le 13 décembre 1709, et deux opéras : *Acis et Galatée* composé pour une fête que le Duc de Vendôme devait donner au Dauphin à Anet, et *Achille et Hercule*, qui lui valut une épigramme assez piquante.

Campistron avait deux frères. Louis, né à Toulouse le 21 juillet 1662, entra dans la compagnie de Jésus et fit avec Galbert la campagne d'Espagne. Bernard avait été quelque peu poète, si l'on en juge par un compliment qu'il adressa à de Ranchin Monredon, lauréat du concours de 1685; il devint procureur général à la Table de Marbre du Parlement. Celui-ci reçut du poète, en octobre 1701, une maison, quelques vignes et un enclos, affranchis de taille, dans les communautés de Saint-Orens et de Labège, puis il acheta en 1713, la justice de Saint-Orens de Gameville, Cayras et Lantournelle.

Le testament du mainteneur dont la copie existe aux archives du Parlement, nous apprend qu'il était directeur de l'Hospice de la Grave et membre de la confrérie des Pénitents noirs.

**2. — De LOPÈS (Jean). (1673-1723-1753.)**

D'une famille espagnole établie depuis longtemps en France et dont un des membres avait été capitoul en 1542, Jean de Lopès, fils de François, juge criminel à la sénéchaussée de Toulouse, et de Anne de Malenfant, naquit à Toulouse le 25 août 1673.

Elevé au collège des Jésuites, il avait particulièrement étudié les classiques latins avant de céder à la voix de la Muse qui devait l'inspirer.

En l'appelant à son trente et unième fauteuil, qu'il occupa le 30 mai 1723, l'Académie n'avait pas oublié son succès au concours de 1693, où il obtint le Souci. Le nouveau mainteneur fit l'éloge de Clémence Isaure en 1724 et prononça la Semonce de 1729; ce dernier discours n'a pas été conservé au Recueil.

Devenu complètement aveugle, comme son confrère de Mariotte et comme le poète de La Motte Houdard, si fort à la mode alors, de Lopès mourut le 8 février 1753, laissant un Recueil de poésies sacrées et profanes, signalées dans l'éloge que prononça du Puget.

**3. — Marquis d'ORBESSAN (Anne-Marie d'AIGNAN), président à mortier (1716-1753-1796).**

Fils de Bernard, titulaire du vingtième fauteuil, et de Hyacinthe-Honorée d'Alibert, Anne d'Aignan naquit à Toulouse, le 26 décembre 1716, et ne fut baptisé que cinq ans après sa naissance, le 10 janvier 1722, au château familial d'Orbessan.

Quoiqu'il n'eût pas encore vingt ans au décès de son père, il désira lui succéder aux Jeux Floraux et posa sa candidature. L'Académie ne crut pas pouvoir s'écarter de son règlement, qui fixait à vingt-deux ans au moins la limite d'âge de ses mainteneurs ; elle l'ajourna, mais en lui réservant la première place vacante dès qu'il aurait atteint l'âge règlementaire. Elle décida même, à cette occasion, qu'à l'avenir il ne pourrait être statué sur des cas analogues que par une majorité réunissant les deux tiers des votants. Le jeune d'Orbessan fut d'autant plus surpris de la décision de l'Académie que, l'année suivante, le 10 septembre 1737, des provisions royales accompagnées d'une dispense d'âge le nommèrent conseiller au Parlement et que de nouvelles lettres du 19 novembre 1738 lui accordèrent, avant même sa vingt-deuxième année, l'office de président à mortier de la Cour souveraine du Languedoc.

L'Académie le nomma mainteneur le 29 avril 1739, en remplacement de Delherm ; mais il refusa « pour se punir, dit-il, d'avoir voulu « exiger quelque préférence pour une des places « qui avaient précédemment vaqué. »

Ses études scientifiques, artistiques et littéraires le désignèrent bientôt à l'attention des Sociétés savantes qui recherchèrent le concours de ses lumières. Il fit tout d'abord partie de la Société des Sciences de Toulouse et contribua en 1746 à son érection en Académie.

En 1749 et 1750, il fit un voyage en Italie et en

écrivit une relation qui est demeurée un modèle du genre. Puis, après un assez long séjour à Paris, il revint à Toulouse où, le 2 mars 1753, il fut élu membre de l'Académie des Jeux Floraux dont un mouvement de vivacité l'avait trop longtemps éloigné.

A la Fête des Fleurs de 1757, d'Orbessan donna une traduction d'un ancien hymne à Clémence Isaure et consacra une Ode à l'éloge de la Restauratrice des Jeux. Cette œuvre est insérée au Recueil ; les procès-verbaux mentionnent encore la réponse de ce mainteneur au discours de remerciement du Premier Président de Vaudeuil, le 22 juin 1770.

Son amour de l'étude le décida à abandonner la magistrature ; il donna sa démission le 15 juillet 1769, obtint le titre de président honoraire et se retira au château d'Orbessan. L'offre de la première présidence du Parlement à la réforme du chancelier de Maupeou et celle d'une haute situation diplomatique à l'étranger ne purent arracher d'Orbessan à sa retraite où, dans un cercle d'amis, au nombre desquels se distingue la Mlle de Lagorce, plusieurs fois couronnée par l'Académie, il continua ses travaux littéraires et scientifiques, faisant tant de bien autour de lui que son nom devint synonyme de bonté et d'inépuisable charité.

Il eut la douleur de voir les jours sombres de la Terreur et mourut à Orbessan, le 14 brumaire an V (4 novembre 1796).

D'Orbessan était membre de l'Académie des Sciences, Inscriptions et Belles-Lettres de Toulouse, de celle de Peinture, Architecture et Sculpture, des Académies de Marseille et de Pau et de celles de Volterra et Cortone, en Italie. Il a laissé plusieurs volumes d'études littéraires et de nombreux travaux inédits.

Son éloge, prononcé par de Lavedan le 22 août 1806, figure au Recueil de 1808.

**4. — Baron GARY (Alexandre-Gaspard), conseiller à la Cour de cassation (1763-1806-1835)**

Au moment où les membres de l'Académie purent se réunir de nouveau, après une dispersion de plus de quinze années, ils eurent à suppléer aux nombreuses vacances qui s'étaient produites dans leurs rangs et l'un des premiers élus fut Alexandre-Gaspard Gary, alors préfet du Tarn.

Né à Toulouse, le 24 juin 1763, Gary avait été aux armées dès le premier appel de la Révolution; mais devenu suspect, il dut se cacher pendant la Terreur. En juillet 1795, le Comité de législation le nomme agent national de la commune de Toulouse auprès du maire Roussillon; il occupe cette charge pendant quelques semaines seulement et donne sa démission.

Il part alors pour Paris, où il ne peut se soustraire aux vexations du Directoire. Le Consulat le nomme membre du Tribunat et il est chargé de contribuer à la rédaction du Code Napoléon. Le législateur devient fonctionnaire sous l'Empire et débute à la préfecture d'Albi, d'où il vient, le 22 juin 1806, remercier l'Académie de sa nomination de mainteneur, en lui rappelant les Principes et les bienfaits des Jeux Floraux (R. 1807).

Préfet de la Gironde (1809) et baron de l'Empire, on le voit sous la Restauration devenir procureur général à la Cour de Toulouse et occuper cette charge, lors du procès célèbre des assassins du malheureux Fualdès. En même temps, une ordonnance royale du 13 mai 1816 l'avait appelé au conseil municipal de Toulouse dont il fit partie pendant cinq années.

Conseiller à la Cour de cassation en 1827, il prend sa retraite, cinq ans après, avec le titre de conseiller honoraire, et meurt à Rubelle, près de Melun, le 20 février 1835.

Son confrère Tajan fit son éloge le 3 mars de l'année suivante.

5. — **DUMÈGE (Alexandre-Louis-Charles-André) (1780-1836-1862).**

Il n'est pas de savant qui ait rendu plus de services à l'archéologie locale, il n'en est peut-être pas non plus dont les découvertes et les dires aient exigé un contrôle plus rigoureux. Passionné pour la science et fouillant sans cesse le passé, Dumège s'est parfois oublié jusqu'à modifier, si ce n'est à créer de toutes pièces, un texte, un document qui déroutait pendant quelque temps les études du monde savant.

Né le 5 décembre 1780 à La Haye, où son père appartenait à une troupe théâtrale, Dumège vint à Toulouse, avec sa famille, en 1785, et manifesta, dès l'adolescence, le goût le plus prononcé pour l'archéologie. Vers 1806, il écrit dans un journal politique et littéraire et commence à réunir de nombreuses antiquités dans l'ancien cloître des Augustins, cette merveille architecturale. L'année suivante, l'Académie des Sciences, Inscriptions et Belles-Lettres reprend ses séances et se hâte de s'assurer le concours de Dumège, le premier et le seul de ses membres qui s'occupe d'archéologie. Il publie, en 1814, *les Monuments religieux des Volsques Tectosages*, obtient le titre d'inspecteur des antiquités de la Haute-Garonne, puis, en 1821, une médaille d'or de l'Institut pour ses découvertes dans les Pyrénées. Pendant qu'il envoie aux Jeux Floraux une Notice sur les poésies de Clémence Isaure (mars 1822), il fait faire des fouilles aux environs de Martres-Tolosane et y retrouve d'importantes constructions gallo-romaines devenues célèbres; il produit au public le bas-relief de Tetricus et son inscription d'origine controversée, jette chez M. de Castellane les premières bases de la Société d'Archéologie du Midi et fait paraître *la Statistique générale des départements pyrénéens* dont il envoie un exemplaire aux Jeux Floraux. Bientôt il aspire à obtenir des lettres de maître ès Jeux; elles lui sont d'abord refusées, mais il insiste, en citant à l'appui de sa demande, les titres littéraires accordés à l'Italien Maffei pour sa *Verona illustrata* et au Cte de Rochegude pour son *Parnasse occitanien*, et il offre à l'Académie un manuscrit découvert à l'abbaye de Saint-Savin (Argelès), relatif aux Jeux Floraux de 1496 et 1498. Le document est-il apocryphe? Quelques archéologues ne le mettent pas en doute et s'étonnent que Dumège ait pu s'y tromper!

Les lettres de maîtrise lui sont concédées le 28 février 1834 et, la même année, il prononce l'éloge de Clémence Isaure en décrivant la fête des Fleurs du 3 mai 1540. L'Académie le nomme mainteneur le 5 juin 1835 et, le 3 mars suivant, il est installé au trente et unième fauteuil, après avoir lu un discours sur l'Archéologie.

Outre ces deux œuvres littéraires, le Recueil contient ses éloges de : d'Aguilar (1839), Mazoyer (1842), de Villeneuve-Vernon (1843), Dantigny (1850) ; ses réponses aux discours de réception de : Cabanis (1843), Desclaux et Rodière (1847), Mgr Mioland (1852) et Mgr Desprez (1860) ; une Invocation en vers à Clémence Isaure pour l'Eloge de 1848, et son discours de la Semonce en 1856.

Son concours aux travaux de l'Académie n'était pas moins actif dans les séances privées, et les procès-verbaux en conservent le souvenir : Traduction des *Leys d'amor* (juillet 1840), une étude sur les Jeux Floraux en Espagne et sur leur rétablissement (juillet 1844), manuscrits relatifs aux Jeux Floraux, leur histoire en Espagne et en France (juin et juillet 1849), mémoire et documents sur l'Origine des concours littéraires (juin 1850 et 1851), proposition de construire à la Daurade un cénotaphe à la Restauratrice des Jeux (avril 1851), enfin une étude sur Clémence Isaure, bienfaitrice de la ville de Toulouse (août 1853).

Les importants travaux de cet érudit, qui a rendu, malgré quelques erreurs, de si précieux services à l'histoire locale, se complètent par son œuvre principale, *les Institutions de la ville de*

*Toulouse*, publiées en 1846; son complément à l'*Histoire de Languedoc* de Dom Vaissete et son *Archéologie pyrénéenne*, qu'il ne put achever.

Dumège est mort le 6 juin 1862 et son éloge a été prononcé, le 21 juin de l'année suivante, par le conseiller d'Aldéguier.

### 6. — Comte d'ADHÉMAR (Victor). (1863.)

Lauréat au concours d'éloquence de 1858, où il a obtenu un Souci réservé pour l'éloge d'Augustin Thierry, notre confrère, M. le C^te^ d'Adhémar, occupe le trente et unième fauteuil auquel il a été appelé le 9 janvier 1863 et dont il a pris possession le 21 juin suivant, après un discours sur l'Inspiration (R. 1864).

L'étude de l'*Ecrivain : critique, philosophe ou publiciste* a été le sujet de la Semonce qu'il a prononcée en 1865.

Ses travaux académiques insérés au Recueil sont : les éloges du V^te^ de Raynaud (1873) et de Gatien-Arnoult (1888), la réponse au remerciement de M. Buisson (1869), un rapport sur le concours de 1875 et une poésie, *la Canso de Clemenço en lengo moundino* (1883), qui a été mise en musique l'année suivante, sur le désir de l'Académie, par M. Laffont, d'Albi.

Les procès-verbaux mentionnent l'hommage de son roman *Hermann* dont M. de Voisins-Lavernière a rendu compte dans la séance privée du 20 avril 1866.

## TRENTE-DEUXIÈME FAUTEUIL.

**1. — De TOURREIL (Jacques), membre de l'Académie française (1656-1694-1714).**

De Tourreil vécut en cultivant les Lettres et se fit un nom par la traduction de Démosthènes, qui lui ouvrit les portes de l'Académie française (1692).

Il naquit à Toulouse, le 18 novembre 1656, de Jean, procureur général, et de Marguerite de Fieubet, tante du Premier Président de ce nom. Son grand-père, Abraham de Tourreil, était conseiller à la Cour souveraine.

Elevé par N. Parisot, avocat de grand talent, il alla à Paris compléter ses études et publia sa première édition des œuvres de Démosthènes en 1691. L'année suivante, il fut reçu membre de l'Académie française, qui lui avait décerné deux prix d'éloquence en 1681 et 1683, et il contribua à l'édition des gravures en médaillons rappelant les grands faits du règne de Louis XIV.

En 1694, il fit paraître des dissertations sur des controverses de droit, sous le titre d'*Essais de Jurisprudence,* et fut nommé mainteneur sur sa demande, par les lettres patentes érigeant les Jeux Floraux en Académie.

Littérateur éminent, érudit et de bon goût, dit l'auteur de son éloge à l'Académie française, il fut surtout célèbre par sa traduction du grand orateur grec dont il donna, en 1701, une seconde édition très modifiée et augmentée de plusieurs pièces importantes.

L'éloge de J. de Tourreil, décédé à Paris le 11 octobre 1714, fut confié à d'Ouvrier, qui le prononça le 4 décembre de l'année suivante.

Le Musée de l'Académie possède un portrait de ce mainteneur, gravé par Edelinck.

### 2. — De RANCHIN LAVERGNE (Henri) (1668-1714-1737).

Frère de Ranchin Monredon, maître ès Jeux et mainteneur, Henri de Ranchin naquit à Castres le 15 février 1668 et se destina à la carrière militaire.

Après avoir servi dans la maison du prince de Nassau, puis comme garde du corps de l'Electeur de Brandebourg, qui devint roi de Prusse, il se retira à Toulouse et ne s'occupa plus que d'études et de travaux littéraires.

Il obtint le prix d'Eloquence au concours de 1705, fut élu mainteneur survivancier le 17 mars 1713 et succéda, le 4 décembre de l'année suivante, à de Tourreil, au trente-deuxième fauteuil.

L'Académie a conservé son éloge de Clémence Isaure en 1719, et les procès-verbaux reproduisent sa notice biographique du président de Caulet, du 8 juillet 1717; l'éloge de Campistron, qu'il prononça le 30 mai 1723, est le premier qui ait été imprimé au Recueil.

Le Chier d'Aliez, secrétaire perpétuel, rappela aux mainteneurs, le 9 janvier 1738, les services littéraires et l'existence laborieuse de Ranchin

Lavergne, décédé dans le courant du mois de décembre de l'année précédente.

**3. — DASPE (Jean-François), baron de MEILHAN, président au Parlement (1707-1738-1770).**

Fils de Bernard, titulaire du dix-neuvième fauteuil, et de Thérèse Blondel, Jean-François Daspe, baptisé le 9 août 1707, fut reçu conseiller aux Requêtes du Parlement avant d'avoir atteint sa dix-neuvième année, le 19 août 1726, et neuf ans après, il devenait président à mortier, le 13 août 1735, en l'office de Pierre-Joseph de Marmiesse.

Il entra à l'Académie le 10 janvier 1738 et traita, dans la Semonce de 1740, de la Gloire réservée aux hommes de lettres (R. 1740); il siégeait aux Jeux Floraux à côté de son père, dont il était déjà le collègue au Parlement comme président à mortier.

Daspe de Meilhan mourut à Toulouse, le 24 mai 1770, à l'âge de soixante-trois ans, laissant deux enfants de son mariage avec M^lle^ d'Auxion de Vivent. Il fut enseveli aux Grands-Carmes et, le 16 juin 1770, de Bélesta-Gardouch prononça son éloge qui n'est pas inséré au Recueil.

**4. — MARTEL (Guillaume), avocat au Parlement, maître ès Jeux (1731-1770-1821).**

Né à Toulouse, le 29 novembre 1731, Martel fit ses études au collège de l'Esquille et suivit la carrière du barreau.

S'il faut en croire la chronique, ce fut un chagrin d'amour qui lui dicta ses premiers vers et lui dévoila ses aptitudes pour la poésie.

Il avait déjà débuté dans les concours académiques par un discours en prose qui mérita l'impression au Recueil de 1748. Six ans après, son idylle, *les Mouches*, obtenait le Souci; en 1769, il présentait une seconde idylle, *le Billet doux*, qui fut imprimée, et son ode *Sur la mort de Fontenelle* remportait le prix du genre, l'Amarante d'or. L'année suivante, l'ode, *l'Economie politique*, méritait une nouvelle Amarante et l'épître *Sur les dangers du cloître* était insérée au Recueil.

Nommé maître ès Jeux le 8 mai 1770, il fut élu mainteneur le 15 du mois suivant.

Au mois de novembre de la même année, il adressa les félicitations de l'Académie à son confrère de Niquet, qui venait d'obtenir la charge de Premier Président au Parlement. Ce discours figure au Recueil de 1771 avec les vers allégoriques du même auteur à la statue de Clémence Isaure et son éloge de la patronne des Jeux Floraux. Sa Semonce de 1771, sur les talents nécessaires aux littérateurs qui se consacrent à l'instruction, un second éloge de Clémence Isaure en 1782, dans lequel il établit la nécessité d'éviter à la fois l'excès d'indulgence et de sévérité dans les jugements des concours littéraires, ses éloges de l'abbé Forest (R. 1781), de Lecomte et de l'abbé d'Aufrery (1787) ont été également imprimés par les soins de notre Compagnie.

Pendant la Révolution, Martel devint aveugle

et ne put prendre part aux travaux de l'Académie, lorsqu'elle fut rétablie sous l'Empire.

Il mourut doyen des Jeux Floraux le 3 février 1821, et Tajan fit son éloge, le 15 juillet de la même année.

**5. — RUFFAT (Jean-Dominique-François-Marie), professeur à la Faculté de droit (1762-1822-1842).**

Ruffat, fils de Barthélemy, professeur de droit à l'Université de Toulouse, naquit dans cette ville, le 2 janvier 1762, et fit de si brillantes études qu'à l'âge de vingt-deux ans, il fut autorisé à prendre le titre de répétiteur de droit et à donner des leçons.

La Révolution vint jeter le trouble dans cette existence toute consacrée au travail, et le deuil, dans la famille du jeune professeur. Un de ses frères, Jean-Baptiste Ruffat, administrateur du district de Toulouse, avait pris une part active au mouvement fédéraliste; il fut décrété d'arrestation, mais par suite d'une méprise des gardes, ce fut Jean-Dominique qui fut incarcéré le 13 frimaire an II au couvent des Carmélites, où il demeura jusqu'au 21 vendémiaire an III.

Pendant sa réclusion, il perdit son père et son frère Jean-Baptiste. Ce dernier n'avait pu échapper longtemps aux poursuites des Jacobins; arrêté et conduit à Paris, il avait été condamné à mort et guillotiné, le 11 messidor an II.

Aux premiers jours de calme qui suivirent la Terreur, plusieurs institutions d'enseignement secondaire s'ouvrirent à Toulouse : Savy et Gary commencèrent; puis Pujol, qui devait être mainteneur, eut la sienne; Ruffat suivit cet exemple et tint une maison d'éducation. Le professorat ne l'empêcha pas de faire partie de la nouvelle société littéraire « le Lycée » fondée en 1798; il y lut, en l'an IX, une épître sur les devoirs respectifs des maîtres et des élèves.

Le gouvernement impérial organisa l'Université en 1806 et créa une école de droit à Toulouse. Il ne pouvait faire un meilleur choix pour le personnel enseignant que de prendre Al. Jamme comme doyen, et de lui adjoindre de Bastoulh, Furgole, Jouvent et enfin Ruffat, qui fut appelé à la chaire de droit romain.

Dans le discours de réception qu'il prononça, le 15 juillet 1824, un mois après son élection au trente-deuxième fauteuil, Ruffat démontra l'Utilité de l'étude des Belles-Lettres pour les hommes voués au professorat. Ce discours est imprimé au Recueil (1822), ainsi que sa notice sur Jouvent (1823), et l'éloge de Clémence Isaure en 1824. On trouve également dans les publications annuelles de l'Académie plusieurs poésies du même mainteneur : le *Vendredi d'Isaure ou une séance Académique* (1828); *Ma croix d'honneur* (1830); *Le Trésor ou le coup fourré* (1834); *Les trois filous* (1835); *Le curé et ses deux clercs* (1837); et *Le gâteau des rois* (1839).

Ses opinions royalistes ne lui permirent pas de servir le gouvernement de Juillet; il donna sa démission et se retira à la campagne où les travaux littéraires charmaient ses loisirs.

La mort de Mme Ruffat hâta sa fin; il ne lui survécut que vingt-quatre heures et mourut à Villeneuve-les-Cugnaux, le 4 octobre 1842. Son éloge fut prononcé par Ducos, le 23 août suivant.

6. — **DELQUIÉ (Pierre-François-Auguste), conseiller à la Cour de Toulouse (1795-1843-1858).**

Le conseiller Delquié, né à Vieillevigne, près de Villefranche, le 17 décembre 1795, s'était dès son jeune âge, destiné au barreau, où son père avait occupé une situation importante avant la Révolution.

Il plaida avec succès et déposa sa robe en 1830 pour entrer dans la magistrature. Sucessivement conseiller de préfecture, avocat général et enfin conseiller à la Cour Impériale, il consacrait ses loisirs à l'Académie de législation, à la Société d'agriculture, et à l'Académie des Jeux Floraux, qui l'avait élu mainteneur le 24 février 1843.

Son discours de réception du 23 avril suivant (R. 1843) traita du *Roman feuilleton* dont l'Influence sur les lettres et les mœurs lui fournit le sujet de la Semonce qu'il prononça deux ans après (R. 1845). A ces deux œuvres insérées au Recueil, il faut ajouter sa réponse au remerciement de Legagneur (R. 1847).

Le conseiller Caze fit, le 27 février 1859, l'éloge de Delquié, son collègue et son confrère, décédé le 31 mars 1858.

**7. — ALBERT (Auguste), avocat, secrétaire des assemblées (1859).**

Trois fleurs réservées des concours d'Eloquence : un Souci en 1840, une Violette en 1841 et une Eglantine d'or en 1842, désignèrent M. Albert au choix des mainteneurs, qui le nommèrent le 4 juin 1858 au trente-deuxième fauteuil, et entendirent le 27 février 1859 son discours de réception sur les Mérites et l'influeuce de l'Académie des Jeux Floraux.

Ses rapports sur les concours de 1860 et 1861, ainsi que ses réponses aux remerciements de M. Deloume (1886) et de M. Ozenne (1891), figurent au Recueil, dans lequel nous devons exprimer le regret de ne pas voir figurer ses lectures, qui ont si souvent appelé l'attention de l'Académie, notamment : *Les anciens maitres ès jeux* (1880 et 1884); *les Jeux Floraux au Parlement de Toulouse* (1882); *Nos grands jours académiques* (1884); *Débuts académiques d'un conventionnel : Barère de Vieuzac* (1886); *Nos maitres ès jeux* (1891).

M. Albert a été élu Secrétaire des assemblées, le 13 janvier 1860, et les onze réélections successives le maintenant dans cette charge lui témoignent combien ses confrères apprécient le zèle et le mérite avec lesquels il s'acquitte de ses fonctions.

## TRENTE-TROISIÈME FAUTEUIL.

**1. — Mgr de DRUILLET (André), évêque de Bayonne (16..-1694-1727).**

Les archives de l'Académie donnent très peu de renseignements sur Mgr de Druillet, fils du Président aux Enquêtes et frère de Druillet de Montlaur.

Prédicateur distingué, il fut appelé à la Cour de Louis XIV, et devint archidiacre et vicaire général au Mans. Il avait prêché quelque temps à Toulouse et son éloquence et la faveur dont il jouissait à la Cour lui avaient valu de figurer au nombre des mainteneurs nommés par les lettres patentes de 1694; dix ans après, son père devenait son confrère à l'Académie.

Appelé le 8 novembre 1707 à l'évêché de Bayonne et sacré le 8 janvier suivant par le cardinal de Noailles, son protecteur et son ami, il ne quitta plus son diocèse, où il mourut subitement d'une attaque d'apoplexie au couvent des Récollets de Saint-Jean-de-Luz, le 19 novembre 1727.

Le recueil de 1728 contient son éloge par de Saget.

**2. — De COUFFOULENS (Jean-François CASTANIER), président au Parlement (1701-1727-1729).**

Le président de Couffoulens, né au commencement du mois de novembre de 1701, fut reçu conseiller au Parlement le 2 janvier 1723, puis président à mortier à l'âge de vingt-trois ans, le 28 juillet 1724, en l'office de J.-Ph. de Ciron.

L'avenir le plus brillant semblait destiné au jeune magistrat, installé, le 2 janvier 1728, au trente-troisième fauteuil que l'Académie lui avait donné le 28 décembre précédent. Il va se marier à Paris, rentre à Toulouse et meurt subitement le 28 décembre 1729.

Le viguier de Rabaudy a rappelé, le 20 janvier 1730, la trop brêve existence de son confrère, décédé avant d'avoir atteint son sixième lustre.

### 3. — D'ESTADENS (Jean-Antoine), écuyer (1701-1730-1775).

Fils de Pierre et de Françoise de Ternier, Antoine d'Estadens naquit à Toulouse le 5 février 1701.

Son goût pour la littérature se manifesta dès son jeune âge et fut tout particulièrement encouragé par Mlle de Catellan, la première femme qui ait obtenu de l'Académie le titre de maître ès jeux. Il prit part aux concours annuels et remporta deux Soucis : l'un en 1723 pour une églogue, l'autre en 1727 pour une élégie sur Magdeleine à la Sainte-Beaume.

L'Académie le mit en possession, le 27 janvier 1730, du trente-troisième fauteuil auquel il avait été appelé quelques jours auparavant; elle a conservé au Recueil son éloge sur le Génie des femmes (1730), et sa notice biographique sur l'abbé de Tournier (1743).

Ses connaissances artistiques lui avaient ouvert les portes de l'Académie royale de Peinture, Sculpture et Architecture de Toulouse, et son dévouement aux intérêts de sa ville natale l'élevèrent au capitoulat en 1734.

De Portes prononça, le 10 août 1776, l'éloge de d'Estadens, décédé à Toulouse le 26 décembre précédent. Son tombeau était au cimetière Saint-Aubin.

### 4. — Abbé d'HÉLIOT (Benoît). (1695-1776-1779.)

Benoît d'Héliot, fils de François et de M^lle^ de Thomas, naquit à Toulouse, le 27 avril 1695, et fut élevé au collège des Jésuites sous le P. Belot. Sa famille comptait plusieurs de ses membres parmi les capitouls et les magistrats de la Cour souveraine.

Il entra dans les ordres et M^gr^ de Maniban, évêque de Mirepoix, lui confia en 1722 la direction du séminaire de Mazères, fondé par M^gr^ de Labroue. Lorsque M^gr^ de Maniban fut nommé archevêque de Bordeaux, l'abbé d'Héliot revint dans le diocèse de Toulouse, remplit quelque temps les fonctions de vicaire à Saint-Etienne et reçut en 1727 sa nomination à la cure de Colomiers, où il passa plus de vingt années.

Il y commença son importante bibliothèque, dans laquelle il s'efforça, pendant toute sa vie, de réunir les meilleurs ouvrages de science et de littérature. Entouré de ses livres, il s'appliqua à la culture des lettres et à l'étude de l'histoire, communiqua à l'Académie des Sciences, Inscriptions et Belles-Lettres, dont il était membre, les résultats de ses recherches sur les Tectosages, et chercha à faire revivre le souvenir des hommes qui avaient illustré Toulouse.

Sa nomination de professeur des libertés gallicanes à l'Université l'obligea à abandonner la cure de Colomiers en 1749; il vint alors s'établir à Toulouse avec le titre d'abbé du couvent des Cisterciens du Peray-Neuf.

Il était presque octogénaire, lorsqu'il fit don au Clergé de sa bibliothèque composée de quinze mille volumes environ, en imposant comme seule condition à sa libéralité que le public serait librement admis à consulter cette remarquable collection. L'importante bibliothèque du Clergé, encore augmentée par les dons de Mgr de Brienne, forme aujourd'hui le fond principal de la bibliothèque de la Ville de Toulouse.

Dans la séance de l'Académie des Jeux Floraux du 19 février 1775, l'abbé d'Aufrery fit valoir les titres de l'abbé d'Héliot à un fauteuil de mainteneur : son érudition, ses travaux historiques et littéraires, l'obligeance avec laquelle il avait communiqué à de Ponsan, qui écrivit l'*Histoire des Jeux Floraux*, tous les documents qu'il avait recueillis sur cette institution, enfin le don généreux qu'il venait de faire aux habitants de Toulouse, lui assuraient toutes les sympathies, mais il n'y avait pas de fauteuil vacant.

L'importance de la proposition présentée par l'abbé d'Aufrery, les services exceptionnels du candidat et l'urgence de s'assurer le concours d'un érudit et d'un littérateur qui touchait à sa quatre-vingtième année, décidèrent l'Académie à s'écarter en sa faveur des termes formels des règlements. Elle s'engagea, le même jour, à donner à l'abbé d'Héliot la première place vacante et l'admit à siéger dans ses réunions avec droit au suffrage.

Il assista à la séance du 24 février 1775 et ne devint titulaire d'un fauteuil que le 10 août de l'année suivante, en remplacement de d'Estadens.

L'abbé Magi fit, le 1er mai 1779, l'éloge de son confrère l'abbé d'Héliot qui était mort le 6 janvier de la même année, dans sa quatre-vingt-quatrième année, après avoir laissé ses biens à l'hôpital Saint-Jacques de la Grave, à la charge de payer une somme de 4,000 livres à l'Académie des Sciences, Inscriptions et Belles-Lettres, chaque fois que cette Société publierait un volume de mémoires ou d'études.

**5. — D'ALBIS de BELBÈZE (Jean-François-Denys), conseiller au Parlement (1730-1779-1804).**

Fils d'un conseiller à la chambre des Requêtes et de Bernade de Thoulouze de Razengues de Catouvielle, d'Albis naquit à Toulouse, en décembre 1730, entra à la Chambre des Requêtes le 13 décembre 1751, devint conseiller au Parlement en l'office de Bojat le 28 avril 1770, et fut exilé pendant la réforme du chancelier de Maupeou.

Huit jours après son élection de mainteneur, il

prononça, le 1er mai 1779, son discours de réception sur les Bienfaits des Belles-Lettres. Il fit l'Eloge en 1780, et rappela les Principes généraux de la saine littérature dans la Semonce de 1781 (R. 1779, 1780, 1781).

Il avait épousé Mlle Lecomte de Latresne, sœur de son confrère aux Jeux Floraux, avocat général au Parlement.

A la Révolution, d'Albis prépara l'organisation du camp de Jalès, passa à l'étranger et servit à l'armée des Princes. Ses biens furent confisqués et vendus et, lorsque les évènements de Brumaire lui permirent de rentrer en France, il se retira à Thil, près de Toulouse, où il mourut le 29 fructidor an XII (16 septembre 1804).

A. Jamme prononça son éloge le 23 août 1816 (R. 1817).

**6. — Comte de RESSÉGUIER (Bernard-Marie-Jules), ancien maître des Requêtes (1788-1816-1863).**

Le fils du dernier procureur général au Parlement et de Angélique-Louise de Chastenet de Puységur, né à Toulouse le 28 janvier 1788, connut, dès sa plus tendre enfance, les privations, les chagrins et les plus cruelles douleurs.

Avant d'avoir atteint sa cinquième année, il était séparé de son père et de sa mère qu'il ne devait plus revoir : l'un avait dû fuir en 1790 à la suite des protestations de la Chambre des Vacations contre la réforme judiciaire, l'autre avait émigré au moment de la Terreur. Confié avec son jeune frère aux soins vigilants de Mme de Boyer Drudas, il avait vu celle-ci emprisonnée pendant neuf mois par les terroristes toulousains. Sous le Consulat, il perdit successivement son père, sa mère, sa bisaïeule et son grand-père. Adolescent sous l'Empire, il fut entraîné dans le mouvement militaire de la nation, embrassa la carrière des armes à dix-huit ans, et fit de 1807 à 1809, les campagnes de Prusse, de Pologne et d'Espagne; mais son état de santé l'obligea à quitter l'armée et à prendre un repos nécessaire. Il le consacra en grande partie à la poésie, qu'il avait déjà cultivée à l'École militaire.

Ses succès dans la carrière des lettres le désignèrent au choix de l'Académie, qui l'appela, le 28 juin 1816, au trente-troisième de ses fauteuils.

On trouve au Recueil : son discours de réception du 23 août 1816 avec son élégie intitulée : *Les regrets d'un jeune guerrier* (1817); un éloge de Clémence Isaure (1819); deux élégies : *Glorwina* et *la Mort d'une jeune fille de village;* l'éloge du secrétaire perpétuel Poitevin-Peitavi, ami dévoué de sa famille (1821); *la dernière espérance; le Pèlerin*, et *la Consolation d'une mère*, élégie adressée à une jeune fille (1822).

A la Fête des Fleurs de 1818, J. de Rességuier apporta sa cantate *Zulma* et, dans la séance publique du 30 juin 1822, il donna un conte oriental intitulé : *l'Arabe.* Ces deux pièces n'ont pas été imprimées par l'Académie.

Le mainteneur entre alors au Conseil d'Etat et devient maître des Requêtes sous M. de Peyronnet, mais il n'en continue pas moins ses œuvres poétiques dont la pensée élevée et la forme élégante lui ont fait un nom dans le monde littéraire.

Les *Tableaux poétiques* (1828), un essai dans le genre romantique (1836), et *les Prismes* (1838) obtiennent un succès non moins légitime que ses publications dans le *Livre des Conteurs* et dans les *Souvenirs du vieux Paris*.

Après un long séjour à Paris où il avait fondé la *Muse française* avec Soumet, Victor-Hugo, Lamartine, Saint-Valry, etc., il rentre à Toulouse et reprend son siège à l'Académie.

Le Recueil contient plusieurs de ses travaux : l'éloge de Desclaux; la poésie, *la Ville de Toulouse* (1850); la Semonce de 1853, qu'il consacra à une étude sur la Poésie; *Les sages qu'on appelle fous* (1857); *On n'aime plus les vers*, puis *Les femmes auteurs* (1859); des stances en 1860 sur l'Union des poètes rétrogrades et des poètes novateurs, enfin *la Nouvelle maison* (1862).

Les procès-verbaux rappellent encore ses pièces : *Le Travail sanctifié par la prière* et *la Statuette* qu'il présenta à l'Académie le jour de la Semonce de 1856.

Sa mort, survenue le 7 septembre 1862, fut un deuil pour les hommes de lettres comme pour tous ceux qui avaient approché et connu J. de Rességuier; elle inspira à son confrère Ducos des stances élégiaques que les mainteneurs firent imprimer au Recueil de 1863. Son ami, de Barbot put, dans son éloge du 24 avril 1864, joindre à la longue énumération des œuvres si appréciées du mainteneur, ses *Dernières poésies* que M^me^ de Rességuier voulut bien offrir à l'Académie comme un dernier hommage de l'attachement de son mari pour notre Compagnie.

**7. — R. P. CAUSSETTE (Jean-Baptiste), prêtre du Sacré-Cœur, vicaire général du diocèse de Toulouse (1819-1864-1880).**

Né à Plaisance en juillet 1819, élevé par le curé de son village, le P. Caussette a passé sa vie dans les pénibles labeurs de l'apostolat.

Penseur, écrivain et orateur, le saint prêtre était de toutes les œuvres et de toutes les fêtes chrétiennes. La plupart des diocèses de France ont entendu la parole vibrante du prédicateur que l'Institut catholique de Toulouse a inscrit au nombre de ses fondateurs et dont il fut le premier recteur.

Les Relations entre la Chaire chrétienne et l'Académie furent le sujet que le P. Caussette choisit, le 24 mai 1864, pour remercier les mainteneurs qui l'avaient appelé à l'unanimité, le 29 mai 1863, à devenir leur confrère.

Il a laissé une œuvre importante d'éloquence sacrée et on retrouve aux procès-verbaux l'hommage qu'il fit à l'Académie de son *Bon sens de la foi* et de son étude sur *Dieu et les malheurs de la France*.

G. de Belcastel a retracé brillamment, le 25 février 1882, l'existence du prêtre du Sacré-Cœur, vicaire général de Mgr Desprez, décédé au Calvaire, à l'âge de soixante ans, le 12 mai 1880.

8. — **Abbé COUTURE (Léonce), doyen et professeur à la Faculté libre des Lettres (1882).**

L'étude du Génie de la race gasconne a été exposée dans le discours de remerciement que l'abbé Couture a prononcé le 25 juin 1882, en prenant possession du fauteuil que l'Académie lui avait attribué, le 28 janvier de l'année précédente (R. 1884).

Les vers qu'il a adressés à S. S. Léon XIII à l'occasion de son jubilé sacerdotal, en collaboration avec M. de Rességuier, secrétaire perpétuel de l'Académie, figurent au Recueil (1888), ainsi que sa réponse au remerciement de M. le chanoine Valentin (1889).

## TRENTE-QUATRIÈME FAUTEUIL.

1. — **De CATELLAN (Jacques), dit le CHEVALIER, secrétaire perpétuel de l'Académie (1643-1694-1733).**

D'une ancienne famille parlementaire dont plusieurs membres appartenant en même temps à la Cour souveraine du Languedoc, formèrent, au dix-huitième siècle, dans leur hôtel de la rue de la Dalbade, une sorte de cénacle de juriconsultes, Jacques de Catellan, fils d'Aymable, conseiller au Parlement, et de Isabeau de Ciron, naquit à Toulouse le 30 juillet 1643.

Son oncle, l'abbé de Catellan, a laissé un Recueil d'arrêts très estimé; son père a été doyen du Parlement, son frère et ses deux neveux ont occupé : l'un, un siège de président aux Enquêtes, et les autres, des fauteuils de conseiller à la même Cour. Il suivit pendant quelques années la carrière militaire, mais ses études et ses goûts littéraires le désignèrent au choix du roi Louis XIV, qui le nomma mainteneur de la nouvelle Académie des Jeux Floraux en 1694.

Ses confrères lui conflèrent les fonctions de secrétaire des assemblées en 1702 et 1703, et le nommèrent secrétaire perpétuel le 30 novembre 1711, en remplacement de Lafaille.

Ses éloges de Clémence Isaure, en 1717 et 1718, sont les premiers qui figurent au Recueil. A ces deux discours, il faut ajouter sa Semonce (1720) sur la Perfection dans les œuvres littéraires, à laquelle répondit le capitoul de Montaudier; son éloge du chancelier de Pontchartrain (R. 1728); enfin sa notice biographique du président Druillet, mentionnée au procès-verbal de la séance privée du 29 mai 1718.

Surchargé d'années, de Catellan demanda, en avril 1732, à se démettre de ses fonctions de secrétaire perpétuel; l'Académie rendit un hommage mérité à ses longs services, en le maintenant dans cet office, tout en lui adjoignant le Ch^er d'Aliez, avec droit de survivance.

Il appartenait à l'Académie depuis près de huit lustres, et il allait accomplir sa quatre-vingt-dixième année lorsqu'il mourut à Toulouse, le 25 août 1733. Le chef du Consistoire, Lardos, prononça, le 18 du mois suivant, l'éloge du vieux mainteneur, dont le corps reposait au cimetière des Grands-Carmes.

**2. — DUMAS D'AYGUEBÈRE (Jean), conseiller au Parlement (1692-1733-1755).**

D'une famille originaire de Toulouse, Dumas d'Ayguebère naquit, le 6 septembre 1692, à Florence, où son père avait épousé la fille du Cte de Lorenzi, ministre du grand-duc de Toscane.

Son oncle paternel, qui était conseiller au Parlement du Languedoc, se chargea de son éducation et l'envoya à Paris, au collège des Jésuites de Louis-le-Grand; il y devint le camarade et l'ami du jeune élève qui devait illustrer le nom de Voltaire.

Après avoir terminé ses études, d'Ayguebère vint suivre les cours de droit à Toulouse et consacra ses premiers loisirs à la poésie; il fréquentait les hommes de lettres, était un assidu du salon de la présidente Druillet et faisait des vers. Ses deux odes *l'Or* et *les Grâces* obtinrent l'Amarante aux concours de 1715 et 1716 et une églogue qu'il présenta en 1720 fut insérée au Recueil.

Voltaire, avec lequel il n'avait pas cessé d'entretenir des relations amicales, lui écrivit en 1726 une lettre en vers, dont on a conservé des fragments et dans laquelle il lui fait part de son projet de voyage en Angleterre pour publier la *Henriade*, qu'il ne pouvait parvenir à faire imprimer en France. Bientôt il l'invite à le rejoindre et d'Ayguebère, cédant à ses instances et à celles de son ami de Cideville, qui allait entrer au Parlement de Rouen, se décide à partir pour Paris. Déjà célèbre, Voltaire le présente à la Cour de Sceaux; il y retrouve la présidente Druillet devenue veuve, et fournit plusieurs pièces au théâtre particulier de la Duchesse du Maine. Il obtient un grand succès, le 9 juillet 1729, avec sa pièce à trois spectacles comprenant : *Polyxène*, tragédie en un acte; *l'Avare amoureux*, comédie; et *Pan et Doris*, pastorale en un acte, mise en musique par Mouret. Peu de temps après, il fait représenter au Théâtre Italien une parodie de son *Polyxène*. Malgré son désir de revoir le Languedoc, il se voit retenu à la Cour de Sceaux et continue ses œuvres littéraires : les contes d'Hamilton lui fournissent une comédie, le *Prince de Noisy*, qui est jouée devant la Duchesse, puis au Théâtre Français en 1730.

Le conseiller Pierre Dumas rappelait son neveu auprès de lui. Le jeune auteur se décide à quitter ses protecteurs et ses amis; il rentre à Toulouse, est reçu mainteneur, le 18 septembre 1733, quelques jours après son élection, puis conseiller au Parlement en l'office de son oncle, le 29 décembre suivant.

Dans une lettre de la même époque adressée à M. de Sade, qui voyageait dans le Midi, Voltaire lui recommande de voir à Toulouse son ami d'Ayguebère : « Je le crois au fond digne de vous, « quoiqu'il n'ait pas de brillant ». Tel est le jugement du littérateur philosophe sur le mainteneur, qui fit l'éloge de Clémence Isaure en 1735 et traita du Bon sens dans la Semonce de 1741. Ces deux discours figurent au Recueil.

L'éloignement et les années n'interrompirent pas la correspondance des deux amis. En 1743, Voltaire annonçait à d'Ayguebère le succès de *Mérope*, et lorsque l'Académie lui décerna les lettres de maîtrise, il chargea son ancien camarade de collège de faire hommage à ses confrères de six exemplaires de la *Henriade.*

Après la mort de M^me^ du Châtelet, Voltaire écrit encore, le 26 octobre 1749, et rappelle à d'Ayguebère que c'était grâce à lui qu'il avait renouvelé connaissance, vingt ans auparavant, avec celle dont il pleurait la perte. Il l'engageait, en même temps, à venir se fixer à Paris, et lui offrait un appartement dans l'hôtel qu'il habitait avec sa nièce, M^me^ Denis.

Le conseiller alla visiter Voltaire, mais il ne tarda pas à rentrer à Toulouse, où il mourut sans postérité, à l'âge de soixante-trois ans, en juillet 1755. Son collègue, le conseiller de Bardy, fit son éloge, le 22 août de la même année.

### 3. — RIQUET DE CARAMAN (Antoine-Jean-Louis), président au Parlement (1729-1756-1759).

Fils du mainteneur, lieutenant général des armées du roi, et de Magdelaine-Antoinette de Portail, ce magistrat naquit à Paris, le 17 octobre 1729, et fut destiné à la carrière ecclésiastique pendant que son frère, le M^is^ de Caraman, entrait dans celle des armes. Il fit ses études auprès de sa grand'mère la présidente de Portail, prit la soutane et suivait les cours de théologie, lorsqu'il renonça aux ordres et obtint des provisions royales du 17 août 1750 le nommant avocat général au Parlement de Toulouse, en l'office de son oncle Riquet de Bonrepos, devenu procureur général. Il n'avait pas encore vingt et un ans.

Son éloquence et ses goûts littéraires le désignaient au choix de l'Académie et, le 30 janvier 1756, il occupa le fauteuil auquel il avait été appelé le 22 août de l'année précédente.

De Caraman était devenu président au Parlement en 1756 et venait de se marier, depuis quelques mois à peine, avec sa cousine Mlle Riquet de Bonrepos, lorsqu'il mourut à Paris le 27 février 1759, avant d'avoir atteint sa trentième année.

Verny prononça, le 6 août suivant, l'éloge du jeune magistrat dont la mort prématurée hâta la fin du lieutenant général de Caraman, qui l'avait vu s'asseoir à ses côtés à l'Académie des Jeux Floraux.

**4. — D'AGUIN (Jean-Joseph), président à mortier au Parlement (1731-1759-1794).**

Né à Toulouse en mars 1731, d'Aguin fut élevé au collège des Jésuites, obtint un prix de poésie latine à l'Académie de Rodez, et présenta au concours des Jeux Floraux de 1748 une églogue, *Ismène*, qui fut remarquée par l'Académie (R. 1748).

Après de brillantes études de droit, il succéda

à son père comme conseiller au Parlement en 1756, puis comme président à la deuxième chambre des Enquêtes en 1761.

Le jeune magistrat, élu mainteneur le 6 avril 1759, prit possession de son fauteuil le 20 du même mois et sa première lecture fut l'éloge de Géraud d'Aldéguier (R. 1759). L'Académie a conservé ses Réflexions sur le Goût, qu'il exposa en faisant la Semonce du 14 août 1743 (R. 1744) et son éloge de Clémence Isaure en 1765, dans lequel il traita de la Nécessité de l'étude des Belles-Lettres (R. 1765). Un second Eloge fait en 1783 n'a pas été imprimé.

Exilé pendant le Parlement Maupeou, d'Aguin prononça le discours d'ouverture de la séance publique tenue, le 2 juillet 1775, pour décerner un prix exceptionnel à l'auteur de la meilleure ode sur le rétablissement des Cours souveraines (R. 1776). Les Avantages que les femmes peuvent retirer de la culture des Belles-Lettres lui fournirent un sujet de discours pour la Fête des Fleurs du 3 mai 1781.

Le Recueil de 1789 contient ses réponses aux remerciements de Jougla de Paraza, de Lavedan et de Floret, récipiendaires.

A la Révolution, il se retira au château de Lamote, à Seysses; il y fut arrêté, le 24 avril 1793, par une brigade de gendarmerie, conduit à la prison de la Maison commune de Toulouse, puis détenu à la Visitation jusqu'au 13 juillet, malgré son acquittement par le tribunal criminel du département. Il ne recouvra la liberté que pour être emprisonné de nouveau le 28 septembre et dirigé sur Paris, où il fit partie de la *seconde fournée* des parlementaires toulousains qui moururent, au nombre de vingt-six, sur l'échafaud de la barrière du Trône, le 14 juin 1794.

Son éloge, prononcé le 28 mai 1806 par Poitevin-Peitavi, est inséré au Recueil de 1808.

Marié à Mlle de Rességuier, sœur du procureur général au Parlement, d'Aguin laissa deux fils dont l'un prit une part active à l'insurrection de l'an VII.

**5. — Baron DESAZARS (Guillaume-Joseph-Jean-François), Premier Président à la Cour de Toulouse (1754-1806-1831).**

Douzième enfant d'un prieur de la Bourse des consuls, G. Desazars naquit à Toulouse le 5 novembre 1754, fut élevé à Juilly, et débuta comme avocat au Parlement en 1782.

A la Révolution, on le voit administrateur du district, puis président du tribunal de Villefranche. La Terreur l'oblige à se réfugier quelque temps à l'armée des Pyrénées-Orientales, auprès de Dugommier, avant de trouver un asile plus sûr dans l'Aude et les montagnes des Corbières.

En l'an IV, il reprend possession de son siège de président à Villefranche, devient président du tribunal d'appel à Toulouse, Premier Président de la Cour d'appel le 1er juin 1804, enfin, sept ans après, Premier Président de la Cour impériale, qui fut installée par le sénateur Demeunier.

Baron de l'Empire du 15 août 1811, il conserva ses fonctions de Premier Président pendant la première Restauration et les Cent-Jours. Ce ne fut qu'au retour des Bourbons, en 1815, qu'il fut remplacé par Hocquart, avec le titre de Premier Président honoraire.

Des premiers appelés à faire partie de l'Académie des Jeux Floraux, lorsqu'elle se réunit à nouveau sous l'Empire, il occupa le trente-quatrième fauteuil le 23 février 1806, neuf jours après son élection.

On trouve au Recueil son éloge de Miramont en 1807 et ses réponses aux remerciements de d'Ayguesvives (1825) et de Larrouy (1827).

Le B[on] Desazars mourut le 4 novembre 1831 et Ducos prononça son éloge le 27 janvier 1833.

**6. — De PUIBUSQUE (Louis-Adolphe), ancien sous-préfet (1800-1833-1862).**

Né à Paris, le 7 mars 1800, A. de Puibusque fit ses études au collège Henri IV, entra au Ministère de l'Intérieur, débuta dans l'administration comme secrétaire du préfet de l'Aude, passa avec le même titre dans la Seine-Inférieure, devint secrétaire général dans les Basses-Alpes et fut nommé sous-préfet à Cherbourg.

Ses fonctions ne lui faisaient pas négliger les Belles-Lettres. Dès 1825, l'Académie de Cambrai lui décernait un des prix de ses concours littéraires, et l'année suivante, son ode sur le sacre de Charles X était remarquée par l'Académie des Jeux Floraux et imprimée au Recueil. *La Moisson des roses à Samos* obtient, en 1827, l'impression au volume annuel de l'Académie toulousaine, qui accorde une Amarante d'or à son ode, *le Naufrage de Camoens,* en 1828, puis un Lis d'argent à son hymne à la Vierge en 1829.

La Révolution de Juillet vient briser la carrière du jeune sous-préfet, qui est placé au premier rang des rédacteurs de la *Gazette du Languedoc.*

L'Académie appelle de Puibusque au nombre de ses mainteneurs et, le 27 janvier 1833, le publiciste remercie ses nouveaux confrères en les entretenant de l'Indépendance de l'écrivain. La même année, il consacre à l'éloge de Clémence Isaure une légende du quinzième siècle, *le Sire de La Landelle.* Ces deux œuvres figurent au Recueil, ainsi que sa réponse au discours de réception de du Gabé, en 1834.

Le mainteneur collabore quelque temps à la revue *France et Europe*, puis il se lance dans les grands tournois littéraires, et son *Histoire comparée des littératures française et espagnole* est couronnée par l'Académie française, à la suite du concours extraordinaire de 1842.

De Puibusque part alors pour l'étranger : il visite l'Ecosse, l'Irlande, le Canada ; l'Académie de Bordeaux l'appelle au nombre de ses membres en 1838 et il entre à l'Institut canadien de Montréal en 1846.

A peine de retour en France, vers 1850, il reprend ses travaux littéraires avec une nouvelle ardeur, et le Recueil publie plusieurs de ses œuvres : une légende, *Charlemagne dans le val d'Andorre* (1853); *la Jeune fileuse ;* puis *une Nouvelle année* (1857) ; *un Duel ;* l'apologue, *les Amis* (1858) ; une seconde légende, *le Roi*

*Jean et son favori; les Etoiles* (1859); *un Homme retiré du monde;* ensuite, *Ce qui part sans retour* (1860; enfin, *les Dernières heures de Charles-Quint; le Fil conducteur*, et *les Deux Andalouses* (1861).

On retrouve aux procès-verbaux le souvenir de sa traduction du C^{te} Lucanor (1854) et de ses *Notes d'un Voyage d'hiver de Montréal à Québec* (1861).

Avec l'âge sont venues les infirmités et de Puibusque est obligé d'aller chercher un soulagement dans une station des Pyrénées, où M^{me} de Puibusque est frappée avant lui par la mort. Il rentre à Paris et succombe à son tour, le 31 mai 1862.

Du Gabé, qu'il avait reçu à l'Académie en 1834, fit son éloge le 22 janvier 1865.

**7. — De ROQUEMAUREL (Louis-François-Marie-Gaston-Auguste), capitaine de vaisseau (1804-1865-1878).**

Servir brillamment la France pendant près de quarante années, consacrer les loisirs de la retraite à la culture des Belles-Lettres et devenir l'un des bienfaiteurs de l'Académie; telle a été la carrière de G. de Roquemaurel, dont l'éloge fut présenté à l'Académie, le 2 mars 1879, par de Toulouse-Lautrec.

Fils d'un ancien officier et de M^{lle} de Bonnes-Lesdiguières, de Roquemaurel naquit à Auriac le 22 septembre 1804, fut élevé par son oncle de Puymaurin et fit ses études aux collèges d'Auch et de Toulouse.

Elève de l'Ecole polytechnique à dix-huit ans, il entra dans la marine, fit la campagne d'Algérie, et fut le lieutenant de Dumont d'Urville dans son grand voyage autour du monde sur l'*Astrolabe*, de 1837 à 1840; puis il prit part au bombardement de Mogador comme capitaine de frégate à bord du *Cassard*, fut chargé d'une mission en Océanie, devint directeur du personnel au Ministère de la Marine sous Arago et se retira en 1862, avec le grade de capitaine de vaisseau qu'il avait depuis quatorze ans.

L'Académie le mit en possession, le 22 janvier 1865, du fauteuil auquel elle l'avait élu le 8 janvier de l'année précédente; il la remercia par une étude sur le Beau dans les Lettres et dans les Arts.

Son discours de réception, ses souvenirs de voyage dans la Nouvelle-Zélande et son étude sur la Mission française aux îles Gambier, en Polynésie, sont insérés aux volumes de 1865, 1869 et 1872.

Par dispositions testamentaires, le commandant de Roquemaurel, décédé le 1er avril 1878, légua à l'Académie une somme de 12,000 francs pour en affecter le revenu à la fondation d'un nouveau concours d'Epîtres ou de Poèmes de cent cinquante à deux cents vers, en français ou en patois de la langue de Goudelin ou de Jasmin, sur un sujet fixé par l'Académie.

Ce concours de poésie française a lieu tous les deux ans depuis 1881, et le vainqueur reçoit une Violette d'or qui porte le nom de prix Roquemaurel.

L'Académie a placé dans la salle de ses séances le portrait de ce mainteneur, peint par notre concitoyen de Lacger.

**8. — ARNAULT (Louis-Ferdinand-Barthélemy), professeur à la Faculté de Droit, ancien député du Tarn-et-Garonne (1837-1879-1894).**

L'existence de Louis Arnault a été retracée tout entière dans le remarquable éloge prononcé, le 8 mars 1896, par notre confrère, M. Ch. Arnaud.

Universitaire de naissance, Arnault naquit le 27 septembre 1837, à Tours, où des devoirs professionnels avaient appelé son père. Elevé au lycée de Cahors, il se prépara un moment à l'école polytechnique, fit à Paris ses études de droit, y obtint l'agrégation et débuta comme chargé de cours à la Faculté de Droit de Nancy, en 1865. Deux ans après, il était appelé en la même qualité, à Toulouse qu'il ne devait plus quitter.

A peine est-il devenu notre concitoyen que l'Académie de Législation l'appelle au nombre de ses membres (1868), et lui confie l'office de secrétaire perpétuel (1878). Il devient titulaire de la chaire d'Economie politique (1878), et l'Académie lui donne, le 14 juin 1878, son trente-quatrième fauteuil, qu'il occupe le 2 mars de l'année suivante après avoir traité, dans son remerciement, des Rapports entre la poésie et la science qu'il professe à la Faculté.

Faut-il rappeler ses comptes-rendus des concours de 1891 et 1893, ses discours souhaitant la bienvenue à ses nouveaux confrères M. Ch. Arnaud (1891), et le colonel Perrossier (1894)? Le Recueil de l'Académie les a précieusement conservés, mais il ne pouvait publier toutes les œuvres pleines d'esprit et d'humour dont le mainteneur donnait lecture à l'Académie, notamment sa pièce de vers : *Je monologue.*

Arnault avait mis son dévouement et son savoir à la disposition du corps électoral du Tarn-et-Garonne qu'il représenta d'abord au conseil général (1874), puis à la Chambre des députés de 1885 à 1889.

Il est mort, le 2 juillet 1894, laissant deux œuvres importantes : *Le socialisme de la commune* (1883) et les *Eléments de l'économie politique* (1879).

## TRENTE-CINQUIÈME FAUTEUIL.

### 1. — BAYLE (François), professeur en médecine (1622-1694-1709).

Au nombre des mainteneurs nommés par les lettres patentes de 1694 figure François Bayle, docteur en médecine, professeur à l'Université de Toulouse (Faculté des arts), et l'un des fondateurs de la Société des Lanternistes.

On ne retrouve dans les archives aucune trace des travaux académiques de ce savant, qui a laissé des œuvres importantes en médecine, en physique et en botanique. La plus remarquable est sa dissertation sur l'Expérience et la Raison.

Né en 1622, Bayle est mort à Toulouse, à l'âge de quatre-vingt-sept ans, le 25 septembre 1709, et a été enterré au cimetière des comtes à la Daurade.

Poitevin-Peitavi a dit la laborieuse existence de ce mainteneur, dans son éloge du 9 août 1811.

**2. — De PAPUS DE LA CASSAGNÈRE (Pierre), chevalier de Saint-Lazare (1676-1709-1737).**

D'une ancienne famille de robe, fils de François, conseiller au Parlement, et de Hélène de Ciron, Pierre de Papus, né à Toulouse le 8 octobre 1676, se destina à l'état ecclésiastique.

Il fit ses études de théologie à Paris, essaya de la prédication non sans succès, appartint au chapitre abbatial de Saint-Sernin de Toulouse, mais ne se crut pas assez certain de sa vocation pour recevoir les ordres. Il abandonna la soutane pour prendre le cordon et la croix de l'ordre militaire de Saint-Lazare, dont les règlements l'obligeaient à la récitation quotidienne des prières de l'Eglise.

Elu mainteneur survivancier, le 19 mai 1702, puis titulaire du trente-cinquième fauteuil, le 1er décembre 1709, il suivait assidûment les séances de l'Académie dont les procès-verbaux ne donnent malheureusement pas, à cette époque, des détails suffisants sur les travaux des membres de la Compagnie. On trouve au Recueil de 1718 la Semonce qu'il prononça, en traitant de l'Art poétique.

D'une santé délicate, de Papus fut obligé d'aller consulter la Faculté de Paris, et il mourut dans cette ville, au commencement du mois d'août 1737.

Le secrétaire perpétuel d'Aliez prononça son éloge quelques jours après.

### 3. — **DUCLOS (Jean-François), avocat au Parlement (1703-1737-1752).**

Fils d'un lieutenant du guet et de Perrette de Cirarol et né à Toulouse, le 14 mai 1703, Duclos entra au barreau, à peine âgé de dix-neuf ans, après avoir fait au collège des Jésuites d'excellentes études, surtout dans les classiques grecs et latins.

Lauréat du concours de 1730, où il avait obtenu une Eglantine, il fut reçu à l'Académie des Jeux Floraux le 30 août 1737.

Il était déjà au premier rang des avocats du Parlement, mais les succès oratoires, qu'il semblait rechercher, faisaient dire de lui qu'il était plus orateur que jurisconsulte et plus académicien qu'avocat. Son éloquence fut un nouvel argument en faveur de l'opinion, si longtemps soutenue par le barreau, qu'il existait une sorte d'incompatibilité entre la profession d'avocat et la culture de la poésie.

A l'Académie, il étudia les Belles-Lettres et la vie de Clémence Isaure dans l'Eloge de 1738, les rapports de la Poésie et de l'Eloquence dans la Semonce de 1742 et prononça, le 9 janvier 1746, un éloge de Louis XV, qui fut remarqué par les littérateurs de la capitale. Ces trois discours figurent au Recueil.

Duclos était membre, depuis 1744, de l'Académie des Belles-Lettres de Montauban et il appartint en 1751 à l'Académie des Sciences, Inscriptions et Belles-Lettres de Toulouse.

Le président de Caulet lut, le 23 juin 1752, l'éloge de ce mainteneur, décédé à Toulouse le 4 du même mois.

Il a laissé de nombreux travaux inédits, dont les principaux sont : diverses traductions de fragments de Tibule, de Properce, d'Horace et de Virgile, une dissertation sur les *Jeux Floraux de l'ancienne Rome*, un petit *Traité du Sublime*, une ode sur l'*Enthousiasme*, un mémoire sur la *Sainte-Ampoule* et une *Histoire de la parure et des ornements des femmes*.

**4. — De MONTÉGUT (Jean-François), seigneur de la Bourgade-lès-Narbonne, conseiller au Parlement (1729-1752-1794).**

Le fils de François de Montégut, trésorier de France, et de Jeanne de Ségla, naquit à Toulouse, le 7 novembre 1729. Après avoir complété ses études à Paris, où il fréquenta Marmontel, Voltaire, Fontenelle, Caylus, etc., il rentra à Toulouse et devint membre de la chambre des Requêtes du Parlement, le 14 décembre 1751.

Enfant, il avait vu sa mère prendre part aux concours académiques et remporter les trois prix qui lui méritèrent le titre de maîtresse ès Jeux Floraux. A dix-huit ans à peine, il descendait à son tour dans l'arène littéraire, et plusieurs des pièces qu'il présenta figurent au Recueil de 1747 à 1751 : une idylle, deux odes et un poème.

Quelques jours à peine après la mort de sa mère, le 23 juin 1752, l'Académie l'appela au trente-cinquième fauteuil. Elle a conservé ses trois odes en l'honneur de Clémence Isaure (1755), l'éloge de Mgr de Crussol, qu'il prononça le 28 mai 1758 (R. 1759), celui de Ponsan, le premier qui ait été lu en séance publique (1775), et ses réponses aux discours de réception du duc de Périgord et de l'avocat général de Rességuier, en 1781. Sa réponse au remerciement de Barère de Vieuzac et l'*Epître à Chloé*, qu'il lut à la Fête des Fleurs de 1785, n'ont pas été insérées au Recueil.

De Montégut ne s'occupait pas exclusivement de littérature : la numismatique, l'archéologie et l'histoire disputaient aux Belles-Lettres ses moments de loisir. Appartenant, dès 1752, à l'Académie des Sciences de Toulouse, à laquelle il communiqua de nombreux mémoires, il fut appelé successivement à faire partie des Bureaux d'agriculture de Brives, de Limoges et d'Angoulême.

Pendant les vacances parlementaires, il se retirait dans le beau domaine de Ségla, dont les ombrages avaient inspiré les meilleures poésies de Mme de Montégut; là, il faisait des vers et traduisait les classiques latins, quand il n'était pas absorbé par des travaux archéologiques, la recherche ou le classement des débris épars de l'ancienne église de la Daurade de Toulouse.

Ce mainteneur a offert à l'Académie, en 1768,

un exemplaire des œuvres littéraires de sa mère, puis, en 1779, le buste de Mme de Montégut-Ségla, qui orne encore la salle des séances.

La science et la littérature n'empêchaient pas le magistrat de remplir les importants devoirs de sa charge. Conseiller au Parlement depuis le 6 mars 1770, il s'était fait constamment remarquer par la sagesse de son jugement, l'énergie et la droiture de son caractère. En 1788, il résistait courageusement à la réforme de la magistrature tentée par le cardinal de Brienne; en 1790, il faisait partie de cette Chambre des Vacations qui protesta si hautement contre les décrets de l'Assemblée nationale supprimant les Cours souveraines.

Décrété d'arrestation, il fuit, passe la frontière et se réfugie à Vittoria, où sa réputation de numismate l'a précédé et où il classe l'important médaillier de cette ville. L'amnistie de 1791 lui rouvre les portes de la France; il rentre dans le Languedoc, le 20 janvier 1792, et s'établit au château de Ségla. La Révolution marche à pas de géant et l'orage gronde à l'horizon politique; l'ancien magistrat, l'aristocrate, est déjà un suspect et de Montégut continue ses travaux. Le 11 avril 1793, il lit à la séance publique de l'Académie des Sciences une étude sur des Bains anciens découverts à Roquelaure.

Quinze jours ne s'étaient pas écoulés que la Convention, méconnaissant l'amnistie de 1791, faisait incarcérer les membres de la Chambre des Vacations. Montégut est arrêté à Ségla, le 25 avril 1793, avec son fils, l'un des derniers nommés parmi les conseillers au Parlement; quelques jours après, il est mis en liberté, puis arrêté de nouveau, le 31 août, et conduit à la Visitation, qu'il ne doit quitter que pour marcher à la mort.

Il faut des victimes à la guillotine de Paris et Toulouse expédie un premier convoi d'anciens parlementaires. Montégut en fait partie et, après un semblant de jugement devant le tribunal de sang, il est guillotiné avec cinq de ses collègues, le jour de Pâques, 20 avril 1794.

Deux mois après, son fils venait, à son tour, expier sur le même échafaud le crime d'avoir appartenu à la Cour souveraine du Languedoc.

L'éloge du magistrat, victime de la Terreur, fut prononcé par Hocquart, le 29 août 1807.

**5 — HOCQUART (Mathieu-Louis), Premier Président à la Cour de Toulouse (1760-1806-1843).**

Au moment de la Révolution, Hocquart, né à Paris le 4 juin 1760, et ancien élève du collège d'Harcourt, avait l'office d'avocat général à la Cour des Aides; un de ses frères était Premier Président à la même Cour, un autre occupait la charge de président au Parlement de Metz.

La République est proclamée, il se retire à Toulouse, où ses frères refusent de le suivre, et il se voit obligé, en février 1793, de demander un certificat de résidence, qui lui est refusé par le Conseil général de la commune. La Terreur se dresse menaçante; il se cache dans la ville et aux environs, puis dans les Pyrénées. C'est par erreur que l'on a prétendu qu'il avait été incarcéré aux Carmélites de Toulouse; son nom ne figure sur aucun des registres d'écrou des maisons de détention.

Pendant qu'il erre d'asile en asile, six membres de sa famille sont guillotinés et sa mère meurt de chagrin. Son frère, le président à la Cour des Aides, est monté sur l'échafaud de Paris, le 20 avril 1794, avec six parlementaires de Toulouse, dont l'un, de Montégut père, appartenait à l'Académie des Jeux Floraux.

Il se décide à passer en Espagne, mais le guide qui doit lui faire franchir les Pyrénées le dénonce aux jacobins ; il est arrêté, conduit à Tarbes et incarcéré dans le même cachot que Bergasse, qui lui dicte son testament. Thermidor le sauve de la guillotine.

Le calme se rétablit, Hocquart rentre dans le Languedoc et s'établit à Mondonville dont il est nommé maire.

L'Académie des Jeux Floraux se reconstitue et l'appelle à son trente-cinquième fauteuil, qu'il occupe le 23 février 1806. Les Recueils de 1806, 1807 et 1808 contiennent son discours de remerciement et ses éloges du conseiller de Montégut et du président de Sapte.

A leur tour, l'Académie des Sciences, Inscriptions et Belles-Lettres, puis la Société d'Agriculture l'associent à leurs travaux.

Le gouvernement impérial lui offre en 1811 une présidence à la Cour de Toulouse, il la refuse et n'accepte pas davantage la même proposition, au retour des Bourbons.

Pendant les Cent-Jours, il rend des services à la cause royaliste et la seconde Restauration lui confie en 1815 la première présidence de la Cour de Toulouse, en remplacement du B[on] Desazars.

Député de la Haute-Garonne, de novembre 1820 aux journées de Juillet, sauf pendant l'année 1827, il siègea à la droite de la Chambre, soutenant le cabinet de Villèle et votant pour le Ministère de Polignac. On le vit, en même temps, conseiller municipal de Toulouse par ordonnance du 13 mai 1816, conseiller général depuis 1818, et administrateur des hospices.

Elu de nouveau député le 3 juillet 1830, il fit encore partie de la Chambre pendant une année environ.

Hocquart mourut à Toulouse, le 14 mai 1843, après avoir présidé la Cour d'appel pendant vingt-huit ans.

Son éloge a été prononcé à l'Académie des Jeux Floraux par de Barbot, le 4 septembre 1844.

Son portrait, peint par Villemsens, est placé au Palais, dans le cabinet du Premier Président.

6. — **Abbé SALVAN (Jean-Baptiste-Joseph-Antoine-Adrien), chanoine honoraire de la métropole (1800-1844-1864).**

L'accomplissement des devoirs de son ministère, l'étude de la littérature et de l'histoire, résument l'existence de ce mainteneur, né à Toulouse le 22 août 1800 et décédé le 9 juillet 1864.

Après son ordination en 1825, l'abbé Salvan fut vicaire de la paroisse Saint-Pierre, puis il se retira pour se consacrer entièrement à la prédication et à l'étude.

Le Sentiment religieux dans la littérature fut le sujet du remerciement qu'il adressa à l'Académie le jour de sa réception, le 4 juillet 1844. Ce discours, inséré au Recueil (1845), est suivi : de la Semonce de 1847 dans laquelle il traita de l'Edulation, de ses réponses aux remerciements de Caze, de Benech et de M. F. de Rességuier (1850), de sa notice sur Mgr d'Astros (1852), et de son éloge de Clémence Isaure (1858).

Parmi ses lectures dans les séances privées de l'Académie, il convient de citer : des documents relatifs aux Jeux Floraux (1850); un Aperçu historique sur les Troubadours (1851), son poème, la vie de l'abbé de La Salle (1852), etc., etc., une étude sur Clémence Isaure (1853).

L'abbé Salvan a laissé de nombreux travaux : la *Vie du curé Bernadou*, celles de *sainte Germaine*, du *vénérable de La Salle*, de *Mme de Lestonac*, de *saint-Sartunin*, etc., le résultat de ses recherches sur *la liturgie toulousaine*, etc., mais son œuvre la plus importante, et qui fait autorité en la matière, est son *Histoire générale de l'Eglise de Toulouse.*

Boutan a prononcé l'éloge de son confrère, le 4 février 1866.

### 7. — S. G. Mgr GOUX (Paul), évêque de Versailles (1866).

M. l'abbé Goux, élu mainteneur, le 3 février 1865, en même temps que le Cte de Toulouse-Lautrec, de Rémusat et Mgr de la Bouillerie, a pris possession de son fauteuil, le 4 février 1866, en entretenant l'Académie du Sentiment du devoir dans la littérature.

Son discours de réception et ses réponses aux remerciements de Villeneuve, de MM. Bladé et Dubédat figurent au Recueil (1868, 1876, 1877).

L'Académie a été privée du précieux concours de ce mainteneur depuis 1877, date à laquelle le diocèse de Versailles a été confié à son dévouement et à sa charité.

## TRENTE-SIXIÈME FAUTEUIL.

**1. — DASPE (Jean), baron de MEILHAN, ancien maire de Toulouse, président au Parlement (16...-1694-1712).**

La mairie héréditaire de Toulouse, créée par Louis XIV en août 1692, fut octroyée, le 13 juin de l'année suivante, moyennant 100,000 livres et aux gages de 5,000 livres, à J. Daspe, baron de Meilhan, conseiller au Parlement depuis le 26 avril 1665.

Presque au début de son administration, le nouveau Maire eut à s'occuper de la situation des Jeux Floraux et des démarches que Simon de Laloubère faisait en leur faveur; il joignit ses efforts à ceux de son concitoyen et contribua de tout son pouvoir à la création de l'Académie. Le gouvernement royal, voulant resserrer les liens qui unissaient les Jeux Floraux à l'édilité toulousaine, décida que le maire de la ville serait mainteneur-né, et le brevet du 26 septembre 1694 appela Daspe, en cette qualité, au trente-sixième fauteuil. Mais un arrêt du Conseil d'Etat, daté du 26 septembre 1699, ayant autorisé les villes du Languedoc à rembourser les offices de maire, Toulouse chargea, le 3 février suivant, son trésorier de Mariotte, de verser entre les mains de Daspe une somme de 111,214 livres 4 sous 6 deniers, dont 100,000 livres pour la finance, 10,000 livres pour les deux sous pour livre et le restant pour les frais et loyaux coûts.

La suppression de la mairie retirait à Daspe son titre de mainteneur, mais l'Académie avait trop le souvenir des services rendus pour consentir à se séparer de lui, et elle le nomma mainteneur titulaire du fauteuil qu'il avait occupé en vertu de ses fonctions administratives.

Daspe devint président à mortier au Parlement le 16 avril 1700, se démit de cette charge en faveur de son fils à la fin de 1707, et mourut en janvier 1712. Il fut enseveli au couvent des Grands-Cordeliers à Auch.

**2. — Marquis de MANIBAN (Joseph-Gaspard), Premier Président du Parlement (1686-1712-1762).**

Voir ci-dessus, au premier fauteuil, page 4.

**3. — De NOLET (Bernard), trésorier de France (1681-1723-1733).**

Fils du titulaire du vingt et unième fauteuil et de Jeanne de Durant de Rivalet, B. de Nolet naquit à Toulouse en 1681 et fut nommé mainteneur, le 17 septembre 1723.

Il partageait ses loisirs entre la culture des lettres et l'étude de la musique, art dans lequel il excellait.

En 1725, il fit la Semonce sur l'Attrait des œuvres littéraires. Ce discours, prononcé autrefois par son père, n'avait pas été inséré au Recueil, et, sur la demande de ses confrères, B. de Nolet le présenta une seconde fois à l'Académie.

Le chevalier d'honneur d'Aldéguier fit, le 27 février 1733, l'éloge de ce mainteneur, décédé le 4 du même mois, à Toulouse, à l'âge de cinquante-deux ans.

**4. — De PONSAN (Guillaume), trésorier de France (1684-1733-1774).**

Petit-fils de capitoul, fils de Jean, trésorier de France, et de Marguerite de Salles, G. de Ponsan naquit à Toulouse le 13 mars 1684, devint trésorier de France en 1710, fut envoyé en cette qualité, comme commissaire du roi, aux Etats du Languedoc en 1719, 1728, 1732 et 1734 et reçut le titre de trésorier d'honneur le 27 février 1736, lorsqu'il donna sa démission pour pouvoir s'adonner complètement à l'étude des Belles-Lettres.

Il appartenait à l'Académie depuis dix-sept ans, par la prise de possession de son fauteuil le 5 mars 1733, au moment où ses confrères le nommèrent secrétaire des assemblées en 1750, pour une année, puis secrétaire perpétuel adjoint en juin 1755; il résigna ses fonctions en avril 1759.

Dès son admission, de Ponsan s'attacha à faire revivre la mémoire de Clémence Isaure et à rechercher tous les documents relatifs à la restauratrice des Jeux Floraux. Il fit sept fois son éloge à la Fête des Fleurs : les faits prouvant son existence; son influence sur les Jeux Floraux; son mausolée, sa statue et son épitaphe; les vers d'Etienne Dolet, avec une traduction et une paraphrase, furent les sujets de ses divers discours, qui sont insérés aux Recueils de 1735, 1737, 1742, 1753, 1756, 1759 et 1760. D'autres travaux de Ponsan figurent encore dans les publications annuelles de l'Académie : ses éloges de J. de Rességuier et de Ranchin Monredon (1736), de Mariotte (1748), et d'Ouvrier (1755); la Semonce de 1756 dans laquelle il rappela l'origine de cet ancien usage; enfin des critiques sur certains articles de l'*Almanach historique du Languedoc*, intéressant les Jeux Floraux (1754).

Son œuvre la plus importante fut l'*Histoire des Jeux Floraux* publiée au Recueil en 1764, 1765 et 1767, et qu'il réunit en deux volumes dont le premier commence par une gravure représentant la statue de Clémence Isaure.

Si les procès-verbaux mentionnent sa réponse au discours de remerciement de Lafage Saint-Amadou (1754), ils témoignent surtout de son zèle, et de ses recherches pour tout ce qui touchait à l'histoire des anciens Jeux Floraux. Il fit copier aux archives de la cour des Aides de Montpellier une note du dénombrement de Cheverny en 1514, indiquant un don de cent-onze arpents de terre fait par Clémence Isaure à la Ville de Toulouse; il découvrit le Registre Rouge de 1550, entre les mains de l'abbé Magi pour lequel il obtint en avril 1774 un fauteuil en survivance, malgré les dispositions formelles des règlements; il prit une part des plus actives à la défense de l'Académie contre les attaques de Lagane (1773); enfin il fit don à ses confrères de nombreux documents et d'un extrait des registres de la Chambre des Comptes de Monpellier contenant un dénombrement rendu en 1540 par Gailhardy, syndic de Toulouse, et relatif aux libéralités de la restauratrice des Jeux.

Ces services exceptionnels lui méritèrent de son vivant le droit d'image : sur la proposition de l'abbé Forest, l'Académie décida, le 26 avril 1772, qu'elle ferait placer dans la salle des séances le portrait de l'historien des Jeux Floraux, du mainteneur qu'on a appelé le chevalier émérite de Clémence Isaure.

Il mourut le 13 octobre 1774, laissant à ses confrères, par disposition testamentaire, une somme annuelle de cent francs, qui devait être remise à l'auteur de l'Eloge prononcé le jour de la Fête des Fleurs. Son héritier, Olivier du Faget, paya régulièrement ce legs jusqu'en 1811 environ.

A l'occasion de l'éloge de Ponsan, l'Académie décida qu'à l'avenir ce serait en public qu'elle rendrait hommage à la mémoire des mainteneurs décédés. Cet éloge fut prononcé dans la séance publique du 12 mai 1775, par de Montégut, avant le discours de réception de l'abbé Magi, appelé à succéder au mainteneur qui avait obtenu, en sa faveur, quelques mois auparavant, la survivance du premier fauteuil vacant.

**5. — MAGI (Jean-Pierre), docteur en théologie (1721-1775-1801).**

Dans la séance du 6 avril 1774, de Ponsan entretenait ses confrères des services exceptionnels de l'abbé Magi dont les découvertes et les études avaient facilité ses travaux personnels sur l'histoire des Jeux Floraux. Bien qu'il n'y eût alors aucune vacance, il demandait que, par mesure exceptionnelle, son collaborateur fût admis immédiatement au nombre des mainteneurs avec promesse du premier fauteuil. L'Académie approuva cette proposition, et l'abbé Magi assista à la séance suivante du 10 avril. Il fit don à la bibliothèque du registre des délibérations de 1513 à 1583 et devint, quelques mois après son admission, le 27 janvier 1775, titulaire du fauteuil de Ponsan, qui avait été le patron de sa candidature.

Né à Aurillac le 15 novembre 1721, fils de Jacques et de Jeanne Jouyeux, Jean-Pierre Magi, élevé d'abord par son oncle curé à Avignonet, puis par les Jésuites de Toulouse, obtint le grade de docteur en théologie et prit la soutane; mais il douta de sa vocation religieuse et ne reçut jamais les ordres, malgré les instances de son oncle et de ses anciens professeurs. Après avoir passé quelque temps dans l'enseignement privé, il se consacra entièrement à l'étude et fut nommé membre de l'Académie des Sciences, Inscriptions et Belles-Lettres, puis des Jeux Floraux.

A peine a-t-il fait son discours de remerciement, le 12 mai 1775, qu'il prend une part active aux travaux de l'Académie; il remplace provisoirement le secrétaire perpétuel Delpy, et remplit les fonctions de secrétaire des assemblées, depuis 1777 jusqu'à la Révolution.

Le Recueil a conservé les plus importantes de ses œuvres : son remerciement (1775); les Semonces de 1778 et 1779, l'une sur la Décadence des Lettres et de la Poésie, l'autre sur le Théâtre; ses éloges de l'abbé de Villars Lugein (1777), de Mgr de la Roche Aymon (1778), de l'abbé d'Héliot (1779) et de Ph. Dumas (1782); ses réponses aux discours de réception de Dumas (1782), d'Escouloubre, de Panat, de l'abbé Saint-Jean (1787), et de Gez (1789); enfin son *Etude sur la langue et l'ancienne poésie de Toulouse et sur les changements survenus à la première* (1790). C'est à lui que l'on doit encore l'impression du *Sirventes* d'Arnaud Vidal au Recueil de 1790.

Son éloge de Clémence Isaure en 1776 et la résumption des travaux qu'il fit en 1781 n'ont pas été imprimés, mais la bibliothèque de l'Académie possède aujourd'hui le manuscrit du travail qu'il lut à la séance du 3 juillet 1778, au sujet des erreurs commises sur le choix et la forme des fleurs décernées comme prix dans nos concours annuels. Nous avons pu faire ressortir combien cette prétendue rectification était peu fondée.

A la Révolution, Magi fut à Toulouse l'un des fondateurs de la Société des Amis de la Constitution, qui devait devenir plus tard le Club des Jacobins et la Société populaire; il présida cette association en septembre 1791. Puis il se retira à Grenade, où il avait un domaine, fut élu administrateur du district et vice-président du directoire en octobre 1792. Lors du passage de l'armée révolutionnaire, il épousa le 5 décembre 1793, sa cousine Thérèse Magi, âgée de vingt-sept ans, et les commissaires civils, Hugueny et Blanchard, assistèrent à cette cérémonie civique.

Aux jours sombres, il joua un rôle important dans son district, où les jacobins Blanchard et Brobrisse le nommèrent juge de paix de Grenade en pluviôse an II; ce fut en cette qualité qu'il instruisit le procès criminel contre les chefs de l'armée révolutionnaire, qui avaient dévasté cette région à la fin de 1793. Il parvint d'ailleurs à sauver le clocher de l'église paroissiale dont les sans-culottes du Conseil de la commune avaient décidé la démolition, en brumaire an III. Après la Terreur, il devint membre correspondant du « Lycée de Toulouse », et les mémoires de cette Société littéraire mentionnent ses observations historiques sur le bonnet de la Liberté.

Magi mourut à Grenade, le 7 septembre 1801, et laissa plusieurs enfants, Son éloge a été prononcé le 1er mai 1808 par le secrétaire perpétuel, Poitevin-Peitavi.

Il a laissé divers manuscrits intéressants, notamment une *Histoire de la Gaie science*, qui est déposée aux archives de l'Académie.

**6. — Abbé de ROZIÈRES (Pierre-Antoine REYNIÈS), chanoine, grand vicaire de l'archevêque de Toulouse (1749-1808-1821).**

L'abbé de Rozières, né à Villefranche de Rouergue le 8 février 1749, avait fait ses études à Paris, était entré au Séminaire de Saint-Sulpice et, après avoir reçu les ordres, était devenu grand vicaire de Mgr de Colbert, évêque de Rodez.

Après la Révolution, il fut appelé au diocèse de Toulouse, où il reçut le titre de chanoine de la cathédrale et celui de grand vicaire.

L'Académie l'installa comme mainteneur, le 1er mai 1808, et fit insérer son remerciement au Recueil.

Il ne prit aucune part active aux travaux de la Compagnie et mourut à Toulouse, le 24 février 1821, à l'âge de soixante et onze ans.

Dans la séance privée du 13 juillet 1821, de Lamothe-Langon, qui avait accepté de faire la biographie de ce mainteneur, lut son discours et refusa de supprimer quelques passages que ses confrères lui avaient signalés. L'Académie décida que ce discours ne serait pas lu en séance publique et de Panat faillit être reçu le surlendemain, sans éloge préalable de son prédécesseur, l'abbé de Rozières.

Cette dérogation aux usages de la Compagnie fut évitée, grâce au concours empressé de Carré, qui rédigea, en quelques heures, une notice complète sur le mainteneur décédé (R. 1822).

**7. — Vicomte de PANAT (Dominique-Samuel-Joseph-Philippe BRUNET DE CASTELPERS), ancien préfet, ancien député, secrétaire perpétuel de l'Académie (1787-1851-1860).**

Né à Toulouse le 21 mars 1787, Philippe de Panat était fils du titulaire du troisième fauteuil et de Mlle d'Alzon.

Sous l'Empire, il obtint le titre d'auditeur au conseil d'Etat et fit, en cette qualité, un voyage à Java en 1810, et un autre à Varsovie en 1812. La Restauration le fit entrer dans la diplomatie et l'envoya comme premier secrétaire à Naples; il demeura quelque temps à l'étranger, rentra à Toulouse où il épousa la fille du Premier Président Hocquart, puis il abandonna la carrière des ambassades.

L'Académie l'installa, le 15 juillet 1821, au trente-sixième fauteuil, qu'elle lui avait attribué le 15 du mois précédent. Elu secrétaire des assemblées en janvier 1824, il dut résigner ses fonctions pour se rendre à Bayonne où le gouvernement royal l'avait nommé sous-préfet. Il devait passer plusieurs années éloigné de Toulouse : la préfecture du Cantal, puis le mandat législatif du département du Gers, ne lui permirent de reprendre ses travaux académiques qu'en 1833, en répondant aux remerciements de deux récipiendaires.

Dès l'année suivante, l'Académie le nomme Secrétaire perpétuel, malgré les nombreuses occupations et les absences que lui imposent la présidence de la Société d'Agriculture de la Haute-

Garonne et la représentation du département du Gers. Par deux fois, il demande à l'Académie d'accepter sa démission, et en 1855, comme en 1840, ses confrères refusent de se priver des précieux services de leur Secrétaire perpétuel. Le Recueil témoigne de son zèle dévoué, et légitime les instances de l'Académie; outre son discours de remerciement (R. 1822), ses réponses à de Puibusque et à Gatien-Arnoult (1833), et son éloge de d'Aubuisson de Voisins (1843), il contient ses rapports sur onze concours tenus de 1835 à 1857 inclusivement; celui qu'il fit en 1856 n'a pas été imprimé.

Aux événements de 1848, l'Académie ne fut pas sans inquiétude, elle se réunit le 3 mars chez son secrétaire perpétuel et le chargea de connaître les dispositions du commissaire du Gouvernement provisoire. Joly donna à de Panat l'assurance que les Jeux Floraux pourraient, comme par le passé, se livrer à leurs exercices littéraires.

L'homme politique, qui représenta longtemps le département du Gers dans les Assemblées législatives, appartient surtout à l'histoire générale ; mais les mérites du mainteneur, décédé le 24 juin 1860 et dont de Barbot fit l'éloge le 6 avril 1862, sont résumés dans le témoignage de sympathie que l'Académie fit inscrire au procès-verbal de la séance tenue au lendemain de sa mort, et dans lequel elle déplore la perte de l'homme distingué dont les « éminents services ne se-
« ront jamais oubliés, au sein d'un corps qui a eu
« le bonheur de le conserver à sa tête pendant
« vingt-cinq années » (25 juin 1860).

**8. — SACASE (Jean-François-Rose-Fabien), président à la Cour, secrétaire perpétuel de l'Académie de Législation (1808-1862-1884).**

Né à Saint-Béat, le 19 janvier 1808, Sacase fit ses études à Toulouse, où il fut l'élève de Decampe, professeur d'humanités.

Après avoir rédigé, pendant plusieurs années, une *Revue de Législation et de jurisprudence* dont il avait été l'un des fondateurs, il entra dans la magistrature comme juge à Bordeaux (1849), passa Conseiller à la Cour d'Amiens d'abord, puis à celle de Toulouse (1852), où il devint Président de Chambre en 1868.

L'Académie l'élut mainteneur le 31 mai 1861, et l'installa le 6 avril de l'année suivante, après un discours dans lequel il traita des Rapports de la Littérature et de la Foi chrétienne. Ce discours est suivi au Recueil : de ses éloges de Decampe, son ancien professeur (1863), et de A. d'Aldéguier (1868); de son rapport sur le concours de 1864, de sa réponse au remerciement de Mgr de la Bouillerie (1866), et de son étude sur *Montesquieu à l'abbaye de Nizor* (1867).

Le magistrat, savant jurisconsulte, érudit et fin littérateur, consacrait tout son temps aux devoirs de sa charge, à la culture des lettres et à la défense des intérêts du canton de Saint-Béat, qu'il représentait au Conseil général depuis 1865, lorsque les évènements de 1870 et la confiance du corps éléctoral de la Haute-Garonne l'appelèrent dans l'arène politique.

Député à l'Assemblée Nationale de 1871, il s'y fit remarquer par plusieurs travaux importants, notamment par son rapport sur le projet de loi contre l'Internationale. A la fin de ce premier mandat législatif, il fut élu au Sénat, où il siégea de 1876 à 1879.

De retour à Toulouse, il reprit ses fonctions et ses travaux. Le Recueil a conservé son éloge de Léonce de Lavergne, qui avait été son collègue à l'Assemblée nationale (1882), sa réponse au remerciement de Maisonneuve (1883), et le résultat de ses recherches sur l'existence de Clémence Isaure, sur l'époque présumée de sa mort et sur la part qu'elle prit à la Rénovation de la littérature du Midi (1884).

Sacase a écrit d'intéressants mémoires sur le Parlement de Toulouse; il compulsait les archives de l'ancienne Cour souveraine, et y relevait des documents curieux, notamment un manuscrit sur une lutte de préséance entre deux lauréats des Jeux Floraux en 1453, manuscrit dont il donna lecture à l'Académie le 21 juillet 1865.

Depeyre prononça, le 21 février 1886, l'éloge du Président Sacase, décédé à Toulouse le 14 juillet 1884.

### 9. — De LAHONDÈS (Jules), Président de la Société archéologique (1886).

M. de Lahondès occupe le trente-sixième fauteuil depuis le 21 février 1886. Son discours de remerciement sur l'Art français est imprimé au Recueil, ainsi que son Eloge de 1887, ses réponses aux discours de réception de MM. Bénezet (1890), et de Peyralade (1893), et trois sonnets sur l'*Art égyptien*, l'*Art grec* et l'*Art ogival* (1892).

Il a fait hommage à l'Académie de divers travaux d'archéologie et de son *Histoire de la métropole Saint-Etienne*.

## TRENTE-SEPTIÈME FAUTEUIL.

### 1. — De BOYER D'ODARS DE CAMPRIEU (Jean-Jacques). (1683-1725-1764.)

L'*Histoire des Jeux Floraux*, par Poitevin-Peitavi, contient sur Boyer d'Odars une notice lue par le secrétaire perpétuel dans la séance du 31 janvier 1812, pour suppléer autant que possible à la disparition de l'éloge prononcé, le 25 janvier 1765, par du Puget.

On n'y trouve que fort peu de renseignements sur la vie et surtout sur les services littéraires de ce mainteneur.

D'une ancienne famille des Cévennes, né vers 1683, de Boyer suivit d'abord la carrière militaire qu'il abandonna pour se livrer à l'étude des Belles-Lettres.

L'Académie le nomma mainteneur survivancier le 9 avril 1724 et, le 9 septembre de l'année suivante, elle lui donna un des quatre nouveaux fauteuils créés par les lettres royales.

Le caractère indépendant de ce fils aîné de famille acceptait difficilement les obligations et les privilèges de la primogéniture; de là des difficultés et des brouilles qui durèrent jusqu'à la fin de ses jours.

Devenu veuf après quelques mois de mariage, il prit le nom de Camprieu, terre qu'il avait achetée dans les Cévennes, et mourut à l'âge de quatre-vingt-un ans, dans le château familial d'Odars, le 21 octobre 1764.

**2. — Mgr LOMÉNIE DE BRIENNE (Etienne-Charles), archevêque de Sens, cardinal, commandeur du Saint-Esprit, membre de l'Académie française (1727-1765-1794).**

A trente-trois à peine, Mgr de Brienne était appelé à l'administration du diocèse de Condom, le 17 août 1750, et recevait sa consécration de Mgr de Luynes, titulaire de cet archevêché de Sens, où il devait lui-même mourir subitement.

Fils de Nicolas-Louis comte de Brienne et de Anne-Gabrielle de Chamillard Villate et né à Paris en novembre 1727, le jeune évêque avait suivi les cours de la Sorbonne, obtenu le titre d'abbé commendataire de l'abbaye de Bassefontaine, près de Troyes (1759), et occupé la charge de grand vicaire à Pontoise.

Après trois années d'évêché, il devint, le 2 février 1763, archevêque de Toulouse, et l'une des premières visites qu'il reçut en arrivant dans son nouveau diocèse, en août 1763, fut celle d'une commission de l'Académie des Jeux Floraux, au nom de laquelle l'abbé Forest lui adressa un compliment de bienvenue (R. 1765).

Elu mainteneur à l'unanimité le 25 janvier 1765, il remercia ses confrères par une lettre du 1er février, qui n'est pas portée au Recueil.

L'administration de son important diocèse, auquel il a rendu de si grands services pendant vingt-quatre années, ne permettait pas à Mgr de Brienne de suivre les séances de l'Académie ni de se détourner de ses devoirs et de ses travaux pour apporter son concours littéraire à la Compagnie. Il était loin cependant de se désintéresser de tout ce qui la touchait.

En 1771, l'éloge de Raymond VII, écrit par Cairol, avait remporté le prix d'Eloquence, et l'Académie proposait l'éloge de Bayle comme sujet du concours suivant. Mgr de Brienne, intervenant peut-être avec précipitation, écrivit à son confrère de Bélesta-Gardouch que le roi, avec lequel il avait eu un entretien, avait vu non sans regret l'Académie donner le prix « à un discours qui « contenait plusieurs choses au moins suspec- « tes » et que faire l'éloge de Bayle, « homme « incrédule et irréligieux, » était en quelque sorte « élever un trophée à l'irréligion. » L'archevêque ajoutait que le duc de La Vrillière lui avait écrit à cette occasion et que, pour éviter des ordres directs, il engageait les mainteneurs à modifier le programme du concours. L'Académie décida de ne pas tenir compte de cette lettre et de se justifier directement auprès du duc de La Vrillière et du chancelier de Maupeou, protecteur-né des Jeux Floraux.

Trois ans après, en mai 1774, au moment du conflit avec les capitouls au sujet de l'exécution des nouvelles lettres patentes, Mgr de Brienne se montra plus bienveillant et annonça qu'il interviendrait auprès de l'édilité toulousaine pour apaiser le différend.

Pendant son épiscopat dans le Languedoc, Mgr de Brienne, qui avait le titre d'abbé de Froimont, de l'ordre des cisterciens, dans le diocèse de Beauvais, présida, le 1er mars 1766, les obsèques du Dauphin à Notre-Dame de Paris. Il assainit Toulouse, ouvrit de nouvelles voies de communication, fit construire les quais endiguant la Garonne, organisa les Séminaires, établit une chaire et un cabinet de physique expérimentale et de chimie, assura à la Ville la propriété de l'Observatoire installé par Garipuy, réforma le bréviaire toulousain, fonda le Muséum littéraire avec le concours de Castilhon, s'entoura des hommes les plus distingués et les plus érudits qu'il appela pour la plupart au Collège royal, dont l'enseignement, déjà très apprécié, s'améliora rapidement; enfin il ajouta six mille volumes au don si généreux de la bibliothèque de l'abbé d'Héliot.

Il était membre de l'Académie des Sciences, Inscriptions et Belles-Lettres, et l'Académie française lui donna, en juin 1770, le fauteuil devenu vacant par la mort du duc de Villars.

Ce serait entrer dans le domaine de l'histoire générale que de retracer le rôle que Mgr de Brienne joua à la tête du gouvernement de Louis XVI, son élévation au cardinalat, sa nomination à l'archevêché de Sens en 1788, ses actes politiques depuis le jour où il quitta Toulouse, en

1787, pour succéder au contrôleur général de Calonne. Il suffit de rappeler quelques faits de cette existence dont la majeure partie est assez brillante pour permettre de ne pas insister sur les dernières années.

Ministre, il essaya, en 1788, la réforme de la magistrature; mais la suppression des Parlements et la création des grands bailliages lui firent perdre la popularité qu'il avait si bien méritée à Toulouse.

Retiré à Sens, sous la Révolution, il accepta la Constitution civile du clergé, prêta le serment civique le 23 janvier 1791 et renvoya le chapeau de cardinal au Pape Pie VI qui, dans le bref du 23 février suivant, avait condamné sa conduite, en la taxant d'hérésie. Le collège électoral du Département, réuni à l'église Saint-Etienne le 2 mars 1791, le nomma évêque métropolitain du Sud et, sur son refus de quitter son diocèse, le remplaça par le P. Sermet. Enfin, il mourut subitement dans la nuit du 16 février 1794, au moment où il allait être obligé de suivre les sans-culottes qui étaient venus l'arrêter pour le conduire à Paris.

Son éloge fut prononcé le 13 juillet 1808 par l'abbé Jamme (R. 1809), et, comme le dit dans la même séance son successeur, le sénateur Demeunier, qui avait, lui aussi, connu les difficultés, les périls et les misères de l'époque révolutionnaire, l'Académie laissa à d'autres le soin de reprocher à l'archevêque de Toulouse les fautes qu'il put commettre, « lorsqu'il se trouva sur un « plus grand théâtre, dans un temps de crise où « tout le monde s'est trompé. »

**3. — Comte DEMEUNIER (Jean-Nicolas), sénateur titulaire de la sénatorerie de la Haute-Garonne (1751-1808-1814).**

Avant d'entrer dans la politique, Demeunier, né à Nozeroy, en Franche-Comté, le 15 mars 1751, s'était occupé surtout de littérature latine et de géographie. Jeune avocat, il avait fait une étude approfondie des œuvres de Cicéron ; il en donna en 1783 une traduction qui fut continuée trois ans après par Clément de Dijon, et terminée en 1788 par les frères Guéroult. Déjà il avait publié la traduction de Bolto et de Bridonne (1775), un ouvrage sur *les Usages et les coutumes des différents peuples* (1776), une traduction du *Génie d'Homère* par Wood (1777), etc., etc.

Après sa traduction de Cicéron, il fit paraître plusieurs œuvres de géographie politique et diplomatique et rédigea le *Dictionnaire économique* qui parut en 1788.

La politique le détourna de ses études littéraires et, comme député de Paris, l'amena aux Etats Généraux et à l'Assemblée nationale avec Bailly, Camus, Tronchet, le Dr Guillotin, l'abbé Sieyès, etc., etc., et où il connut le mainteneur Verny, dont il devait devenir le confrère aux Jeux Floraux en 1808. Son libéralisme s'effraya de la Révolution et il vécut dans la retraite jusqu'au jour où on le retrouve membre du Tribunat après Brumaire, puis au Sénat sous le Consulat et sous l'Empire, comme titulaire de la sénatorerie de la Haute-Garonne, depuis le 18 nivôse an X (19 janvier 1802).

Ce fut à cette époque que l'Académie l'appela, le 30 mai 1806, au vingt-deuxième fauteuil, vacant depuis 1791, date de la mort de Mgr de Cambon, dernier titulaire. Un an s'écoula sans que le nouvel élu, presque toujours absent de Toulouse, vint prendre possession de son siège. C'était différer trop longtemps l'hommage dû à la mémoire de l'évêque de Mirepoix, et l'Académie attribua le vingt-deuxième fauteuil au petit neveu de Mgr de Cambon. Demeunier eut en échange, le 29 mai 1807, le siège occupé avant la Révolution par Mgr de Loménie de Brienne, dont l'éloge pouvait être différé sans inconvénient.

Néanmoins, dans son remerciement du 13 juillet 1808, qui figure au Recueil, Demeunier rappela rapidement l'existence de son prédécesseur, qui avait eu l'infortune de vivre à une époque d'erreur générale ; le sénateur de l'Empire n'avait pas oublié les jours terribles de la Révolution et son expérience dictait à la justice une sage indulgence.

Decampe prononça, le 30 août 1818, l'éloge de Demeunier, décédé le 7 février 1814, à la suite d'une attaque d'apoplexie.

**4. — De CARDONNEL (Pierre-Salvy-Félix). Conseiller à la Cour de cassation (1770-1818-1829).**

Après avoir fait ses études à Albi et suivi les cours de droit à Toulouse, Cardonnel, né à Monestiès le 19 mai 1770, était entré en 1795 au

Conseil des Cinq-Cents et s'était rangé parmi les royalistes de cette Assemblée. En fructidor, il fut dénoncé comme *clichien* par Guillemardet et ne dut son salut qu'à l'intervention du général Lacombe Saint-Michel, qui empêcha son inscription sur la liste des proscrits.

Il revint à Albi, entra au barreau, fut nommé juge d'instruction en 1802, puis membre du Corps législatif. Ses services dans les assemblées et dans la magistrature le signalèrent à l'attention du gouvernement impérial, qui lui confia, le 14 mai 1813, un siège de Conseiller à la Cour de Toulouse.

Les événements militaires de l'année suivante obligèrent la Cour à se transporter à Albi, où elle se trouvait au moment de l'abdication de Fontainebleau. Cardonnel rédigea une adresse à Louis XVIII, obtint une présidence à la Cour de Toulouse le 3 septembre 1814 et, la même année, il alla représenter le département du Tarn à la Chambre des députés. La seconde Restauration lui accorda des lettres de noblesse, puis, en 1819, l'autorisation de porter les insignes de chevalier de Saint-Jean de Jérusalem.

L'Académie s'était attaché, le 31 juillet 1818, ce magistrat, qui fut reçu mainteneur le 30 août suivant.

Nommé conseiller à la Cour de cassation, la mort vint l'atteindre le 9 septembre 1829.

Son confrère Cavalié prononça son éloge le 14 février 1830.

**5. — DUCOS (Joseph-Antoine-Marie-Florentin), avocat à la Cour d'appel, Conseiller de Préfecture, Maître ès Jeux (1789-1830-1873).**

D'une honorable famille de négociants de la Daurade, Florentin Ducos, né le 28 avril 1789, dut interrompre, à treize ans, ses études à l'institution Savy et Gary, pour venir apporter son contingent de travail à la maison paternelle dont le chef venait de mourir ; il put cependant reprendre le cours de son instruction et suivre son goût pour la littérature.

A dix-neuf ans à peine, il publia, en juillet 1808, une ode sur l'*Arrivée de Napoléon Ier à Toulouse,* et lorsqu'en 1825, il obtint le grade de docteur en droit, son nom figurait déjà sur la liste des lauréats des Jeux Floraux. L'année précédente, il avait concouru pour le prix du genre bucolique avec une idylle et une élégie qui sont imprimées au Recueil ; en 1825, il recevait à la fois : une Amarante d'or pour l'ode *les Pyrénées,* préférée à son autre ode *les Ruines,* qui fut également insérée au Recueil, et la Violette pour son épître sur le Préjugé qui défend aux avocats de faire des vers. Le concours de 1826 comprenait un prix exceptionnel pour une ode sur le *Sacre de Charles X ;* Ducos présenta une poésie qui fut au nombre des œuvres remarquées, il mérita en même temps une Amarante et un Souci pour l'ode *la Mort de Byron* et pour l'élégie *la Mort du Bon Pasteur*. Ces quatre fleurs, dont deux Amarantes obtenues à deux concours consécutifs, lui donnaient droit à demander les lettres de maîtrise qui lui furent accordées le 28 avril et remises le jour de la Fête des Fleurs, le 3 mai 1826.

Après avoir fait, en 1829, l'éloge de Clémence Isaure (R. 1829), le jeune maître est élu au trente-septième fauteuil le 14 août et il débute à l'Académie, le 14 février 1830, par un discours sur les Romantiques et sur le Mouvement d'innovation qui se produisait dans la littérature (1830).

Il est peu de mainteneurs qui aient apporté à l'Académie un concours aussi actif et aussi persévérant ; le Recueil en fournit la preuve pendant plus de quarante années.

Clémence Isaure a inspiré sa première œuvre académique en 1829 ; elle sera aussi le sujet de la dernière (1869). Deux fois, il fit la Semonce en traitant de la Centralisation (1843) et en examinant l'état de la Critique littéraire (1861).

En mai 1838, l'Académie lui confia la charge de secrétaire des assemblées, qu'il conserva jusqu'à la fin de 1841. Pendant ces quatre années, il écrivit la résumption des travaux de ses confrères et fit le rapport sur les trois concours de 1839 à 1841.

Parmi les éloges des mainteneurs décédés, on remarque ceux que Ducos prononça sur le B[on] Desazars (1833), Ruffat (1843), Dralet (1846), Tajan (1847), de Tauriac (1865), auxquels il convient de joindre son élégie sur la mort de Mme Thore, maître ès Jeux (1862), et ses Stances élégiaques sur son confrère regretté, J. de Rességuier (1863).

Aux jours de réception des nouveaux mainteneurs, nul n'avait plus d'aménité et d'aimable courtoisie pour leur souhaiter la bienvenue. On en voit la preuve dans ses réponses aux remerciements de : Léonce de Lavergne et Sauvage (1832), Tirel de La Martinière, Henri Mazoyer, Caubet et Mgr d'Astros (1833) et Vaïsse-Cibiel (1865).

Longue serait l'énumération de ses œuvres insérées au Recueil. On n'y compte pas moins de vingt et une fables dans les années 1837, 1839, 1840, 1857, 1858, 1861, 1862, 1865, 1866 et 1867. Faut-il rappeler aussi : son anecdote *le Chasseur* (R. 1834), *la Procession au bord de l'Ariège* (1837), *Vanité* (1838), *les Stances à Reboul* (1841), *l'Epître à sa perruque* (1853), *les Stances sur la démolition de la vieille tour du Palais*, la fameuse et redoutée tour de l'Aigle (1854), *le Phare de Cordouan*, l'élégie intitulée : *Cinquante ans ou la double échelle* et un sonnet sur *la Destruction des arbres de la Grande-Allée* (1858), *Martyre de Vérité* (1859), des stances sur *la Douleur* et une épître à J. de Rességuier l'année suivante, *Abd-el-Kader ou les martyrs de Syrie* et la *Fleur solitaire* (1861), *ses Adieux à la campagne*, puis à *Elusa* (1864, 1865), *un Mot de Cromwel* (1865), enfin une étude sur *les Géorgiques du Midi* par Mme Verdier-Allut, maître ès Jeux (1863). On retrouve aux procès-verbaux le souvenir de son hommage d'une ode sur *la Mort du duc d'Orléans* (août 1842) et d'une pièce de vers, *Silène*, traduite et imitée de la sixième églogue de Virgile (juin 1861). Ses chants poétiques se terminèrent comme ils avaient commencé : un dernier hymne à Clémence Isaure (1869) et sa Muse ne chanta plus.

Malgré tous ses travaux littéraires dont il publia une partie en un volume de *Fables et Moralités* (1840), et malgré ses occupations comme Conseiller de préfecture de la Haute-Garonne, fonctions qu'il remplit pendant six années, de 1842 à 1848, Ducos consacra dix années de sa vie, de 1840 à 1850, à son œuvre magistrale, un poème épique en vingt-quatre chants, *l'Epopée toulousaine*, qui est demeurée un monument poétique de l'histoire locale et de la littérature méridionale. Elle lui valut, le 5 mai 1847, la décoration de la Légion d'honneur qui fut décernée au poète, mainteneur des Jeux Floraux. De nombreux fragments de ce poème figurèrent au Recueil (1844, 1845, 1846, 1847, 1849), avant que l'œuvre ne fût livrée à l'impression, en grande partie aux frais du Conseil général de la Haute-Garonne et du Conseil municipal de Toulouse.

Arrivé à un âge avancé, Ducos se retira à sa maison de campagne de Cugnaux, où il mourut le 28 novembre 1873, à quatre-vingt-quatre ans. Son confrère, le conseiller Villeneuve prononça, le 13 février 1876, l'éloge de ce mainteneur dont les succès littéraires ont été continués, dans les concours annuels de l'Académie, par son fils et par son petit-fils.

**6. — BLADÉ (Jean-François). (1876.)**

M. Bladé, élu mainteneur le 8 janvier 1875, a pris possession de son fauteuil le 13 février 1876, par un discours sur la Littérature dans le Midi de la France. Son éloge de Clémence Isaure et sa réponse au remerciement de M. Halberg, figurent au Recueil (1880, 1889).

Notre confrère a publié de nombreux et très intéressants travaux notamment : une *Etude sur l'origine des Basques*, des *Contes populaires de l'Agenais et des environs de Lectoure;* une *Géographie juive, albigeoise et calviniste de la Gascogne; Les Révolutions Andorranes*, etc.

## TRENTE-HUITIÈME FAUTEUIL

**1. — De BOJAT (Jean-Ignace), conseiller au Parlement (1688-1725-1772).**

Fils de François, conseiller au Parlement, et de Catherine de Gach, Ignace de Bojat naquit à Toulouse le 26 octobre 1688, et entra au Parlement le 7 avril 1714, en l'office de son père.

L'Académie le nomma mainteneur survivancier, le 15 juin 1755, puis titulaire le 9 septembre suivant, au moment où de nouvelles lettres patentes portèrent de trente-six à quarante le nombre des fauteuils.

Le Recueil contient sa Semonce de 1728 sur les Bienfaits de la culture des Belles-Lettres.

Le secrétaire perpétuel Delpy fit, le 30 mai 1772, l'éloge du conseiller de Bojat, décédé le 27 avril précédent.

**2. — Marquis de PORTES (Antoine-François-Auguste), seigneur de Jouanel, Président au Parlement (1734-1772-1790).**

Né le 12 septembre 1734, de Portes, fils d'un président aux Enquêtes et de Mlle d'Orbessan, entra au Parlement le 18 janvier 1752, devint président aux Enquêtes en l'office de son père le 30 mai 1759, fit partie du Parlement Maupeou, obtint le titre de président honoraire et passa à la Grand'Chambre, le 18 avril 1782.

Ce magistrat prit possession, le 5 juin 1772, du trente-huitième fauteuil des mainteneurs et il apporta à ses confrères le concours d'un littérarateur éminent et d'un fin critique.

On trouve bien au Recueil les conseils qu'il donna aux jeunes littérateurs dans les Semonces de 1776 et de 1780, l'Eloge de 1778, et sa notice biographique de d'Estadens (1777); mais c'est seulement par les procès-verbaux que nous pouvons rappeler son discours du 2 août 1775; son Epître en vers sur le *Bonheur*, du 22 janvier 1773; son éloge de Voltaire, maître ès jeux, le 13 août 1780; ses notices sur l'abbé de Neuvillé et sur de Progen en 1782 et 1783, enfin ses réponses, comme modérateur, aux discours de réception de Mailhe et de Poitevin, le 20 février 1785.

Le Mis de Portes avait épousé en 1775 Mlle de

Casamajor de Charrite dont il eut un fils qui fut l'avant-dernier sénéchal de Toulouse.

Il mourut à Toulouse le 4 juin 1790; de Lavedan prononça son éloge le 8 août 1806, mais il négligea de le remettre à l'impression et Poitevin y suppléa de son mieux par une nouvelle notice, qu'il lut à l'Académie le 17 janvier 1812.

**3. — DRALET (Etienne-François), conservateur des Eaux et Forêts (1760-1806-1844).**

Né le 13 janvier 1760, à Neufchâteau, en Lorraine, où son père était officier en la maîtrise des Eaux et Forêts, François Dralet fit son éducation à Paris, mais sa santé délicate l'obligea à venir se fixer dans le Midi. Il fit son droit à Pau, et fut reçu avocat, le 10 février 1786, à Auch, où il se lia avec Dessole et l'abbé de Montesquiou.

La sénéchaussée d'Auch l'appela, en 1789, au nombre de ses commissaires pour la rédaction du cahier des doléances. Quatre ans après, la Terreur le faisait arrêter comme suspect et le détenait pendant dix mois dans les prisons de Lectoure. Le Directoire le vit membre du district d'Auch, juge au Tribunal civil, puis au Tribunal criminel du département. Au rétablissement des Conservations des Eaux et Forêts, Dralet fut nommé à Toulouse.

L'Académie l'appela le 25 juillet, et le reçut le 8 août 1806, au nombre de ses membres.

On trouve au Recueil : son discours de réception (1807), ses réponses aux remerciements d'Al. de Cambon et de Carré (1808), de Jouvent, d'Aguilar et de Pinaud (1810) et son éloge de d'Hargenvillier (1843).

A la Restauration, la suppression de sa charge l'amena à l'inspection générale des Forêts du Midi; il reprit son ancienne Conservation (1821) et en demeura titulaire jusqu'au moment de sa retraite en 1838.

Dralet mourut à Toulouse le 21 décembre 1844, laissant d'importants travaux sur les questions forestières, notamment un traité du *Régime forestier* (1812), et une étude sur *les Délits, les peines et la procédure, en matière d'eaux et forêts* (1818). Ducos prononça son éloge le 8 juin 1845.

**4. — Vicomte de MAC CARTHY (Justin-François-Joseph), membre de l'Académie royale d'Islande (1785-1845-1862).**

La famille de Mac Carthy de Springhouse, dans le comté de Tipperary, fait remonter son origine, par un arbre généalogique officiellement reconnu en Angleterre et en France et que nous avons pu consulter, aux anciens rois de Desmonie et à Calaghan Cashel, roi de Momonie au milieu du dixième siècle, et surnommé le Fléau par ses ennemis, les Danois.

L'un de ses membres, Justin de Mac Carthy, marié à Marie Winfride de Nicolas Tuite, vint s'établir en France vers la fin du siècle dernier. Justin, son fils, né à Dublin le 1er mars 1685, ne pouvait oublier les souffrances de sa patrie, la malheureuse Irlande; il fit partie de l'Association catholique, puis de l'Académie royale, devint l'ami de O'Connell, mais se refusa à le suivre dans les violences de la lutte contre le gouvernement britannique et se sépara de lui.

Marié en 1826 à Mlle Coriolis d'Espinouse, il est élu mainteneur des Jeux Floraux, le 31 janvier 1845, et remercie l'Académie, le 8 juin suivant.

L'action bienfaisante des Belles-Lettres lui inspire la Semonce de 1849, que l'on trouve au Recueil avec ses poèmes : *Le Bâillement* (1854), *Le Progrès* (1857), le *Missionnaire mourant* (1859) et deux fragments : *Philanthropie, Charité* (1861).

Parmi ses travaux littéraires, il convient de citer encore : une Etude sur O'Connell, et une autre sur le poète Edmond Spincer, de nombreuses pièces : *Les trois Mots, la Réforme; Jean Guillot; Dahlias et chrysanthèmes; Les adieux;* etc., etc. Aug. d'Aldéguier a prononcé, le 3 janvier 1864, l'éloge du mainteneur, qui était mort le 2 juillet 1862, en laissant à l'Académie une partie de sa bibliothèque.

**5. — JANOT (Achille-Jean-Baptiste-Paul), docteur en médecine (1825-1864-1885).**

Le docteur Janot, né à Lézignan le 24 novembre 1825, fut élevé au séminaire de Narbonne, prit ses grades universitaires et professa quelque temps la médecine à la Faculté de Montpellier, puis il vint s'établir à Toulouse et joignit au laborieux exercice de sa profession, la culture des

Lettres et la collaboration à plusieurs Revues scientifiques.

Attiré par les concours de l'Académie, il obtint une Eglantine d'or et deux Violettes pour ses discours en prose, en 1857, 1859 et 1862. Littérateur et savant, il fut élu mainteneur le 9 janvier 1863, et remercia ses nouveaux confrères, le 3 janvier de l'année suivante, en traitant des Rapports entre les Sciences et les Lettres.

Son discours est imprimé au Recueil (1864), ainsi que son éloge de Moquin-Tandon (1865).

M. le B^on Sabatié-Garat a lu, le 20 mars 1887, la notice nécrologique du docteur Janot, décédé à Toulouse le 8 février 1885.

**6. — BOISSIN (Firmin), rédacteur en chef du « Messager de Toulouse » (1835-1887-1893).**

Notre confrère, M. de Peyralade, a dit à l'Académie, le 7 juin 1896, l'existence toute de labeur que Boissin a consacrée à la défense des intérêts sociaux et religieux.

Fils aîné de sept enfants, Boissin naquit à d'Aubezon, près de Vernon-lès-Joyeuse (Ardèche), le 17 septembre 1835. Après ses études à Bourg Saint-Andéol et à Aubenas, il songea à embrasser l'état ecclésiastique, puis il enseigna le français chez les Picpuciens de Cavaillon, enfin il partit pour Paris où il commença, dans diverses Revues, sa carrière de publiciste, de critique et d'érudit.

A un labeur excessif, ses forces s'épuisèrent, et il fut obligé de venir se retremper à l'air vivifiant du Midi, mais à peine a-t-il revu son cher pays Cévenol, que le devoir le rappelle dans le Nord, où il va diriger la rédaction du *Courrier de Rouen* et bientôt après, il est choisi (1871) comme rédacteur en chef du *Messager de Toulouse*, fonctions qu'il va exercer pendant plus de vingt années.

Dès le commencement de 1878, il témoigne de son amour pour les Belles-Lettres en faisant hommage à l'Académie de son ouvrage *le Vivarais et le Dauphiné aux Jeux Floraux de Toulouse.*

L'Académie voulut s'attacher le journaliste qui combattait vaillamment tous les jours le bon combat, en un style dont l'élégance n'enlevait rien à l'élévation des idées; le 4 juin 1885, elle l'appela à son trente-huitième fauteuil. En venant prendre séance au milieu de ses confrères, le 20 mars 1885, Boissin prononça un remarquable discours sur le *Midi littéraire contemporain.*

A son article quotidien du *Messager*, il joignait de nombreux travaux de critique littéraire, d'actualités et d'études historiques qu'il envoyait aux revues et aux journaux de Paris. Notre Recueil ne contient aucune des œuvres de notre confrère.

Peu fréquentes étaient ses communications à l'Académie, à laquelle il apportait surtout le concours d'une profonde science littéraire et d'un goût épuré.

Parmi ses plus importantes publications, il faut signaler : *Le Camp de Jalès; Le schisme constitutionnel dans l'Ardèche; Laffont-Savine, évêque jureur de Viviers;* son roman *Jan de la Lune; Les excentriques disparus; Rétif de la*

*Bretonne*, etc., dont quelques-unes sont signées de son pseudonyme, Simon Brugal.

Un jour, la vue de notre confrère s'affaiblit rapidement, il fallut abandonner le journal, ce cher champ de bataille, les études qui étaient sa vie. Il revient à Vernon, où sa forte et puissante constitution, déjà ébranlée par l'excès de travail, ne peut supporter longtemps le poids de l'inaction, et il meurt le 13 juillet 1893.

## TRENTE-NEUVIÈME FAUTEUIL.

### 1. — De GAILHAC PUY-SAINT-PIERRE (Jean-Galbert). (1691-1725-1758.)

La famille de Gailhac était très ancienne dans le haut Languedoc; elle comptait des capitouls à Toulouse, dès la fin du treizième siècle, et Guillaume, l'un de ses membres, licencié ès droits, lauréat des Jeux Floraux en 1453, maître et mainteneur de la Gaie Science, avait rédigé en 1458 un des registres de l'Académie.

Jean Galbert, fils de Pierre et de Marie de Campistron, né en 1691, ne pouvait avoir de meilleurs guides dans ses études littéraires, que ses deux oncles maternels, le P. Campistron, jésuite, professeur de rhétorique au Collège royal, et le poète Campistron, qui lui donna son nom de Galbert.

Elu mainteneur survivancier le 15 juin 1725, il devint titulaire le 9 septembre suivant, à la suite des lettres patentes qui portèrent de trente-six à quarante le nombre des fauteuils de l'Académie.

Quatre de ses œuvres figurent au Recueil : l'éloge de Clémence Isaure en 1726, le premier qui ait été prononcé en vers ; la Semonce de 1732 dans laquelle il traita de la Poésie ; et les notices biographiques de Claude d'Avizard et de Cormouls (R. 1740).

Delpy, secrétaire perpétuel adjoint, prononça le 7 avril 1758, l'éloge de Gailhac, décédé le 6 mars de la même année.

**2. — Comte de THOMOND (Charles O'BRIEN) vicomte de Clare, baron d'Ibrikin et de Maigh-Airsy, Pair d'Irlande, maréchal de France et commandant du Languedoc (1699-1758-1761).**

La famille de Brien Boraihme, roi d'Irlande en 1002, régna sur le Munster pendant plus de cinq siècles, jusqu'au jour où Murroug O'Brien échangea son sceptre contre le titre de comte de Thomond, qui lui fut accordé par le roi Henri VIII en 1542.

A la chute des Stuarts, Charles O'Brien, vicomte de Clare, etc., suivit Jacques II en France, où il prit du service. De son mariage avec Charlotte de Bulkeley, dame d'honneur de la reine Marie d'Este, il eut à Saint-Germain en Laye, le 27 mars 1699, un fils qui reçut le nom de Charles, de son parrain le jeune Prince de Galles. Sept ans après, Charles O'Brien, colonel au régiment de Clare Infanterie mourait, à Saint-Germain, le 26 mai 1706, à la suite des blessures qu'il avait reçues à la bataille de Ramillies[1].

Son fils débuta dans la carrière des armes, au régiment qui portait le nom de sa famille, passa sous les ordres du Duc de Berwich, en Espagne et sur le Rhin, et fut blessé à Philippsbourg du même coup de canon qui tua le maréchal.

Inspecteur général d'infanterie à l'armée du Rhin, avec le maréchal de Belle-Isle, puis avec le C^te de Ségur, il fut envoyé à l'armée du Rhin en 1743, devint lieutenant général le 2 mai de l'année suivante, se distingua aux sièges d'Ypres et de Furnes, décida de la victoire de Fontenoy le 11 mai 1745, et prit une part brillante aux batailles de Raucoux et de Lawfeld.

En 1756, il obtint la lieutenance générale de Normandie, ensuite le gouvernement de Neuf-Brisach, et, le 24 février 1757, le bâton de maréchal vint récompenser ses services militaires. Il prit alors le nom de comte de Thomond, titre appartenant à la branche aînée des O'Brien de Clare qui venait de s'éteindre.

Appelé la même année au commandement de la Guyenne, puis du Languedoc, il fut élu mainteneur des Jeux Floraux le 7 avril 1758 et remercia l'Académie par une lettre du 26 mai suivant.

A son arrivée à Toulouse, une députation, présidée par de Villeneuve Beauville, lui souhaita la

1. *Jacques II Stuart*, par Dulon, 1897.

bienvenue, le 15 août 1761, à l'hôtel de l'Archevêché, où il était descendu.

Quelques jours après, le 9 septembre, le maréchal mourait à Montpellier, et de Villeneuve Beauville prononçait, le 19 février 1762, l'éloge du mainteneur qui, retenu par ses hautes fonctions, n'avait pu assister à aucune séance de l'Académie.

### 3. — De PROGEN (Jean-François). (1719-1762-1783.)

Des revers de fortune ne permirent pas à de Progen de suivre la carrière de la magistrature à laquelle il se destinait; il servit aux mousquetaires pendant dix ans et revint à Toulouse, où il fut élu mainteneur des Jeux Floraux le 19 février 1762.

L'année suivante, il traita de l'Utilité des Académies, en faisant l'éloge de Clémence Isaure, puis en 1764, il choisit pour sujet de la Semonce qu'il avait à prononcer, l'Examen des écueils à éviter dans les œuvres littéraires. Ces deux discours figurent au Recueil, ainsi que sa réponse au remerciement de H.-B. de Sapte en 1777.

L'Académie a conservé le souvenir de quelques autres travaux de Progen : une dissertation sur les œuvres de Molière (3 mai 1762); un conte moral, l'*Epreuve*, lu dans la séance des Jeux du 3 mai 1764; une note sur trois articles de *l'Encyclopédie* consacrés à Toulouse, au Languedoc et au Canal du midi (10 août 1766), l'éloge de son confrère de Montgaillard le 6 juin 1767 ; enfin des Maximes et des Contes moraux qu'il publia sous forme de recueil.

Il mourut à Toulouse le 19 mars 1783, à l'âge de soixante-quatre ans, et son éloge, prononcé le 18 mai suivant par de Portes, n'ayant pas été imprimé, Poitevin-Peitavi consacra, le 31 janvier 1812, une notice biographique à ce mainteneur, qui avait été secrétaire des assemblées pendant cinq années, de 1763 à la fin de 1767.

**4. — De BELMONT (Jérôme), seigneur de MALCOR et de CONDAT, ancien conseiller au Parlement, conseiller d'Etat (1747-1783-1825).**

Des lettres royales du 18 mai 1768 nommèrent à la chambre des Requêtes du Parlement de Toulouse, un ancien élève du collège du Plessis, jeune homme de vingt ans à peine, Jérôme de Belmont, né à Mur-de-Barrez le 19 janvier 1747, fils de Alain, juge de cette ville, et de Antoinette de Verdier.

Le jeune magistrat fut exilé dans le Rouergue par le chancelier de Maupeou lors de la réforme de l'ordre judiciaire, mais à son retour, ses collègues lui témoignèrent leur confiance en le chargeant, par trois fois de 1780 à 1783, de présenter au Roi les remontrances du Parlement, où il devint conseiller en juillet 1783.

A la Révolution, de Belmont prit part à l'insurrection du camp de Jalès, servit à l'armée des Princes, passa en Angleterre et fut successivement le mentor du fils de lord Spencer pendant son voyage sur le continent, puis le représentant de plusieurs princes souverains d'Allemagne, auprès du gouvernement britannique. La chute de l'Empire le ramena en France et il se joignit à la députation envoyée à Louis XVIII par l'Académie des Jeux Floraux. Le gouvernement des Bourbons le nomma membre du Conseil d'Etat en 1814; après quelques années de service, il prit sa retraite et vint mourir dans sa ville natale, le 1er février 1825.

Son éloge, prononcé par A. d'Ayguesvives, le 2 avril 1826, retrace l'existence de ce mainteneur élu le 4 mai 1783 et reçu à l'Académie, le 18 du même mois, après un discours sur la Littérature (R. 1783).

**5. — CABANTOUS (Pierre), professeur de Littérature à la Faculté des Lettres (1771-1826-1840).**

Quelle existence agitée que celle de la génération qui naquit quelques années avant la Révolution, et à laquelle appartient cet académicien successivement théologien, soldat et universitaire !

Fils d'un fermier général du clergé de l'Aveyron, Pierre Cabantous naquit à Rodez, le 7 février 1771, fut élevé au collège de cette ville où il fut reçu maître ès arts à l'âge de quinze ans, termina ses études à Paris, comme boursier au séminaire des Trente-Trois, prit le grade de licencié en théologie, et devint maître de conférences à la Sorbonne, au moment des grands évènements de 1789.

Aux levées en masse, il figure parmi les volontaires de l'Aveyron (1791), qui répriment l'insurrection de la Lozère, puis il passe aux compagnies franches de son département, est envoyé comme quartier-maître à l'armée des Pyrénées orientales, est fait prisonnier à Bellegarde et dirigé sur Ténériffe, où il arrive après avoir vu ses compagnons de captivité décimés par la peste, durant la traversée. La paix de 1795 le ramène en France et il quitte l'armée pour professer les Belles-Lettres, l'Histoire et enfin les langues anciennes au collège de Rodez, qui porte sucessivement les noms d'Ecole centrale et de Lycée. De là, il est envoyé à Limoges où il enseigne à la fois la Rhétorique au Lycée de 1810 à 1816, et la Littérature française à la Faculté des Lettres, supprimée en 1816. Il quitte alors Limoges pour diriger la classe de Rhétorique du lycée de Cahors, puis de celui de Bordeaux, et obtient en mai 1824 la chaire de Littérature française à la Faculté de Toulouse.

Reçu le 2 avril 1826 à l'Académie des Jeux Floraux qui l'avait élu mainteneur le 17 février précédent, il fait l'éloge de Clémence Isaure aux Fêtes des Fleurs de 1826 et de 1830, prononce la Semonce de 1827, dans laquelle il traite des rapports entre les Sciences et les Arts d'imagination, fait le rapport sur le concours de 1831, et lit la notice biographique de Larrouy en 1833.

L'éloge de Cabantous, décédé le 8 novembre 1840 presque au lendemain du discours d'ouverture de ses cours annuels, fut prononcé, le 27 juin 1841, par Gatien-Arnoult qui rappela les quarante-cinq années de professorat de l'universitaire, et les services littéraires du mainteneur, qui avait occupé, pendant trois années (1831-1833), la charge de secrétaire des assemblées de l'Académie.

**6. — MOQUIN-TANDON (Christian-Horace-Benedict-Alfred), directeur du Jardin des Plantes, membre de l'Institut (1804-1841-1863).**

De nombreuses poésies patoises, des notices sur les premiers troubadours, une traduction des Lois de la Poétique romane avaient signalé depuis longtemps Moquin-Tandon à l'Académie qui préféra, le 19 février 1841, s'assurer le concours du savant professeur, en le nommant mainteneur, que lui décerner des lettres de maîtrise.

Après avoir enseigné la physiologie comparée à l'Athénée de Montpellier, où il était né le 7 mai 1804, Moquin-Tandon avait été appelé à la chaire de professeur d'histoire naturelle à la Faculté de Toulouse. Toutes les sociétés savantes lui ouvrirent leurs rangs : l'Académie des Sciences, Inscriptions et Belles-Lettres, qu'il présida en 1843 et 1844, le compta au nombre de ses membres dès 1834 : puis ce furent les Sociétés d'Agriculture, d'Archéologie et de Médecine, qui lui demandèrent une partie de ses loisirs.

Les rapports de la Science et de la Littérature furent le sujet du discours de remerciement qu'il adressa aux Jeux Floraux le 27 juin 1841. Cette œuvre et la réponse au discours de réception de Fortoul figurent au Recueil (1842, 1845).

Moquin-Tandon fut appelé à la Faculté de Médecine de Paris, devint membre de l'Institut et président de la Société de Botanique de France.

Il ne nous appartient pas de rappeler les nombreux et importants travaux du savant, mort à Paris le 15 avril 1863. Tout le monde connaît son *Monde de la mer* et le Languedoc a conservé le souvenir de *Margaridetas*, de *Guindouletas*, et des poésies patoises publiées sous le pseudonyme d'Alfred Fredol.

Le docteur Janot a prononcé l'éloge de ce mainteneur le 8 janvier 1865.

### 7. — VAÏSSE-CIBIEL (Joseph-François-Emile), avocat (1829-1865-1884).

Né à Salvagnac, dans le Tarn, le 17 janvier 1829, Emile Vaïsse fut adopté par la seconde femme de son père, M^lle^ Cibiel, qui lui donna son nom.

Ses études, commencées à Gaillac, se terminèrent à Paris, où il suivit les cours de la Faculté de Droit. De retour à Toulouse, il se fit inscrire au barreau et prononça, comme stagiaire en 1853, un éloge remarqué de Romiguières.

Après avoir été l'un des fondateurs du *Progrès libéral*, il écrivit dans la *Revue de Toulouse*, entra à l'Académie des Sciences, Inscriptions et Belles-Lettres, dont il fut plus tard le Président de 1868 à 1871, et devint mainteneur des Jeux Floraux, le 8 janvier 1864. Un an après son élection, le 8 janvier 1865, il remercia l'Académie par une dissertation sur *la Mélancolie*. Pendant dix ans encore, il continua à écrire en excellente prose, ses études historiques et ses œuvres littéraires, parmi lesquelles on remarque ses travaux sur Vanini, Sorbin de Sainte-Foy, Coras et Duranti, Etienne Dolet, etc., une *Histoire d'un procès de magie, au Parlement de Toulouse en 1614*, des biographies de Lafaille et de Lefranc de Pompignan, *le Château de Penne*, *une Insurrection de paysans en 1794*, *un Pèlerinage au Cayla*, etc.

Puis tout à coup, il devint poète et donna à l'Académie et au public des vers pleins d'esprit et d'une excellente facture.

Le Recueil, qui contenait déjà son discours de réception (1865), sa réponse au remerciement de Toulouse-Lautrec (1865) et de Rémusat (1886), ses notices sur Coras et Duranti (1868), et son éloge du président Caze (1870), s'enrichit de ses *Souvenirs albigeois* et de la *Prière d'un enfant* (1874); puis vinrent des sonnets artistiques sur les grands maîtres de la peinture et de la sculpture, son rapport sur le concours pour le prix Roquemaurel (1875), une ode, *La France régénérée* (1876), une épître à Molière sur le théâtre réaliste et une nouvelle série de sonnets (1878), enfin sa pièce, *Ceux qui n'arrivent pas* (1881).

Vaïsse-Cibiel fit partie du Conseil municipal de Toulouse, en 1865.

Il mourut, le 28 août 1884, laissant à l'Académie une somme de 4,000 francs, dont le revenu fut affecté, le 8 avril 1886, à fonder un nouveau concours de poésie avec une Eglantine d'argent, comme récompense au vainqueur. Ce concours fut réservé aux sonnets, genre auquel le donateur s'était consacré de préférence à tout autre ; il a été ouvert pour la première fois en 1887.

De Toulouse-Lautrec, auquel Vaïsse-Cibiel avait souhaité la bienvenue à son entrée dans l'Académie en 1865, fit son éloge le 7 janvier 1886.

**8. — DELOUME (Antonin), professeur à la Faculté de Droit, secrétaire perpétuel de l'Académie de Législation (1886).**

M. A. Deloume, élu mainteneur le 12 juin 1885 a été reçu le 17 janvier de l'année suivante, après une étude sur *la Philosophie et la Poésie* (R. 1886).

On trouve également au Recueil l'éloge de Hamel (1891), et le rapport sur le premier concours pour les prix de Vertu (1895), institué par le regretté M. Ozenne, qui ne pouvait faire un meilleur choix que celui de notre confrère, pour assurer l'exécution de ses dernières volontés.

## QUARANTIÈME FAUTEUIL.

**1. — D'ALDÉGUIER (Géraud-Joseph), seigneur d'Engevilhe (1677-1725-1759).**

Frère de Pierre, titulaire du quinzième fauteuil et fils de François, nommé au vingtième siège, Géraud d'Aldéguier naquit à Toulouse, le 20 novembre 1677.

Elu mainteneur survivancier le 15 juin 1725, il fut appelé, le 9 septembre suivant, à occuper l'un des quatre nouveaux fauteuils que venaient de créer les lettres patentes de Louis XV.

Cet académicien a écrit plusieurs poésies gasconnes inédites, mais on ne trouve au Recueil que son éloge de Clémence Isaure en 1732 et la notice biographique de F.-J. de Nolet en 1733.

Le conseiller d'Aguin prononça, le 27 juin 1759, l'éloge de Géraud d'Aldéguier, décédé le 2 du même mois et enseveli aux Grands-Carmes dans le tombeau de sa famille.

**2. — Abbé FOREST (Jean-François), membre de la Chambre souveraine du clergé, maître ès Jeux (1720-1759-1780).**

Jean-François Forest, fils de Marie Cain et de Pierre, libraire de Toulouse, était né dans cette ville le 15 juin 1720. Son père le destinant au barreau, il fit ses études au collège des Jésuites et obtint le grade de licencié ès droits, lorsqu'il se sentit appelé vers l'état ecclésiastique. Il alla étudier la théologie à Paris, fut reçu bachelier en Sorbonne, devint chanoine de Saint-Paul de Narbonne, puis membre de la Chambre souveraine du clergé, établie à Toulouse.

Il était encore étudiant en théologie à Paris, qu'il prenait part aux concours des Jeux Floraux. En 1748, il remporta le prix d'Eloquence, que la générosité de Soubeiran de Scopon venait de transformer en une Eglantine d'or, et il obtint deux autres Eglantines en 1753 et 1757, en montrant le concours que se prêtent mutuellement les Belles-Lettres et les Sciences.

Ces trois prix lui donnaient droit aux lettres de maîtrise, qui lui furent accordées le 25 août 1757, et lui ouvrirent les portes de l'Académie, où il fut reçu comme mainteneur le 11 juillet 1759. Quelques jours après sa réception, il prononça la Semonce et traita des Ecarts de l'Imagination.

Sont imprimés au Recueil : ce discours ; l'éloge de Saint-Laurens (1760), dans lequel l'auteur ne fit qu'une allusion discrète au grave différend survenu en 1729 entre ce mainteneur et l'Académie au sujet de la notice sur Laloubère ; ceux du Cte de Caraman (1761) et de Comynihan (1764) ; le compliment adressé à Mgr de Brienne, en août 1763, à son arrivée à Toulouse (R. 1765) et l'éloge de Clémence Isaure que l'abbé Forest consacra à l'étude du Goût littéraire (1772).

Les procès-verbaux rappellent ses réponses aux discours de remerciement de Mgr Dillon (mars 1761) et de Cambon Labastide (mars 1763), son discours sur l'histoire et les progrès de la poésie (1774), et la part importante qu'il prit à la rédaction du mémoire destiné à répondre aux violentes attaques de Lagane (1775).

L'abbé Forest a laissé aussi : un Annuaire historique et chronologique du Languedoc (1752) ; une étude sur l'histoire des Jeux Floraux et de Clémence Isaure (1775), et un Mémoire très intéressant sur les Mœurs et les coutumes des Goths.

Il mourut à Paris, le 26 janvier 1780, et son éloge fut prononcé par Martel, le 13 août de la même année.

**3. — Comte de PÉRIGORD (Gabriel-Marie de TALLEYRAND), commandant en chef dans la Province du Languedoc, lieutenant général (1726-1780-1797).**

Le fils de Daniel-Marie, qui devint colonel de Normandie Infanterie, et de Marie Guisanne de Rochefort-Théobon, naquit à Théobon, paroisse de Loubès, dans le diocèse d'Agen. le 9 octobre 1726.

Elevé au collège d'Harcourt, à Paris, où il luttait d'émulation et de succès avec Loménie de Brienne, qui devait être un jour archevêque de Toulouse, il entra dans l'armée à l'âge de quinze ans et obtint, quatre ans après, le brevet de colonel du régiment de Normandie (1745), en remplacement de son père, tué au siège de Tournay. Le jeune colonel fut blessé grièvement à Raucoux, entra le premier dans Berg-op-Zoom, et assista à la bataille de Fontenoy pendant les guerres de Flandre et de Bavière, sous les ordres des maréchaux de Saxe, de Lovendal, de Belle-Isle et de Broglie.

A la cour, Talleyrand fut menin du dauphin et assista à ses derniers moments. En 1752, le roi le nomma gouverneur et grand baillif du Berry; l'année suivante, il quitte son régiment de Normandie et passe maître de camp à Dauphin Cavalerie. Brigadier en 1756, il sert à l'armée d'Allemagne, sous les maréchaux d'Estrées et de Richelieu, obtient le grade de maréchal de camp en 1761, la commandance du Languedoc en 1771 et la lieutenance générale en 1780.

Campagnes, combats et hautes fonctions administratives n'avaient jamais détourné complètement de Talleyrand de ses études littéraires et scientifiques : l'histoire, la physique, la métaphysique étaient l'objet de ses préférences et il avait acquis des connaissances étendues en ces diverses matières.

L'Académie des Jeux Floraux, n'ayant pas de fauteuil vacant à donner au commandant du Languedoc, lui assura, le 6 juillet 1779, la première place libre et, sans nouvelle élection, il succéda, le 17 février de l'année suivante, à l'abbé Forest.

Le Recueil de 1781 contient son discours de remerciement, qu'il envoya de Paris et qui fut lu par de Sapte dans la séance du 13 août 1780.

La Révolution n'épargna pas le vieux soldat, qui avait moins de vingt ans lorsqu'il versa son sang pour le service de la France. Malgré le respect et l'affection dont il était entouré, Talleyrand fut dépouillé de ses biens et emprisonné pendant une année entière. Il eût certainement succombé pendant sa longue détention sans les soins de son valet de chambre Beaulieu, qui avait demandé, au risque de sa vie, à être incarcéré avec lui.

Il mourut peu de temps après sa mise en liberté, en 1797, et son éloge fut prononcé, le 14 juin 1807, par F. de Villeneuve.

**4. — CARRÉ (Pierre-Laurent), professeur de Littérature à la Faculté des Lettres, maître ès Jeux (1758-1807-1825).**

Fils de Pierre-Joseph, professeur au collège de La Marche, et de M^lle^ Varvins, Pierre-Laurent

Carré naquit à Paris en 1758, fit de brillantes études scolaires, eut pour professeur de troisième l'abbé Delille avec lequel il conserva toujours les plus affectueuses relations, entra comme boursier au Séminaire des Trente-Trois, obtint le grade de maître ès arts, puis le titre d'agrégé, et se consacra à l'enseignement.

Les labeurs du professorat ne l'empêchent pas de prendre part aux concours littéraires, où il remporte de nombreux succès à l'Académie de l'Immaculée-Conception, dite des Palinods, de Rouen, à celles d'Amiens, de Montauban et de Marseille, enfin au Musée de Paris.

Son ambition eût été alors d'obtenir une chaire de professeur au collège de La Marche, mais les prêtres seuls étaient admis au concours et, bien qu'il portât la soutane, Carré n'avait pas reçu les ordres; il dut renoncer à ses projets. Heureusement l'abbé Delille, son ancien professeur, qui se trouvait à ce moment à Toulouse, auprès de Mgr de Brienne, le fit nommer professeur de rhétorique au Collège royal de la capitale du Languedoc.

A peine arrivé à Toulouse, Carré entre au Musée français, Société littéraire fondée par l'archevêque de Loménie, et y prend bientôt une situation prépondérante par des discours et des poésies d'un remarquable mérite. Les concours des Jeux Floraux le convient à de nouveaux succès : Son Epitre aux mânes de Lefranc de Pompignan reçoit une Violette réservée en 1784; l'année suivante, une Idylle à la mémoire de Fénelon mérite l'impression au Recueil; une ode, *le Muséum français*, obtient le prix du genre en 1786 ; enfin une Violette d'argent récompense, en 1788, son Epître à l'abbé Delille sur son *Voyage en Grèce* et des lettres de maîtrise sont décernées, le 25 mai de la même année, au poète trois fois couronné.

Le nouveau membre du corps des Jeux Floraux justifie la distinction dont il vient d'être l'objet, en apportant son tribut littéraire aux deux Semonces de 1789 et 1790, notamment avec une traduction en vers d'un fragment du *Bouclier d'Hercule*, par Hésiode.

La Révolution dispersa l'Académie, ferma le Collège national et Carré, privé de ses moyens d'existence, fût tombé dans la misère s'il n'eût été appelé à la tête de l'institution de M. Albert, dont il épousa la fille. Pendant la période sombre des dernières années du dix-huitième siècle, Carré eut à subir les violences de la tyrannie démagogique. Sa Muse dut se soumettre aux despotiques exigences des hommes au pouvoir et chanter les sujets politiques et guerriers qui faisaient l'objet des fêtes patriotiques ; malgré la contrainte et les dangers, elle sut s'élever au-dessus des passions humaines et mérita une récompense exceptionnelle, qui lui fut décernée, aux premiers jours de calme, par François de Neufchâteau.

L'an VI voit fonder le « Lycée de Toulouse » et Carré est un de ses premiers membres ; cette Société littéraire nous a conservé plusieurs de ses poésies. L'Empire réorganise les services publics, et de Fontanes, grand maître de l'Université de France, le nomme professeur à la Faculté des Lettres de Toulouse. L'Académie réunit ses membres épars; il lui adresse une épître sur l'Urbanité française, qu'il avait lue au Lycée, en l'an VIII, et qui sert de Semonce aux Jeux Floraux de 1807. Il est élu mainteneur le 29 mai et prend possession de son fauteuil, le 14 juin de la même année,

Le Recueil contient plusieurs œuvres importantes de Carré : son remerciement (1808); l'Eloge de 1812 sur l'Institution de la Gaie Science restaurée par Clémence Isaure ; la Semonce de 1818, discours en vers sur l'Unité; celle de 1821, étudiant les Caractères distinctifs et les rapports de l'Eloquence et de la Poésie ; les éloges des mainteneurs de Lalo (1819) et de l'abbé de Rozières (1821) ; les réponses aux remerciements de Soumet, d'Hargenvillier, d'Aubuisson et de Voisins-Lavernière (1819). — Les procès-verbaux rappellent qu'à la Fête du 3 mai 1818, il lut un discours en vers qui avait été couronné avant la Révolution par l'Académie de Montauban et dans lequel il traitait de l'Influence du climat sur le génie.

Vinrent les chagrins et les épreuves : Carré avait été accusé de jacobinisme, puis on lui reprocha ses sympathies pour les fédérés de 1815. Bientôt à ses soucis se joignirent des revers de fortune, des chagrins causés par la perte de ceux qui lui étaient chers, il partit pour Paris et y mourut le 25 février 1825, à l'âge de soixante-sept ans.

Son élève, Tajan, fit son éloge, le 2 avril 1826,

et l'Académie témoigna de son estime pour ce mainteneur distingué entre tous, en souscrivant à la publication de ses œuvres littéraires.

**5. — De BASTOULH (Hyacinthe-Raymond-Marie), procureur général à la Cour de Toulouse (1783-1826-1838).**

Fils de Jean-Raynaud-Marie, avocat au Parlement, et de Mlle de Maduron, Bastoulh naquit à Toulouse le 4 juin 1783.

Il fit sa carrière dans la magistrature de sa ville natale : juge auditeur en 1808, avocat général en 1811, et procureur général en 1827. Député de la Haute-Garonne, la même année, il siégea à l'extrême droite de la Chambre, fut réélu en 1830, refusa de prêter serment à la Monarchie de Juillet, et rentra à Toulouse, où il mourut le 5 décembre 1838.

Il avait été nommé mainteneur le 17 janvier 1826, et son discours de remerciement du 2 avril suivant figure au Recueil de l'Académie.

Le conseiller Pech prononça son éloge, le 24 février 1839.

**6. — FÉRAL (Louis-Philippe), avocat à la Cour de Toulouse (1795-1839-1858).**

Après avoir fait ses études, d'abord à Albi où il était né le 15 mai 1795, puis à Cahors, Féral suivit les cours de Droit à la Faculté de Toulouse et passa trois années au barreau de Paris, où l'avait appelé le président de Cardonnel, nommé conseiller à la Cour de Cassation.

De retour à Toulouse, Féral ne tarda pas à figurer au premier rang parmi les membres du barreau, et se distingua tout particulièrement, dès ses débuts, par ses joutes oratoires contre Romiguières.

Appelé au quarantième fauteuil de l'Académie, il examina, dans son discours de réception du 24 février 1839, les Rapports de la littérature et du droit (R. 1839), fit l'Eloge en 1840, et répondit au remerciement de E. de Limairac en 1843.

Président du conseil général de la Haute-Garonne de 1848 à 1850, administrateur des hospices, membre de la Société d'Agriculture, conseiller municipal de Toulouse pendant dix-huit ans, et l'un des fondateurs de l'Académie de Législation, Féral, décédé le 8 février 1858, a laissé au Palais le souvenir d'un jurisconsulte éminent et d'un orateur aussi persuasif qu'éloquent.

Son confrère Rodière a rappelé, le 20 février 1859, les services et les mérites de ce maître du barreau dont les œuvres ont été offertes à l'Académie.

**7. — Marquis d'AYGUESVIVES (Félix-Alphonse-Albert), conseiller général de la Haute-Garonne (1818-1858-1887).**

Né, le 30 août 1818, de Marie-Alphonse et de M^lle^ de Malaret, Albert d'Ayguesvives débute au Conseil général de la Haute-Garonne en 1848 et y passe quatre années.

Il entre à l'Académie, le 4 juin 1858, et dans

son discours de remerciement, le 20 février de l'année suivante, il examine l'Influence qu'exercent réciproquement l'une sur l'autre les Belles-Lettres et les Mœurs. Il fait l'Eloge en 1860 et détermine, dans la Semonce de 1863, les Devoirs essentiels de l'homme de lettres. Ces deux discours sont insérés au Recueil, ainsi que sa notice biographique sur son confrère Caubet (1865).

Entre temps, d'Ayguesvives avait pris du service dans la cavalerie de l'Armée pontificale (1863) et avait été capitaine aide-de-camp du général Zappi.

Il rentra dans la vie publique en 1871 par son élection au Conseil général et s'occupa de politique et de luttes électorales. Ses échecs sur ce terrain ont été plus apparents que réels, au dire des chroniqueurs les mieux informés.

D'Ayguesvives mourut subitement, le 14 juin 1887, et Depeyre lut son éloge, le 23 février 1890.

**8. — BÉNEZET (Bernard), peintre d'histoire (1890).**

Trois concours successifs pour le prix du Conseil général ont vu arriver M. Bénezet au premier rang. Ses discours : sur la Renaissance à Toulouse (1874), sur Goudelin et Jasmin (1875), et sur les comtes de Toulouse aux Croisades (1876) lui ont valu trois Immortelles d'or, auxquelles l'Académie a joint, le 16 février 1877, les lettres de maître ès Jeux.

Son remerciement pour la maîtrise, dans lequel il a traité de l'Influence de l'Académie sur l'Art toulousain (1877) et son éloge de Clémence Isaure (1879) figurent au Recueil, ainsi que le discours qu'il a prononcé le 23 mars 1890 sur le Génie méridional, en remerciant l'Académie de l'avoir appelé, le 2 juin 1888, au quarantième fauteuil qu'il occupait au moment du second centenaire.

L'Académie a perdu récemment ce mainteneur, décédé à Toulouse le 19 mai 1897.

## II

# LES MAITRES ÈS JEUX

**D'ABBATIA (Antoine), avocat au Parlement (1652-1694-....).**

Fils de noble Jean, écuyer, et de Jeanne de Gaichalet, Antoine d'Abbatia, né et ondoyé en décembre 1652, avait été tenu sur les fonts baptismaux de l'église du Taur, le 11 juin 1656, par un écolier, qui devait le précéder dans la maîtrise ès jeux, G. de Pradines, représentant Antoine de Celès, gentilhomme de M. le Prince.

Sa famille appartenait à la noblesse capitoline; deux de ses ancêtres, Durand et Guillaume, avaient figuré, en 1583 et 1625, parmi les magistrats municipaux de Toulouse; plusieurs autres s'étaient distingués au barreau et dans l'armée.

Ses études de droit et ses devoirs d'avocat au Parlement ne l'empêchaient pas de se livrer à la culture des Belles-Lettres et de prendre part aux concours annuels des Jeux Floraux. Un chant royal, *David amoureux,* lui valut une Eglantine en 1682; deux ans après, il obtint la Violette avec une poésie du même genre intitulée, *Clytrie.* Aucun document ne nous a permis d'établir à quelle date il reçut le titre de maître ès jeux, qui lui fut confirmé par les lettres patentes de 1694. Dans sa liste des lauréats des anciens Jeux, Dumège le cite comme ayant obtenu le Souci et la maîtrise en 1689; il y a sans doute erreur de date puisque le Souci fut décerné, la même année, à V. Cironis de Beaufort.

Les triomphes de *Vincens* et de *Raymond* en 1682, et celui de Ranchin en 1685 contiennent des félicitations en vers adressées aux lauréats par A. d'Abbatia.

**ADAM (François-Etienne). (1889.)**

M. Adam a débuté dans les concours de mai en obtenant, en 1865, l'Amarante d'or pour son ode, *la France*, puis il semble avoir oublié les jeux littéraires de Toulouse, pour se consacrer à écrire de nombreuses poésies que l'on retrouve éparses dans les journaux.

Après un silence de près d'un quart de siècle, il reparaît dans l'arène, ouverte, tous les ans, aux fidèles de Clémence Isaure, et il reçoit un Lis et une Eglantine pour un hymne à la Vierge et un sonnet (1888, 1889).

Ces trois fleurs lui donnaient le droit de prétendre aux lettres de maîtrise qui lui ont été octroyées, le 23 avril 1889.

**Mme D'AYZAC (Félicie-Marie-Emilie), de la Maison de la Légion d'honneur à Saint-Denis (1801-1858-189.).**

Mme d'Ayzac entra comme professeur à la Maison de Saint-Denis, à l'âge de seize ans, et ne tarda pas à se faire un nom dans la littérature et dans la science.

Tout d'abord, elle semble devoir se consacrer exclusivement à l'étude des Belles-Lettres et de la poésie : dès 1823, elle prend part aux concours des Jeux Floraux, où elle obtient un Lis en 1823, puis un second Lis et un Souci, en 1824 ; quelques années après, sa poésie, *les Soupirs*, est couronnée à l'Académie française, en 1842.

L'étude de l'art dans les siècles passés, la science positive de l'archéologie, lui offrent à cette époque, un attrait tout particulier ; elle s'y adonne et le succès vient bientôt récompenser ses travaux. L'Académie des Inscriptions et Belles-Lettres accorde, en 1849, une mention honorable à son ouvrage sur *les Statues de l'un des porches de la cathédrale de Chartres*, et décerne un prix, en 1861, à son *Histoire de l'abbaye de Saint-Denis*.

L'archéologie ne lui avait pas fait abandonner la poésie et elle continuait fidèlement à faire ses offrandes à Clémence Isaure : sept de ses œuvres méritèrent l'impression au Recueil de 1823 à 1857 et le concours de cette dernière année, lui valut une Violette pour l'épître, *Le Dévouement*.

Quatre fois couronnée, Mme d'Ayzac exprima le désir de recevoir les lettres de Maîtrise ès jeux, qui lui furent accordées, le 30 avril 1858. Sa demande et son remerciement, lus dans la séance publique du 2 mai 1859, sont insérés au Recueil, qui a conservé également son éloge de Clémence Isaure en 1865, et ses poésies *Castel-Noubel* (1873) et *Vous souvient-il ?* (1877).

Maître ès jeux et membre de la Société archéologique de Moscou, Mme d'Ayzac, née à Paris en 1801 est décédée en 189... Elle a laissé de nombreux travaux littéraires et scientifiques : une part importante des premiers se trouve au Recueil des Jeux Floraux; la majeure partie des seconds a été publiée dans les *Annales* et dans la *Revue Archéologique.*

**Mme BALART (Marie-Françoise-Jacquette ALBY) (1776-1819-1822).**

Née à Castres en 1776, et mariée à un avocat de cette ville, Mme Balard hésita longtemps avant d'exposer ses productions poétiques à la critique des littérateurs et du public. Ce fut seulement en 1810 qu'elle fit paraître un poème anonyme en quatre chants intitulé, *Amour maternel.*

L'année suivante, elle obtint au concours des Jeux Floraux, un Souci et un Lis pour une élégie et un hymne à la Vierge; en 1813, son ode, *la Poésie,* n'atteignit pas le premier rang, mais fut classée au nombre de celles qui concouraient pour le prix du genre.

Les lettres de maîtrise lui furent décernées le 29 janvier 1819, et pour remercier l'Académie, elle fit appel au sentiment d'admiration que lui inspiraient les œuvres de l'auteur des *Géorgiques du Midi*, et que l'on retrouve exprimé dans ses lettres à Poitevin-Peitavi[1]. Le 7 avril 1820, le secrétaire perpétuel Pinaud lut à ses confrères

1. Archives. — *Correspondance,* tome I.

un éloge de Mme Verdier-Allut, maître ès jeux, adressé à la Compagnie par Mme Balard; il fut décidé que cet ouvrage serait inséré au Recueil. Un second hommage eut également les honneurs de l'impression, mais le poète mourut le 8 avril 1822, quelques jours à peine avant la publication du volume contenant son *Tombeau de Sylvandre*.

**BAOUR-LORMIAN (Louis-Pierre-Marie-François), membre de l'Académie française (1772-1824-1854).**

Au siècle dernier, la famille Baour avait une certaine notoriété artistique et industrielle à Toulouse : Jean-Florent était l'un des imprimeurs les plus connus de la ville et prenait le titre de scelleur de la chancellerie, pendant que son frère, Louis-François, se distinguait dans l'art de la gravure.

Notre poète, fils de l'imprimeur Jean-Florent, naquit dans la maison qui faisait l'angle de la rue Gamion et de la rue Saint-Romo, le 19 septembre 1772, et durant son éducation à l'Esquille, rien ne pouvait faire prévoir qu'il serait littérateur et membre de l'Académie française.

A la mort de son père vers 1795, il partit pour Paris, et fit paraître une traduction de la *Jérusalem délivrée*, qui fut l'objet des louanges les plus exagérées et de critiques parfois trop sévères; puis il écrivit les *Trois mots* auxquels les félicitations ne furent pas plus ménagées que les diatribes; enfin il livra au public, en 1801, les *Poésies galliques d'Ossian*.

Malgré son éloignement, il avait conservé des relations avec les Sociétés littéraires de sa ville natale et figurait comme associé correspondant, parmi les membres du « Lycée de Toulouse », fondé en 1798; il envoyait parfois à ses confrères des poésies, notamment un conte, *Mes vœux*, qui est inséré au volume de cette Compagnie, de germinal an VII. Il revient passer quelque temps à Toulouse, et pendant son séjour un anonyme publie les *Satires toulousaines* dans lesquelles la société littéraire l'Athénée, les notabilités de la Ville, et Baour lui-même, sont fort malmenés. Cependant certains de ses contemporains lui en ont attribué la paternité, et plus que tout autre, son ami et son biographe, l'avocat Hangar (1865); après les affirmations de Fl. Ducos, il est permis de penser que B.-A. Tajan fut l'auteur de ces poésies qui, toutes spirituelles qu'elles sont, contiennent assez de mauvais vers et de solécismes pour que Baour-Lormian n'ait aucun avantage à les réclamer comme siennes.

De retour à Paris, il aborde le théâtre avec la tragédie *Omasis*, à laquelle le concours de Talma et de Mlle Mars assure un réel succès le 14 septembre 1806; on le retrouve au Vaudeville, au mois d'août suivant, avec un divertissement à la louange de Napoléon, l'*Hôtel de la Paix, rue de la Victoire, à Paris*.

L'Académie des Jeux Floraux était reconstituée depuis deux ans, lorsqu'elle perdit l'un de ses membres, E. Verny, titulaire du quinzième fauteuil : elle s'empressa, le 2 juin 1806, d'appeler Baour-Lormian à occuper le siège vacant; le poète croyait encore qu'il reviendrait dans le Midi, mais ses goûts se modifièrent, il s'attacha définitivement à Paris, ne vint jamais prendre possession de son siège, et finit par renoncer à faire partie de l'Académie.

Il continuait son œuvre littéraire : poèmes, tragédies, pièces de théâtre, poésies diverses se succédaient nombreuses, et souvent très applaudies. *Les Veillées politiques et morales*, dont la publication commença en 1811 ; son poème en quatre chants, l'*Atlantide* ou le *Géant de la montagne bleue* (1812) ; la tragédie, *Mahomet II*, dont Napoléon contesta la valeur et que le poète courtisan s'empressa de retirer de la scène ; la *Jérusalem délivrée* (1813), l'*Oriflamme* et *Alexandre à Babylone* lui donnaient des droits à un fauteuil à l'Académie française. Napoléon le lui accorda au retour de l'île d'Elbe par un décret, qui fut confirmé le 12 mars 1816.

Les mainteneurs toulousains suivaient, avec le plus vif intérêt, les succès du poète, leur compatriote, et lui témoignaient leurs sympathies en souscrivant en 1819 à l'édition de sa *Jérusalem* : mais les règlements de l'Académie ne leur permettaient pas de laisser plus longtemps vacant le fauteuil dont Baour-Lormian ne pouvait pas être titulaire puisqu'il n'en avait pas pris possession, et qu'il était établi à Paris sans esprit de retour. Ils durent lui signaler cette infraction à leurs coutumes et lui décernèrent, le 9 janvier 1824, le titre de maître ès Jeux.

La longue hésitation du poète avait amené l'Académie à laisser le quinzième fauteuil sans titulaire pendant près de dix-sept ans, et ce fut seulement le 24 avril 1825 qu'elle le confia à Alph. d'Ayguesvives.

Baour-Lormian mourut à Paris le 28 décembre 1854, laissant un grand nombre d'œuvres littéraires et poétiques; à celles que nous avons déjà citées, il faut ajouter *Duranti* (1828); Satires et odes, légendes et fabliaux (1829), et toute une longue série de poésies diverses.

**BÉNEZET (Bernard), peintre d'histoire (1877).**

Elu maître ès jeux en 1877, après avoir obtenu l'Immortelle d'or dans trois concours consécutifs, M. Bénezet a été appelé au quarantième fauteuil des mainteneurs en 1890.

(Voir ci-dessus page 394.)

**BIGNAN (Anne). (1795-1829-1861.)**

En novembre 1861, mourait à Paris Anne Bignan, poète et littérateur, qui avait consacré jusqu'aux derniers jours de son existence, à la culture des Belles-Lettres.

Né à Lyon le 3 août 1795, Bignan reçut ses premières couronnes au concours général en 1813 et 1814 et fut successivement lauréat des Jeux Floraux et de l'Académie française.

De 1822 à 1829, trois poèmes et une ode lui méritèrent quatre fleurs aux Jeux annuels de Toulouse et lui donnèrent droit à demander les lettres de maîtrise, qui lui furent décernées le 24 avril 1829.

A cette époque, il avait déjà publié sa traduction de l'*Iliade* et plusieurs œuvres très remarquées : *l'Abolition de la traite des noirs; l'Avènement de Charles X; Napoléon; l'Entrée d'Henri IV à Paris*, etc., etc.

Depuis lors, il fit paraître des œuvres littéraires et poétiques, parmi lesquelles nous nous bornerons à rappeler : *l'Echafaud; Louis XIV et le cardinal Fleury; Napoléon en Russie; l'Odyssée; les Poèmes évangéliques* dont il fit hommage à l'Académie de Toulouse le 7 septembre 1850; et des variétés littéraires. Quelques mois avant sa mort, il achevait *les Beautés de la Pharsale*, qui furent sa dernière publication.

### BLANCHEMAIN (Jean-Baptiste-Prosper), littérateur (1816-1853-1879).

Blanchemain avait déjà obtenu deux mentions aux concours de l'Académie française, lorsqu'il vint prendre part aux luttes poétiques des Jeux Floraux.

La première fois qu'il se rangea au nombre des concurrents, il ne signa pas l'élégie, *les Deux Anges*, et ne s'en déclara l'auteur qu'après qu'elle eut été imprimée au Recueil[1].

En 1849, son élégie, *Sous un toit de chaume*, reçut un Lis réservé; une poésie du même genre, *le Rameau béni*, lui valut un Souci réservé en 1851 et, dans les deux années suivantes, l'Académie lui décerna deux fleurs réservées, une

1. Archives. — *Correspondance*, tome III.

Amarante et un Souci, pour l'ode, *les Deux Mondes*, et pour l'élégie, *l'Arbre mort*.

Les Recueils de 1849 à 1853 contiennent en outre six poésies du même auteur : une ode, trois ballades, un poème et un sonnet à la Vierge, qui méritèrent l'impression.

Les nombreux succès du poète lui firent octroyer, le 8 avril 1853, le titre de maître ès Jeux. Le remerciement qu'il adressa aux mainteneurs fut lu par Ducos, dans la séance de la distribution des prix de 1853, et, deux ans après, Blanchemain fit l'éloge annuel de Clémence Isaure ; ces deux œuvres sont insérées au Recueil.

Né à Rouen, le 16 juillet 1816, et avocat en 1838, ce littérateur a été rédacteur, puis bibliothécaire au Ministère de l'Intérieur. Il est mort au commencement de 1880, laissant plusieurs volumes de poésies appréciées et des rééditions des œuvres de divers poètes : Vauquelin des Yveteaux (1854), Ronsard (1856 à 1868) et le Toulousain François Maynard (1864). Cette dernière publication était dédiée à l'Académie des Jeux Floraux, comme un témoignage de reconnaissance et d'attachement.

**Marquise de BLOCQUEVILLE (Louise-Adélaïde DAVOUT, princesse d'ECKMÜLL)[1]. (1815-1878-1892.)**

Du haut de la tribune du Reichstag, le maréchal Cte de Moltke se permit, au mois de mai

1. La plupart de ces renseignements sont extraits d'une notice consacrée à Mme de Blocqueville par M. Ch. Joly, conservateur du Musée d'Eckmühl, à Auxerre.

1890, de calomnier la mémoire de l'un des plus glorieux généraux de Napoléon Ier; courageuse et vengeresse, ce fut une femme qui releva l'insulte, rétablit la vérité et obtint pleine et entière satisfaction de la part du maréchal, qui avait oublié qu'un « grand mérite est de savoir rendre « justice à ses ennemis ».

Cette femme, digne du nom qu'elle portait, défendait avec toute l'ardeur d'un culte filial le nom de son père, le grand Davout, duc d'Auërstaëdt, prince d'Eckmüll.

Louise-Adélaïde, dernière fille de Louis-Nicolas Davout et de Anne-Julie Leclerc, née le 8 juillet 1815 à Paris, où elle est décédée le 7 octobre 1892, avait épousé François de Coulibœuf, Mis de Blocqueville, qui l'avait laissée veuve et sans enfants en 1853. Le goût des lettres et des arts, une inépuisable bonté et des libéralités sans nombre résument l'existence de Mme de Blocqueville.

Rayonnante de grâce et de beauté, elle brilla à la cour de Louis-Philippe, où l'attirait l'affectueuse amitié de la reine Amélie et de la duchesse d'Orléans. Après la mort de son mari, elle prend la plume et publie, sans la signer encore, sa première œuvre, *Perdita* (1859), qui est bientôt suivie de toute une série de travaux et d'études littéraires dont le succès range leur auteur au nombre de nos meilleurs écrivains : *Chrétienne et musulmane* (1861) ; *Prismes de l'âme* (1863) ; *les Soirées de la villa des Jasmins*, ouvrage dans lequel prédomine une tendance mystique (1874) ; un *Recueil de poésies* ; plusieurs volumes consacrés à la mémoire du maréchal Davout : *Sa correspondance inédite* (1877), *sa Vie racontée par les siens et par lui-même* (1877-1880), *son caractère et son génie* (1882), *sa conduite à Hambourg*, victorieuse réponse à d'absurdes calomnies; *Roses de Noël* (1884); *les Pensées d'un Pape*, J.-A.-V. Ganganelli qui a occupé le trône pontifical sous le nom de Clément XIV (1886); un proverbe : *un Prêté rendu ; Chrysanthèmes*, recueil de pensées pleines de délicatesse et de charme (1888); *A travers l'Infini* (1891) et tant d'autres, auxquelles il faut joindre de très nombreuses œuvres inédites.

Ecrivain de mérite, qui abordait avec un égal succès le Roman, l'Histoire et la Philosophie, M^me^ de Blocqueville avait su faire de son salon une sorte de succursale de l'Institut, où se rencontrèrent, pendant plus de vingt années, toutes les notabilités politiques et les personnalités les plus en vue du monde littéraire et artistique; au nombre des fidèles de ce cénacle, citons seulement : Thiers et Lacordaire, Cousin et Octave Feuillet, Ingres, Listz, Caro, etc., etc., tous se pressaient autour de la femme d'esprit et de cœur que Ed. Pailleron a mise sur la scène du Théâtre-Français, en 1881, sous les traits de la duchesse de Réville.

Elle suivait avec intérêt les concours littéraires des Jeux Floraux qui, depuis cinq siècles, entretiennent le culte des Belles-Lettres dans le Midi, et elle voulut donner à l'Académie un témoignage d'affection, en ajoutant une nouvelle fleur au bouquet annuel de Clémence Isaure. On la retrouve tout entière dans les dispositions qu'elle a prises à cet effet : la femme religieuse a institué un concours bisannuel sur un sujet de philosophie chrétienne choisi par l'Académie, et la fille de Davout a décidé que le Jasmin d'or, récompense destinée au vainqueur, porterait le nom de prix d'Eckmüll.

Ce concours, ouvert pour la première fois en 1880, a été tenu régulièrement tous les deux ans.

La généreuse donatrice avait trop de titres littéraires pour que l'Académie hésitât à lui conférer des lettres de maîtrise, qui lui furent décernées le 31 mai 1878. Devenue membre du corps des Jeux Floraux, elle n'oublia pas les nouveaux liens qui l'unissaient à notre Compagnie et, quelques mois avant sa mort, elle lui envoyait trente-cinq volumes de ses œuvres et, par disposition testamentaire, elle lui a légué un précieux Recueil manuscrit de pensées, réflexions et maximes, œuvre inédite qui a été déposée dans l'Archivaire, le 10 février 1893.

Longue serait l'énumération des libéralités faites par M^me^ de Blocqueville ou prescrites par ses dernières volontés, mais il en est deux que nous ne saurions passer sous silence.

La ville d'Auxerre avait élevé, en 1862, une statue au maréchal Davout, qui était né aux environs d'Avallon. Cet hommage à la mémoire glorieuse du vainqueur d'Auërstaëdt toucha profondément le cœur de sa fille, qui en remercia les Auxerrois en fondant, sous le nom de salle d'Eckmüll, un musée spécial destiné à recevoir ce qu'elle possédait de plus précieux : tous les souvenirs du maréchal et de sa famille et une très importante collection d'objets d'art, de curieuses antiquités et d'intéressants manuscrits.

N'est-ce pas encore un témoignage touchant de piété filiale que ce phare d'Eckmüll, élevé par les ordres de Mme de Blocqueville sur l'un des points les plus périlleux des côtes de l'Océan ? Etoile de salut, il guide les marins égarés par la tourmente, comme l'épée du maréchal, brillant à travers la fumée des batailles, conduisait à la victoire les soldats de la grande épopée.

**Vicomte de BORNIER (Henri), membre de l'Académie française (1883).**

Né à Lunel le 25 décembre 1825, H. de Bornier a été trois fois lauréat de l'Académie française dont il est devenu membre le 3 février 1893. — Ses débuts dans la carrière des lettres remontent à 1845, avec son volume *les Premières Feuilles* et son drame *le Mariage de Luther*, reçu à correction à la Comédie Française.

En 1862, il faisait hommage aux Jeux Floraux de l'*Isthme de Suez*, couronné l'année précédente à l'Académie française. En 1883, il leur adressait *la Fille de Roland*, jouée en 1875 à la Comédie Française, *l'Apôtre, Agamemnon, la Cigale à Paris*, et obtenait les lettres de maîtrise le 8 juin de la même année.

Il remercia deux fois l'Académie : d'abord en prononçant, à la Fête des Fleurs de 1884, un éloge de la Restauratrice des Jeux Floraux, intitulé : *Clémence Isaure et Richelieu ;* puis en venant assister à la séance privée du 20 février 1885, dans laquelle il lut un apologue, *le Disque et le Train.*

Son éloge de Clémence Isaure et l'allocution qui lui fut adressée par le modérateur de service, Gatien-Arnoult, sont insérés au Recueil.

**BOULAY-PATY (Evariste-Cyprien-Félix), bibliothécaire du Palais-Royal (1804-1860-1864).**

Fils d'un jurisconsulte, fort versé dans la jurisprudence maritime, qui, après avoir lutté, à Nantes, contre les violences du proconsul Carrier, devint membre du Conseil des Cinq-Cents et termina sa carrière comme conseiller à la Cour de Rennes, Boulay-Paty était né à Donges (Loire-Inférieure), le 19 octobre 1804.

Laborieux et bien doué, il acheva ses études de droit à vingt ans et débuta au barreau avec succès; mais, entraîné par ses goûts littéraires, il fit infidélité à Thémis et vint chercher fortune à Paris, dans les dernières années de la Restauration.

C'était l'heure de Navarin : le jeune poète se fit connaître par une pièce de vers dédiée *aux Grecs* (1825), puis il publia les *Athéniennes* (1827) et cueillit un Lis au bouquet de Clémence Isaure, qui récompensa son élégie, *le Charme.*

Le duc d'Orléans l'attacha à son cabinet et le roi Louis-Philippe fit de lui, en 1830, le bibliothécaire du Palais-Royal.

Ainsi pourvu d'une sinécure dorée, Evariste Boulay-Paty se consacra, pendant plus de trente ans, à poursuivre les succès poétiques dans les concours académiques.

Après avoir écrit ses *Odes nationales* (1830), il revient aux luttes pacifiques des Jeux Floraux : de 1832 à 1845, cinq de ses poésies sont insérées au Recueil, soit qu'elles aient été particulièrement remarquées par l'Académie, soit qu'elles aient concouru pour le prix ; de 1853 à 1859, il obtient cinq fleurs, précieuses récompenses auxquelles manque encore le prix du genre lyrique, l'Amarante. L'année suivante, il envoie une ode, *l'Ouvrier et le Laboureur*, mais déjà les lettres de maîtrise avaient été accordées, le 3 février 1860 au poète six fois couronné ; l'Ode ne fut pas admise au concours et l'Académie la fit imprimer dans sa publication annuelle.

A la Fête des Fleurs, Florentin Ducos lut le remerciement en vers du nouveau maître ès Jeux, qui envoya un éloge de Clémence Isaure. Cette poésie, présentée par le mainteneur Boutan, figure au Recueil, ainsi que la précédente (1860, 1864).

L'Académie française avait maintes fois décerné des prix à Boulay-Paty et attribué plusieurs médailles à ses recueils, pendant que les Jeux Floraux le nommaient maître par droit de conquête, et que plusieurs autres Sociétés de province le surchargeaient de couronnes.

Il mourut à Paris, le 7 juin 1864, et le mainteneur Rodière lui consacra une notice biographique, qu'il lut à ses confrères dans la séance du 25 mars 1866.

Boulay-Paty fut un poète correct, harmonieux,

dirigé par un sentiment élevé, quoique trop souvent l'inspiration et l'originalité lui aient fait défaut ; c'est ainsi que la critique a apprécié : ses *Dithyrambes* (1825) ; ses *Odes nationales* (1830), ses *Odes nouvelles* (1844) ; les *Sonnets de la vie humaine* (1851). Cependant il y a une puissante envolée poétique dans deux de ses pièces applaudies à l'Institut : *l'Arc-de-Triomphe de l'Etoile* et *le Monument élevé par la ville de Paris à Molière.*

**De BURTA (Henri), conseiller au Parlement (1659-16..-1726).**

Les de Burta ont appartenu au Parlement dès la première partie du dix-septième siècle. L'un devint doyen de la Cour, pendant que son frère Henri était chanoine à Saint-Sernin; son fils Henri, marié à Ysabeau de Dufaur, occupa un office de conseiller. Jean, fils de ce dernier, remplit les mêmes fonctions, et de son mariage avec Jeanne de Borrassol, naquit à Toulouse, le 14 mars 1659, Henri, qui devint conseiller, en l'office de d'Esparbès de Lussan, le 20 décembre 1684.

Les Archives n'ont pas conservé trace des succès littéraires d'Henri de Burta, et nous n'avons retrouvé aucun de ses Triomphes, qu'il ne fit peut-être pas imprimer, contrairement aux usages de cette époque. Il avait néanmoins obtenu le titre de maître ès jeux qui lui fut confirmé par les lettres patentes de 1694.

Il fut doyen du Parlement et mourut le 16 janvier 1726.

**CARMEN SYLVA, Elizabeth, reine de Roumanie (1883).**

La renommée littéraire a soulevé, dès le premier jour, le voile du pseudonyme sous lequel essayait de se dissimuler la modestie d'une princesse que les grandeurs n'ont jamais détournée du culte des Belles-Lettres.

Fille du prince de Wied, et de la toute jeune princesse de Nassau, S. M. Pauline-Elizabeth Ottilie-Louise de Roumanie, née au château de Monrepos, sur les bords du Rhin, a épousé en 1869, le Prince Charles de Hohenzollern, auquel les Moldo-Valaques avaient confié, trois ans auparavant, la tâche de diriger leurs destinées.

Les Principautés l'accueillirent avec enthousiasme et lui témoignèrent leur profond attachement, lorsque la mort vint cruellement déchirer son cœur de mère. Déjà ses efforts pour propager et développer l'enseignement, lui avaient mérité le nom d'*Institutrice du peuple*, auquel la nation reconnaissante ajouta celui de *Mère des blessés*, à la suite de l'héroïque dévouement dont elle fit preuve durant la guerre des Balkans.

Pendant que la Princesse Elizabeth fait avec noblesse et courage son devoir de souveraine, Carmen Sylva se met à la tête du grand renouveau littéraire de ce peuple qui, si longtemps abattu, revenait vaillamment à la vie, depuis que son grand poète Alexandri lui avait rendu l'espérance. Elle écrit en plusieurs langues, surtout en allemand, de nombreuses œuvres poétiques et littéraires qui méritent les suffrages de l'Europe tout entière; longue en serait l'énumération et nous nous bornerons à signaler : *Jéhovah* (1882), mis en français par Hélène Vacaresco; *Pelech Märchen* (1883) que L. et F. Salles ont traduit sous le titre de *Contes du Pelech;* des nouvelles ; *les Pensées d'une reine*, œuvre attachante écrite en français et précédée d'une préface de L. Ulbach (1882); *Qui frappe?* recueil de légendes; enfin le drame en vers, *Maître Manol*, extrait d'une des plus touchantes ballades de la Roumanie.

Le majestueux Danube, qui a entendu les touchantes élégies de l'auteur des *Tristes* et des *Pontiques*, et le peuple roumain, auquel nous rattache une si intime communauté d'origine, inspirent à *la fée de Sinaïa* la pensée d'envoyer à l'Académie des Jeux Floraux de Toulouse, en décembre 1882, trois de ses œuvres en français, en anglais et en roumain. Les mainteneurs tiennent à joindre leurs suffrages à ceux du monde littéraire et, sur le rapport de notre ancien confrère, L. Arnault, ils décernent, le 6 juillet 1883, des lettres de maîtrise à la femme poète et écrivain dont l'inspiratrice, la muse des Carpathes, se rappelle si brillamment à l'admiration de ses sœurs latines de France.

Le jour de la grande fête nationale célébrée en 1881 à l'ombre des drapeaux victorieux, au moment où la couronne royale a été placée sur la tête d'Elizabeth de Roumanie, la Reine a vu paraître, dans un nimbe d'or, la figure émue et souriante d'une muse qui est venue déposer, sur le front de Carmen Sylva, une couronne de fleurs cueillies aux sommets du Parnasse.

L'histoire contemporaine a enregistré cette double royauté : la Reine de Bucarest a réuni tous les mérites de la femme supérieure digne de sa destinée, et, par le charme souvent mélancolique de ses œuvres, Carmen Sylva a conquis l'un des premiers rangs dans le monde des Lettres.

**De CARQUET (Etienne), trésorier de France (1715-1758-1765).**

Quelques jours après sa nomination de maître ès jeux, que lui avaient valu ses nombreux succès dans plusieurs concours, de Carquet fut élu mainteneur en 1758.

(Voir ci-dessus, page 155.)

**CARRÉ (Pierre-Laurent), professeur de Littérature à la Faculté des Lettres (1758-1788-1825).**

Les succès obtenus par Carré aux concours de 1784, 1786 et 1788 lui méritèrent, le 25 mai 1788, le titre de maître ès Jeux.

Après sa dispersion pendant la période révolutionnaire, l'Académie se reconstitua en 1806 et appela Carré à faire partie de ses mainteneurs en 1807.

(Voir ci-dessus, page 388.)

## Mlle de CATELLAN DE PORTEL (Marie-Claire-Priscille-Marguerite). (1662-1717-1745.)

Fille du viguier de Narbonne et de Mlle de Ricardelle, Mlle de Catellan naquit à Narbonne, sur la paroisse de Lamourié, le 19 mars 1662.

Elle quitta sa ville natale, en 1697, pour venir à Toulouse se consacrer à la culture des Belles-Lettres. Les concours des Jeux Floraux devaient attirer cette jeune femme dont les travaux littéraires étaient encouragés par son amie, la présidente Druillet, et par son parent, le Chier de Catellan, Secrétaire perpétuel. Une Elégie en 1713, une Eglogue en 1715, une ode remarquable à Clémence Isaure et une seconde Eglogue en 1717, lui méritèrent trois Soucis et l'Amarante d'or. A la suite de ces brillants succès, le 3 mai 1717, la nouvelle Académie, établie par Louis XIV, décernait pour la première fois à une femme le titre de maîtresse ès jeux, en accordant des lettres à Mlle de Catellan.

Son remerciement (1718), son éloge de Clémence Isaure, lu par d'Aldéguier à la Fête des Fleurs de 1723, et son poème sur la *Naissance du Dauphin* (1730) figurent au Recueil.

Le 31 janvier 1744, elle offrit à l'Académie son portrait, qui orne encore aujourd'hui la salle de Clémence Isaure et les mainteneurs, de Comynihan et de Lopès, furent chargés de lui exprimer les remerciements de leurs confrères.

Elle mourut au château de Lamasquère, le 19 novembre 1745, à l'âge de quatre-vingt-trois ans, et sa mort inspira à M^me^ de Montégut-Ségla, également maîtresse ès jeux, une idylle, qui est insérée au Recueil de 1746.

**Vicomte de CHATEAUBRIAND (François-Auguste). (1769-1821-1848.)**

L'Académie se fait gloire à juste titre d'avoir pu compter au nombre de ses maîtres ès jeux, le génie littéraire dont l'éclat a illuminé la première moitié du dix-neuvième siècle.

Que de vicissitudes dans cette longue existence, depuis 1769 sur les côtes de Bretagne, au fond du vieux manoir de Combourg, jusqu'à l'île de Bé, où repose le grand écrivain, décédé le 7 juillet 1848 ! Que de gloire et de revers, que de triomphes et de douleurs dans ces soixante-dix-neuf années qui virent la France changer treize fois de gouvernement !

Nous n'avons pas à redire l'enfance de Chateaubriand, son éducation le préparant à l'état ecclésiastique pour lequel il n'avait aucune vocation, son entrée au régiment de Navarre en 1789, ses premiers essais littéraires et sa poésie *l'Amour de la campagne*, qui lui attirèrent, l'année suivante, les suffrages de ses amis, Delille, Chamfort, Laharpe, etc.

La Révolution vient d'éclater; il part pour l'Amérique. Au cours de ce voyage dans des pays à peine explorés. il recueille les impressions qu'il racontera si élégamment un jour à côté d'épisodes et d'anecdotes exposés avec trop de vérité pour n'avoir pas été vécus par l'auteur lui-même : les *Natchez*, *Atala*, *René* le disent à chaque page.

Au fond du nouveau continent, le jeune gentilhomme apprend la fuite de Varennes et il rentre en Europe pour aller servir à l'armée des Princes. Blessé à Thionville, il passe en Angleterre et arrive à Londres, où il est sur le point de mourir de souffrance et de misère. Son tempérament triomphe de la maladie et son énergie surmonte les privations : il prend la plume et fait paraître ses *Essais historiques* (1796). Malgré ces pages nombreuses de doute et de scepticisme, Chateaubriand hésite et cherche sa voie ; la mort de sa mère et celle de sa sœur, M^me^ de Farcy, font de lui un chrétien : il revient en France, se met à la tête du *Mercure*, avec son ami de Fontanes, et commence sa grande œuvre, *le Génie du Christianisme*, qu'il dédiera à Napoléon.

Le gouvernement le nomme premier secrétaire à Rome, puis ministre dans le Valois, mais l'exécution du duc d'Enghien sépare à jamais Chateaubriand de Napoléon. Le poète rendu à la vie privée est reçu à l'Académie française, puis il parcourt l'Italie, la Grèce, la Palestine, l'Egypte et l'Espagne, et vient se recueillir dans sa retraite de la vallée aux Loups, près d'Aunay ; là, il écrit *les Martyrs*, l'*Itinéraire* et se prépare aux luttes politiques, où son génie lui assurera une légitime influence, sans cesse contre-balancée par la divergence de ses attaches monarchistes et de ses doctrines constitutionnelles.

Il débute par un pamphlet contre l'Empereur écrasé par la coalition, contre Napoléon vaincu ;

Louis XVIII lui confie l'ambassade de Suède, et les Cent-Jours l'obligent à se réfugier à Gand. A la seconde Restauration, il lutte contre le ministère Richelieu et combat le cabinet Decazes, mais la Droite arrive au pouvoir en 1821 et il va représenter la France à Berlin, puis à Londres, avant de remplacer le duc de Montmorency au ministère des Affaires étrangères, au moment de la guerre d'Espagne. Il tombe en 1824, et dirige l'opposition du *Journal des Débats* contre le ministère de Villèle; le cabinet Martignac le ramène au gouvernement et l'envoie comme ambassadeur à Rome. Au 8 août, le vieux royaliste fidèle donne sa démission, défend le trône des Bourbons et ne disparaît de la scène politique en 1830, qu'après avoir défendu, avec toute son éloquence, les droits du duc de Bordeaux.

Chateaubriand publie encore plusieurs études politiques avant d'être obligé de livrer à la critique ses célèbres *Mémoires d'outre-tombe.*

Cet homme, que Guizot a appelé « le plus hardi « novateur et le plus moderne génie de la litté« rature contemporaine », avait été nommé maître ès jeux le 25 mai 1826, et les lettres lui conférant ce titre lui avaient été remises par Victor Hugo, jeune lauréat des concours toulousains; la lettre de remerciement de Chateaubriand est conservée précieusement dans nos archives. Il entretenait des relations avec plusieurs membres de l'Académie des Jeux Floraux et il assista, le 20 juillet 1838, à l'une de ses réunions hebdomadaires dans laquelle le modérateur du trimestre, Tirel de la Martinière, lut deux fables :

*le Papillon et le Limaçon* et *les Deux chiens.*

La mort de l'auteur du *Génie du Christianisme* fut un deuil national auquel l'Académie toulousaine s'associa avec empressement, en décidant, le 11 juillet 1848, de faire célébrer un service funèbre en l'honneur de celui qui a orné de l'un de ses plus précieux fleurons la couronne littéraire de la France.

**De CHENEDOLLÉ (Charles-Julien LIOULT), Inspecteur général de l'Université (1769-1827-1833).**

Chenedollé, né à Vire en 1769, était Inspecteur de l'Académie de Caen, lorsque les lettres de maîtrise lui furent accordées, sur sa demande, le 25 mai 1827.

Au retour de l'émigration en Hollande et en Allemagne, ce poète avait publié son *Génie de l'Homme* (1807), qui causa une certaine émotion dans le monde littéraire, où son poème de l'*Invention* (1795) était déjà connu et apprécié. Son *Esprit de Rivarol* (1808) et ses *Etudes poétiques* (1820) ne firent qu'accroître la renommée du littérateur que le gouvernement de Napoléon nomma successivement professeur à Rouen, puis Inspecteur d'Académie à Caen (1812).

Il était Inspecteur général de l'Université depuis trois ans, au moment de son décès survenu en 1833.

**CIRONIS DE BEAUFORT (Victor)**
**(16..-1691-1714).**

Cironis de Beaufort comptait à peine depuis trois ans parmi les maîtres ès jeux, lorsque les lettres patentes de Louis XIV lui confirmèrent ce titre littéraire.

Deux chants royaux : *La défaite de Cacus* et *La victoire de Pharsale* lui avaient valu sa première fleur, l'Eglantine, en 1687. Deux ans après, il obtenait la Violette et recevait, des littérateurs et des poètes, de nombreuses félicitations, au nombre desquelles on trouve celle de la B[ne] d'Encausse de Bérat. Le concours de 1691 lui apporta la fleur du Souci et la maîtrise.

Cironis de Beaufort mourut en mai 1714. On n'a de lui que ses Triomphes aux Jeux Floraux et quelques poésies légères, madrigaux ou chansons.

**COPPÉE (François), membre de l'Académie française (1884).**

L'auteur de *la Grève des Forgerons*, du *Passant*, du *Cahier rouge*, *d'une Idylle pendant le siège*, et de tant d'autres poésies connues et appréciées de tous ceux qui suivent le mouvement littéraire, appartient au corps des Jeux Floraux depuis le 18 avril 1884, date à laquelle l'Académie lui décerna les lettres de maîtrise.

**DARDENNE (Jean), docteur en théologie, vicaire général et official du diocèse d'Agde (16..-1674-16..).**

Le jeune Dardenne, né à Villefranche de Rouergue, était encore étudiant en théologie à Toulouse, lorsque son chant royal, *Adam*, mérita l'Eglantine au concours de 1670. Deux ans après, il était sous-diacre et bachelier en théologie, au moment où les mainteneurs lui décernèrent une seconde fleur, la Violette : enfin en 1674, il avait reçu la prêtrise et obtenu le titre de Docteur en théologie, avant de remporter sa troisième fleur, le Souci, qui lui valut la maîtrise.

Suivant l'usage de cette époque, l'abbé Dardenne adressait des félicitations aux vainqueurs des Jeux Floraux. On a conservé : ses vers au futur mainteneur, l'abbé Laborie, qui eut l'Eglantine en 1672 ; ceux qu'il adressa, en 1673, à N. du Puget qui avait reçu le Souci, puis en 1674, à P. Jonquet et A. de Sambucy, vainqueurs aux concours de l'Eglantine et de la Violette. En 1675, il prend le titre de maître dans son compliment à Anselme, qui a obtenu l'Eglantine ; enfin, en 1683 et 1685, il félicite de ses succès le jeune de Ranchin Monredon auquel les mainteneurs ont accordé l'Eglantine et la Violette.

A cette dernière date de 1685, l'abbé Dardenne prenait le titre de vicaire général et official du diocèse d'Agde.

Les lettres patentes de 1694 lui confirmèrent la maîtrise, en lui donnant le titre de curé, mais sans indiquer la paroisse qui lui était confiée.

Nous n'avons aucune précision sur l'existence de ce poète, lauréat des anciens concours des Jeux Floraux, qui appartint, pendant son séjour à Toulouse, à la Société des Lanternistes.

**Comte DARU (Pierre-Antoine-Noël BRUNOT), Ministre Secrétaire d'Etat (1767-1811-1829).**

Né à Montpellier, en 1767, Daru avait été Commissaire des guerres sous le règne de Louis XVI. A la Révolution, il embrassa les idées nouvelles, mais son modérantisme faillit lui coûter la vie et il ne dut son salut qu'aux évènements de Thermidor.

Tribun du peuple en l'an X, il entra dans la diplomatie et ce fut en courant d'une armée à l'autre, pendant la grande épopée militaire, qu'il écrivit en vers sa remarquable traduction des œuvres d'Horace. Ministre plénipotentiaire à Berlin et membre de l'Institut (1806), il devint Ministre secrétaire d'Etat en 1811 et, le 14 juin de la même année, l'Académie des Jeux Floraux lui décerna des lettres de maîtrise.

Le Cte Daru était considéré comme l'un des hommes d'Etat les plus distingués du gouvernement Impérial. Sous la Restauration, il fut appelé à la Chambre des Pairs, où il combattit avec énergie et talent les tendances absolutistes des Bourbons, mais ses loisirs lui permirent de devenir un historien dont quelques œuvres sont demeurées classiques, notamment son *Histoire de Venise,* qu'il publia en 1819, et dont il fit hommage aux Jeux Floraux.

On lui doit encore l'*Histoire de Bretagne* (1826) et un recueil de poésies.

Le Cte Daru mourut en 1829; il avait appartenu pendant dix-huit ans au corps des Jeux Floraux.

**DAUBIAN** (Jean). (16..-1686-....)

Nous n'avons aucune précision biographique sur ce maître ès jeux. Il était maître ès arts, et les biographes assurent qu'il fut l'un des avocats les plus distingués du barreau de Toulouse; sa sœur Mlle Daubian a laissé des madrigaux pleins de grâce.

Les vers adressés aux vainqueurs de nos concours littéraires, et ses Triomphes couronnés aux Jeux Floraux sont les seules poésies de J. Daubian, qui aient été conservées.

Dès 1677, il envoie trois quatrains à J. d'Olive, qui venait d'obtenir la Violette, et l'année suivante, son chant royal, *Les amours de Pyrame et de Thisbé*, lui mérite l'Eglantine, sa première fleur. Puis il complimente successivement : en 1679, Cartier qui a reçu l'Eglantine, et en 1680, J.-R. Pader et J. de Pradines auxquels les mainteneurs ont décerné la Violette et le Souci. En 1682, il félicite, en vers français et espagnols, les lauréats : l'abbé Vincens, de Raymond et d'Abbatia; la même année, un Souci est accordé aux chants royaux, *Les travaux d'Hercule* et *La Peste vaincue* de J. Daubian, maître ès arts.

Deux ans après, il échoue au concours de Mai et il envoie ses félicitations à l'un des vainqueurs, de Raymond.

Enfin en 1686, il obtient la maîtrise avec sa troisième fleur, la Violette, pour un poème dédié à la jeune Mme de Maniban, fille du Premier Président de Fieubet, chancelier des Jeux Floraux.

Dans les triomphes de Buisson d'Aussonne et de Cironis de Beaufort, couronnés en 1687, on trouve encore quelques vers de Daubian, dont la maîtrise fut confirmée par les lettres patentes de 1694.

**DAVID (Gaston), de Bordeaux (1888).**

De 1885 à 1888, M. G. David a obtenu un Œillet pour une poésie, une Eglantine d'or pour un discours, une Violette, et le Jasmin d'or au concours pour le prix d'Eckmüll.

Depuis qu'il a été nommé maître ès Jeux, le 13 avril 1888, il a fait l'éloge de Clémence Isaure en 1889. On trouve dans notre bibliothèque plusieurs recueils de vers dont il a fait hommage à l'Académie.

**DAVID (Jules-François-Amyntas), inspecteur principal des ports du bassin de la Seine (1811-1872-1890).**

Jules David, né le 2 juin 1811 à Trawnik, en Bosnie, où son père était consul de France, fut élevé au collège Louis-le-Grand à Paris, puis il entra à l'Ecole des Jeunes de Langues, où il étudia les langues orientales, sous la direction de Sylvestre de Sacy.

Au sortir de l'Ecole, le jeune orientaliste assiste aux premiers succès du romantisme et se lance, avec l'ardeur de son âge, dans le nouveau genre de littérature. Soutenu et encouragé par A. Dumas et par Balzac, il écrit dans les journaux, fait paraître de nombreux romans et n'interrompt quelque temps ses publications que pour faire un voyage en Orient. Pendant ce temps, son père avait pris sa retraite et s'était retiré à Falaise en 1828, où les électeurs du Calvados lui conflèrent, en 1842, le mandat législatif. Quatre ans après, Jules David était nommé inspecteur des ports, d'abord à Gien, sur la Loire, puis à Villeneuve-sur-Yonne, à Nemours et enfin à Fontainebleau.

Ce fut pendant le cours de sa carrière administrative qu'il prit part pour la première fois aux concours des Jeux Floraux. Une étude historique et critique de la poésie française pendant la première moitié du dix-neuvième siècle lui valut l'Eglantine d'or en 1862. Au second concours suivant, il obtenait un Souci réservé pour une nouvelle étude sur la Critique littéraire en France au dix-neuvième siècle.

Nommé inspecteur principal des ports du bassin de la Seine, il se retire à Charenton en 1868, mais la guerre survient, les armées allemandes envahissent la France, occupent Charenton et livrent au pillage la demeure de David, qui s'était réfugié à Langrune, sur les côtes du Calvados.

Du fond de sa retraite, il n'oublie pas les Jeux Floraux et il présente aux Jeux de 1872 un *Eloge de Lamartine*, auquel est décernée une Violette réservée. — C'était la troisième fleur qu'il obtenait et, bien qu'il ne fût pas dans les conditions du règlement, qui exige que l'une des trois fleurs soit l'Amarante d'or, l'Académie lui accorda des lettres de maîtrise, le 7 juin 1872. Le nouveau maître ès Jeux remercia les mainteneurs en leur envoyant un éloge de Clémence Isaure, qui a été lu par Boutan à la séance publique du 3 mai 1873 et qui est imprimé au Recueil.

Quoique sexagénaire, David ne pouvait renoncer à la littérature, à laquelle il avait consacré la majeure partie de son existence. Il rentra à Paris et fit partie de la Société philotechnique dont il devint successivement vice-président, président et secrétaire perpétuel en 1876. Il appartint également à la Société des Etudes historiques et, pendant onze années, il continua ses travaux d'histoire et de littérature. Nous nous bornerons à citer ses notices sur Jeanne d'Arc et sur Henri IV, dont il fit hommage aux Jeux Floraux en décembre 1875, son étude sur l'Orient et son Imitation de poésies arabes traduites en vers français.

L'âge seul put triompher de l'activité de ce laborieux qui avait plus de soixante-douze ans, lorsqu'il fut obligé, en 1883, de renoncer à des fonctions, trop lourdes pour ses forces. Il vécut ses derniers jours, tantôt à Langrune, tantôt à Paris, où il mourut le 1er juin 1890.

### DELPECH (Henri). (18..-1876-1887.)

La municipalité toulousaine croyait encore que la cité palladienne pouvait s'enorgueillir à bon droit des services rendus à la France par quelques-uns de ses enfants, lorsqu'elle installa solennellement, le 5 mai 1872, dans la salle des illustres, le buste du célèbre chirurgien, Jacques-Mathieu Delpech.

Aux premiers rangs de la foule venue pour rendre hommage à la mémoire du savant opérateur, on remarquait ses fils, dont l'un avait remporté plusieurs couronnes dans les tournois littéraires de Clémence Isaure.

Henri Delpech avait affronté accidentellement les luttes poétiques et sa pièce, *les Embellissements de Paris*, avait mérité un Souci en 1868. Au même concours, et les deux années suivantes, il obtint le prix d'art oratoire : son discours sur *l'Eloquence de la tribune au dix-neuvième siècle* n'est pas moins remarquable que ses appréciations sur l'*Influence que la presse périodique peut avoir sur la littérature souveraine*, mais il y a lieu de donner la préférence à son *Eloge du P. Lacordaire*, que les mainteneurs récompensèrent par une Eglantine d'or.

L'Académie des Jeux Floraux lui décerna des lettres de maîtrise le 11 février 1876 et entendit son discours de remerciement, le jour de la Fête des Fleurs de la même année (R. 1876).

Delpech s'était d'abord destiné au barreau, mais il reconnut bientôt que son amour des Lettres ne lui permettrait pas de se consacrer aux devoirs de la profession d'avocat ; il déposa sa robe pour suivre ses goûts en développant ses aptitudes.

L'histoire régionale du Midi offrait un vaste champ aux travaux de ce chercheur, qui ne tarda pas à devenir un érudit, et le succès obtenu par sa Monographie sur la bataille de Muret l'amena à faire une Etude approfondie de la stratégie au Moyen-âge.

Après dix années de travail, il publia la *Tactique au treizième siècle*, d'après les grandes batailles de Philippe-Auguste et de Simon de Montfort, à Bouvines et à Muret; cet important ouvrage, que la mort ne lui a pas permis de compléter, a fait sensation dans le monde savant et a mérité d'être traduit en plusieurs langues.

H. Delpech est mort à Montpellier au commencement d'avril 1887 ; il a laissé un grand nombre de notes et de mémoires publiés dans les journaux et les revues, et plusieurs travaux inédits, notamment le résultat de ses patientes recherches sur l'époque des Albigeois.

En exprimant à la famille Delpech ses sentiments de sympathique condoléance, Mgr de Cabrières, évêque de Montpellier, a rappelé les mérites du chrétien fervent et de l'écrivain distingué, qui joignait à ses talents littéraires ceux de l'annaliste consciencieux et du brillant conférencier.

**DIEULAFOY (Joseph-Marie-Armand-Michel), auteur dramatique (1762-1822-1823).**

Aux premiers jours de la Révolution, Dieulafoy, né à Toulouse en 1762, fut appelé à Saint-Domingue par des membres de sa famille qui y étaient établis. Il devint planteur et réalisa une assez grosse fortune, qui disparut dans l'insurrection des nègres; lui-même ne parvint à échapper au massacre du Cap (1793) que grâce à la fidélité de l'un de ses serviteurs noirs. Il s'enfuit en Amérique, arriva à Philadelphie et regagna la France; la vivacité de son esprit et la verve de sa gaieté de bon aloi lui créèrent rapidement une situation dans le monde des lettres, où ses chansons, puis ses pièces de théâtre, eurent un succès parfois retentissant.

Soutenu, au début, par Radet, Barré et Desfontaines, il chansonne les ridicules et ne ménage pas les attaques contre les anciens jacobins (1798). Il aborde le théâtre avec le *Moulin de Sans-Souci*, auquel collabore Leprévots d'Iray, puis vient *Défiance et Malice*, comédie à deux personnages, qui fut interprétée par Saint-Phal et Mlle Mazeray sur la scène du Théâtre Français (1801), et qui a été traduite, depuis, en plusieurs langues.

Dieulafoy avait une telle habileté de mise en scène et un choix si heureux de réparties et d'à propos que la plupart des auteurs dramatiques contemporains recherchaient sa collaboration : Gersin, Briffaut, Bujac, de Chazet, les Dartois, Baour-Lormian, son concitoyen, dont l'*Omasis* lui inspira sa parodie *Omazette*, et tant d'autres, sollicitèrent son concours ou partagèrent ses travaux.

Le grand nombre de ses œuvres ne permet de rappeler que les plus importantes ou les plus appréciées : *Les pages du duc de Vendôme* (1807); *Bayard au Pont-Neuf* ou *le Picotin d'avoine* (1808) etc.; un décret de Napoléon interdit la circulation des monnaies de billon à l'effigie de Louis XVI, et Dieulafoy fait paraître sous le titre : *Réclamation des pièces de cinq liards*, une chansonnette pleine d'esprit et qui eut une grande vogue à cette époque.

Ses succès au théâtre continuent sans interruption : *la Robe et les Bottes* ou *Un effet d'optique* (1810); *la Revanche grecque* ou *Mahomet jugé par les femmes* (1811); *le Duel par la croisée* (1818); etc. La représentation de son *Olympie*, opéra en trois actes, dont Spontini avait écrit la musique, fut un triomphe éclatant. Sur le tard, les concours littéraires de sa ville natale rappellent Dieulafoy et lui permettent d'orner des fleurs d'Isaure les couronnes qu'il a remportées à Paris. Son *Epître à un athée*, dédiée à la duchesse d'Angoulême, est récompensée par une Violette en 1819; une ode sur *le Siècle de Louis XIV* lui mérite l'Amarante, l'année suivante, et *la Mort du docteur Mazet* lui inspire une idylle à laquelle l'Académie des Jeux Floraux décerne un Souci, en même temps qu'elle délivre à l'auteur, des lettres de maîtrise, par décision du 19 avril 1822.

Mais déjà Dieulafoy était frappé d'infirmités; il écrit encore la *Pauvre fille* (1823) et meurt bientôt après, le 3 décembre de la même année.

Cet homme d'esprit et de cœur, qui eut ses jours de gloire, avait appartenu longtemps aux *Dîners du Vaudeville*. Le recueil de cette société et le *Chansonnier du Vaudeville* ont publié plusieurs poésies de notre concitoyen.

**Mgr DUBREIL (Louis-Anne), comte romain, archevêque d'Avignon (1808-1860-1880).**

Né à Toulouse, le 18 janvier 1808, de Pierre,

ancien capitaine des armées impériales, et de Honorée Lassave, L.-A. Dubreil entra dans les ordres et devint professeur à Polignan, puis à l'Esquille, où il avait été élevé; de là, il passa à Sorèze comme titulaire de la chaire d'Eloquence, avant d'être appelé par l'évêque de Montpellier, d'abord à la direction du petit séminaire de Saint-Pons en 1842, ensuite aux fonctions de chanoine titulaire et de vicaire général du diocèse en 1849.

Il avait alors renoncé, depuis déjà plusieurs années, aux luttes littéraires dans lesquelles il n'était entré, douze ans auparavant, que sur les conseils et les encouragements de son premier pasteur, Mgr d'Astros.

A son premier essai, au concours des Jeux Floraux de 1837, le prix du genre avait été décerné à son poème, *le Jugement d'Isaure;* l'églogue, *David et un ange*, reçut un Souci, et l'ode, *le Ravissement de saint Paul*, fut insérée au Recueil. La joute de l'année suivante lui valut un nouveau succès : *Rome est à Dieu* atteignit presque le premier rang et un Lis récompensa son hymne à la Vierge, *Une jeune mère.* Un Souci détaché du bouquet annuel de Clémence Isaure vint orner, en 1839, la couronne méritée par son ode, *Christophe Colomb*.

Bien qu'il n'eût pas obtenu l'Amarante exigée par les règlements, l'Académie accorda les lettres de maîtrise, le 3 février 1860, à l'abbé Dubreil, qui venait de publier un volume de poésies. Ce fut en vers que le maître ès jeux remercia les mainteneurs et qu'il apporta son hommage à Clémence Isaure dans l'Eloge de 1861.

Quelques mois après cette Fête des Fleurs, l'abbé Dubreil était nommé à l'évêché de Vannes, et la cérémonie de son sacre avait lieu, le 8 septembre 1861, à l'église du Calvaire, à Toulouse. Malgré son éloignement, le prélat n'oubliait pas l'Académie des Jeux Floraux, à laquelle il envoya, comme souvenir des succès de sa jeunesse, un second éloge de notre patronne, que M. Albert présenta à la distribution des prix de 1863.

Mgr Dubreil ne devait pas demeurer longtemps dans le Morbihan. Elevé à l'archiépiscopat, le 20 octobre 1863, il fut placé à la tête du diocèse d'Avignon, qu'il administra pendant plus de seize années et où il mourut, le 10 janvier 1880.

Mgr Dubreil a laissé un volume de poésies publié en 1860, et diverses œuvres oratoires et pastorales, justement appréciées : ses discours au Concile du Vatican, notamment sur l'Alliance de la Raison et de la Foi; sa lettre contre l'occupation de Rome par le gouvernement italien et son mandement de Carême sur Pie IX, pape et roi (1878).

L'archevêque d'Avignon, maître ès Jeux Floraux et membre du Félibrige provençal depuis 1878, était demeuré toujours fidèle au culte des Lettres et, lorsqu'en 1879, il fut reçu par le Souverain Pontife, il lui fit hommage de son ode, *Rome est à Dieu*, qu'il avait présentée au concours des Jeux Floraux, quarante ans auparavant.

**DUCOS (Joseph-Antoine-Marie-Florentin), conseiller de Préfecture (1789-1826-1873).**

Quatre fleurs dont deux Amarantes, obtenues aux concours de 1825 et 1826, donnèrent le titre de maître, à Florentin Ducos, qui devint mainteneur en 1830.

(Voir ci-dessus page 363.)

**DUMÈGE (Alexandre-Louis-Charles-André) (1780-1834-1862).**

Elu maître ès jeux le 28 février 1834, Dumège devint mainteneur en 1836.

(Voir ci-dessus page 298.)

**DURAND (N.-François). (1...-1833-1879.)**

Ce poète, originaire de Marseille, a pris part pendant une période de treize années, aux concours des Jeux Floraux, mais en modifiant plusieurs fois son nom, ce qui a rendu fort difficiles les recherches sur son existence et sur ses œuvres littéraires.

Sa première couronne lui aurait été décernée en 1819, par l'Académie de Marseille pour une poésie, *la Gloire.* L'année suivante, notre Recueil toulousain publia son ode *le Génie* qui avait été particulièrement remarquée et, si cette pièce porta le nom de l'auteur, les lettres qu'il écrivait alors à notre secrétaire perpétuel, sont signées Holmondurand. Puis, c'est sous le nom de Durand de Vandraulmont qu'il se présente au concours de 1822 avec deux odes, dont l'une, *Le détachement de la terre,* reçoit le prix du genre et l'autre, *l'Adieu,* obtient l'insertion au volume de l'année; les Jeux de 1823 lui valent de nouveaux succès : l'ode *la Gloire* mérite une Amarante réservée et les mainteneurs font imprimer les deux odes, *à Victor Hugo* et *la Vieille France,* et son idylle, *le Ruisseau.*

Après six ans d'absence, le poète reparaît parmi les lauréats du 3 mai : en 1829, un Lis récompense l'hymne à la Vierge, *l'Assomption,* enfin en 1833, une Violette est décernée au poème, *Une orgie sous Néron;* ces deux pièces sont signées par Durand de Mandurange, auquel l'Académie accorde le 2 mai 1833, en même temps que sa quatrième couronne, des lettres de maîtrise.

François Durand est décédé à Paris en décembre 1879, après avoir appartenu pendant près d'un demi siècle au corps des Jeux Floraux.

Nous ne connaissons de ses œuvres poétiques d'autres pièces que celles dont nous avons donné l'énumération, sauf cependant la première partie d'un poème en huit chants intitulé, *la Christodie,* dont il commença la publication, en 1863, sous le nom de Durangel.

### **DUREAU (Louis), préfet du Loiret (1821-1842-18..).**

Louis Dureau, dit Dureau de Narbonne, né le 27 janvier 1821, à Saint-Jean de Vergt (Dordogne), licencié en droit à la Faculté de Toulouse, le 31 août 1841, prêta devant la Cour royale son serment d'avocat, le 8 novembre suivant.

Honorablement mentionné au concours des Jeux Floraux de 1839, comme auteur de l'ode, *un Poète*, qui concourut pour le prix, il manifesta de bonne heure de réelles dispositions dans ses essais de poésie lyrique. En 1840, il disputa l'Amarante d'or avec une nouvelle ode, intitulée *l'Avènement de Pie VI;* en revanche, il obtint la fleur de l'idylle pour le *Rève d'un jeune enfant*, et un Souci réservé pour la ballade, *la Reine de l'air*.

L'année suivante, nouveaux triomphes : l'ode, ayant pour titre *la Vocation poétique*, fut récompensée par une Violette, indépendamment des mentions accordées à une autre ballade, *les Filles de Charlemagne*, ainsi qu'à l'hymne à la Vierge, *l'Odalisque chrétienne*. Enfin, en 1842, le prix du genre et de l'année couronne l'ode superbe, inspirée par le sujet de *lord Byron*.

Ayant ainsi conquis le grade de maître ès jeux, Dureau prononça son remerciement en vers touchants qui, sous les yeux d'une brillante assistance, firent verser les plus douces larmes à son excellente mère. En 1843, en vue de la Fête des Fleurs, il écrivit, cette fois en prose, un éloge très distingué de la patronne de l'Académie.

Entre temps, enrôlé dans le personnel du *Journal de Toulouse*, il y rédigea la chronique judiciaire, la critique littéraire, et même certains articles de politique gouvernementale, ce qui lui valut le poste envié de secrétaire particulier auprès du préfet de la Haute-Garonne, Napoléon Duchâtel.

Le coup de tonnerre de Février lui enleva momentanément ses moyens d'existence; il se vit réduit, pour vivre, à publier un volume de ses poésies, revues et augmentées, auquel la presse locale, où il comptait beaucoup d'amis, ménagea un fructueux succès.

Bientôt, avec le parti de l'ordre réorganisé, Dureau rentra à la préfecture, sous M. Besson, qui l'emmena avec lui à Lille. Là, Dureau se maria richement; après quoi, il suivit de plus belle la carrière administrative, et devint directeur du personnel au Ministère de l'Intérieur, sous le second Empire.

Il était préfet du Loiret, et fort considéré à Orléans, lorsque la mort le frappa soudainement, avant qu'il eut fourni toute sa mesure.

Les relations affectueuses, qu'il s'était créées à Toulouse, ne lui firent jamais défaut, dans la bonne comme dans la mauvaise fortune. Il correspondait volontiers avec les connaissances d'antan : Gabriel de Belcastel, Firmin Boutan, Florentin Ducos, Guilhaud de Lavergne, Hippolyte Fortoul, Théophile de Barbot, etc, sans parler des nouvelles amitiés qu'il s'était faites au cours de sa laborieuse carrière.

**DUTOUR (Joseph-Bonaventure), avocat au Parlement (17..-1775-.....).**

Nous n'avons retrouvé, sur ce maître ès jeux, que le souvenir de ses succès littéraires, qui sont consignés dans les annales de l'Académie.

Avant de remporter sa première couronne, les deux pièces qu'il présenta aux concours touchèrent presque le but, mais sans l'atteindre, et le Recueil publia, en 1749, son poème *le Triomphe du devoir et de l'amour*, qui fut suivi, trois ans après, de la pièce, *le Grand Scipion vainqueur de lui-même*. En 1753, Dutour, qui était gouverneur du Cte de Sabran, obtient sa première fleur, un Souci réservé, pour l'idylle, *les Boules à savon*, et l'Académie fait imprimer l'élégie, *le Triomphe du sentiment;* l'année suivante, une Violette récompense son ode *Duranti*, et une pièce, présentée au concours de poésie épique, mérite les honneurs de l'impression en 1757.

Deux fois couronné, le poète se retire de la lutte et ne reparaît dans l'arène que dix-huit ans plus tard, pour complèter son bouquet de fleurs d'Isaure, avec une Amarante et un Souci, décernés en 1775, à une ode *aux Mânes de Riquet* et à l'idylle, *le Serin*.

Elu maître ès jeux par décision du 19 mai 1775, Dutour ne paya son tribut académique à la restauratrice des Jeux, qu'en 1789, en prononçant le discours de la Semonce dans lequel il traita de l'Art d'écrire.

**DUTOUR (Martin-Joseph). (1798-1836-1855.)**

Né en mars 1798 et mort le 2 février 1855 à Toulouse, qu'il ne quitta jamais, Martin-Joseph Dutour fut un publiciste lettré qui obtint, de haute lutte, à l'Académie des Jeux Floraux, ses lettres de maîtrise.

Il est surtout connu comme ayant géré et signé, pendant plus de trente ans, cette feuille périodique, qui s'appelait, peut-être par antiphrase, *le Journal politique et littéraire*. En réalité, Dutour, que les révolutions les plus imprévues n'ont pu déconcerter, dirigeait sa publication, en lui assurant la vogue, grâce à ses efforts continuels d'impartialité, *scripsit ad narrandum, non ad probandum;* et les abonnés lui restèrent fidèles, en dépit des sarcasmes que lui prodiguaient des confrères jaloux, qui se sont ruinés à ne pas l'imiter.

Ce n'est pas que ce travailleur n'eut, dans les bureaux du journal, d'autre outil que la paire de ciseaux légendaires, dont on s'est tant moqué. Ce bonhomme au buste tassé, à l'encolure massive, aurait pu préférer sa copie à celle d'autrui, car il avait de qui tenir. Tels comptes rendus des solennités locales signés par de simples initiales : M.-J., M.-J.-D., valent encore la peine d'être relus.

Aux concours annuels de l'Académie, ce neveu d'un ancien maître ès jeux fit, en 1832 et 1836, une abondante récolte de fleurs. On n'a pas oublié sa délicieuse ballade, *les Fleurs d'automne*, à laquelle échut d'emblée le prix du genre et de l'année, ni *les Nids d'hirondelle*, qui obtinrent un Souci ; pas davantage, un hymne en l'honneur de la Vierge, également couronné, et dont l'heureux refrain saisit pieusement l'esprit; enfin et surtout, une ode guerrière, de magnifique envolée, *les Pâques toulousaines*, qui ne fut pas pourtant le dernier chant du poète. Sur cette même idée (10 avril 1814), Dutour composa, en 1839, la cantate patriotique, qui fut exécutée, au Musée de la Ville, lors de la visite du duc d'Orléans partant pour la campagne d'Afrique.

L'Académie a conservé dans son Recueil l'éloge de Clémence Isaure que Dutour prononça le jour de la Fête des Fleurs de 1837, en remerciement des lettres de maîtrise qui lui avaient été accordées le 15 avril de l'année précédente.

Les hommes et les choses de sa ville natale furent constamment chers à cet honnête journaliste, à cet homme de bien, qui ne cessa de les honorer et sut, sans se compromettre, les défendre au besoin, en écrivant de loin en loin quelque premier-Toulouse, tracé par une plume indépendante, en dehors des suggestions étrangères. D'aussi respectables personnalités passent trop souvent inaperçues dans la presse française.

**L'EBRALY (Charles-Eugène), représentant du peuple (1809-1847-1871).**

Né à Courtais, dans la Corrèze, le 14 janvier 1809, l'Ebraly consacra sa jeunesse à la culture des Lettres et obtint un premier succès au concours des Jeux Floraux de 1833, avec son idylle, *Mes rêves de bonheur*, qui fut imprimée au Recueil.

Il entre dans les fonctions publiques, devient conseiller de préfecture à Tulle, puis sous-préfet à Boussac, mais ses occupations n'interrompent que momentanément ses travaux littéraires et il parvient à concilier ses goûts poétiques et ses devoirs administratifs. Il descend de nouveau dans la lice des Jeux Floraux, et y obtient, de 1840 à 1847, cinq prix pour quatre odes et un hymne à la Vierge.

En 1846, il avait demandé des lettres de maîtrise; sa requête n'ayant pu être examinée en temps utile, il répondit à ce retard en remportant l'année suivante le prix du genre lyrique et fut proclamé maître ès Jeux, le 23 avril 1847. On trouve au Recueil son remerciement (1848), et son éloge de Clémence Isaure lu par Rodière à la Fête des Fleurs du 3 mai 1850.

A la même époque, il représenta le département de la Corrèze à l'Assemblée constituante. Il ne fit que passer sur la scène politique, rentra dans son pays natal, devint juge au tribunal d'Ussel, en 1862, et mourut dans cette ville le 31 mai 1871.

Notre confrère, M. Albert, a retracé l'existence de l'Ebraly dans *un Brelan de maitres ès jeux*, lu à l'Académie dans la séance du 11 mai 1894.

### Comtesse d'ESPARBÈS DE LUSSAN, née Anne THOINARD (17..-1780-18..).

Fille de Barthélemy-François, seigneur de Jouy, maître des requêtes, et de Anne-Marie-Jacqueline Lallemand de Lavigney, Anne Thoinard épousa, en juin 1758, Jean-Joseph-Pierre d'Esparbès de Lussan, baron de La Motte-Bardigues, qui fut lieutenant général et gouverneur des îles du Vent et mourut, en mars 1810, sans postérité.

M^me^ d'Esparbès, dont les talents poétiques

étaient jusqu'alors ignorés, parut tout à coup dans l'arène littéraire de Toulouse et obtint quatre fleurs en deux ans. Son épître *A mon maître* reçut une Violette en 1779, et l'année suivante elle remporta trois prix : celui du poème épique pour une *Ode aux souverains*, le Souci du genre bucolique pour l'églogue *Céphis et Célimène*, enfin le Lis destiné à la meilleure poésie en l'honneur de la Vierge.

On a bien dit que les conseils, peut-être même le concours, d'anciens lauréats avaient aplani pour elle les difficultés de la lutte; mais nous n'en voulons rien croire, et si le fait s'est produit, il n'a jamais été établi.

Ses quatre victoires lui donnaient le droit de demander des lettres de maîtrise, qui lui furent accordées le 5 mai 1780. Son remerciement ne se fit pas attendre : à la fête des Fleurs de 1781, elle vint donner lecture de son éloge de Clémence Isaure, puis elle offrit à l'Académie le buste de Bernard André, religieux augustin de Toulouse, devenu poète lauréat d'Angleterre sous Henri VII. Le don fut accepté et les mainteneurs demandèrent à la généreuse maîtresse ès Jeux de joindre son buste à celui de l'écrivain poète de la fin du quinzième siècle.

Quelques jours après, l'Académie recevait les deux marbres et décidait, le 24 juin, que le buste de Bernard André serait placé immédiatement dans la salle des assemblées ordinaires, mais que, pour le second, il n'était pas possible de lui donner la même destination, du vivant de la donatrice. Les deux bustes sont aujourd'hui dans la salle de Clémence Isaure.

Mme d'Esparbès, qui s'était attachée à faire revivre la mémoire du P. Bernard, ne considéra sa tâche comme terminée qu'après avoir fait l'éloge du religieux augustin, le jour de la distribution solennelle des prix de 1782.

Pendant la Révolution, le nom de Mme d'Esparbès, retirée à Auch, figure au nombre des associés correspondants de la Société littéraire « le Lycée » de Toulouse et on la voit se rappeler au souvenir des mainteneurs, en mai 1806, au moment où l'Académie reprenait ses travaux interrompus depuis quinze années. La correspondance qu'elle entretenait avec certains membres de notre Compagnie s'arrête en 1815, mais nous ignorons la date du décès de cette maîtresse ès Jeux, dont l'œuvre littéraire semble se borner aux pièces couronnées par l'Académie en 1779 et 1780.

**FISTON (Cyrille), du Puy (Haute-Loire). (1873.)**

Les lettres de maîtrise ont été accordées, le 12 avril 1873, à M. Cyrille Fiston, qui avait obtenu l'Amarante d'or, une Violette et deux Soucis aux deux concours de 1872 et 1873.

Depuis qu'il appartient aux Jeux Floraux, il a fait l'éloge de Clémence Isaure en 1874, et l'Académie a inséré aux Recueils de 1878, 1879 et 1880, plusieurs de ses poésies.

**De FONTANES (Louis-Marcelin), grand maître de l'Université (1751-1806-1821).**

Au rétablissement de l'Académie, en 1806, les mainteneurs donnèrent des lettres de maîtrise au président du Corps législatif, de Fontanes, qui s'était fait une réputation dans le monde littéraire, en publiant plusieurs poésies élégiaques, parmi lesquelles il convient de citer surtout *la Journée des morts* (1796).

Né en 1751 à Niort, Fontanes s'était consacré aux travaux littéraires et poétiques. Un essai sur *l'Homme* (1783) et un poème, *le Verger* (1788), l'avaient déjà fait remarquer, lorsque l'Académie française couronna, en 1789, son poème sur *l'Edit en faveur des non catholiques.* Il écrivait dans les journaux, mais la Révolution vint interrompre sa carrière et en fit un proscrit, en fructidor. Il s'attacha à la fortune de Bonaparte, devint professeur de belles-lettres au collège des Quatre-Nations et membre de l'Institut. L'éloquence de la tribune devait attirer, à son tour, le littérateur, qui entra au Corps législatif en 1806 et en devint le Président; ses succès oratoires ne firent que hâter sa nomination de grand maître de l'Université de France (1808). Dans cette haute situation, il parvint à rétablir l'enseignement et à faire refleurir la culture des Belles-Lettres. La France lui doit la restauration de l'Université, disparue dans le tourbillon révolutionnaire.

Fontanes est mort à Paris le 17 mars 1821, laissant des poésies justement appréciées, diverses œuvres inédites, notamment un poème *la Grèce délivrée*, et toute une série de discours que Sainte-Beuve a publiés en 1839.

**Abbé FOREST (Jean-François), membre de la Chambre souveraine du clergé (1720-1757-1780).**

L'Immortelle d'or que l'abbé Forest obtint trois fois dans les concours de 1748, 1753 et 1757 fut accompagnée, le 25 août 1757, des lettres de maîtrise, puis, en 1759, de la maintenance des Jeux Floraux.

(Voir ci-dessus, page 385.)

**GOUT-DESMARTRES (Edouard), président de l'Académie de Bordeaux (18..-1861-1862).**

Avocat et poète, le président de l'Académie Bordelaise avait cessé, depuis plus de vingt ans, de figurer au nombre des concurrents que tous les printemps ramènent dans l'arène Toulousaine, lorsque l'Académie des Jeux Floraux lui décerna les lettres de maîtrise, le 8 avril 1861, bien que le prix du genre lyrique manquât au bouquet de Fleurs qu'il avait cueillies dans le jardin d'Isaure.

En cinq années, de 1833 à 1837, sept de ses poésies avaient été couronnées ou remarquées par les mainteneurs. Pour son premier essai, l'élégie *La Voilà!* fut imprimée au Recueil; puis chaque concours lui apporta un succès et une Fleur : *les Jeunes filles* obtinrent un Souci réservé en 1834; son hymne à la Vierge, *l'Ange gardien*, eut un Lis l'année suivante; une idylle, *la Jeune aveugle*, et l'épître, les *Contes de fées*, méritèrent : l'une, le prix du genre et l'autre, un Souci réservé, à la suite des Jeux de 1836 et 1837. Enfin son idylle, *Les deux sœurs* et une *Ode à saint Bernard*, étaient arrivées aux premiers rangs du concours, ce qui leur avait valu les honneurs de l'impression.

A la même époque, Gout-Desmartres fit paraître plusieurs œuvres très remarquées, entre autres *le Prêtre*, et il publia un volume, *Gerbes de poésies*, qui obtint deux éditions dans la même année (1841). Il trouva des accents émus et pathétiques pour dire *les Trois malheurs*, qui lui furent inspirés par l'explosion de Baltimore, l'incendie de Hambourg et la catastrophe du 8 mai sur le chemin de fer de Versailles; plus tard (1846), il écrivit *sir Robert Peel et la liberté commerciale;* enfin, au moment de son élection de maître ès Jeux, il produisit l'une de ses meilleures œuvres, *le Missionnaire*. Il fit hommage de ce poème à l'Académie des Jeux Floraux, qui lui demanda d'en donner lecture dans la séance de la distribution des prix à la suite de son remerciement (1861).

A la Fête des Fleurs de l'année suivante, Gout-Desmartres vint offrir à Clémence Isaure le tribut d'usage, en faisant son Eloge en vers, et, quelques mois à peine après cette cérémonie, il mourut subitement, en décembre 1862.

**HUGO (Victor-Marie). (1802-1820-1885.)**

Si Victor Hugo, homme politique, doit nous demeurer étranger, le génie littéraire, qui a fondé l'école romantique, a été couronné de tant de gloire qu'il échappe à l'analyse trop sommaire d'une simple note.

De l'œuvre merveilleuse dont les harmonies ont charmé l'adolescence de notre génération, nous ne pouvons mentionner ici que les premières pages, précieuses prémices du grand poète que Chateaubriand qualifiait alors d'*enfant sublime*.

Victor Hugo avait échoué, en 1817, au concours de l'Académie française, en annonçant, ce qui parut une inconvenante mystification, qu'il avait à peine quinze ans; il ne commit pas l'imprudence de faire connaître son âge aux arbitres des joutes poétiques de Clémence Isaure.

L'Académie toulousaine avait ouvert en 1819 un concours spécial pour un poème lyrique sur *le rétablissement de la statue d'Henri IV;* la fleur rare qu'elle avait réservée au vainqueur, le Lis d'or, fut remportée de haute lutte par Victor-Marie Hugo, qui atteignait à peine sa dix-septième année. Le nom du jeune poète figurait déjà sur la liste des lauréats des Jeux Floraux, depuis l'année précédente, où l'Amarante avait été décernée à Eugène Hugo, pour une ode sur *la Mort du duc d'Enghien*. Unis par l'inspiration comme par le sang, les deux frères briguaient les mêmes couronnes et prétendaient aux mêmes faveurs de Clémence Isaure; au concours ordinaire de la même année 1819, on les voit tous deux aux premiers rangs : Eugène obtient l'impression de son ode *la Mort du prince de Condé*, Victor reçoit une Amarante pour *les Vierges de Verdun* et l'Académie signale les mérites de son poème *les Vieux Bardes*. L'année suivante, ce sont de nouveaux succès pour le plus jeune des deux frères : la patronne des Jeux accorde une seconde Amarante au *Moïse sur le Nil*, et le Recueil reproduit l'héroïde *le Jeune Banni* et l'idylle *les Deux Ages*. — Les trois odes couronnées attirèrent l'attention sur leur auteur et comptent parmi ses plus belles poésies, dit un de ses biographes.

L'adolescent, trois fois lauréat, a déjà les puissantes envolées de génie qui annoncent le grand homme; il achève à peine sa dix-huitième année et il a le droit de demander les lettres de maîtrise. Sa requête aux mainteneurs est conçue en termes charmants; il sait que ses trois prix lui interdisent désormais les concours lyriques, il se demande, dans une lettre du 18 avril 1820, « si « les essais infructueux qu'il a tentés dans les « autres genres ne l'avertissent pas de sortir des « rangs », et il ne dissimule plus « ses désirs, « cachés jusqu'alors, mais conçus depuis long- « temps, de faire partie du corps des Jeux Flo- « raux. »

L'Académie s'empresse d'accueillir sa demande et lui accorde des lettres, le 28 avril.

Le titre de maître ès Jeux ne fait que rendre plus cordiaux ses rapports avec le secrétaire perpétuel et les mainteneurs; et, lorsqu'il envoie son ode *Quiberon*, « qui a été faite pour l'Académie », il rappelle qu'il s'est refusé à en laisser imprimer même des strophes détachées, pour « qu'elle pût « entrer entièrement inédite dans notre Recueil. » Ainsi, du reste, qu'il en exprimait le désir, cette magnifique poésie fut présentée à la Fête des Fleurs du 3 mai 1821.

Les mainteneurs lui confièrent le soin de remettre à Chateaubriand le diplôme de maître ès Jeux qu'elle venait de lui décerner; bien qu'il fût sous le coup d'une grande douleur causée par la mort de sa mère, Victor Hugo s'acquitta de cette mission avec empressement et se joignit « à tous les amis des lettres pour féliciter l'Aca« démie de la glorieuse acquisition » qu'elle venait de faire, en ajoutant le nom de l'auteur du *Génie du Christianisme* sur la liste de ses membres.

Au milieu de ses succès et de ses triomphes, le poète ne néglige aucune occasion de resserrer les liens de confraternité qui l'unissent aux mainteneurs : à Paris il assiste aux labeurs d'Alexandre Soumet préparant la mise en scène de *Clytemnestre* et de *Saül;* il profite du passage de J. de Rességuier pour s'entretenir de ses confrères des Jeux Floraux; à Toulouse, il adresse au secrétaire perpétuel Pinaud la première édition de ses *Odes et Ballades*, et l'Académie reçoit son ode *le Dévouement pendant la peste*, dont la lecture donne un éclat exceptionnel à la Fête de mai 1822.

La levée de quarante mille hommes l'appelle à faire partie de l'armée; le poète de vingt-deux ans annonce au cinquantenaire Pinaud qu'il a un confrère conscrit et il lui demande de certifier ses succès littéraires et son titre de maître ès Jeux, qui suffiront à l'exempter du service militaire, « car la loi ne saurait, dit-il, accorder plus de « privilèges à un simple lauréat de l'Institut ou « même de l'Université qu'à un membre de l'un « des plus anciens et des plus illustres corps « littéraires de l'Europe. » La déclaration fut adressée à l'autorité compétente, puisque Victor Hugo en remercie affectueusement Pinaud, le 8 janvier 1823, et le « poète favori du gouverne- « ment royal » reçut son exemption. Casimir Delavigne avait obtenu presque par surprise la même faveur de Napoléon Ier; Victor Hugo n'eut qu'à invoquer le texte d'une loi et ses succès aux Jeux Floraux pour éviter le recrutement.

L'année suivante, il publie une seconde édition de ses *Odes* et en fait hommage à l'Académie de Toulouse, qui a conservé dans ses archives plusieurs lettres inédites du grand poète. Puis les souvenirs de ses débuts si brillants deviennent moins fréquents et finissent par disparaître dans son auréole de gloire.

Le novateur en littérature s'est laissé entraîner fréquemment à de grandes témérités; l'auteur dramatique, dont les œuvres sont sillonnées d'éclairs de génie, s'est montré parfois très inférieur au poète; l'homme politique a prêté aux plus sévères critiques. Néanmoins les magnifiques obsèques qui ont été décernées, en mai 1885, à l'auteur des *Odes et Ballades* et des *Feuilles d'automne*, ont témoigné de la profonde et légitime douleur que la France a ressentie en perdant Victor Hugo, dont le nom demeurera inscrit en lettres d'or au grand livre de nos gloires littéraires.

**JAFFUS (Firmin), bibliothécaire de la ville de Carcassonne (1809-1843-1876).**

Firmin Jaffus, né à Limoux en 1809 et décédé à Carcassonne en 1876, fut un modeste, dont l'existence se résume dans l'accomplissement de ses devoirs professionnels et le culte des Lettres. Professeur de rhétorique au collège de Carcassonne jusqu'au jour où il dut prendre sa retraite, puis bibliothécaire de la ville qu'il habitait depuis si longtemps, il consacra ses loisirs aux études et aux travaux littéraires.

En 1840, il présenta au concours des Jeux Floraux un poème lyrique, *le Dernier jour d'Herculanum,* qui obtint l'insertion au Recueil ; l'année suivante, un Souci était accordé à son idylle, *une Heure à Nazareth,* et la publication annuelle de l'Académie reproduisait deux pièces du même auteur : le poème, *un Martyre sous Henri VIII,* et l'épître, *Pierre Godolin.* A la distribution des prix de 1842, il reçoit une Violette pour son poème, *Toulouse sauvée*, et les mainteneurs font imprimer son élégie, *la Veillée des morts* ou *la Nuit du Vendredi-Saint dans les catacombes de Rome;* enfin, l'Ode, *Simon de Montfort,* lui mérite l'Amarante d'or en 1843 et complète les titres nécessaires au poète pour demander les lettres de maîtrise, qui lui sont accordées le 11 avril 1843.

En prenant possession de son siège de maître ès jeux, Jaffus adressa à l'Académie un remerciement, qui est au Recueil, ainsi que l'Eloge qu'il prononça, l'année suivante, et dans lequel il rappela le souvenir de la Fête des Fleurs de 1540 (R. 1843, 1844).

Les diverses pièces remarquées ou couronnées aux Jeux Floraux figurent dans un volume, *Poésies*, que l'auteur publia en 1843. On connaît encore quelques pièces de vers de F. Jaffus : *Le Jour des Cendres, la Fête de l'Enfance*, qu'il écrivit à l'occasion de la première communion des élèves du collège, et *le Premier chevalier de Léopold* ; au nombre de ses œuvres en prose, on cite son étude sur la tradition d'après laquelle la Cité de Carcassonne aurait renfermé le trésor des Wisigoths et un rapport sur le concours historique et scientifique de la Société des arts et des sciences de la même ville.

**JAMME (Alexandre-Auguste), chevalier ès lois (1736-1769-1818).**

Alexandre Jamme avait obtenu quatre Fleurs dans les concours de 1760 et 1761 et, bien qu'il n'eût pas été lauréat dans le genre épique, l'Académie lui accorda, le 21 avril 1769, le titre de maître ès Jeux.

L'année suivante, elle l'appela au nombre de ses mainteneurs.

(Voir ci-dessus, page 281.)

**JASMIN (Jacques) (1798-1853-1864.)**

« Le poète du Midi, qui fait accourir les foules à sa voix, qui embellit les fêtes de l'opulence, qui assainit les joies du peuple, qui dote en passant des établissements de charité, et achève ou rebâtit des églises, est la gloire de sa patrie locale, dans la patrie commune, et mérite d'être adopté par la France entière et proclamé par elle. Naturel et travaillant avec art, facile, inspiré, pathétique, rapide et concis dans ses tableaux, heureux et neuf dans ses images..., s'inspirant des sentiments les plus droits et les plus purs..., partout, il sent avec âme ce qui est élevé, généreux, utile au monde, et il y ajoute aussitôt une couronne par le don privilégié du poète. »

C'est à ces titres si remarquables que, sur le rapport de son secrétaire perpétuel Villemain, l'Académie française accordait, le 20 août 1852, un prix spécial et une médaille au *poète moral et populaire*, au poète-coiffeur d'Agen.

> Bièl et cruchit, l'aoutré siècle n'abio
> Qu'un parel d'ans a passa sur la terro,

quand naquit, le jeudi gras, 6 mars 1798, Jacques Jasmin, fils d'un pauvre petit tailleur d'Agen.

Que pourrions-nous ajouter à la charmante description de sa jeunesse qu'il a tracée dans *Mous soubénis*? La famille était pauvre, *la misèro nous catuillâbo,* dit-il ; l'enfant est obligé de travailler pour vivre, et le voilà apprenant *lou secrèt argentous del razouèr et del pegne*; mais déjà la muse le console de sa misère, il chante, il aime, il est heureux.

Il écrit *le Charivari*, *le Trois-Mai*, son poème si touchant de *l'Aveugle de Castelculier*, et le Midi acclame son poète. Toulouse lui fait fête, l'adopte au nombre de ses enfants et lui donne le titre de frère de Goudelin. Le succès redouble ses efforts; *espoumpat d'espérenço*, « il tresse « les épis de sa reconnaissance » et dédie sa nouvelle œuvre, *Françonnette*, à la ville de Toulouse, qui lui décerne un rameau d'or.

Puis viennent *Marthe la Folle*, *les Frères jumeaux*, *Ville et Campagne*. Entre deux poèmes, ce troubadour de la charité, comme l'appelle L. de Lavergne, va de ville en ville, mettant sa muse au service des œuvres de bien, et toutes les populations qui l'entendent acclament la poésie « fraîche, riante et sensible » de cet homme éminemment simple et bon.

Ses vers sont connus de la France entière et nul n'eut jamais une existence aussi régulièrement triomphante. Pas de faiblesses, pas d'échecs pour ce poète au cœur droit, aux sentiments élevés, pour ce versificateur élégant, toujours vrai, toujours inspiré, auquel l'Académie française accorde une récompense exceptionnelle. Sa ville natale place une couronne d'or sur le front du petit coiffeur que Villemain a appelé le poète moral et populaire.

L'Académie des Jeux Floraux lui délivre des lettres de maîtrise, le 8 juillet 1853, et il lui apporte ses remerciements, le jour de la Semonce de 1854, en cette langue chaude et colorée qui fut si longtemps celle de nos pères.

Jasmin mourut à Agen, le 4 octobre 1864. Sur ce *Gravier* qu'il avait tant aimé, s'éleva bientôt après, la statue de celui que les Toulousains appelaient le frère de Goudelin. Le musée de l'Académie possède la maquette de cette statue qui lui a été offerte, en 1880, par le fils du poète.

**JONQUET (Pierre), avocat au Parlement (16..-1674-1...).**

Pierre Jonquet, fils de George, docteur ès droits, greffier de la chambre du clergé, et de Cécile de Bournazel, obtint la Violette en 1674 pour le chant royal intitulé *Orithie*, dont la valeur poétique serait moins appréciée aujourd'hui qu'il y a deux cents ans. Ce Triomphe se trouve à la Bibliothèque de la ville ; la pièce couronnée est suivie des félicitations qui furent adressées à l'auteur, à l'occasion de son succès, et desquelles il résulte que les mainteneurs lui décernèrent en même temps le titre de maître ès Jeux.

Cependant il ne figure qu'une seule fois parmi les lauréats des années précédentes : *Œdipe*, chant royal, lui avait valu l'Eglantine en 1671. Nous ignorons à quelle date il obtint le Souci ; ce fut peut-être au concours de 1669, dont nous ne connaissons pas les résultats complets.

Le Triomphe de la Violette par du Puget, en 1671, et celui de l'Eglantine par de Sambucy, en 1674, sont accompagnés de félicitations rimées, parmi lesquelles on remarque deux madrigaux de Jonquet, auquel les lettres de 1694 confirmèrent le titre de maître ès Jeux qu'il avait obtenu vingt ans auparavant.

### **JOURDANNE** (Gaston). (1895.)

Félibre distingué, M. Jourdanne a obtenu un Souci au concours d'éloquence de 1893. Il appartient au corps des Jeux Floraux depuis le 15 février 1895, date à laquelle l'Académie lui a délivré des lettres de maîtrise.

### **Chevalier de LABAT (Jean-François), écuyer (1665-1688-1723).**

Le chevalier de Labat, né vers 1665, était le petit-fils d'Hector, marchand, capitoul en 1570, et dont la demeure avait deux façades, l'une sur la rue Malcousinat-Vieille, et l'autre, sur la rue de la Véronique (des Tourneurs).

En quittant la carrière militaire qu'il avait suivie pendant quelques années, il s'occupa de poésie ; il rimait et, de madrigaux en sonnets, il en vint à prendre part aux concours des Jeux Floraux, où il obtint de rapides succès.

Son chant royal, *La Fuite d'Enée*, mérita la Violette, en 1683 ; deux ans après, il obtenait l'Eglantine ; enfin, le concours de 1688 lui apporta le Souci et la maîtrise.

Les Triomphes de Ranchin Monredon, de Peitevin, en 1683, et celui de Cironis de Beaufort, en 1687, se terminent par quelques vers de félicitations que leur avait adressés de Labat.

Les lettres patentes de 1694 lui confirmèrent le titre de maître ès Jeux qu'il avait obtenu six ans auparavant. Il mourut sur la paroisse de la Daurade, le 10 septembre 1723, et fut enseveli dans l'église des Jacobins.

**Abbé LABAT DE MOURLENS (17..-1780-....).**

L'abbé Labat de Mourlens n'était pas poète et ne concourut aux Jeux Floraux que pour le prix d'Eloquence. Sa première tentative, en 1761, appela l'attention de l'Académie, qui lui décerna trois fois l'Eglantine d'or, en 1767, 1768 et 1780.

Ce dernier succès lui donnait le droit de demander des lettres de maîtrise, qui lui furent concédées le 5 mai 1780.

Les recueils contiennent ses quatre œuvres oratoires et la Semonce qu'il prononça, comme maître ès Jeux, en 1782.

**Abbé LABORIE (Jean-Arnaud). (1653-1679-1712.)**

Les lettres patentes de 1694 confirmèrent à l'abbé Laborie le titre de maître ès Jeux qu'il avait obtenu, à la suite de ses succès dans les concours de 1672, 1676 et 1679. La nouvelle Académie de Belles Lettres l'appela au nombre de ses mainteneurs, le 19 mai 1702.

(Voir ci-dessus, page 112.)

**Marquise de LAGORCE VERNON, née Anne-Urbaine-Geneviève de BEAUVOIR du ROURE (17..-1783-1806).**

Mme de Lagorce obtint sa première fleur, une Violette, en 1756 pour son poème *l'Amour et la fortune*. On apprend par les procès-verbaux des séances de l'Académie, qu'elle adressa aux mainteneurs, le 14 mai de la même année, une lettre de remerciements pour la récompense qui avait été accordée à ses premiers vers. L'Académie chargea quelques-uns de ses membres de lui transmettre ses félicitations.

Encouragée par ce succès, Mme de Lagorce présenta au concours de l'année suivante une *Ode à l'Imagination*, qui mérita une Amarante d'or réservée. Enfin un poème *La fondation d'Athènes* lui valut une seconde Violette en 1758.

Ce fut seulement en 1783 qu'elle fit valoir ses droits à la maîtrise, qui lui fut accordée par décision du 10 mai et, l'année suivante, elle envoya à l'Académie un éloge de Clémence Isaure, qui fut lu à la Fête des Fleurs par le mainteneur de Portes.

Elle vivait alors au château d'Orbessan près d'Auch ; à la mort de son hôte, le président d'Orbessan, membre des Jeux Floraux, elle se retira à Tarbes, où elle mourut le 12 novembre 1806. Quelques mois avant sa mort, elle apprenait la réunion des mainteneurs, qui avaient été dispersés pendant la Révolution, et elle leur écrivait, le 22 avril 1806, pour les féliciter de la reprise de leurs travaux et du rétablissement des concours annuels.

**LAPÈNE (Jean-Baptiste-Marie-Augustin), avocat à Saint-Gaudens, ancien député (1789-1846-1872).**

Avocat au barreau de Saint-Gaudens, né le 3 septembre 1789, et décédé plus qu'octogénaire le 17 août 1872, A. Lapène fut, toute sa vie, un fidèle adorateur du culte de Clémence Isaure, qui a eu ses premiers et ses derniers vers.

Il a successivement chanté, dans nos concours annuels de 1818 à 1839 : *Jeanne d'Arc*, *l'église Saint-Sernin*, *la princesse Marie d'Orléans* et *la bataille du Dix-Avril;* la Violette et le Souci décernées à deux de ces poésies vinrent se joindre à l'Amarante d'or qui avait récompensé en 1809, son *éloge de Riquet*, sujet du concours d'Eloquence. Bien qu'il n'eut pas gagné toutes les fleurs réglementaires et que l'Amarante manquât à son bouquet, l'Académie n'hésita pas à l'inscrire sur la liste de ses maîtres ès Jeux, en lui octroyant, le 22 avril 1846, les lettres d'honneur.

Le vieil athlète s'en montra reconnaissant en faisant hommage à l'Académie de son Epître à Georges Sand sur le bruit de son retour à la foi chrétienne (1863) et en lui apportant le tribut d'usage à Clémence Isaure; il dédia à la restauratrice des Jeux Floraux sa plus belle poésie dont il fut donné lecture à la Fête des Fleurs de 1872, quelques semaines à peine avant sa mort.

Ce fut, à l'audience, un avocat éminent et des plus renommés dans la région pyrénéenne, où son nom faisait justement autorité.

Il parlait, même dans les affaires les plus délicates, une langue correcte, châtiée, peut-être parfois trop imagée. Mais le sacrifice, offert à la Muse, n'a jamais nui à la clarté du raisonnement ni à la sûreté de l'esprit.

A. Lapène jouissait d'une popularité du meilleur aloi, dans sa ville natale comme dans tout son arrondissement : conseiller général en 1827, maire de Saint-Gaudens en 1840, le jour, où s'arrachant à ses dossiers et à la poursuite de la rime, il voulut être député, il n'eut qu'à se montrer; l'élection se fit d'elle même, en août 1846, dans le cinquième collège de la Haute-Garonne.

Partout l'homme de lettres, le servant de la Muse, prédomine chez lui. Son papier à l'exergue de la Chambre, était dit-on disputé par ses voisins qu'intriguait le secret des hémistiches alignés, fort loin des discussions de la tribune, dans les sérénités olympiennes de ses rêveries.

Cet excellent citoyen, ce littérateur fervent conserva, jusqu'à l'heure suprême, l'espoir d'appartenir à l'Académie par un lien plus étroit que le parchemin de la maîtrise. Il avait fait la confidence de cette ambition très légitime de sa part, à son ami Fl. Ducos; malheureusement, les occasions favorables ne se produisirent pas pour permettre à l'Académie de l'appeler à un siège de mainteneur.

**De LAPRADE (Pierre-Marin-Victor RICHARD), membre de l'Académie Française (1812-1880-1883).**

Les *Parfums de Madeleine* publiés en 1839, avaient appelé l'attention des littérateurs sur un jeune poète, né le 13 janvier 1812 à Montbrison (Loire). La *Colère de Jésus*, *Psyché* et les *Odes et Poèmes*, établirent la réputation de Victor de Laprade et lui valurent, en 1847, la chaire de littérature française à la Faculté de Lyon.

Ses *Poèmes évangéliques* et les *Symphonies* l'amenèrent aux premiers rangs de nos hommes de lettres et l'Académie française l'appela au nombre de ses membres, le 11 février 1858, en remplacement d'Alfred de Musset.

Les *Idylles héroïques* ne furent pas moins remarquées que les œuvres précédentes, mais le poète commit l'imprudence de publier, dans le *Correspondant* (1861), une satire politique, qui amena sa révocation de professeur.

Il n'en continua pas moins ses travaux, parmi lesquels nous nous bornerons à citer : *Les arbres du Luxembourg*, *Education homicide*, *Le sentiment de la nature chez les modernes*, et son poème, *Pernette*.

Les évènements et la confiance de ses concitoyens obligèrent le poète sexagénaire à descendre dans l'arène politique et on le vit, aux élections de février 1871, accepter la représentation du département du Rhône à l'Assemblée nationale, où il siègea au centre droit.

L'Académie des Jeux Floraux lui décerna ses

lettres de maîtrise, le 16 mars 1880, et elle espérait le voir reprendre sa lyre pour venir célébrer le souvenir de Clémence Isaure à la Fête des Fleurs de l'année suivante. Son grand âge et son état de santé ne lui permirent pas d'assister à cette cérémonie, dans laquelle il avait eu le projet de redire, en son harmonieux langage, l'éloge de la restauratrice des Jeux Floraux.

Trois ans après, l'Académie s'associait à la pensée de *la Diana*, société littéraire du Forez, qui ouvrait une souscription pour élever un monument à la mémoire de V. de Laprade, décédé en décembre 1883.

### Chevalier de LAURÈS (Antoine) (1708-1775-1779).

Né vers 1708 à Gignac, près de Lodève, Antoine de Laurès était fils du doyen de la Cour des Aides de Montpellier.

Il figure, pour la première fois en 1740, dans les concours littéraires de Toulouse avec des sonnets à la Vierge, qui obtiennent l'impression au Recueil. L'année suivante, un Lis récompense une poésie du même genre; son poème *Manlius* mérite une Violette et les mainteneurs publient, parmi les œuvres remarquées, son élégie *Thémire*. En 1742, son *Olinde et Sophronie* est inséré dans la publication annuelle de l'Académie, pendant que le poème l'*Etablissement des chevaliers de Rhodes à Malte* et l'ode *les Avantages de la vieillesse,* lui font décerner deux couronnes avec une Violette et l'Amarante d'or.

A Toulouse, de Laurès a cueilli quatre fleurs du

bouquet d'Isaure : il faut à son talent une plus vaste scène et c'est à Paris que sa muse va demander de nouveaux succès. En trois ans, de 1749 à 1751, l'Académie française le proclame trois fois vainqueur au concours de l'ode et lui accorde un prix du poème : au nombre des poésies couronnées, on ne saurait oublier : *les Honneurs militaires accordés à Louis XIV* et *la Passion du jeu.*

Il aborde alors, pendant quelque temps, le genre dramatique et publie sa *Thémire,* tragédie en cinq actes (1769) et *La Fausse statue,* comédie en un acte (1771); puis il revient aux classiques latins et donne une traduction complète de la *Pharsale* (1773).

Mais l'Académie des Jeux Floraux, à laquelle il doit ses premières couronnes, fait appel aux poètes pour célébrer le retour des parlementaires exilés par le chancelier de Maupeou ; à cette occasion, elle ouvre un concours extraordinaire et promet au vainqueur un prix exceptionnel, une statue d'argent. Laurès retrouve l'énergique ardeur de sa jeunesse et descend dans l'arène : le rétablissement de l'ancienne magistrature lui inspire des accents émus, qui lui assurent le succès et, dans la séance solennelle du 2 juillet 1775, il donne lecture de son ode victorieuse à laquelle l'Académie accorde une Thémis d'argent.

Les mainteneurs veulent s'attacher par des liens plus étroits leur ancien lauréat, qui vient de répondre si brillamment à leur invitation, et ils lui remettent, le 8 septembre suivant, des lettres de maître ès Jeux.

Ce triomphe fut sans doute le dernier qu'obtint le Ch[er] de Laurès. Il publia encore une *Lettre à MM., qui doivent concourir pour le prix de poésie à l'Académie française*, avec une réponse de Corneille, et mourut peu de temps après à Paris, le 13 janvier 1779.

**De LAVERGNE (GUILHAUD Louis-Gabriel-Léonce), membre de l'Institut, sénateur 1809-1830-1880).**

Une Eglantine d'or, en 1829, et trois nouvelles Fleurs, l'année suivante, donnèrent à de Lavergne le droit de prétendre au titre de maître ès Jeux, qu'il reçut le 16 avril 1830.

Deux ans après, il prenait possession du dix-septième fauteuil de l'Académie, auquel il avait été appelé quelques mois auparavant.

(Voir ci-dessus, page 160.)

**LIÉGEARD (Stéphen), de Dijon (1866).**

M. Stéphen Liégeard figure pour la première fois dans les concours de l'Académie, en 1859, avec une épître qui fut particulièrement remarquée. Il se retire pendant quinze années, mais lorsqu'il revient aux joutes littéraires de Toulouse, en 1864, c'est pour y remporter rapidement les plus brillants succès.

Il obtient deux Violettes en 1864, trois Soucis en 1865 et, l'année suivante, l'Académie a le regret de ne pouvoir disposer que d'une seule Amarante pour récompenser les trois odes du poète, arrivées d'emblée au premier rang. Quelques jours après, le 6 avril 1866, elle lui délivrait des lettres de maîtrise.

Depuis cette date, M. S. Liégeard a fait deux fois l'éloge de Clémence Isaure (1867, 1885) et les Recueils de 1867 et de 1874 contiennent deux poésies dont il a fait hommage aux Jeux Floraux. Devenu maître ès Jeux, l'ancien lauréat ne peut plus prendre part à nos concours, mais il a voulu témoigner de tout l'intérêt qu'il porte à la culture de la poésie et au succès de nos tournois littéraires : depuis déjà plusieurs années, il offre une fleur aux jeunes poètes qui briguent les récompenses de Clémence Isaure.

## R. P. LOMBARD (Théodore), de la Compagnie de Jésus (1699-1742-1773).

Au moment le plus prospère du collège des Jésuites, établi à l'hôtel de Bernuy depuis 1567, cet établissement célèbre comptait au nombre de ses professeurs un homme aussi remarquable par l'étendue et la variété de ses connaissances que par l'élévation de ses qualités intellectuelles.

Enfant du Vivarais, où il était né le 21 juillet 1699, au sein d'une famille protestante, Th. Lombard fut élevé au collège des Jésuites de Tournon ; il embrassa la religion catholique, et son exemple et ses enseignements amenèrent la conversion de tous ses proches, ce dont il remercia Dieu en entrant dans la Compagnie de Jésus, le 12 septembre 1715.

Au collège de Bernuy, le P. Lombard enseignait la rhétorique, mais à sa compétence en art oratoire venaient se joindre les conceptions poétiques les plus élégantes et les plus élevées; l'éloquence de sa prose n'avait d'égale que la richesse et la variété de ses poésies. Il passait indistinctement de l'ode à l'épître, de l'idylle à l'élégie pour revenir au discours, sans effort et sans fatigue, excellant dans tous les genres avec un talent qui semblait universel.

En 1736, il débute au concours des Jeux Floraux par un poème *les Carmes*, qui lui vaut une Violette. Deux ans après, il obtient quatre fleurs à la fois : une Violette pour le poème *Momus;* deux Soucis : l'un pour une idylle, l'autre pour une élégie sur *les Combats intérieurs de saint Augustin avant sa conversion;* enfin, l'Eglantine, prix du concours d'Eloquence. En 1739, il reçoit l'Amarante d'or et une troisième Violette. Ses succès continuent sans interruption, si bien qu'en sept années, de 1736 à 1742, il mérita douze fleurs, représentant trois prix dans chacun des quatre genres de concours établis à cette époque : l'ode, le poème héroïque, le genre bucolique et le discours.

Le P. Lombard demanda à l'Académie des lettres de maîtrise. Le cas était nouveau et les mainteneurs furent appelés à délibérer sur la possibilité d'admettre un religieux à faire partie du corps des Jeux Floraux. Il leur était impossible de refuser à un lauréat porteur de douze couronnes la faveur que leur règlement concédait au vainqueur de trois concours, aussi lui accordèrent-ils la maîtrise, le 17 juin 1742, mais en subordonnant, pour l'avenir, l'admission des membres du clergé régulier à des conditions particulièrement difficiles, qui reçurent l'approbation royale l'année suivante. Les lettres patentes du 28 septembre 1743 interdirent la maintenance aux religieux et ne les autorisèrent à demander la maîtrise qu'après avoir obtenu trois fois le prix de chaque concours ; il ne devait jamais y avoir plus d'un religieux sur la liste des maîtres ès Jeux et, si ce titre lui donnait le droit de faire la Semonce ou l'Eloge, il ne pouvait en aucun cas présider une séance de l'Académie.

Le P. Jésuite profita des droits que lui donnaient les lettres patentes et prononça la Semonce en 1748 et l'Eloge en 1750. Ces deux discours sont insérés au Recueil, ainsi que toutes ses œuvres couronnées par l'Académie et son éloge historique de Pierre Bunel.

Les Jeux Floraux n'avaient plus de couronnes à lui décerner ; il en conquit sept autres dans les divers concours littéraires de France : à Marseille de 1742 à 1745, à Pau en 1744, à l'Académie française en 1745, à Montauban en 1748, enfin à La Rochelle. — Il devait ses succès de poète et d'orateur au soin avec lequel il avait développé ses aptitudes exceptionnelles et mûri son talent, en s'inspirant sans cesse des grands auteurs latins ; il possédait si bien leur langue et leur génie littéraire que son ami, le P. Vanière, lui confia le soin de terminer son dictionnaire poétique latin-français.

Non moins apprécié dans l'ordre auquel il appartenait que dans le monde des Lettres, il devint recteur du collège de Toulouse et ce fut pendant qu'il était à la tête de cet établissement que l'arrêt du 6 août 1762 ordonna la dissolution de la Compagnie de Jésus et la fermeture de ses maisons. Le P. Lombard se réfugia en Suisse, où il passa quelques années, puis il revint dans son pays natal, à Annonay, où il mourut le 2 novembre 1773, près de quatre mois après la promulgation de la bulle de Clément XIV, prononçant la dissolution de l'ordre dans toute la chrétienté.

Outre les poésies et les discours couronnés aux Jeux Floraux, ce Jésuite a laissé : *Méthode courte et facile pour discerner la véritable religion chrétienne d'autres fausses, qui prennent aujourd'hui ce nom* (1725), œuvre qui a obtenu plusieurs éditions ; *Réponse à un libelle intitulé : Idée générale des vices principaux de l'institution des Jésuites* (1761) ; un manuscrit important sur l'histoire du Parlement de Toulouse ; une *Vie du P. Vanière* (1744) et des *Leçons aux enfants des souverains*.

Le P. Lombard est le seul religieux qui ait été admis à faire partie du corps des Jeux Floraux. Ses succès poétiques et oratoires sont un exemple unique dans l'histoire de l'Académie, qui avait vu cependant un autre Jésuite, le P. Cléric, obtenir, de 1698 à 1726, huit fleurs dans les concours de poésies.

Le maître ès Jeux, décédé en 1773, ne doit pas être confondu avec un religieux, son homonyme, qui fut lauréat en 1776 ; plusieurs biographes ont commis cette erreur et ont fait de Baour-Lormian, entre autres, un élève du P. Lombard, jésuite, alors qu'il reçut, vers 1789, les leçons du P. Lombard, doctrinaire, professeur de rhétorique au collège de l'Esquille.

**MAIGNAN (Bernard), écuyer (1682).**

Maignan obtint la Violette en 1668 et, dans les félicitations qui sont imprimées à la suite de son Triomphe, Santussans, l'un de ses concurrents, nous apprend qu'il avait déjà reçu l'Eglantine dans un concours précédent.

Ce fut quatorze ans après seulement, qu'il put demander la maîtrise, à la suite de sa troisième victoire remportée par son chant royal *l'Empereur Constantin*, auquel fut décerné un Souci.

Ce concours de 1682 fut tout à fait exceptionnel, puisque les mainteneurs distribuèrent cinq fleurs au moins : une Violette, deux Eglantines et deux Soucis aux concurrents dont nous connaissons les poésies.

Les triomphes de d'Olive Saint-Sauveur (1667), Vaysse (1668), Dardenne (1670), Laborie (1672), Vincens et de Raymond (1682) et de Ranchin Monredon (1683 et 1685) contiennent les félicitatations en vers que Maignan avait adressées à leurs auteurs.

Les lettres de maîtrise, qui lui avaient été accordées en 1682, lui furent confirmées par les lettres patentes de 1694.

**MARMONTEL (Jean-François), secrétaire perpétuel de l'Académie française (1723-1749-1799).**

La plupart des biographes assurent que Marmontel, né à Bort, dans le Limousin, en 1723, était destiné à l'état ecclésiastique. Taverne, son ami et son rival aux Jeux Floraux, a raconté tout autrement la jeunesse du poète dans l'éloge funèbre qu'il prononça, le 30 germinal an VIII, devant la Société littéraire appelée « le Lycée de Toulouse ».

Tout jeune, Marmontel apprit les éléments du latin chez un prêtre auquel ses parents l'avaient confié; puis il fut placé comme garçon chez un nommé Lamanière, tailleur des Jésuites à Toulouse. Une heureuse circonstance le rapprocha de l'un des professeurs du collège, qui sut apprécier la vivacité d'intelligence de l'enfant et qui lui facilita les moyens de faire des études complètes. Il profita de ce secours inespéré, passa avec succès des bancs du collège sur ceux de l'Ecole de droit et fonda, avec plusieurs jeunes gens de Toulouse qui partageaient ses goûts et ses travaux, « l'Académie des Galetas ».

En 1743, il prend part au concours des Jeux Floraux et son ode *la Poudre* est insérée au Recueil; l'année suivante, il obtient un Souci pour une idylle; en 1745, un second Souci. une Violette et une Eglantine récompensent trois de ses œuvres; mais le prix de poésie épique se faisait attendre et ce fut seulement en 1749, après trois tentatives infructueuses, que le jeune poète reçut l'Amarante d'or pour son ode *la Chasse*. Il demanda immédiatement les lettres de maîtrise, qui lui furent accordées le 6 juillet 1749.

Mais depuis déjà près de quatre années, Marmontel était établi à Paris où, sur la recommandation de M. de Mondran, il avait été reçu dans le monde des lettres. Les succès de ses débuts dans la poésie et l'aménité de son caractère lui créèrent bientôt de nombreuses et utiles relations, au nombre desquelles il compta Voltaire.

Quelques tragédies, des succès aux concours de l'Académie française, des articles dans l'*Encyclopédie* appelèrent sur lui l'attention du public et la faveur de Mme de Pompadour; il obtint le brevet du *Mercure*, dans lequel il publia ses *Contes moraux;* malheureusement une attaque imprudente contre un puissant de la cour lui fit retirer ce privilège et le conduisit à la Bastille, où il fut emprisonné pendant quelque temps (1760).

Membre de l'Académie française, il publia, la même année, *la Politique française*, puis une traduction de la *Pharsale* (1766), enfin son *Bélisaire*, qui fut condamné en Sorbonne (1767).

Nous n'avons pas à rappeler les œuvres si diverses de cet encyclopédiste littéraire; rappelons seulement qu'il devint historiographe de France (1771) et secrétaire perpétuel de l'Académie française. Opéras comiques, opéras, tragédies, nouveaux contes moraux, travaux historiques, traités de la langue française, etc., témoignèrent de l'énorme labeur de cet homme de lettres dont le caractère ne fut pas toujours à la hauteur de ses œuvres, très estimées de son temps, moins appréciées aujourd'hui.

Faut-il croire, avec un de ses biographes, que ce poète faisait des vers religieux pour l'Académie et des panégyriques incrédules pour Voltaire ? Est-il bien exact qu'une souplesse exagérée, qui l'avait fait surnommer le Parfait courtisan, contribua pour une large part à sa nomination de secrétaire perpétuel ? N'aurait-il pas affecté, à la fin de sa carrière, un certain dédain pour les fleurs d'Isaure qu'il avait si ardemment désirées dans sa jeunesse ?

Quelle que puisse être l'exactitude de ces critiques, nous n'en avons pas moins le devoir de conserver le souvenir d'un poète et d'un romancier dont les travaux ont contribué au renom de notre littérature. L'élégance agréable et la pureté de son style lui ont valu de son vivant une réputation, que nous pouvons sans doute trouver exagérée, sans diminuer en rien les très réels mérites de son incontestable talent.

La tourmente révolutionnaire obligea Marmontel à quitter Paris ; il y revint en 1797 comme membre du Conseil des Cinq-Cents, mais les événements de Fructidor l'en chassèrent une seconde fois. Il se retira près de Gaillon, dans l'Eure, où il mourut le dernier jour de l'année 1799, à l'âge de soixante-seize ans.

**MARTEL (Guillaume), avocat au Parlement (1731-1770-1821).**

Deux Amarantes d'or et un Souci légitimaient le titre de maître ès jeux que les mainteneurs décernèrent à Guillaume Martel, le 18 mai 1770, mais l'Académie voulut s'attacher plus intimement le poète et l'appela au nombre des mainteneurs, le 15 du mois suivant.

(Voir ci-dessus, page 304.)

**MATABON (Hippolyte), typographe à Marseille (1891).**

M. Matabon, lauréat de l'Académie française en 1875 pour son poème *Après la journée*, avait obtenu sept fleurs aux concours des Jeux Floraux, de 1867 à 1891. Ses nombreux succès lui valurent, le 10 avril 1891, les lettres de maîtrise, bien qu'il n'eût pas remporté le prix de l'ode et que l'Amarante d'or manquât à son bouquet de fleurs toulousaines.

Les Recueils de 1892 et 1894 contiennent ses éloges de Clémence Isaure et l'Académie a accordé une seconde lecture aux vers qu'il lui adressa, en 1894, à la suite de la décision du conseil municipal de Toulouse, réduisant ou supprimant la subvention annuelle des Jeux Floraux.

**Cardinal MAURY (Jean-Siffrein). (1746-1806-1817.)**

L'abbé Maury, né à Vauréas (Comtat Venaissin), en 1746, s'était fait remarquer à Paris par ses éloquentes prédications, qui lui ouvrirent, en 1785, les portes de l'Académie française. A la convocation des Etats Généraux, il fut élu député du clergé, et l'histoire a conservé le souvenir de l'énergie avec laquelle il défendit à la tribune ses principes et ses doctrines, du courage dont il fit preuve en luttant contre Mirabeau, de la vivacité des réparties qu'il opposait à ses adversaires. Après la Constituante, il se réfugia en Italie, où le Pape Pie VI le nomma cardinal et évêque de Monteflascone ; puis Monsieur (Louis XVIII) le chargea de le représenter comme ambassadeur auprès du Saint-Siège (1799).

Sous l'Empire, il fut autorisé à rentrer en France (1804), et l'Empereur le nomma archevêque de Paris en 1810, à la place du cardinal Fesch. Dans ces hautes fonctions qu'il conserva jusqu'à la chute de Napoléon, malgré les défenses du Souverain Pontife, le cardinal Maury donna de nouvelles preuves de son talent oratoire, auquel une certaine emphase n'enlevait ni la puissance de la logique, ni l'élégance de la diction.

L'Académie des Jeux Floraux lui avait décerné des lettres de maîtrise le 11 juillet 1806; le cardinal lui en exprima ses remerciements, le 18 août suivant, et lui fit hommage, le 28 mai 1813, de son Mandement à l'occasion de la bataille de Lutzen.

A la Restauration, le cardinal Maury quitta la France; il passa en Italie et le Pape le fit emprisonner pour avoir désobéi à ses ordres, en acceptant et en conservant, pendant plusieurs années, le siège archiépiscopal de Paris.

Il mourut à Rome en 1817, laissant de nombreux ouvrages dont le plus remarquable est son *Essai sur l'Eloquence de la Chaire*, publié en 1810.

**MIR (Achille), de Carcassonne (1894).**

Au moment où les libéralités de notre confrère, M. Ozenne, permettaient à l'Académie de reprendre les anciens concours en langue romane ou patoise, les Jeux Floraux devaient établir des liens de confraternité avec ceux qui avaient conservé le culte du langage des troubadours.

C'est à ce titre que M. Mir, une des notoriétés les plus importantes parmi les Félibres, a obtenu les lettres de maîtrise, le 11 mai 1894.

**MISTRAL (Frédéric), de Maillanne (1878).**

Le grand poète provençal, l'auteur célèbre de *Mireille* (1859), lauréat de l'Académie française en 1861, a fait hommage aux Jeux Floraux de son poème *Calendau* (1867) et de *Lis isclo d'or* (1876).

L'Académie tenait à honneur de compter, au nombre de ses maîtres, le poète qui a fait revivre avec tant de puissante vitalité, le génie de la langue des troubadours ; elle lui a décerné ce titre le 14 juin 1878. La remise des lettres lui a été faite à la séance publique du 3 mai de l'année suivante, dans laquelle notre confrère, M. Delavigne, a adressé une allocution au nouveau maître, qui lui a répondu par un gracieux remerciement, *Gramasi*, inséré au Recueil de l'année.

## Mme de MONTÉGUT, née Jeanne de SÉGLA (1709-1741-1752).

Née à Toulouse, le 25 octobre 1709, de Jean-Joseph de Ségla et de Marie-Elisabeth de Gras, Jeanne de Ségla avait à peine deux ans, lorsqu'elle perdit son père. Complètement isolée par le second mariage de sa mère avec de Lardos, elle fut recueillie par sa tante, Mlle de Ségla, qui la fit élever, en lui donnant une instruction des plus complètes. Elle parlait couramment l'italien et l'espagnol, avait fait des études historiques approfondies et joignait à ses connaissances diverses un agréable talent de dessin et de peinture, au moment où elle se maria, à seize ans, avec F. de Montégut, trésorier de France.

Le mariage suspendit à peine ses études : elle apprit l'anglais, étudia le latin et le grec pour pouvoir diriger l'éducation de son fils. Elle ne se connaissait aucune disposition pour la poésie, lorsqu'à la suite d'une gageure qu'elle perdit en 1737, elle fut condamnée à faire un rondeau. Ce premier essai lui révéla les douceurs du commerce avec les muses, et, dès l'année suivante, elle présentait aux Jeux Floraux une églogue qui fut admise à concourir pour le prix. En 1739, son ode, *Alcandre*, eut le même sort; mais elle reçut un Souci pour l'élégie *Ismène;* deux ans s'écoulèrent et elle obtint l'Amarante d'or, un second Souci et les lettres de maîtrise, qui lui furent accordées le 2 juillet 1741. Quelques jours après, elle adressait aux mainteneurs une ode de remerciements pour sa nomination.

Mme de Montégut habitait le château familial de Ségla, près de Muret, et elle écrivait ses vers sous les frais ombrages des arbres séculaires du parc, qui lui inspirèrent l'une de ses plus charmantes élégies sur la coupe des bois du domaine. Elle y traduisit le poème séculaire, les odes d'Horace, une idylle de Théocrite, plusieurs fragments de Pétrarque et d'Adisson et les églogues de Pope.

Les Recueils ont conservé une de ses élégies, qui fut lue à la Fête des Fleurs de 1743, son idylle sur Mlle de Catellan, la première femme qui obtint la maîtrise de la nouvelle Académie (1746), et la traduction de quelques églogues de Pope (1748-1750).

F. de Montégut était mort en 1751 ; sa femme lui survécut quelques mois à peine et mourut à l'âge de quarante-deux ans, le 17 juin 1752. L'Académie rendit un hommage public à la mémoire de cette femme distinguée, en faisant célébrer un service funèbre en son honneur à l'église des Grands-Carmes.

Mme de Montégut-Ségla laissait un fils unique, âgé de vingt-deux ans et qui venait d'être reçu membre de la Chambre des requêtes du Parlement de Toulouse ; il fut élu mainteneur le 23 juin 1752.

Le jeune magistrat, déjà connu par ses travaux littéraires et archéologiques, réunit les œuvres de sa mère en deux volumes, dont il fit hommage à l'Académie en juillet 1768 ; quelques années après, il lui offrit le buste de Mme de Montégut.

Le souvenir de cette femme de lettres se retrouve dans plusieurs biographies, notamment dans le supplément du *Parnasse français*, publié en 1755 par Titon du Tillet.

**NADAUD (Gustave), chansonnier et musicien (1820-1882-1893).**

G. Nadaud, né à Roubaix, le 20 février 1820, fit ses études au collège Rollin, à Paris, puis il revint au foyer familial pour entrer dans le commerce.

En 1840, son père transporta le siège de ses affaires à Paris, mais le jeune Gustave ne se sentait aucune disposition pour le négoce et, dès 1848, il changeait de voie et se laissait guider par ses goûts artistiques.

L'année suivante, il publiait son premier Recueil et, depuis lors, il ne cessa d'écrire des chansons dont il composait la musique et qu'il disait lui-même au piano. Ses poésies, souvent légères, parfois satiriques ou mélancoliques, n'eurent pas moins de succès que sa musique et son talent de chanteur. Toute la génération de son époque a connu : *Le Docteur Grégoire*, *Pandore*, *Le Quartier-Latin* et cent autres chansonnettes devenues populaires, auxquelles le poète-musicien avait joint plusieurs petites opérettes, notamment *Le Docteur Vieuxtemps*.

Des lettres de maîtrise lui furent décernées, le 14 avril 1882, et quelques mois après, à la Fête des Fleurs de 1883, le secrétaire perpétuel, M. F. de Rességuier, souhaitait la bienvenue au nouveau maître ès Jeux, qui remercia l'Académie en prononçant l'éloge de Clémence Isaure.

G. Nadaud s'était retiré, depuis déjà plusieurs années, à Passy, où il mourut, en avril 1893, laissant le souvenir de ses œuvres poétiques et musicales dans lesquelles se retrouve une gaieté spirituelle, accompagnée d'une originalité attrayante et de l'expression vraie d'une grande délicatesse de sentiments.

**NOËL (Louis-Hugues), avocat (1842-1876-1888).**

Louis Noël a été lauréat du concours d'Eloquence pendant quatre années consécutives.

L'*Éloge de Lamartine* lui valut un Souci en 1872 et une Violette récompensa, l'année suivante, sa réponse à la question posée par l'Académie : *Comment le théâtre contemporain a-t-il conçu et représenté les principaux types de la comédie classique?* Un second Souci fut accordé à son *Éloge de Villemain*, et le concours de 1875 lui apporta une Églantine d'or réservée, pour son *Etude sur la littérature épistolaire en France.*

Ces discours, insérés au Recueil, sont écrits en un style correct et de bon goût, et, si la pensée de l'auteur ne s'écarte pas toujours suffisamment de la voie déjà tracée, elle est présentée avec art et sous une forme qui rappelle l'élégance de nos meilleurs critiques littéraires.

L'écrivain, quatre fois couronné, fut élu maître ès Jeux, le 11 février 1876, et il prononça l'Eloge le jour de la Fête des Fleurs de 1877.

Louis Noël, né à Cahors en mars 1842, est mort à Nice, dans la force de l'âge, le 16 février 1888.

**D'OLIVE SAINT-SAUVEUR (Jean-Louis), lieutenant-colonel au régiment de Languedoc (16..-1667-1702).**

D'Olive Saint-Sauveur ne comptait pas moins de vingt-sept années de maîtrise, lorsque les lettres lui conférant ce titre furent confirmées par la décision royale de 1694. Dès 1662, son chant royal, *Le Berger amoureux*, obtenait le Souci; en 1664, la Violette récompensait ses stances au Mis de Cardaillac et Lévi, lieutenant-général du Languedoc; enfin, trois ans plus tard, *Les Plaintes de Tirsis sur l'absence de Caliste* méritaient l'Eglantine et lui donnaient droit à la maîtrise.

Il avait ainsi tracé brillamment la voie littéraire que devait suivre, bientôt après et avec non moins de succès, son cousin Jean d'Olive, membre du parquet du Parlement toulousain.

Nous ne connaissons de d'Olive Saint-Sauveur que les trois Triomphes couronnés par les Jeux Floraux. Les devoirs de sa carrière ne lui permettaient pas sans doute de suivre régulièrement les concours littéraires et de joindre ses félicitations à celles que les poètes de cette époque adressaient aux lauréats.

Il mourut, en 1702, à la suite des blessures qu'il avait reçues pendant la guerre de la succession d'Espagne.

**D'OLIVE (Jean), substitut du procureur général (....-1680-1722).**

D'une ancienne famille de Toulouse, Jean d'Olive, fils de Jean, capitaine au régiment de Mérinville qui avait fait la campagne de Catalogne sous les ordres du C^te^ d'Harcourt, préféra la magistrature à la carrière des armes, à laquelle appartenait son cousin, J.-L. d'Olive Saint-Sauveur, déjà maître ès Jeux Floraux.

Ses études de droit et de jurisprudence ne firent que développer son goût pour les Belles-Lettes et il obtint, en 1675, un Souci pour les chants royaux, *Virginie, Phèdre, Agrippine*, présentés au concours de l'année. Deux ans après, une seconde fleur, la Violette, récompensait les stances sur l'*Amour solitaire*, et les chants, *Stratonice, Monime*, qu'il avait écrits à la veille du jour, où les lettres patentes du 18 mai de la même année allaient lui accorder un office au Parlement. L'année 1680 apporta l'Eglantine et la maîtrise au poète, qui appartenait à la Cour souveraine du Languedoc comme substitut du procureur général. Nombreux furent les madrigaux et les sonnets de félicitations adressés au magistrat-poète, qui les fit imprimer à la suite de son Triomphe de l'Eglantine.

C'était alors un usage de bon ton que de complimenter ainsi les lauréats : d'Olive s'y était toujours conformé et ne s'en départit pas dans la suite. Avant comme après sa maîtrise, il envoyait des félicitations en vers aux vainqueurs des concours, qui nous les ont conservées : Anselme, en 1677; J. de Pradines, l'année suivante; Daubian et Masson, en 1678; Cartier et Boudet, en 1679; puis J. de Pradines et J.-R. Pader, qui partagèrent avec lui les prix distribués en 1680; enfin, de Ranchin Monredon, 1625, etc., etc.

Les lettres patentes de 1694 confirmèrent à Jean d'Olive, substitut du procureur général, le titre de maître ès Jeux qui lui avait été accordé quatorze ans auparavant.

Il prit part aux travaux de l'Académie et conserva ses fonctions au parquet du Parlement jusqu'à sa mort en 1722.

## PADER D'ASSEZAN (Jean-Antoine).
(....-1670-1696.)

On a souvent confondu le nom de ce poète avec celui de l'un de ses frères plus jeune que lui, et les biographes ont commis plusieurs erreurs à son sujet.

Hilaire Pader, peintre et littérateur, qui a laissé des poèmes et quelques tableaux connus, avait eu plusieurs enfants de son mariage avec Jeanne Taillasson : Jean-Antoine, maître ès Jeux; Raymond qui suivit la carrière artistique de son père et qui avait été tenu sur les fonts baptismaux de la Daurade, le 23 mars 1653, par R. Taillasson, régent de l'Université, et par Marguerite d'Assézat, femme de du Puget, conseiller au Parlement; enfin Jean-Raymond, qui fut lauréat des Jeux Floraux.

Nous ignorons la date exacte de la naissance de Jean-Antoine, mais elle est certainement antérieure à 1654, indiquée par la Biographie toulousaine. En effet c'est en 1663 qu'il reçut l'Eglantine pour son poème, *le Muet amoureux d'une belle aveugle*. Les félicitations, qui lui furent adressées à cette occasion et qui sont imprimées à la suite de sa poésie couronnée, font mention d'un premier succès obtenu au concours des Jeux Floraux. Il remporta en outre le prix du Souci en 1670.

D'un autre côté, dans les compliments adressés à Jean-Raymond à l'occasion de son Triomphe de l'Eglantine en 1680, quelques vers de J. d'Olive rappellent au lauréat que son frère, l'auteur d'*Agamemnon*, avait été trois fois vainqueur dans les luttes littéraires de Toulouse.

Il avait donc reçu la Violette avant 1663 et la maîtrise avait dû lui être accordée après son troisième succès en 1670.

Suivant les usages adoptés par les poètes toulousains de cette époque, Jean-Antoine Pader adressait des félicitations aux lauréats des concours. Vaïsse et Maignan en 1668, J. de Pradines en 1675 et 1680; J. d'Olive en 1677 et 1680; Masson en 1678; Cartier en 1679, nous ont conservé, à la suite de leurs poésies, les madrigaux qu'ils avaient reçus du maître ès Jeux.

Pader voulait une plus grande scène que Toulouse pour faire entendre la muse qui l'inspirait. Il se rendit à Paris et dédia à la Duchesse de Bouillon sa tragédie d'*Agamemnon*, dont l'abbé Boyer tenta inutilement de se dire l'auteur. Quelques années après, en 1686, une tragédie, dédiée à la Dauphine, vint augmenter le renom du poète toulousain.

Néanmoins, il abandonna la capitale pour sa ville natale, où les lettres patentes de Louis XIV lui confirmèrent le titre de maître ès Jeux; mais il n'appartint pas longtemps à la nouvelle Académie et mourut à Toulouse vers 1696.

**PAGÉS (Antoine), curé de Muret (16..-1694-1705).**

Fils d'Antoine qui fut capitoul en 1692, et de Pétronille Dalard, Antoine Pagés, né sur la paroisse Saint-Etienne à Toulouse, fit ses études théologiques pendant sept années, et obtint le grade de bachelier, le 6 juillet 1683.

Il était clerc tonsuré depuis le 22 mars 1681, lorsqu'il prit part aux concours annuels des Jeux Floraux. Il obtint l'Eglantine en 1688 et le Souci en 1690, mais aucun document n'indique le concours dans lequel il mérita la troisième fleur, qui lui valut le titre de maître ès Jeux. Peu de temps après son triomphe du Souci, il devint titulaire de la cure de Saint-Germier à Muret.

L'abbé Claude Mestre, curé de cette paroisse, avait fait acte de résignation, le 1er septembre 1690, en faveur d'Antoine Pagès, qui n'avait pas encore reçu les ordres, et qui prit néanmoins possession de sa charge le 3 avril 1691. Le nouveau recteur reçut les ordres mineurs et majeurs du 1er mars au 31 mai 1692 et exerça ses fonctions dans la paroisse de Saint-Germier et de son annexe Ox jusqu'en 1705.

Bien que nous ne connaissions pas la date exacte de son décès, il est certain qu'il mourut dans les premiers mois de l'année 1705 puisque le 22 mai, son père, ancien capitoul, devenu patron d'un obit vacant par la mort d'Antoine Pagès son fils, demanda qu'il fut attribué à son neveu, Louis-Charles Pagès, clerc tonsuré.

L'abbé Antoine Pagès, confirmé comme maître ès Jeux par les lettres patentes de 1694, appartint au corps des Jeux Floraux pendant dix ans environ. De ses œuvres poétiques, nous n'avons pu retrouver que le Triomphe de 1688, qui est aux archives de l'Académie; celui de 1690 est cité par Dumège.

**Comte de PEYRONNET (Charles-Ignace), ancien Ministre de la Justice et de l'Intérieur (1775-1853-1854).**

Le 21 décembre 1830, quatre ministres de Charles X, décrétés d'accusation sur le rapport de Bérenger (de la Drôme), comparaissaient devant la Chambre des Pairs qui les condamnait, le même jour, à la détention perpétuelle. Exemple trop rare de la responsabilité ministérielle, mais aussi exemple regrettable d'un corps politique, investi du pouvoir judiciaire pour juger des crimes politiques!

L'un des condamnés, le Cte de Peyronnet, ministre de l'Intérieur au moment de la chute des Bourbons, avait joué un rôle important pendant la Restauration.

Né à Bordeaux en 1775, de Peyronnet avait vu

mourir, sur l'échafaud des terroristes, son père, ancien procureur au Parlement de la Guyenne. Il émigra, revint en France après Thermidor et débuta au barreau de sa ville natale. Volontairement éloigné de la politique pendant l'Empire, il manifesta hautement, en 1814 et 1815, son attachement à la cause royaliste et son dévouement à la famille des Bourbons.

La seconde Restauration l'appela en 1816, à la présidence du Tribunal de Bordeaux, puis elle le plaça, deux ans après, à la tête du Parquet de Bourges et lui confia, en 1820, les fonctions de substitut du Ministère public près la Cour des Pairs; il était alors député du Cher.

Enfin l'année suivante, en 1821, Louis XVIII le nomma ministre de la Justice dans le cabinet de Villèle.

Nous n'avons pas à retracer les actes du Garde des Sceaux dont le nom rappelle certaines mesures de répression, telles que le rétablissement de la censure et la loi sur la liberté de la presse, qui amena les procès de tendances, etc.; personne n'ignore son maintien au Ministère à l'avènement de Charles X, sa chute avec de Villèle, son retour au pouvoir, comme Ministre de l'Intérieur, en mai 1830 dans le cabinet de Polignac, enfin sa participation aux ordonnances de Juillet.

Pendant son emprisonnement au fort de Ham, qui dura près de six années jusqu'à l'amnistie de novembre 1836, de Peyronnet écrivit une *Histoire des Francs*. Rendu à la liberté, il ne reparut plus sur la scène politique et ne s'occupa que de littérature et de sciences.

Il publia un volume de satires et on le vit, en 1853 à Toulouse, prendre part au congrès scientifique dont il prononça le discours de clôture.

L'Académie lui décerna des lettres de maîtrise le 8 juillet 1853, mais c'est à peine s'il appartint pendant six mois au corps des Jeux Floraux.

La mort vint le frapper au château de Montferrand, en janvier 1854, à l'âge de soixante-dix-neuf ans.

**PILHES (Joseph). (1740-1807-1832.)**

Au commencement de la monarchie de Juillet, on remarquait à Tarascon, un vieillard nonagénaire, qui n'avait pas voulu renoncer au costume de sa jeunesse et qui affectait de porter un habillement à la J.-J. Rousseau.

Ce vieillard, qui était venu vivre ses derniers jours sur les bords de l'Ariège dans la ville qui l'avait vu naître le 20 mars 1740, était Joseph Pilhes, fils d'un négociant de Tarascon. Tout enfant il rimait, et ses biographes racontent qu'à l'âge de dix ans à peine, il allait des acrostiches aux rondeaux, faisait ses premiers essais dans le genre héroïque et se lançait même parfois en pleine poésie épique.

Après de bonnes études à Toulouse, il passa sur les bancs des écoles de droit et devint avocat au Parlement, mais le culte des Belles-Lettres s'était emparé de lui. Il ne fallait qu'une occasion pour lui faire abandonner le barreau : la rencontre inopinée d'un poète dans les montagnes de l'Ariège la fit naître et il ne la laissa pas échapper.

La Beaumelle, détenu longtemps à la Bastille, avait été exilé en Languedoc en 1756; il vécut quelque temps à Alais, puis à Nimes, où il ne put réaliser ses espérances de mariage avec une de ses parentes, enfin il vint, en 1759, s'établir à Toulouse, et se maria avec la sœur de Lavaïsse, qui avait joué un rôle dans l'affaire Calas. Là, il fréquentait les salons, qui tenaient en honneur l'amour de la poésie et la causerie fine et spirituelle; il allait aussi en villégiature dans les châteaux des environs, notamment à Gudanes, où il trouvait la plus aimable hospitalité auprès du Mis de Sales, surnommé le roi des Pyrénées.

Pilhes sut flatter la vanité du Marquis et parvint à devenir l'hôte de Gudanes; il y rencontra en 1765 La Beaumelle, qui remarqua la vive intelligence et les goûts poétiques du jeune Ariégeois, s'intéressa à lui et l'emmena à Paris, à la fin de son exil.

Pilhes devint l'admirateur, l'ami, puis l'inséparable de son protecteur, si bien qu'on l'appela Pilhes la Beaumelle, surnom sous lequel il est plus connu que sous son nom personnel.

Son goût pour la poésie ne fit que se développer auprès de La Beaumelle et il prit part avec succès aux concours des Jeux Floraux dans lesquels il obtint quatre fleurs : ses poèmes méritèrent deux Violettes en 1772; un hymne à la Vierge lui valut un Lis l'année suivante et une Amarante d'or réservée fut accordée, en 1775, à son ode *La vertu fait le grand homme*. Il pouvait prétendre aux lettres de maîtrise, mais il ne fit pas valoir ses droits, à cette époque.

Dans un volume de poésies qu'il publia, il faut particulièrement remarquer son *Elégie à Voltaire et à Rousseau,* mais l'œuvre la plus importante qu'il ait laissée est *le Bienfait anonyme,* comédie qui fut jouée le 21 août 1784 à Versailles, où elle fut très goûtée; la reine Marie-Antoinette témoigna sa satisfaction au poète en lui envoyant une épingle de diamants. Cette pièce n'obtint pas moins de succès à Paris, un quart de siècle plus tard, à la représentation du 15 octobre 1811, à laquelle assistaient Napoléon et Marie-Louise; elle fut accueillie à Bordeaux, à Toulouse, puis enfin à Foix, avec autant de faveur que sur les scènes de Versailles et de Paris.

La Beaumelle était mort, après avoir échangé, pendant plus de vingt ans, des critiques et des injures avec Voltaire, dont il critiquait les œuvres. Pilhes abandonna Paris et se retira dans son pays natal où, sous l'Empire, il fut nommé viguier de la République d'Andorre. Peu de temps après, les mainteneurs des Jeux Floraux, longtemps dispersés, reprirent leurs réunions et leurs travaux, et l'ancien lauréat de 1775 sollicita les lettres de maîtrise[1] qui lui furent accordées le 3 janvier 1807.

Sous la Restauration, le poète devint juge au Tribunal de Foix, mais son grand âge l'obligea à résigner ses fonctions de magistrat.

Il mourut à Tarascon, le 20 novembre 1832, à quatre-vingt-douze ans.

1. Archives de l'Académie. *Correspondance,* tome I.

**PORTALIS (Jean-Etienne-Marie), ministre des cultes (1745-1806-1807).**

Au moment où l'Académie put réunir ceux de ses membres qui n'avaient pas disparu pendant la Révolution, elle eut à pourvoir aux nombreuses vacances qui s'étaient produites durant les quinze dernières années.

Elle appela, au nombre de ses maîtres ès Jeux, le 23 février 1806, le président du Corps législatif, Fontanes, et le ministre des cultes, Portalis.

Ce dernier, né au Beausset, en 1745, avait été un des avocats les plus distingués du barreau de Provence ; après la Terreur, il devint membre du conseil des Cinq-Cents, mais son opposition au gouvernement du Directoire l'obligea à s'expatrier en 1797.

Il rentra en France aux premiers jours du Consulat, et fut désigné pour faire partie du Conseil d'Etat ; à ce titre, il prit une part prépondérante à la rédaction de notre Code Civil, avec Tronchet, Maleville et Bigot de Préameneu, et rendit de non moins importants services pendant les négociations pour le Concordat.

Membre de l'Institut, directeur des affaires ecclésiastiques en 1802, puis ministre des cultes en 1804, Portalis fit preuve des qualités de l'homme d'Etat, jointes à l'habileté du législateur et à la science du jurisconsulte.

Il mourut en 1807, après avoir rempli les plus hautes fonctions pendant cinq années.

**POUVILLON (Emile). (1895.)**

Le titre de maître ès Jeux a été décerné, le 15 février 1895, à l'auteur de cette charmante histoire d'une paysanne, *Cézette*, à laquelle l'Académie française accorda une de ses couronnes en 1882.

Nous n'avons pas à rappeler les succès de *Jean de Jeanne*, de *Bernadette de Lourdes* et de tant d'autres œuvres de M. Pouvillon, qui a prononcé l'éloge de Clémence Isaure, le jour de la Fête des Fleurs de 1895.

**Abbé PRADES (François), Docteur en théologie, curé de Castelsarrasin (1695-1728-1769).**

Après avoir obtenu une Eglantine et un Souci en 1722 et une deuxième Eglantine en 1727, l'abbé Prades mérita l'Amarante d'or et la maîtrise en 1728. Il fut appelé au quatrième fauteuil des mainteneurs, en 1736.

(Voir ci-dessus, page 33.)

**De PRADINES (Guillaume), avocat au Parlement (1635-16..-1708).**

Les lettres patentes de 1694 ont confirmé le titre de maître ès Jeux à deux membres de la famille de Pradines, qui ont été souvent confondus entre eux, notamment dans la Biographie toulousaine.

Guillaume, avocat au Parlement, était maître

en 1679, mais nous ne connaissons de lui que le Triomphe du Souci en 1645 et celui de l'Eglantine en 1654. Lagane nous apprend en outre qu'il prononça l'éloge de Clémence Isaure en 1650.

Il fut capitoul en 1668, 1675, 1694 et 1703. Dans le dénombrement de ses biens nobles du 23 février 1675, sa femme, Louise de Joly, lui donne le titre de chef du Consistoire. Enfin, Dugay de Lavardens, lauréat du concours de l'Eglantine en 1693, adresse, en vers patois, la dédicace de ses poésies à Guillaume de Pradines, ancien capitoul, assesseur de la maison de ville, juge et syndic des Jeux Floraux.

Noble Guillaume de Pradines, né vers 1635, mourut le 14 décembre 1708, à l'âge de soixante-treize ans, et fut enseveli dans l'église des religieux du Tiers-Ordre de Saint-François.

### De PRADINES LAPEYROUSE (Joseph).
### (16..-1680-17..)

Fils de Guillaume, maître ès Jeux, et de Louise de Joly, Joseph de Lapeyrouse avait déjà prononcé l'éloge de Clémence Isaure en 1673, lorsqu'il obtint sa première Fleur, au concours de la Violette en 1675. La même année, J. d'Olive avait reçu le Souci ; il lui adresse ses félicitations :

J'admire, cher ami, notre illustre victoire,
Les dieux, par leurs faveurs, nous ont rendus égaux.

Deux ans après, son chant royal, *La métamorphose de Narcisse*, lui vaut une Eglantine.

Enfin, le concours de 1680 lui apporte les lettres de maîtrise avec sa troisième Fleur, le Souci, décerné à ses deux chants royaux, *Le Sacrifice d'Isaac* et *Léandre.*

Les Triomphes de cette époque nous ont conservé quelques vers de félicitations que Pradines-Lapeyrouse adressa aux lauréats; citons seulement celui de Masson (1673), ceux de Boudet et de Cartier (1679), de J.-R. Pader et de J. d'Olive, qui partagèrent avec lui les couronnes distribuées en 1682, de d'Abbatia et de de Raymond (1682); enfin, ceux de Ranchin Monredon et de Peitevin en 1683.

Ce maître ès Jeux, dont le titre fut confirmé par les lettres patentes érigeant les Jeux Floraux en Académie, figure, comme chef du Consistoire, sur la liste des capitouls de Toulouse de 1705 à 1708 inclusivement, sous le nom de Joseph de Pradines de Ciron, seigneur de Lapeyrouse.

### Abbé du PUGET (Nicolas-Etienne), chanoine de Saint-Sernin (16..-16..-17..).

Si nous savons que ce maître ès Jeux appartenait à l'une des plus anciennes familles de la noblesse toulousaine, nous avons fort peu de renseignements sur son existence.

Le concours de 1671 lui donna la Violette pour une traduction d'une épigramme d'Ausone; deux ans après, il mérita sa deuxième Fleur, le Souci, pour *La Métamorphose de Philomèle en rossignol* et pour le chant royal, *Titus et Bérénice.*

Son premier succès lui attira les félicitations des poètes, ses concurrents, notamment de Palaprat, l'auteur de l'*Avocat Patelin*, qui avait reçu, la même année, la troisième Fleur et les lettres de maîtrise.

Du Puget obtint le titre de maître ès Jeux, qui lui fut confirmé par les lettres patentes de 1694, mais nous ignorons la date à laquelle il remporta le prix de l'Eglantine, qui lui était nécessaire pour demander à faire partie du corps des Jeux Floraux.

Cet ecclésiastique était chanoine de Saint-Sernin et les procès-verbaux des réunions du chapitre constatent régulièrement sa présence jusqu'en 1705.

**De RAYMOND (Jean), substitut du Procureur général (1659-1684-17. ).**

Dans les relevés, incomplets d'ailleurs, des résultats des concours annuels de poésie, c'est en 1682 que l'on voit figurer pour la première fois, parmi les lauréats, le nom de J. de Raymond, dont le chant royal *Psyché* mérita la Violette.

En 1684, il chanta la défaite de Porus, roi des Indes, et obtint le Souci. D'Abbatia, qui avait remporté le prix de la Violette au même concours, nous a conservé les félicitations que de Raymond lui adressa à cette occasion.

Quand fut-il vainqueur au concours de l'Eglantine et à quelle date reçut-il les lettres de maîtrise? Les documents que nous avons pu consulter ne donnent aucune indication à ce sujet;

mais à la suite du triomphe de Ranchin Monredon qui partagea les prix de 1685 avec de Labat et l'abbé Vincens, on trouve un sixain et un quatrain, signés de J. de Raymond, avec le titre de maître et syndic des Jeux de dame Clémence.

Il est donc très probable que le Souci qui lui fut décerné en 1684 complétait le nombre réglementaire des trois fleurs pour demander des lettres de maîtrise et qu'il les obtint à la suite de ce concours.

Jean de Raymond, né en janvier 1659, avait été nommé substitut du Procureur général au Parlement en l'office de Joseph Lemasuyer, par provisions du 16 février 1690.

Il devint le doyen des maîtres ès Jeux confirmés en 1694 et on le voit figurer avec ce titre, parmi les membres du bureau général réunis pour l'examen du concours de 1727.

### De RANCHIN MONREDON (Jacques-Charles), écuyer (1665-1687-1736).

Lauréat des concours de 1683, 1685 et 1687 et maître ès Jeux l'année de son troisième succès, il fut confirmé dans la maîtrise par les lettres patentes de 1694, devint mainteneur survivancier le 17 juin 1701 et enfin titulaire du quatrième fauteuil, le 5 décembre 1704.

(Voir ci-dessus, page 31.)

**RAYNOUARD (François-Juste-Marie), secrétaire perpétuel de l'Académie française (1761-1819-1836).**

Le 16 juillet 1819, le directeur général de la Maison du roi annonçait à l'Académie des Jeux Floraux l'envoi des premiers volumes *des Poésies des Troubadours* publiées par Raynouard. L'Académie tint à honneur de s'attacher un littérateur de renom, qui se consacrait à l'étude de la langue romane et de ses poètes ; elle lui décerna des lettres de maîtrise, le 13 août 1819, et quelques mois après, elle recevait, avec les remerciements du nouveau maître ès Jeux, l'hommage de son *Parnasse* et de son *Glossaire occitanien*.

Né à Brignolles, en 1761, Raynouard avait appartenu au barreau de Draguignan avant la Révolution. Elu suppléant à l'Assemblée législative en 1791, il ne tarda pas à abandonner la robe d'avocat pour s'occuper presque exclusivement de littérature. Sa tragédie *les Templiers* lui ouvrit les portes de l'Académie française en 1807, mais il continua sa carrière politique au Corps législatif sous le premier Empire, contre lequel il rédigea l'adresse de 1813, puis à la Chambre des députés, sous la Restauration.

Ce fut vers cette époque qu'il fit paraître le résultat de ses premières recherches sur la langue des troubadours, et sa nomination de secrétaire perpétuel de l'Académie française n'interrompit pas les études spéciales qu'il avait entreprises, après avoir publié ses *Recherches historiques sur les Templiers*. Il fit paraître six volumes de *Poésies originales des troubadours;* puis il s'écarta un moment de son sujet préféré pour écrire un *Historique du droit municipal* (1829), mais il ne devait pas tarder à y revenir, en consultant la Poétique de Molinier dont l'original lui fut communiqué en 1832 par l'Académie des Jeux Floraux. Il trouva dans ce précieux manuscrit les éléments de nouvelles études, qui lui permirent de faire une seconde publication de poésies romanes.

Raynouard mourut à Paris en 1836 et les Jeux Floraux conservent le souvenir de ce littérateur érudit, qui a su faire apprécier, comme elles le méritent, les œuvres des premiers poètes de la langue romane.

## REBOUL (Jean). (1796-1839-1864.)

Ce fut au fond d'une boutique de boulanger que Jean Reboul sentit naître en lui l'amour des Lettres et l'inspiration poétique.

Fils d'un serrurier de Nimes, où il était né le 23 janvier 1796, l'enfant, orphelin à treize ans, avait dû abandonner ses premières études pour suivre une profession ou prendre un métier. Après avoir végété quelque temps comme copiste, il donna la préférence à l'état de boulanger, tout en se livrant à la lecture et à l'étude.

Il avait à peine vingt-quatre ans que ses chansons et ses satires, réservées à un cercle d'amis, appelaient l'attention de ses concitoyens. Il visait plus haut, mais il pensait que sa profession l'obligeait « à cacher encore son commerce avec les « muses » et ce fut en ces termes qu'il annonça à notre secrétaire perpétuel, en 1824, que « jeune « athlète descendant pour la première fois dans « la lice », il allait prendre part au concours de Toulouse; cette première tentative ne fut pas couronnée de succès.

La même année, il chanta la guerre d'Espagne, mais de douloureuses épreuves vinrent le frapper : la mort de sa mère et la perte du bonheur qu'il avait entrevu dans deux unions successives, l'isolèrent à son foyer et jetèrent à jamais un voile de tristesse sur ses productions poétiques.

A la fin de la Restauration, le monde littéraire applaudit à son œuvre charmante *l'Ange et l'Enfant*, qui lui valut les félicitations de Lamartine et de Chateaubriand. Son premier recueil de poésies (1836) fut suivi, en 1839, de son poème *le Dernier Jour;* l'un et l'autre ne firent qu'accroître le renom du poète qui, malgré quelques imperfections, savait maintenir dans la forme classique l'éclat et la puissance de sa pensée.

Le corps des Jeux Floraux voulut compter le poète nimois au nombre de ses membres et, le 12 juillet 1839, l'Académie lui décerna des lettres de maîtrise. Il l'en remercia en lui faisant hommage : de son poème en 1839, de la nouvelle édition de ses œuvres et de son *Ode à P. Corneille*, qui fut lue dans la séance publique du 3 mai 1840, enfin en lui adressant un hymne à Clémence Isaure, dont le mainteneur Ducos donna lecture le jour de la Fête des Fleurs de 1841. Ces deux poésies sont insérées au Recueil.

A la chute de la Monarchie de Juillet, le département du Gard chargea le poète de le représenter à l'Assemblée constituante, mais il n'était pas fait pour les luttes politiques et, à l'expiration de son mandat, il revint dans sa ville natale, où il publia *le Martyre de Vivia* en 1850 et *les Traditionnelles* en 1857.

Quelques tragédies, des cantates et des hymnes, des élégies et des stances complètent l'œuvre de Reboul, qui mourut à Nîmes, le 29 mai 1864.

Dans sa séance du 5 mai de l'année suivante, l'Académie des Jeux Floraux entendit le mainteneur Rodière retracer l'existence de cet homme du peuple qui avait su, sans aide et sans direction, par un labeur assidu, prendre rang parmi les meilleurs poètes de son époque.

### De REGANHAC (Géraud VALET)
### (1719-1759-1784)

Ce poète lyrique, né à Pern, près de Cahors, en 1719, serait sûrement parvenu à une certaine renommée s'il eût consenti à sacrifier ses goûts champêtres à ses aptitudes littéraires. Il fit dans sa jeunesse un voyage à Paris, mais il n'y éprouva que lassitude et dégoût et revint en hâte s'immobiliser dans sa province. Malgré son amitié pour Lefranc de Pompignan et les liens qui l'attachaient à l'Académie de Montauban, il ne voulut jamais quitter le Quercy dont l'horizon trop restreint limita souvent l'essor des harmonies que sa muse lui dictait.

Si son talent réel formait un violent contraste

avec sa modestie, sa simplicité et sa naïveté, nul n'a mieux dépeint son caractère qu'il ne l'a fait lui-même. « Je ne connais ni ne veux connaître « les grands, dit-il dans l'un de ses ouvrages. Je « suis trop jaloux de mon indépendance et je ne « changerais pas mon sort contre le leur. Je vis « heureux sous la protection des lois, en veillant « à la culture du modique domaine qui fut mon « partage et je bénis le Ciel, chaque jour, de mon « repos et de ma solitude. »

Cependant il aimait trop la poésie pour se condamner complètement au silence et, de sa retraite, où il passa toute son existence, il envoya souvent son tribut aux concours de Toulouse qui proclamèrent ses succès de 1742 à 1759.

Ses deux odes *le Bonheur* et *les Poètes guerriers* eurent les honneurs de l'impression en 1742 et 1746, puis il aborde le concours d'Eloquence et obtient en 1751 l'Eglantine d'or pour un discours sur le sujet proposé par l'Académie : *L'Esprit philosophique est-il plus nuisible qu'utile aux Belles-Lettres ?* S'il était orateur disert et éloquent, il excellait surtout dans la poésie, étudiant sans cesse les grands classiques latins, surtout Horace, et il publiait en 1754 une traduction du premier livre des *Odes*.

Le Recueil de 1755 contient l'ode inspirée à de Reganhac par la naissance de son fils, qui devait, à son exemple, obtenir l'Eglantine d'or à Toulouse, en 1783, et une couronne à l'Académie de Montauban, en 1787.

Les mainteneurs font imprimer au volume de 1757 son ode sur *la Prise du fort Saint-Philippe* et, l'année suivante, ils lui décernent deux prix : l'Amarante d'or pour *le Dernier siège de Prague* et une Violette pour un discours sur cette pensée : *Il est honteux d'avoir plus de ménagements pour les vices que pour les ridicules.*

Au concours de 1759, deux de ses œuvres sont publiées par l'Académie, et son Ode aux Rois, sur *la Souveraineté*, est récompensée par l'Amarante d'or.

Le poète, quatre fois couronné, remplissait amplement les conditions exigées pour obtenir les lettres de maîtrise, qui lui furent remises en même temps que l'Amarante, le 3 mai 1759.

Son admission au nombre des membres du corps des Jeux Floraux n'interrompt pas ses travaux et semble spécialiser davantage ses préférences poétiques. L'Académie le charge de faire la Semonce, et c'est la poésie lyrique qu'il choisit comme sujet de son discours du 9 août 1761 et qu'il célèbre dans une ode sur *le Génie*. Aux Fêtes des Fleurs de 1765 et 1768, il présente à son auditoire de nouvelles œuvres de ce genre dans lequel il déploie tant de talent et, s'il fait l'éloge de Clémence Isaure le 3 mai 1767, c'est encore pour démontrer les grandeurs de la haute poésie et de l'éloquence.

En 1775, il fait paraître ses *Etudes lyriques d'après Horace* et les dédie à son ami de Lacroix, mainteneur des Jeux Floraux. L'ouvrage comprend vingt-huit odes du poète latin, traduites en prose et imitées en vers, et neuf odes faites « dans « la manière d'Horace, mais sans emprunter sa « pensée » ; la plupart de ces dernières ont été couronnées par l'Académie, et elles sont suivies de sa Semonce de 1761. Le volume dont il fait hommage à ses confrères, le 26 juin 1775, est rentré en 1850 à la bibliothèque académique, après en avoir disparu pendant de longues années.

Reganhac est trop attaché aux Jeux Floraux pour ne pas prendre part à la fête solennelle du 2 juillet 1775, dans laquelle l'Académie doit récompenser la meilleure ode sur le Rétablissement du Parlement, dissous par le chancelier de Maupeou. Il vient applaudir la poésie du vainqueur, le Ch[er] de Laurès, et celles du P. Villar et de l'abbé Saint-Jean, qui ont obtenu des accessits, et il augmente l'éclat de cette cérémonie littéraire en récitant une ode de sa composition sur le sujet du concours (R. 1776).

Le poète sent venir la vieillesse et il tente une dernière fois d'aller à Paris, où il publie, en deux volumes, *la Traduction des Odes*, suivies d'observations judicieuses, de poésies lyriques et de sa dissertation de 1761, mais la critique s'empare de son œuvre et en conteste la valeur. Découragé, il revient dans le Quercy en jurant de ne plus écrire.

Il tint parole et mourut en 1784. L'Académie déplora la perte de cet homme de grand talent, et le secrétaire perpétuel adjoint, Castilhon, se fit l'interprète des regrets des mainteneurs dans l'éloge qu'il prononça en 1788.

**Comte REGNAULT de SAINT-JEAN-d'ANGELY (Michel-Louis-Etienne), Ministre, Conseiller d'Etat, Membre de l'Académie française (1760-1810-1819).**

Que d'évènements dans l'existence de ceux qui ont traversé les jours difficiles de la Révolution!

Fils d'un magistrat de Saint-Fargeau, où il naquit en 1760, Regnault se prépare à la carrière judiciaire; avocat à vingt et un ans, il devient en 1782 lieutenant de la prévôté de la marine à Rochefort. Arrive la convocation des Etats-Généraux et le magistrat est élu député du bailliage de Saint-Jean-d'Angély dont il prendra le nom; mais le jurisconsulte prend la plume du publiciste, il écrit *le Journal de Versailles* dont le modérantisme expose son rédacteur à la haine et la vindicte des Jacobins pendant la Terreur. Après Thermidor, Regnault se fait militaire et part pour l'armée d'Italie; il y connaît Bonaparte qu'il soutient en Brumaire, puis il redevient homme d'études, et on le voit, sous le Consulat et sous l'Empire, occuper les fonctions de Conseiller d'Etat, de Président de section, et de procureur général près la Haute-Cour. Il reçut le titre de Comte et mérita une réputation sérieuse d'homme politique, de publiciste et d'écrivain.

Regnault de Saint-Jean-d'Angély fut un des rares fidèles du grand capitaine tombé; il défendit en 1815 les intérêts du roi de Rome, cet enfant de France dont la plus cruelle destinée confia l'éducation à une mère dénaturée et à un aïeul criminel. A la Restauration, l'attachement que

Regnault témoignait au souverain malheureux lui valut quatre années d'exil; il put revoir la patrie en 1819 et mourut au moment où il venait de toucher le sol de la France.

Il avait été nommé maître ès Jeux le 24 août 1810; comme Ministre d'Etat, il était intervenu auprès de son collègue de l'Intérieur, en 1812, et avait obtenu que la dotation faite par le conseil municipal à l'Académie des Jeux Floraux serait portée à 3,000 francs. Il n'oubliait pas les liens qui l'attachaient à la Société littéraire de Toulouse et le témoignait à ses confrères en maintenance, en leur envoyant ses travaux ou ses discours, notamment ceux qu'il prononça à l'Académie francaise, à l'occasion des funérailles de Delille et de la réception de Durat.

**De RESSÉGUIER (Jean), Conseiller au Parlement (1646-1694-1704).**

Les lettres patentes de 1694 confirmèrent le titre de maître ès Jeux à J. de Rességuier, conseiller au Parlement, mais nous ne connaissons ni les dates de ses succès dans les concours ni les pièces de poésie qui lui valurent la maîtrise.

Il devint mainteneur en 1701. (Voir ci dessus page 124).

**RICHARD-BAUDIN (François), professeur de rhétorique au Lycée de Dôle (1813-1851-1870).**

Ce fut à Gray, dans la Haute-Saône, que naquit le 10 février 1813, F. Richard, le lauréat des Jeux Floraux dont la vie entière fut consacrée à l'enseignement et à la culture des Lettres.

D'une constitution frêle et d'une santé délicate, l'enfant perdit son père de bonne heure, connut les souffrances de la gêne et, comme il le dit lui-même,

Dès le berceau, le malheur fut son maître.

Doué d'une très grande facilité, il rimait dès le collège de Gray où il fut élevé, mais à cette âme de poète, l'avenir ne laissait entrevoir que les difficultés matérielles de l'existence, lorsqu'un ancien officier des armées impériales, son oncle maternel, auquel il avait dédié son ode *A un capitaine de la vieille garde*, lui laissa un petit héritage qui le mit a l'abri du besoin; au nom de son père, il joignit alors celui de son bienfaiteur et s'appela Richard-Baudin.

Pendant son séjour au lycée de Besançon, où il débuta comme professeur suppléant, il prépara et obtint la licence ès Lettres, puis il fit en 1836, ses premières armes dans les tournois littéraires de la ville qu'il habitait. Peu de temps après, il fut appelé à professer la seconde au lycée de Lure (Haute-Saône), mais des déboires et des chagrins lui donnèrent le dégoût du monde, dans lequel il entrait à peine. Il crut avoir la vocation religieuse et fut admis au séminaire de Saint-Sulpice; cependant il reconnut bientôt que ce n'était pas là la voie qu'il était destiné à suivre et il rentra dans l'enseignement, avec le titre de professeur de philosophie et de rhétorique au lycée de Baume-les Dames, d'où il alla enseigner la rhétorique au collège de Dôle.

Son mariage, célébré à Baume en 1842, coïncida avec le premier de ses nombreux succès littéraires : son fragment épique sur *le Siège de Dôle* fut couronné par l'Académie de Besançon; l'année suivante, il obtint aux Jeux Floraux un Lis pour une Epître et l'impression de son élégie *l'Illusion du rêve et le réveil*. A la suite du concours de 1844, deux de ses poésies, une Ode et une Idylle, méritèrent l'insertion au Recueil pendant que son ode, *les Gloires militaires de la Franche-Comté*, recevait un prix à Besançon. L'année 1845 le voit publier un livre de piété, *Marie, notre modèle*, et cueillir à Toulouse un Souci pour son *Epître à un mainteneur*. Chaque concours est pour lui une nouvelle victoire : 1847 lui apporte une Primevère pour sa jolie fable, *Le renard député;* mais l'année 1849 est pour lui particulièrement féconde : à Toulouse, une Violette et une seconde Primevère, pour l'épître *Mission actuelle du poète* et pour la fable *Le chien griffon devenu grand vizir*, à Béziers, un rameau d'argent récompense son ode *Révolution d'après Synésius*, enfin Besançon couronne l'ode, *la Mort d'un martyr*, qui rappelait la fin tragique de Mgr Affre, archevêque de Paris; 1860 enregistre de nouveaux succès : les mainteneurs font imprimer quatre de ses poésies et l'Académie de Besançon lui donne le titre de membre correspondant, après avoir accordé un prix à son remarquable mémoire sur *les Causes qui ont altéré l'esprit de famille et sur les meilleurs moyens de le rétablir*.

Il vient alors se reposer quelques années à Baume et y écrit son ode *1852;* cette poésie mérite l'Amarante d'or et lui donne le droit de demander les lettres de maîtrise, qui lui sont accordées à l'unanimité le 4 avril 1851; le remerciement du nouveau maître ès Jeux figure au Recueil.

Richard-Baudin adresse des vers à l'Académie de Besançon à l'occasion du centenaire de cette Société (1852); il écrit son épître *Les vieilles filles* (1853), fait paraître un Recueil de ses poésies et part pour Cahors où il est nommé professeur de sixième. Dans le Quercy, notre Franc-Comtois retrouve la langue harmonieuse avec laquelle sa mère, originaire du Midi, a bercé son enfance : ce souvenir familial et les douces harmonies de la langue d'Oc l'amènent à étudier les beautés de la poésie romane. Et lorsque son ami, le sous-préfet de Baume, se permet de *nouma patouès la lengo des pastous*, il proteste et lui répond, en notre vieil idiome, une charmante Epître, probablement inédite, dont le manuscrit est déposé aux archives de l'Académie.

La langue de Jasmin,

Coumo sa may de Roumo, ès richo, ès musicayro;
Quan d'uno bouès ensourcillayro
Soupiro las jouynos amous,
Souno may finomen que lou brut des poutous.
Ris, iapigno, parpailloulèjo;
Angèlo que roussignoulèjo,
Soun chan flàto, boulègo, et mestrèjo lou cò.

Mais il faut quitter Cahors et les bords du Lot, pour aller faire les cours de cinquième au collège de Dijon.

Ses déplacements et ses travaux professionnels

ne lui font pas oublier les liens qui l'attachent aux Jeux Floraux et il leur envoie un Eloge de Clémence Isaure, qui est lu par de La Jugie, le jour de la Fête des Fleurs de 1856.

La santé du poète s'altère, il souffre et à ses douleurs se joint la menace d'une cécité prochaine; il écrit encore des sonnets pieux et *Le dernier chant d'un aveugle;* mais le mal augmente, il perd complètement la vue, prend sa retraite et meurt le 8 janvier 1870.

Dans la séance du 29 juillet 1880 à l'Académie de Besançon, M. Ch. Thuriet a fait l'éloge de Richard-Baudin, « qui a laissé le souvenir d'un « homme d'esprit et de cœur, d'un vrai poète « dont la mort fut, comme la vie, celle d'un chré- « tien ».

Heureux ceux dont l'existence peut se résumer en ces quelques mots!

### Comte de ROCHEGUDE (Henri PASCHAL), contre-amiral (1741-1819-1834).

Originaire du Bas-Languedoc, une branche de la famille de Paschal, s'établit dans l'Albigeois, vers le milieu du dix-septième siècle, et son dernier représentant fut le contre-amiral, né à Albi, le 18 décembre 1741, de Mre François de Paschal, sieur de Rochegude, et de Marie-Rose de Combettes.

Henri de Rochegude embrassa la carrière navale et il était enseigne, lorsqu'il figura aux Etats d'Albigeois de 1770, comme représentant le titulaire de la vicomté d'Ambialet. C'est avec le grade de capitaine de vaisseau qu'il prend part aux Assemblées de la noblesse de la sénéchaussée de Carcassonne, au moment de la convocation des Etats Généraux ; il est nommé député suppléant et, à la mort du Mis Dupac de Baden, ancien officier d'infanterie, il va siéger à l'Assemblée Constituante.

A l'expiration de son mandat, il accepte les idées nouvelles, reconnaît la nécessité de profondes réformes et ne dissimule pas son adhésion au grand mouvement social qui se dessine, s'accentue et grandit tous les jours. Il devient populaire; ses concitoyens lui offrent sans succès la mairie d'Albi en 1793, et l'envoient, l'année suivante, à la Convention avec Daubermesnil, Marvejouls, Lacombe Saint-Michel, etc.

Nous n'avons pas à suivre de Rochegude dans les détails de sa vie politique ni à étudier le caractère de l'ancien membre de la noblesse, devenu homme public, qui sut traverser sans encombre la plus terrible époque de notre histoire. Au lendemain du jugement de Louis XVI, dans lequel il vota l'appel au peuple, le bannissement et le sursis, il reçut le grade de contre-amiral, bien qu'il eut cessé de naviguer depuis 1787, mais il n'obtint pas de commandement. Le conventionnel fit partie du Conseil des Cinq Cents jusqu'en 1798, époque à laquelle il se retira dans sa ville natale, où il s'occupa de linguistique et surtout de l'étude de la langue romane. Le *Parnasse Occitanien* et le *Glossaire occitanien*, qu'il publia en 1819, attirèrent l'attention du monde savant et l'Académie le remercia de ses travaux sur le langage des troubadours, en le nommant maître ès Jeux, le 9 juillet 1819, sur la proposition du Secrétaire perpétuel Pinaud.

L'amiral de Rochegude, qui avait été mis à la retraite en l'an IX, mourut le 16 mars 1834, laissant à la ville d'Albi, sa fortune, son hôtel et sa bibliothèque composée de treize mille volumes.

Cette magnifique collection, la bibliothèque et le Musée de la Ville sont installés aujourd'hui dans l'hôtel du généreux donateur, dont le buste en bronze a été élevé par souscription, en 1886, au milieu de son ancien parc devenu une promenade publique.

**Mme de SAINT-GEORGES née Jeanne-Marie-Françoise-Bernardine MONTANÉ (1801-1858-1874).**

Veuve à vingt-sept ans à peine, Mme de Saint-Georges s'établit à Paris vers 1828, et prit une part active au mouvement littéraire romantique, en publiant, dans les journaux et les revues de 1830 à 18[illegible]3, toute une série de romans et de poésies qui n'ont pas été recueillis.

C'est à cette époque que la fille de J.-B. Montané, employé à la préfecture de la Haute-Garonne, et de Antoinette Bessières, née à Toulouse, le 5 Thermidor an IX (24 juillet 1801), vint briguer les récompenses des Jeux Floraux dans sa ville natale.

Pendant trois années consécutives, elle dispute vivement la victoire; le Recueil donne trois de ses poésies : deux ballades, le *Navire des morts* et la *Visite de nuit*, et un hymne à la Vierge, *la Madone;* puis le concours de 1853 apporte une Violette à son épître au *Postillon de Lonjumeau*, pendant que sa ballade, *la Ronde des arbres*, est imprimée par les soins de l'Académie; le volume de 1854 contient une nouvelle épître du même auteur *à Jean de Paris;* enfin une seconde Violette est accordée, en 1858, à son épître *à MM. les mainteneurs*.

Bien qu'elle ne remplît pas entièrement les conditions exigées par les règlements et qu'elle eût obtenu seulement deux fleurs, l'Académie lui accorda les lettres de maîtrise, le 30 avril 1858. Le remerciement de Mme de Saint-Georges, lu dans la séance publique du 3 mai 1859, est inséré au Recueil.

Cette femme poète et écrivain est morte à Paris en décembre 1874.

**Abbé SICARD (Roch-Ambroise), instituteur des sourds-muets, membre de l'Institut (1742-1809-1822).**

Ce fut en invoquant ses titres de savant grammairien et de bienfaiteur de l'humanité par ses études sur l'instruction des sourds-muets, que Poitevin-Peitavi conclut à la délivrance des lettres de maîtrise à l'abbé Sicard. L'Académie adopta cette proposition le 14 juillet 1809.

Né au Fousseret, le 20 septembre 1742, Sicard avait été élevé à Toulouse et y avait reçu les ordres; d'abord grand-vicaire de Mgr d'Auteroche, évêque de Condom, puis chanoine à Bordeaux, il se décida, sur l'invitation de son archevêque, Mgr Champion de Cicé, à aller étudier auprès de l'abbé de l'Epée, revint à Bordeaux appliquer la nouvelle méthode dans une école de sourds-muets, et fut appelé, au lendemain de la Révolution, à remplacer l'abbé de l'Epée à Paris.

Ses opinions royalistes et son caractère de prêtre le firent incarcérer après le 10 août et il n'échappa, que par miracle, au massacre de l'Abbaye; après la tourmente, il devint professeur de grammaire à l'Ecole normale en 1795, mais sa collaboration aux *Annales politiques* le fit condamner à la proscription en Fructidor. Il se cacha à Paris jusqu'aux événements de Brumaire, après lesquels il reprit la direction de l'Ecole des sourds-muets et fut appelé à faire partie de l'Institut en 1799.

Les services que l'abbé Sicard a rendus aux infirmes privés de la parole, sont trop connus pour qu'il y ait à les rappeler; son nom est intimement lié à celui de l'abbé de l'Epée dans cette œuvre humanitaire, qui a rendu à la vie sociale un si grand nombre de malheureux.

Il a laissé quelques ouvrages sur la grammaire générale et ses études sur l'éducation des sourds-muets, auxquels il consacra la majeure partie de son existence.

L'abbé Sicard appartenait aux Jeux Floraux depuis treize ans, lorsqu'il mourut le 10 mai 1822, à l'âge de quatre-vingts ans.

**SORIN (Elie), bibliothécaire de la ville d'Angers (1840-1890-1891).**

Ce fut sous la direction immédiate de son père, successivement professeur, censeur et proviseur du Lycée, puis inspecteur d'Académie, qu'Elie Sorin, né à Angers, le 11 juin 1840, fit de fortes et brillantes études, qui lui facilitèrent l'entrée du monde des publicistes et des hommes de lettres.

Après avoir terminé son droit à Paris, il écrit dans le *Courrier du Dimanche* et prend part à l'Exposition de 1867, comme délégué de la Turquie. Au cours de l'Année terrible, on le retrouve au nombre des défenseurs de Paris, puis il se retire dans sa ville natale, et les électeurs lui confient un mandat municipal, mais le journalisme le rappelle à la capitale et il entre comme rédacteur à la *Correspondance républicaine*, dont il devient le directeur sous M. L. Cohn, jusqu'au jour où le journal fut acheté par M. Wilson.

Sorin avait déjà publié, à cette époque, de nombreuses et intéressantes études : *le Plébiscite; Suez* (1870) ; *la France impériale; les Martyrs du siège de Paris* (1871) ; *Alsace-Lorraine; la Prusse et Sadowa* (1872) ; *l'Histoire de la première République française* (1873) et *J. Grévy* (1879).

A l'interruption de sa carrière de journaliste, il entre au ministère de l'intérieur, s'occupe en même temps de poésie et débute dans les concours des Jeux Floraux par un poème, *le Phare du cap Gris-Nez,* qui est imprimé au Recueil

(1883). La Fête des Fleurs de 1884 lui apporte une Violette pour son *Age de pierre;* son poème, *la Pyramide*, obtient un Souci en 1886 et, l'année suivante, c'est le prix Roquemaurel, la Violette d'or, qui récompense sa poésie, *le Génie artistique de Toulouse.*

D'une santé délicate et déjà fort ébranlée, Sorin est obligé de quitter Paris et devient bibliothécaire de la ville d'Angers aux premiers jours de 1888. Ses nouveaux devoirs n'interrompent ni ses publications ni ses travaux poétiques : il fait paraître l'*Histoire de l'Italie contemporaine depuis 1815 jusqu'à la mort de Victor-Emmanuel*, et présente, au concours de Toulouse, une ballade intitulée, *le Duel du Cid,* qui lui vaut un Œillet. Il écrit ensuite : son *Histoire du lycée d'Angers; Julien Daillère, sa vie et ses œuvres;* et son poème, *Nimroud,* est remarqué au concours de poésie héroïque des Jeux Floraux en 1889. Enfin, à la distribution des prix de 1890, il reçoit une Violette d'argent pour son poème, *les Loups,* et son ode, *Damien de Winster,* est insérée dans la publication annuelle de l'Académie.

Ses nombreux succès, non moins que sa notoriété littéraire, lui donnaient des droits à l'obtention des lettres de maîtrise, qui lui furent accordées le 15 avril suivant. Mais il touchait à la fin de sa vie et le corps des maîtres ès Jeux ne devait pas le conserver longtemps au nombre de ses membres. Il passa ses derniers jours à préparer son volume de poésies, *les Loups*, qu'il avait dédié à l'Académie des Jeux Floraux; le volume parut la veille de sa mort, survenue le 26 février 1891.

Les palmes d'officier de l'Instruction publique et la croix de la Légion d'honneur avaient récompensé le talent littéraire et poétique d'Elie Sorin dont notre confrère, M. Ozenne, fit l'éloge, dans la séance du 22 juin 1894.

**SOUMET (Louis-Alexandre), membre de l'Académie française (1786-1815-1845).**

Vainqueur dans cinq concours et maître ès Jeux le 24 février 1815, Soumet devint mainteneur le 28 juin 1819.

(Voir ci-dessus, page 178.)

**Mme TASTU, née Sabine-Casimir-Amable VOÏART (1795-1851-1885).**

Fille de N. Voïart et d'Elisabeth Petitpain, Mme Tastu naquit à Metz, le 31 août 1795, et se maria en 1816 avec Joseph Tastu, libraire-imprimeur à Perpignan. Dès 1820, elle obtenait un Lis pour *un Hymne à la Vierge*; le concours de 1822 lui apportait l'Amarante d'or pour son ode *A l'Etoile de la Lyre*; l'année suivante, elle présenta une élégie qui reçut le Souci, et un hymne auquel les mainteneurs accordèrent un Lis.

Le Recueil de 1832 contient une ode du même auteur sur *la Pauvreté*.

Elle avait déjà publié un volume de poésies en 1826, *les Chroniques de France* en 1829 et *les Soirées littéraires* en 1832, lorsqu'elle affronta les concours de l'Académie française, où son *Eloge de Mme de Sévigné* fut couronné, en 1840.

Mme Tastu s'est consacrée tout particulièrement aux ouvrages d'enseignement, et ses publications ont joui d'une vogue très méritée ; nous ne citerons que son *Education maternelle* (1835), et ses *Lectures pour les jeunes filles* (1840-1841).

Devenue veuve en 1849, elle vécut avec son fils, qui habita longtemps Larnaca, où il était consul de France.

Ce fut pendant son séjour dans l'île de Chypre, qu'elle demanda les lettres de maîtrise qui lui furent accordées le 18 juillet 1851.

De retour en France, elle se retira (1876) en Seine-et-Oise, à Palaiseau, d'où elle entretenait des relations avec quelques-uns des mainteneurs des Jeux Floraux ; elle envoya à l'Académie *un Hymne à Marie*, qui est inséré au Recueil de 1879.

Elle mourut nonagénaire en 1885.

**TAVERNE (Jérôme), avocat au Parlement (1737).**

Par décision du 1er septembre 1737, l'Académie accorda le titre de maître ès Jeux à l'avocat J. Taverne, qui avait obtenu les trois prix réglementaires, dans les concours annuels.

Il avait débuté en 1730, en présentant deux odes dont l'une, *l'Amour de la Patrie*, mérita l'Amarante d'or, pendant que la seconde, *la Joie de la France*, était imprimée au Recueil ; au printemps suivant, les mainteneurs remarquèrent et firent insérer dans le volume de l'année son ode, *les Avantages du Commerce*, et le discours avec lequel il avait concouru pour le prix d'Eloquence, en même temps qu'ils décernaient un Souci à l'ode du même auteur, *la Connaissance de soi-même ;* enfin l'année 1733 lui apporta une Eglantine d'argent pour un discours sur l'Eloquence dont le seul objet doit être de faire connaître la vérité.

On a attribué à tort à J. Taverne le prix de l'ode remporté en 1743 par son frère, qui était alors licencié en droit.

La maîtrise semble avoir mis fin aux œuvres littéraires du lauréat des Jeux Floraux, sauf cependant la Semonce qu'il prononça en 1743. Il est vrai que sa profession, à laquelle vinrent se joindre, en 1760, les devoirs de capitoul, ne lui laissait guère de loisirs. Il figurait aux premiers rangs des orateurs et des jurisconsultes les plus distingués de Toulouse et ce fut sur sa proposition, qu'au rétablissement du Parlement, en 1775, après la tentative de réforme du chancelier de Maupeou, le barreau fit élever, dans la salle du Plaidoyer, un obélisque commémoratif qui existe encore aujourd'hui à la Cour d'appel. On le vit aussi défendre la magistrature, comme bâtonnier de l'Ordre, lorsque cent vingt-quatre avocats adressèrent au garde des sceaux, le 7 juillet 1788, une requête protestant contre l'édit du 1er mai, qui avait remplacé la Cour souveraine par le Grand bailliage.

Avant de mourir, au moment de la Révolution, Jérôme Taverne avait vu son fils aîné, Pierre-Etienne-Dominique, prendre un rang honorable parmi les avocats au Parlement, pendant qu'un autre de ses enfants, devenu prêtre, cueillait les Fleurs d'Isaure et obtenait le titre de maître ès Jeux.

### Abbé TAVERNE (Louis-Ostende).
### (1746-1774-1808.)

L'abbaye de Moissac avait possédé à Roqueserière, village des environs de Montastruc, un prieuré dont le titulaire, à la fin du dix-huitième siècle, était l'abbé Jean Saint-Jean, mainteneur des Jeux Floraux. Quelque temps avant la Révolution, l'administration religieuse de cette communauté fut confiée à un prêtre, qui avait obtenu, dans les concours littéraires de l'Académie toulousaine, de nombreux succès et le titre de maître ès Jeux.

Fils de Jérôme, ancien capitoul et l'un des avocats les plus renommés du barreau du Parlement, et de Catherine Mazères, Louis-Ostende Taverne était né à Toulouse, sur la paroisse Saint-Etienne, le 2 novembre 1746. Il embrassa la carrière ecclésiastique et reçut les ordres ; puis son goût pour la littérature et ses aptitudes poétiques l'amenèrent à prétendre aux faveurs de Clémence Isaure, qui le compta, pendant huit années, au nombre des vainqueurs de ses fêtes printanières.

Le premier essai de l'abbé Taverne fut consacré aux louanges de la Vierge Marie en trois poésies dont l'une mérita un Lis, pendant que les deux autres étaient imprimées au volume de 1766 ; un poème, *le Triomphe de l'Humanité*, fut sa seconde tentative et n'obtint que l'insertion au Recueil de 1768; mais en 1772, il remporte deux prix : un second Lis pour une poésie à la Vierge et l'Amarante d'or pour l'ode *l'Humanité*; enfin, deux ans après, c'est encore l'Amarante qui lui est décernée pour une ode, *Colbert*, en même temps qu'un Souci récompense son idylle, *la Flûte champêtre*. L'Académie reconnut les titres du lauréat porteur de cinq couronnes et lui accorda des lettres de maîtrise le 10 juin 1774.

Il remercia l'Académie en prononçant l'Eloge de 1789 qu'il consacra à étudier le plan et le but de Clémence Isaure, restauratrice des Jeux Floraux.

Devenu curé de Roqueserière, il voit naître la Révolution, adopte ses réformes, prête le serment civique, représente plusieurs fois ses concitoyens aux assemblées primaires du canton et devient membre, puis président de la Société des *Amis de la Constitution*, établie à Montastruc. Si ces nouvelles fonctions lui font oublier ses devoirs de prêtre, il conserve le culte de la poésie, et le 1er décembre 1792, il présente à ses amis un hymne sur la victoire de Jemmapes. La Terreur arrive, mais le civisme du citoyen Taverne lui assure sa réélection de président du club; à ce titre, en mars 1793, il semonce la Société de Toulouse, qui avait accordé des certificats de civisme à des citoyens « infectés d'aristocratie ». Trois mois après, il commente la Déclaration des droits de l'homme dans un écrit sur les Devoirs du citoyen, et son ouvrage, imprimé aux frais de ses confrères, est envoyé aux corps constitués et à la Société populaire du chef-lieu. Le club qu'il préside écrit une lettre imprudente entachée de fédéralisme, il l'oblige à la rétracter; le mariage des prêtres est proclamé vertu civique, il se hâte d'écrire, à ce sujet, un mémoire (octobre 1793) que la Société de Montastruc fait imprimer et envoyer aux autorités et aux prêtres de tous les départements environnants; mais il faut prêcher d'exemple, et l'ex-curé Taverne se marie le 14 frimaire an II (4 décembre 1793) avec une de ses anciennes paroissiennes, qui a juste la moitié de son âge.

La Terreur est à son apogée; les Jacobins de Toulouse décident que tous les anciens nobles ou curés doivent être expulsés de leurs Sociétés, et les frères de Montastruc n'hésitent pas à renier, le 9 février 1794, le président qui leur a donné les preuves les plus concluantes de ce que l'on appelait alors le civisme. Cependant ils regrettent de s'être privés du concours d'un citoyen actif et éclairé; aussi, dès que la peur a cessé de les étreindre, les électeurs de Roqueserière appellent Taverne aux fonctions d'agent municipal, qu'il remplit de 1795 à 1797, puis ils le nomment conseiller municipal en 1801 et 1803.

Entre temps, le prêtre marié, l'homme public, un moment découragé, revient au culte des lettres et se fait recevoir en 1798 membre de la Société littéraire « le Lycée de Toulouse », qui a recueilli plusieurs de ses œuvres. On a conservé son ode sur *la Joie d'une bonne conscience* (an VII); une églogue, *la Soirée de la moisson*;

une ode à toutes les nations sur *la Franchise illimitée des mers; l'éloge de Marmontel* qu'il prononça le 30 germinal an VIII et dans lequel les premiers succès littéraires de l'auteur des *Contes moraux* sont décrits tout autrement qu'il ne les a dépeints lui-même. Parfois il publiait quelque pièce de vers, ou bien il prenait part à des concours littéraires, sous le pseudonyme de Mme Vétéran, anagramme de son nom, et le front du poète presque sexagénaire recevait encore en l'an X une couronne de la Société des Belles-Lettres de Montauban pour une poésie relative à *l'Influence des mœurs sur les talents.* On cite encore de lui : *Lettre d'une grand'tante à sa petite-nièce sur les modes grecques* et son ode à l'occasion du *Couronnement de Napoléon Ier;* il semble d'ailleurs que les productions littéraires de sa vieillesse ont plus d'élégance et de goût que celles de ses jeunes années.

Ostende Taverne mourut à Roqueserière le 12 avril 1808.

## Mme THORE, née Léontine de MIBIELLE (1816-1856-1861).

Notre confrère, M. l'abbé Couture, a consacré au souvenir de Mme Thore une notice qui résume l'existence de cette femme modeste, poète de talent, à laquelle il ne manqua, pour atteindre la célébrité, « qu'un milieu plus favorable et plus « de souci de la renommée littéraire ».

Le domaine d'Espalvis, près d'Eauze (Gers), avait vu naître, en décembre 1816, Léontine de

Mibielle, la quatrième de cinq sœurs qui furent élevées au foyer paternel. Dès son enfance, elle rimait en étudiant les classiques, puis elle lisait Lamartine et Soumet, et la jeune muse accordait sa lyre aux harmonieuses mélodies de leurs œuvres.

Enfin, en 1839, elle affronte les luttes littéraires de Toulouse avec cinq pièces de vers : son idylle *Une heure de solitude* obtient un Lis réservé; deux autres poésies concourent pour le prix et sont insérées au Recueil. Quatre ans après, un Souci récompense son ode *les Adieux à la mer*, et le Recueil publie son élégie *la Harpe d'or*. Aux Jeux de 1844 et 1845, quatre de ses poésies figurent avec honneur; enfin la Fête des Fleurs de 1845 lui apporte l'Amarante d'or pour son ode *Elusa*, dédiée à la ville d'Eauze.

Ces succès avaient été prévus, six années auparavant, par le rapporteur du concours de 1839, annonçant à l'Académie « qu'une voix mélodieuse « s'était élevée des vallons riants qu'arrose la « Gélise. Des chants suaves et purs ont animé « les échos de l'ancienne Novempopulanie, disait « F. Ducos, et, répétés de rivage en rivage, ils « ont retenti jusqu'au berceau de Clémence « Isaure dont la cendre poétique a tressailli. »

Léontine de Mibielle, devenue M^me^ Thore depuis le 23 septembre 1839, reçut les félicitations des poètes et des littérateurs les plus célèbres de cette époque : Lamartine et Soumet, Reboul et de Chateaubriand, dont M. l'abbé Couture publie deux lettres charmantes adressées à la muse d'Eauze.

Elle fut admise à la maîtrise le 16 mai 1856 et le mainteneur Rodière donna lecture de son remerciement à la Fête des Fleurs de l'année suivante ; elle paya son tribut à la mémoire de Clémence Isaure par l'Eloge que F. Ducos présenta le jour de la distribution des prix de 1859. Enfin l'Académie reçut l'hommage de son dernier chant poétique, *Stances à mes filles*, « adieu « plaintif et résigné, crayonné par une mère au « milieu des souffrances d'une maladie dont « l'issue n'était que trop certaine pour les siens « et pour elle. »

Elle s'éteignit doucement à la fin de 1861. A la douleur de ses deux filles, l'Académie joignit l'expression des regrets qu'elle fit consigner au procès-verbal de la séance du 8 novembre, et F. Ducos consacra à sa mémoire une élégie qu'il lut dans la séance publique de la Semonce, le 23 février 1862.

Il n'y a rien à ajouter à l'appréciation de M. l'abbé Couture « sur le talent gracieux de Mme Thore, dont le cœur ardent et fort ne battit jamais que pour les saintes amours de la famille et sous les nobles inspirations de la foi catholique et des vieux souvenirs. » Dans les œuvres de ce poète à l'esprit droit, à l'imagination active et riante, doué d'une réelle puissance de composition, on retrouve toujours l'âme de la femme pieuse qui fut un modèle des vertus chrétiennes.

**TIREL de LA MARTINIÈRE (Charles), commissaire de la Monnaie (1792-1831-1846).**

Lauréat des concours de 1830 et 1831, maître ès Jeux le 21 avril 1831, Tirel de La Martinière devint mainteneur le 27 janvier 1833.

(Voir ci-dessus, page 106.)

**TITON DU TILLET (Evrard). (1677-1751-1762.)**

Titon du Tillet est le seul qui figure sur la liste des maîtres ès Jeux, sans avoir jamais obtenu les lettres de maîtrise.

Ancien commissaire provincial des guerres et capitaine de dragons, maître d'hôtel ordinaire de la Dauphine, mère du Roi, il avait un amour passionné pour les Belles-Lettres et les Arts, auxquels il accordait une protection généreuse et désintéressée. Il fit frapper à ses frais toute une série de médaillons de bronze représentant Louis XIV, les poètes et les artistes de son époque, puis il réunit ces médaillons en un groupe artistique auquel il donna le nom de *Parnasse français;* cette œuvre a été longtemps déposée à la Bibliothèque, à Paris.

La description du *Parnasse français* fut publiée en trois volumes; Titon confia au P. Vanière, qui avait des relations d'amitié avec plusieurs mainteneurs, le soin d'offrir en 1734 le premier volume de cette publication à l'Académie des Jeux Floraux. Quatre ans après, il envoyait son portrait gravé; enfin il lui fit remettre, par Lefranc de

Pompignan, vingt-six médaillons de peintres et de musiciens. Les mainteneurs lui accordèrent de siéger dans leurs Assemblées, faveur réservée aux évêques et à l'Intendant de la province, puis en août 1751, ils décidèrent que le nom de Titon du Tillet serait porté sur la liste des maîtres ès Jeux avec une mention spéciale indiquant que, par délibération du 12 mai 1747, il avait voix délibérative dans toutes les réunions de l'Académie.

Titon du Tillet envoya encore en 1751 et 1756, les suppléments à son *Parnasse*, qui était l'objet de critiques assez vives et d'épigrammes violentes. Voltaire lui avait adressé un Triolet dans lequel il citait les noms de trois littérateurs contemporains et peu connus : Saint-Didier, auteur du poème *Clovis;* l'abbé Nadal qui avait écrit une *Histoire des Vestales* et fait jouer quelques tragédies; Danchet dont les œuvres, et surtout les *Héraclides,* avaient excité la verve épigrammatique de J.-B. Rousseau.

Le Triolet de Voltaire était ainsi conçu :

Dépêchez-vous, Monsieur Titon,
Enrichissez votre Hélicon;
Placez y sur un piédestal
Saint-Didier, Danchet et Nadal,
Qu'on voie armés du même archet
Nadal, Saint-Didier et Danchet,
Et couverts du même laurier
Danchet, Nadal et Saint-Didier.

Que Titon ait été plutôt un protecteur des Belles-Lettres et des Arts qu'un littérateur ou un artiste et que Voltaire ait cherché à tourner en ridicule son Parnasse, on ne saurait oublier la conduite du Mécène parisien et celle du grand écrivain à l'égard de la petite nièce de Corneille. Titon l'avait recueillie et fait élever. Son grand âge et des revers de fortune ne lui permettaient plus de continuer la tâche généreuse qu'il avait entreprise ; il s'adressa à Voltaire, qui accepta avec empressement l'honneur « pour un vieux « soldat de servir la petite fille de son général ». Il reçut la jeune fille chez lui en 1760, fit à son profit une édition des œuvres de Corneille et la maria en 1763.

Titon du Tillet, né à Paris le 16 janvier 1677, mourut dans cette ville le 26 décembre 1762, presque nonagénaire. Il était membre de vingt-sept sociétés littéraires de France, d'Espagne et d'Italie. Il a laissé, avec son *Parnasse français*, un *Essai sur les honneurs et les monuments accordés aux savants pendant la suite des siècles* (1727).

### Chevalier de la TREMBLAYE (Amable ROBIN) (1739-1765-1817).

A la suite du concours de 1761, l'Académie décerna une Amarante d'or à l'ode *la Jalousie*, qui avait été présentée par l'abbé de la Tremblaye.

Le jeune lauréat, né en Anjou en 1739, se destinait sans doute alors à l'état ecclésiastique et on le voit remporter de nombreux succès aux Jeux Floraux pendant trois ans, avec le titre d'abbé; puis, après un silence d'une année, il reparaît dans l'arène littéraire toulousaine en 1765, et c'est comme chevalier de la Tremblaye qu'il y obtient une nouvelle couronne.

Sa première victoire de 1761 fut bientôt suivie de plusieurs triomphes, surtout dans le concours du genre épique. Aux Jeux de 1762, une seconde Amarante est accordée à l'ode, *Le charme de l'amour conjugal*, et le poème, *Charles IX au lit de mort*, obtient l'insertion au Recueil; l'année suivante lui apporte trois fleurs : une troisième Amarante et deux Violettes pour ses odes, *le Misanthrope* et *l'Imagination*, et pour son épître, *A ma fontaine;* enfin l'épître *A mon vieux château* mérite une Violette en 1765, et le volume publié par l'Académie reproduit une autre épître, *A mon cabinet*, et l'idylle *Zulmé*.

Six fleurs, dont trois Amarantes, étaient des titres exceptionnels pour obtenir des lettres de maîtrise que le lauréat sollicita et qui lui furent accordées le 5 juillet 1765.

Le Ch[er] de la Tremblaye, décédé à Paris en 1817, a laissé divers travaux en prose et en vers, notamment : *Lettre à la C[tesse] de **** (Londres 1788), *Epître à ma femme,* et des pièces et lettres posthumes sur l'Histoire de France et celle d'Angleterre.

**TRENEUL (Joseph). (1763-1790-1818.)**

Ce poète, né à Cahors le 27 juin 1763, se destinait à l'état ecclésiastique et, dans les concours des Jeux Floraux auxquels il prit part, il eut toujours le titre d'abbé, quoiqu'il n'eut pas reçu les ordres.

Il obtint, en 1781, un Lis pour un hymne à la Vierge, puis en 1786, un Souci pour son idylle *les Arbres*; trois ans après, une Violette d'argent fut décernée à son *Hommage d'un esclave à l'auteur des réflexions sur l'esclavage des nègres*, enfin son *Ode à Buffon* remporta le prix du genre lyrique en 1790 et lui fit accorder les lettres de maîtrise, le 30 juillet de la même année. Les Recueils de l'Académie contiennent les pièces couronnées et cinq autres poésies qui eurent les honneurs de l'impression de 1784 à 1788.

Treneul s'était chargé de l'éducation d'un enfant de la famille de Castellane et consacrait ses loisirs à des travaux littéraires qu'il présentait aux Jeux Floraux ou dont il donnait lecture à la Société du Musée; nous citerons parmi celles-ci son *Epître à Lecauchois*.

A la Révolution, il émigra avec son élève, quitta l'habit ecclésiastique et ne revint en France qu'après la tourmente. On le retrouve, sous l'Empire, conservateur de la Bibliothèque de l'Arsenal à Paris.

Lorsqu'il apprit la réunion des membres épars de l'Académie des Jeux Floraux, il fut des premiers à se rappeler à leur souvenir; il leur envoya en juin 1806, son poème, *Les tombeaux de l'abbaye royale de Saint-Denis*, puis, en juin 1811, une Ode dédiée au roi de Rome.

L'élévation des sentiments et l'élégance du style sont les qualités dominantes de ce poète, qui se distingua surtout dans le genre élégiaque.

Il a néanmoins abordé avec succès la poésie lyrique et son ode *La fête nuptiale* (1810), écrite à l'occasion du mariage de Napoléon Ier, a été conservée.

Ses poésies, *la Princesse Amélie* ou *L'héroïsme de la piété fraternelle* (1811), *L'orphelin du Temple* (1814), *Le martyre de Louis XVI* et *La captivité de Pie VI* (1815), n'eurent pas moins de succès que son volume d'*Elégies héroïques* (1815) et son Recueil de *Poésies élégiaques*, précédées d'un discours très apprécié sur l'Elégie historique.

A la fin de son existence, qui s'acheva le 5 mars 1818, Treneuil habitait le Tarn au château de Scopon, qui avait appartenu à l'un des bienfaiteurs de l'Académie, l'avocat Jean de Scopon dont les libéralités permirent de transformer le prix d'Eloquence, l'Eglantine d'argent, en une fleur d'or.

**VALÉRY (Léon), de Toulouse (1865).**

M. L. Valéry appartient au corps des Jeux Floraux depuis trente ans, en vertu des lettres de maîtrise du 4 avril 1865, qui sont venues consacrer dix années de succès dans nos concours littéraires.

Avant d'obtenir le titre de maître ès Jeux, il avait mérité cinq fleurs, dont l'Amarante d'or, et ne comptait pas moins de quinze poésies imprimées au Recueil. On trouve également dans la publication annuelle de l'Académie l'éloge de Clémence Isaure que M. Valéry a prononcé en 1891.

## Mme VERDIER, née Suzanne ALLUT (1745-1809-1813).

Au nombre des pièces couronnées dans les concours de la fin du siècle dernier figurent deux poésies *Le bandeau de l'amour* et une épître sur la *Médiocrité*, qui avaient obtenu : l'une, un Lis réservé en 1769 et l'autre, une Violette l'année suivante. L'auteur de ces deux pièces était une jeune femme du Bas-Languedoc.

Fille d'Antoine Allut, secrétaire du Roi, et de dame Imbert, et née à Montpellier le 16 janvier 1745, Suzanne Allut avait manifesté, dès son bas-âge, de si heureuses dispositions que son père voulut développer ses aptitudes exceptionnelles, alla s'établir à Paris et lui fit suivre des cours de littérature, de dessin et de musique.

L'enfant faisait de si rapides progrès qu'à l'âge de douze ans, elle écrivait une Elégie sur l'attentat commis contre Louis XV, mais des revers de fortune rappelèrent la famille Allut à Montpellier et la jeune fille dut renoncer à poursuivre ses études comme elle l'avait espéré. Ce changement d'existence ne la découragea pas et elle se mit à apprendre les langues mortes dans Homère et Virgile, l'italien et l'anglais, dans le Tasse et Milton.

Elle se maria en 1769 avec M. Verdier, négociant à Uzès, au moment où une Fleur venait d'être détachée du bouquet d'Isaure en sa faveur; elle fit une nouvelle épreuve de son talent au concours de 1771, où son ode, *La constance dans le malheur*, concourut pour le prix et fut imprimée au Recueil.

Le malheur entra bientôt après à son foyer et la frappa à coups redoublés : son mari est tué dans un accident de voiture (1776); sa fille aînée meurt l'année suivante; à la Révolution, son fils fait partie des levées en masse et son frère, qui avait été député à l'Assemblée Législative, est guillotiné à Paris en 1793, malgré les démarches qu'elle fait pour le sauver. Depuis la mort de M. Verdier, la femme poète avait vécu dans la retraite, se consacrant à l'éducation de ses fils et de sa seconde fille, qui devait devenir M^me^ Fornier de Clausonne, mais, si elle avait cessé de prendre part aux concours littéraires, elle n'en continuait pas moins à étudier la poésie et à écrire ses plus beaux vers.

Le monde des lettres connaissait quelques-unes de ses œuvres que *l'Almanach* de Nimes avait publiées : son idylle *le Temps* (1769), une *Epître à une amie* qui venait de prendre le voile, les deux pièces charmantes que lui avaient inspirées la naissance et la mort de sa fille aînée (1770 et 1777)), enfin l'idylle, *La fontaine de Vaucluse,* ce chef-d'œuvre du genre bucolique, qui avait fait dire à La Harpe :

Et Verdier, dans ses vers, a vaincu Deshoulières.

Déjà elle avait écrit la majeure partie de son œuvre capitale trop longtemps inédite les *Géorgiques du Midi : Les vers à soie* (1799), *Les oliviers* (1805), et *La moisson* (1806), qu'elle devait terminer par *Les vendanges et les châtaignes* (1811-1812).

Au moment où les Jeux Floraux venaient de se reconstituer à Toulouse, le secrétaire perpétuel, Poitevin-Peitavi, proposa à ses confrères d'examiner si les mérites de Mme Verdier n'étaient pas suffisants pour lui accorder des lettres de maîtrise, bien qu'elle n'eût pas obtenu les trois fleurs exigées par les règlements. Une exception analogue avait été faite en 1637, en faveur de Mgr Nicolas de Grilhe, évêque d'Uzès ; elle fut invoquée à propos et l'Académie accorda la maîtrise, le 14 juillet 1809, en décidant que dorénavant les femmes admises dans le corps des Jeux Floraux, prendraient le titre de *maître*, au lieu de celui de *maîtresse* ès Jeux. Mme Verdier-Allut remercia les mainteneurs en leur envoyant son poème, *L'origine de la poésie*, dont F. d'Ayguesvives donna lecture à la Fête des Fleurs du 3 mai 1810 : le manuscrit et quelques lettres intéressantes sont classés dans la correspondance de l'Académie.

Cette femme si heureusement douée mourut à Malaygues, près d'Uzès, le 27 février 1813, emportant les regrets unanimes des nombreuses sociétés littéraires, qui se l'étaient attachée : l'Académie des Arcades de Rome, celle du Gard, l'Athenée de Vaucluse déplorèrent sa perte non moins vivement que l'Académie des Jeux Floraux, où son éloge par Mme Balard née Alby, maître ès Jeux, fut présenté à la séance du 7 avril 1820 par le secrétaire perpétuel, Pinaud (R. 1820).

Un demi siècle après la mort de Mme Verdier, en 1862, son petit-fils M. Fornier de Clausonne, président à la Cour de Nimes, publia les *Géorgiques du Midi* et plusieurs autres poésies du même auteur. Il fit hommage de ce volume à l'Académie, qui entendit le mainteneur F. Ducos lui faire, le 12 décembre 1862, un nouvel éloge du talent littéraire de la femme poète dont le nom avait figuré trois ans à peine sur la liste des maîtres ès Jeux (R. 1863).

**VIANCIN (Charles-François), secrétaire général de la mairie de Besançon (1788-1851-1874).**

C'est dans les modestes fonctions de secrétaire général de la mairie de Besançon que ce poète a passé plus de cinquante années, attendant chaque jour la fin du labeur obligé pour reprendre ses causeries avec la muse qui, le guidant de ses conseils, lui assura une place des plus honorables parmi les littérateurs de son temps.

Fils d'un receveur des douanes à Semur-en-Auxois, où il naquit le 7 décembre 1788, Viancin fit son éducation à l'Ecole centrale de Besançon et prit ses grades à la Faculté de droit de Dijon. Après avoir passé trois ans dans l'administration, comme secrétaire du préfet du Jura, puis de celui de la Haute-Loire, il vint en 1817 s'associer aux travaux de son père, qui était alors secrétaire général à la mairie de Besançon, et lui succéda l'année suivante.

Aux heures de loisir que lui laissaient ses devoirs de fonctionnaire, il rimait avec tant de verve et de talent que l'Académie de Besançon l'appela à elle, dès 1820. Quelques années plus tard, il devançait son compatriote Richard-Baudin dans nos luttes littéraires, auxquelles il prit une part brillante pendant plus de vingt années. Cinq de ses poésies obtinrent l'insertion au Recueil et quatre autres furent couronnées : le prix du genre lyrique récompensa, en 1841, son ode *l'An 1840;* ses deux épîtres : l'une *A un journaliste* et l'autre *A Jasmin*, méritèrent un Lis et une Violette (1846, 1848), et une Primevère fut décernée à sa fable, *l'Insomnie de l'avare,* qui avait concouru en 1851.

A la réception des lettres de maîtrise, datées du 8 avril 1851, Viancin adressa aux mainteneurs un remerciement qui figure au Recueil de l'année et, trois ans après, il confia à F. Ducos le soin de présenter à la Fête des Fleurs deux fables et son tribut d'éloges à la Restauratrice des Jeux (R. 1854).

Si les travers des hommes politiques ou les ridicules trop fréquents de la vie sociale inspiraient souvent des fables, des contes ou des chansons à sa verve spirituelle, le poète franccomtois était plus lui-même lorsqu'il exprimait, dans le genre lyrique ou dans une épître, la sincérité de sa foi religieuse et l'élévation de ses sentiments.

La primeur de ses vers était presque toujours réservée à l'Académie de Besançon qui, la première, avait reconnu ses aptitudes et encouragé ses débuts; aussi, le Recueil de cette Société, à laquelle Viancin appartint pendant plus d'un demi-siècle, ne compte pas moins de cent soixantedix de ses poésies.

*Les Deux Génies*, hommage à M^me^ Tastu (1827); une épître sur *le Passage du Dauphin à Besan-*

*çon* (1829); *les Epoques du Bisontin ; l'Eloge de Florian* couronné en 1832 par l'Académie du Gard; *les Mélodies irlandaises* (1833); et les pièces présentées aux concours de Toulouse, sont les meilleures de ses œuvres auxquelles il faut ajouter un essai dans le genre dramatique. *le Miroir du Diable*, comédie en trois actes et en vers, jouée à Besançon en février 1865 et dont l'auteur fit hommage aux Jeux Floraux.

Charles Viancin est mort, âgé de quatre-vingt-cinq ans, à Besançon, le 26 janvier 1874.

**VIENNET (Jean-Pons-Guillaume), de l'Académie française (1777-1863-1868).**

Soldat, littérateur, homme politique, Viennet a vu changer dix fois la forme du gouvernement de la France durant le cours de sa longue existence.

Né le 18 novembre 1777 à Béziers, où il fit ses études, il était destiné à entrer dans les ordres, mais la Révolution vint modifier les projets de sa famille et ses aspirations. Il embrassa les idées nouvelles avec toute l'ardeur de son âge et débuta dans la carrière des armes en 1796, comme lieutenant d'artillerie de marine. Fait prisonnier à bord de l'*Hercule*, il passa quelques mois en captivité en Angleterre, revint prendre son rang dans l'armée, manifesta une certaine opposition au gouvernement consulaire et fit quelques-unes des campagnes de l'Empire.

Viennet était capitaine adjudant-major lorsqu'il figura dans les concours littéraires de Toulouse :

en 1810, il présenta deux épîtres : l'une fut imprimée dans la publication annuelle des Jeux Floraux; l'autre, adressée à Raynouard, lui valut un Souci réservé. L'année suivante, son épître à de Fontanes obtint l'insertion au Recueil.

Décoré sur le champ de bataille de Bautzen, il fut fait prisonnier une seconde fois à Leipzig et ne recouvra la liberté qu'après le rétablissement des Bourbons auxquels il se rallia. Pendant les Cent-Jours, il fut sur le point d'être déporté, puis la seconde Restauration l'appela à faire partie du corps de l'état-major, mais sa verve poétique ne tarda pas à lui faire perdre la faveur qui lui était acquise.

Ce fut sous le règne de Louis XVIIII et de Charles X que parurent ses œuvres les plus connues : ses épîtres. Poète dès l'enfance, lauréat des Jeux Floraux, il n'avait jamais cessé, malgré l'agitation et les revers de son existence, de cultiver les Belles-Lettres et de suivre les inspirations de sa muse. A ses premières poésies, il avait joint, pendant l'Empire, deux poèmes, *l'Austerlide* et *Marengo*, et une tragédie *Clovis;* les loisirs de la paix lui permirent de se consacrer presque complètement à ses goûts littéraires. Ses épîtres étaient souvent des critiques énergiques, celle qu'il adressa *aux Chiffonniers contre les crimes de la presse* (1827) causa sa radiation des cadres de l'état-major, mais il avait déjà, dans son pays natal, une popularité qui l'amena à la Chambre des députés, comme représentant de l'Hérault.

L'ancien militaire rallié aux Bourbons devint

l'un des rédacteurs du *Constitutionnel* et fit partie de la gauche parlementaire de la Chambre, qui prépara la chute de la Monarchie. Il acclama l'avènement de Louis-Philippe, qui lui rendit son grade dans l'armée et dont il défendit la politique contre les révolutionnaires. Autant il avait combattu le despotisme, autant il apporta d'ardeur dans la lutte qu'il soutint, avec Baour-Lormian, contre l'école romantique. L'indépendance de son caractère, l'énergie et le talent avec lesquels il défendait la doctrine des classiques, et l'importance de ses œuvres lui ouvrirent, le 18 novembre 1830, les portes de l'Académie française.

Le gouvernement de Juillet l'appela à la pairie en 1839 et, lorsque vint la Révolution de février, Viennet disparut de la scène politique. Dans sa retraite, sa muse semblait oublier le poids des années : en 1863, il publia son grand poème épique : *la Franciade;* il avait alors quatre-vingt-six ans.

L'Académie des Jeux Floraux voulut s'attacher le poète qui avait été son lauréat au commencement du siècle et, le 11 décembre 1863, elle lui envoya des lettres de maîtrise.

L'année suivante, le mainteneur Rodière souhaitait la bienvenue à Viennet, qui venait assister à la Fête des Fleurs et remercier l'Académie en lui offrant la primeur de deux fables inédites : *le Chien et le Chat ; le Vieillard et les Bengalis.* Peu de temps après, le poète adressait à ses confrères des Jeux Floraux quelques vers pour les remercier de la sympathie qu'ils lui avaient témoignée à l'occasion de la mort de sa femme, puis il leur fit hommage de son dernier recueil de fables; enfin la distribution des prix du 3 mai 1866 fut précédée d'un éloge de Clémence Isaure dont le mainteneur Du Gabé donna lecture au nom de l'auteur, le poète nonagénaire, que la mort vint frapper au Val-Saint-Germain, le 11 juillet 1868.

Plusieurs écrivains ont rappelé la vie et les œuvres de Viennet, le fondateur d'un genre nouveau : la fable politique; les éloges mérités n'ont pas été ménagés « à son esprit amusant et caus« tique, à sa piquante originalité, à sa verve « toute juvénile, à la noblesse et à la loyauté de « l'homme privé. »

De ce poète qui avait été, durant sa vie, l'objet de si nombreuses critiques de la part de ses adversaires, quelques malveillants, certains disent des indiscrets, ont prétendu qu'il avait rédigé lui-même plusieurs articles biographiques à sa louange.

**VILLARD (Henri), avocat, de Langres (1887).**

Le premier succès de M. H. Villard remonte au concours de 1863, dans lequel son élégie *à Magdeleine* obtint un Souci. Depuis il n'a pas eu moins de dix poésies, et principalement des Elégies, qui ont été insérées au Recueil; trois d'entre elles lui ont valu de nouvelles fleurs et les lettres de maîtrise, qui lui ont été accordées le 29 avril 1887.

Il a fait deux fois l'éloge de Clémence Isaure (1888, 1890), et il a adressé à l'Académie plusieurs de ses œuvres poétiques, traductions : du *Guillaume Tell* de Schiller (1887), des Psaumes (1888) et d'un poème de *Lucrèce* (1889).

**Marquise de VILLENEUVE-ARIFAT, née Marie-Thérèse de VILLENEUVE (1856).**

Après avoir mérité deux fleurs aux concours d'Eloquence de 1853 et de 1856, Mme de Villeneuve a obtenu, le 16 mai 1856, les lettres de maîtrise qui lui ont été remises dans la séance du 1er mai 1857.

Son remerciement et ses deux œuvres : *Une visite à un monastère cistercien* et *Une promenade au parc de Châtellerault-Hamilton, en Ecosse*, figurent aux Recueils de 1857, 1875 et 1887.

Son mari, qui était mainteneur, a présenté plusieurs fois à ses confrères des travaux de Mme de Villeneuve, notamment un éloge de Clémence Isaure, divers fragments sur des sujets religieux et artistiques et des souvenirs de voyage. Enfin, elle a fait hommage à l'Académie de sa notice nécrologique sur le Mis de Villeneuve en février 1881 et de ses *Quelques pensées sur le Ciel*, en décembre 1885.

**VINCENS (Jacques), curé de Caragoudes (1662-16..-17..).**

Le 20 avril 1662, Jacques de Nuie, qui prenait le titre de peintre du Taur, tenait sur les fonts baptismaux de Saint-Sernin, Jacques Vincens, fils de Jean, notaire royal, et de Guillemette de Nuie, domiciliés sur la paroisse, près le puits des Trois-Piliers.

Clerc tonsuré en 1676, Jacques Vincens intervient dans un acte passé devant son père, le 7 septembre 1680, et par lequel son mandant, l'abbé Etienne Modoix, curé de Caragoudes, se démettait de son bénéfice.

Deux ans après, il présentait au concours des Jeux Floraux un chant royal intitulé *Le sacrifice d'Iphigénie*, et obtenait l'Eglantine. En 1685, il recevait le Souci et faisait suivre sa signature du titre de bachelier en théologie, dans l'envoi d'un Triolet qu'il adressait à de Ranchin, vainqueur du concours de la Violette. Ces deux poésies se trouvent aux Archives de l'Académie et à la Bibliothèque de la Ville; mais nous n'avons aucune indication sur une troisième victoire de ce lauréat deux fois couronné.

L'abbé Vincens reçut la prêtrise, le 23 septem bre 1690, et, dès le 13 décembre de l'année suivante, il fit acte de recteur dans la paroisse de Caragoudes. Cependant il était en même temps titulaire de l'église de Sainte-Foi d'Aigrefeuille, qu'il échangea, le 4 avril 1705, avec Jean Pouzon, pour une prébende de Saint-Dominique.

Jacques Vincens se consacra complètement à sa paroisse de Caragoudes qu'il administra pendant plus de quarante années; en 1732, ses infirmités l'obligèrent à se faire suppléer par des prêtres délégués et ce fut seulement en 1736 qu'il résigna en faveur de Jean Espaignac, prêtre du

Couserans, avec réserve du tiers des revenus de son bénéfice.

Ce vénérable prêtre vivait en 1742 sur le territoire de Caragoudes, mais son grand âge ne lui permettait plus de remplir les fonctions et les devoirs de son ministère. Nous ignorons la date du décès de l'ancien lauréat des concours littéraires de Toulouse ; confirmé maître ès Jeux en 1694, il appartint pendant un demi-siècle au corps des Jeux Floraux.

**VIOLEAU (François-Hippolyte), homme de lettres (1818-1861-1892).**

A l'âge de dix-huit ans, H. Violeau, né à Brest le 13 juin 1818, envoya quelques vers anonymes à un journal de sa ville natale ; le rédacteur en chef, frappé de l'élégance de la poésie, rechercha et découvrit son auteur, qu'il encouragea de son mieux à ne pas négliger ses aptitudes littéraires.

Violeau se mit au travail et, quatre ans après, son *Ode aux poètes chrétiens* obtenait l'impression au Recueil des Jeux Floraux. Le concours de 1842 lui apporta un premier succès : une Violette décernée à son épître *la Mélancolie*, et L. Veuillot raconte qu'à cette occasion, la ville de Brest joignit à la fleur d'Isaure une subvention importante et plusieurs ouvrages de littérature.

La ballade *la Pèlerine de Rumengol* reçoit un Souci en 1844 et, aux Jeux de l'année suivante, le jeune poète mérite un second Souci et un Lis pour une *Epître aux jeunes mères* et l'*Adieu de la nourrice.*

D'employé au bureau des hypothèques, Violeau est devenu bibliothécaire et archiviste à Brest et il publie deux recueils en vers, *Mes loisirs*, puis *Nouveaux loisirs poétiques*, qui ont été traduits en hollandais. Il reconnaît que les devoirs de sa charge ne lui laissent pas le temps qu'exigent ses goûts littéraires; il donne sa démission vers 1845 et se retire à Morlaix, avec sa famille, pour pouvoir s'adonner tout entier à ses études.

Quelle que soit son œuvre, il se laissera constamment guider par le sentiment religieux, et dans les poésies de ce croyant lettré, on constate l'élévation de l'intelligence s'aidant sincèrement du cœur pour concevoir l'Infini.

En 1848, l'Académie française accorde le prix du concours des ouvrages utiles aux mœurs à son *Livre des mères chrétiennes;* cet ouvrage est bientôt suivi des poésies : *Paraboles et légendes*, puis viennent, en 1851, ses romans, *la Maison du Cap* et *Amice du Guermeur*, enfin *les Soirées de l'ouvrier*, auxquelles l'Académie française décerne une nouvelle couronne. Ces deux dernières œuvres ont été traduites, l'une en italien et l'autre en allemand.

Les succès qu'il avait remportés aux concours de Toulouse n'étaient pas suffisants pour que Violeau eût le droit de demander la maîtrise, mais le poète avait acquis une telle notoriété que l'Académie n'hésita pas à s'écarter des prescriptions de ses règlements pour le nommer maître ès Jeux, le 8 avril 1861. A la Fête des Fleurs de la même année, Fl. Ducos présenta le remerciement en vers que l'auteur des *Loisirs* avait adressé à ses confrères des Jeux Floraux.

Cet écrivain s'était également distingué dans la littérature dite Bretagne bretonnante, par un assez grand nombre de publications, tant en prose qu'en vers. Les recueils périodiques et les journaux particuliers aux départements de l'Ouest se disputaient ses productions. Entre toutes, on recherchait surtout sa charmante nouvelle *la Maison du Cap*. La *Gazette du Languedoc* s'empressa de lui ouvrir ses colonnes, et Léopold de Gaillard fit précéder ce roman d'un éloge très mérité qui recommandait l'auteur, poète chrétien, aux lecteurs du feuilleton.

En un mot, la renommée d'Hippolyte Violeau avait franchi les limites de sa petite patrie, de même que son talent n'était pas demeuré cantonné dans l'inspiration un peu monotone que révèlent ses pièces de vers remarquées aux concours des Jeux Floraux, il y a près de soixante ans.

Violeau n'attendit pas la vieillesse pour cesser d'écrire. Sa muse s'était tue ; il revint au pays natal et mourut à Lambezellec, près de Brest, le 24 avril 1892.

## De VOLTAIRE (François-Marie AROUET) (1694-1747-1778).

Le 30 mai 1778 mourait à Paris, François-Marie Arouet de Voltaire, né à Chatenay le 20 février 1694.

Le grand écrivain, qui a joué un rôle prépondérant dans le mouvement des idées pendant le dix-huitième siècle, appartenait à l'Académie toulousaine depuis plus de trente ans.

Il entretenait des relations de correspondance assez suivies avec son ami Dumas d'Ayguebère, membre des Jeux Floraux, lorsqu'une commission de mainteneurs fut chargée d'examiner les titres que Titon du Tillet, l'auteur du *Parnasse français,* pouvait avoir à l'obtention de la maîtrise qu'il sollicitait. A la suite de leur rapport sur cette candidature, les commissaires d'Aliez, de Comynihan, de Rabaudy et de Ponsan, proposèrent d'accorder le titre de maître à Voltaire, dont la tragédie de *Mérope* venait d'obtenir un si grand succès. Les lettres furent décernées, le 4 juin 1747, et le nouveau maître joignit à ses remerciements l'hommage de six exemplaires de la nouvelle édition de la *Henriade.*

Quelques années après, l'Académie lui fit savoir tout le prix qu'elle attacherait au concours de son talent pour donner plus d'éclat à l'une des fêtes de la Semonce ou de la distribution des Prix. Voltaire répondit au désir des mainteneurs, en leur envoyant son étude inédite sur l'*Imagination.* Cette œuvre remarquable ne figure pas au Recueil, bien qu'elle ait été lue dans la séance publique de la Semonce du 10 août 1760.

Voltaire y distingue deux sortes d'imaginations absolument indépendantes de notre être : l'une, qu'il appelle l'imagination passive, se borne à retenir les impressions et constitue la mémoire; l'autre, l'imagination active, recueille les impressions ou les images reçues, les combine de mille manières et les présente sous des formes nouvelles : elle inspire et produit, par l'invention, l'homme de génie, et, par l'expression, le poète.

A côté de pensées justes, précises, exposées en son style magistral, on retrouve l'esprit de doute et de scepticisme qui a prédominé dans toute l'existence du grand littérateur.

Ce serait sortir du cadre de cette note que de rappeler les œuvres principales de l'auteur de la *Henriade*, ce qui nous entraînerait forcément à étudier le caractère de l'homme, l'inspiration du poète, les doctrines du philosophe et à examiner son influence sur ses contemporains et sur les générations qui les ont suivis.

Nous avons voulu seulement rappeler ses relations avec les Jeux-Floraux qui n'oublièrent pas, à sa mort, l'hommage qu'ils devaient à sa mémoire. L'éloge de Voltaire fut prononcé, le 13 août 1780, par le mainteneur de Portes.

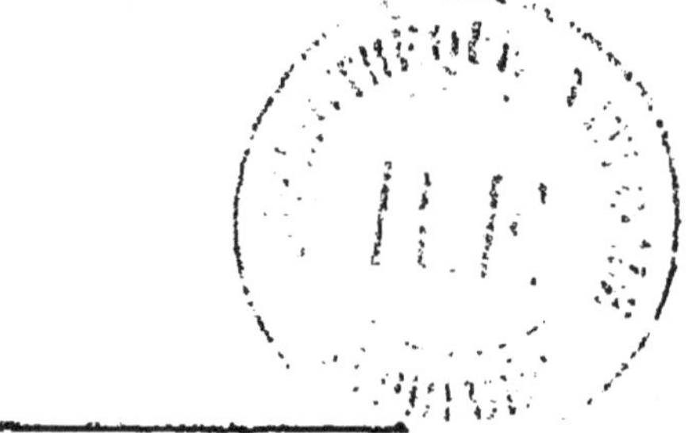

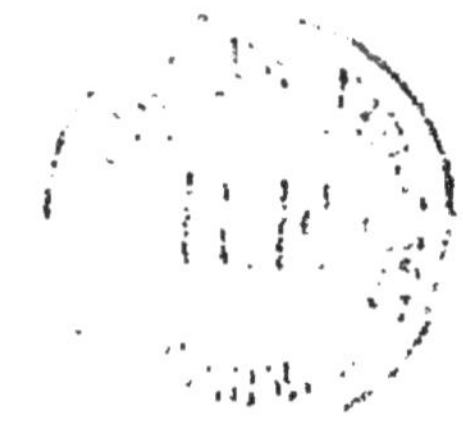

# ERRATA

| PAGE | LIGNE | AU LIEU DE | LIRE |
|---|---|---|---|
| 7 | 4 | 1753 | 1763 |
| 20 | 29 | 1865 | 1863 |
| 20 | 30 | suivant | 1865 |
| 33 | 8 | mai | mars |
| 36 | 30 | 1er mars | 16 mars |
| 36 | 31 | 6 septembre | 6 juillet |
| 46 | 4 | 23 juin | 23 août |
| 46 | 20 | 1842 | 1812 |
| 48 | 12 | 1831 | 1821 |
| 49 | 8 | 1883 | 1880 |
| 53 | 31 | 1751 | 1754 |
| 59 | 11 | 7 mars | 17 mars |
| 69 | 27 | 1887 | 1888 |
| 75 | 10 | 6 juillet | 5 juillet |
| 75 | 18 | 4 juin | 14 juin |
| 77 | 25 | février | janvier |
| 89 | 9 | 11 décembre | 4 décembre |
| 104 | 30 | 22 mai | 28 mai |
| 105 | 18 | 25 juillet | 26 juillet |
| 106 | 26 | 1838 | 1833 |
| 109 | 27 | *Lièvre* | *Lierre* |
| 116 | 13 | 22 avril | 28 avril |
| 117 | 21 | 5 du mois suivant | 5 juillet suivant |
| 118 | 1 | 5 mai | 5 juillet |
| 126 | 12 | mai | juin |
| 128 | 27 | et | de |
| 129 | 19 | de la même année | de l'année suivante |
| 134 | 16 | 22 mars | 20 mars |
| 143 | 30 | 1743 | 1733 |
| 150 | 4 | Trouves | Tourves |
| 155 | 23 | 28 avril | 29 avril |
| 164 | 13 | 6 juillet | 10 juin |
| 165 | 24 | Baltique | Belgique |
| 166 | 1 | 3 mars | 13 mars |
| 170 | 12 | 1818 | 1868 |

| PAGE | LIGNE | AU LIEU DE | LIRE |
|---|---|---|---|
| 173 | 6 | présenter | représenter |
| 178 | 16 | 1785 | 1786 |
| 186 | 25 | 1764 | 1765 |
| 187 | 9 | 24 septembre | 27 septembre |
| 194 | 3 | 20 juillet | 28 juillet |
| 202 | 9 | 3 mars | 3 juin |
| 222 | 8 | Dorothée | Henriette |
| 234 | 23 | 20 novembre | 30 novembre |
| 235 | 2 | 1712 | 1715 |
| 237 | 33 | 24 janvier | 23 janvier |
| 243 | 2 | de Laloubère | de Bertrand |
| 253 | 9 | 1802 | 1702 |
| 268 | 21 | 1847 | 1843 |
| 279 | 6 | 20 mai | 20 mars |
| 28 | 22 | Dans | De |
| 297 | 20 | Roussillon | Roussillou |
| 297 | 29 | 22 juin | 22 août |
| 301 | 17 | 1865 | 1866 |
| 304 | 9 | 19 août | 17 août |
| 307 | 17 | 1824 | 1821 |
| 308 | 4 | 23 août | 23 avril |
| 318 | 18 | 24 mai | 24 avril |
| 318 | 27 | 25 février | 25 juin |
| 324 | 8 | 6 août | 6 avril |
| 325 | 5 | le 20 | le 29 |
| 325 | 9 | 1743 (R. 1744) | 1763 (R. 1764) |
| 336 | 13 | 1781 | 1780 |
| 351 | 4 | 1851 | 1821 |
| 362 | 29 | 9 septembre | 9 juillet |
| 366 | 24 | 28 novembre | 18 novembre |
| 367 | 22 | 1755 | 1725 |
| 368 | 9 | 1752 | 1755 |
| 370 | 17 | d'Islande | d'Irlande |
| 370 | 29 | 1685 | 1785 |
| 384 | 5 | 7 janvier | 17 janvier |
| 402 | 32 | 1806 | 1809 |
| 458 | 27 | page 112 | page 219 |
| 460 | 16 | l'Amarante | l'Eglantine |
| 483 | 7 | 1625 | 1685 |
| 532 | 12 | ses fils | son fils |

# TABLE ALPHABÉTIQUE

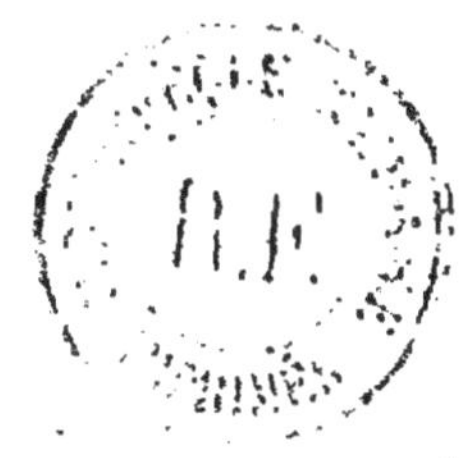

Toulouse, Imp. Douladoure-Privat, rue St-Rome, 39. — 8363

16 [illegible] 90